平安人物志 下

角田文衞

法蔵館文庫

本書は一九八五年七月に法藏館より刊行された『角田文衞著作集 第六巻』『平安人物志 下』を文庫化したものです。ただし、著作集版へのはしがきは削除しました。

地図や地名は、出版時のままとしています。

目次

平安人物志　下

太皇太后藤原穏子

一

延長から天暦にかけての約三十年の間、後宮に隠然たる勢力をもっていたのは、太皇太后・藤原穏子《やす》であった。

穏子は光孝天皇の仁和元年（八八五）、太政大臣で実質上の関白であった藤原基経の第六女として、平安京に生まれた。彼女の母は、人康《さねやす》親王の娘であった。この女王は基経の本妻で、厳子女王と言ったのではないかと思われるが、確実なことは不明である。

穏子が生まれた仁和元年には、すでに左のような同母の兄姉がいたようである。

時平　十四歳
仲平　十一歳
某女（のち貞元親王室、源兼忠母）　八歳位
忠平　六歳

また基経の最初の室が産んだ姉としては、頼子、佳珠子、滋子がいたし、更に正妻の操子女王が産んだ兄姉には温《よし》子（十四歳）、兼平（十一歳）がいた。温子は後に宇多天皇の女御となり、ついで皇太夫人となった婦人であった。歌人の伊勢が仕えた『七条の后』とは、この温子のことである。

人康親王は、仁明天皇と女御（皇太后と追尊）の藤原沢子（総継の娘）との間に生まれた皇子で、山科宮と呼ばれ、四品弾正尹であったが、貞観元年（八五九）に出家し、同十四年五月、四十二歳で薨去した[1]。親王の王子はすべて源姓を賜わった。基経の本妻となった人康親王の娘・某女王の兄弟のうち、興基は寛平三年（八九一）、参議に昇進し、その年に卒去している[2]。

穏子が生まれた頃は基経の全盛時代であって、その勢威は宮廷を圧していた。しかし彼女が漸く少女期にはいった寛平三年の正月十三日、父の基経は五十六歳で薨去してしまった。幸いに兄の時平が十八歳の若さで参議に任じられ[3]、彼女をはじめ弟妹の世話をみることとなった[4]。

これより先、仁和四年、異母姉の温《よし》子は、宇多天皇の後宮にはいり、女御となっていた[5]。彼女は天皇にいたく寵愛されたけれども、皇女（均子内親王）一人しか産まず[6]、その点では父や兄弟たちに失望を与えていた。基経は、初めから穏子を次代の天皇の後宮に入れようと目論んでいたに相違なく、またこの線に沿って穏子は教育されていたことであろう。

二

穏子入内の方針は、時平によって継承されたけれども、基経亡き当時においては、それは必ずしも円滑に運べないものがあった。基経の薨去後、宇多天皇は関白をおかず、親政を行われた上に、どれほど才気に溢れてはいても、時平はまだ二十歳前後の青年であった。とは言っても頭が冴えて鼻柱の強い時平は、多少の困難くらいで方針を変えるような男ではなかった。

『九暦』によると、[7]皇太子・敦仁親王が元服された日、すなわち寛平九年（八九七）七月三日の夜、時平は為子内親王と一緒に穏子を東宮に入内させようと図った。この内親王は宇多天皇の同母妹で、母は光孝天皇の女御で後に皇后となった班子女王（仲野親王王女）であった。[8]班子女王は、穏子の入内を喜ばず、宇多天皇は、母后の命によって穏子の入内を差し止められた。

元服の日、東宮は践祚され（醍醐天皇）、為子内親王に三品を授け、妃とされた。[9]内親王は、勧子内親王を産んだが、そのお産によって昌泰二年（八九九）三月十四日に薨去してしまった。その当時、どこからともなく、為子内親王は、穏子の亡母（人康親王の娘、基経側室）の怨霊によって歿したという浮説が流れ、当時、『院の太后』と呼ばれていた皇太后・班子女王の耳にもその巷説がはいった。ますます不愉快になった皇太后は、重ねて穏子の入内を差し止めたことであった。

しかし左大臣の時平は醍醐天皇とひそかに事を図り、突然、穏子を入内させてしまった。そのころ朱雀院におられた宇多上皇も、院にあった班子女王も、時平のやり方にひどく腹を立てられたが、既成事実となった今では施す術とてなかった。[10] 恐らくそれは昌泰二年の夏のことで、時に穏子は齢漸く十五歳に過ぎなかった。

『寛平御遺誡』において宇多上皇が、

左大将藤原朝臣（時平）は、功臣の後にして、その年少しと雖も、已に政理に熟せり。先年、女事において失ふ所あれど、朕早く忘却して心に置かず。

と述べられている『女事』とは、穏子の入内を指しているに相違ないのである。

宇多上皇は、『心に置かず』と言われているが、一方では菅原道真を重用し、時平をはじめとする天皇グループの反感を喚られるところがあった。道真の左遷（延喜元年）は、道真個人が招いた理由もあるけれども、その一半の責任は上皇にあると言ってよかった。穏子は、兄・時平の強引なやり方によって入内した。それに彼女がはいったのは、醍醐天皇の後宮であったから、必然的に彼女は、天皇のグループに加わったわけである。これに対してすぐ上の同母兄の忠平は、上皇のグループに属しており、上皇や道真から将来に望みをかけられていた。忠平は、すぐ下の妹の穏子を可愛がっていたようであるし、また政策的意味もあり、上皇と彼女の間を円滑にするため骨折っていたように見える。

三

穏子は、後年における彼女の言動が示すように、非常に聡明な女性であった。然も左大臣の時平を背景にしていたから、彼女に対する醍醐天皇の態度は、特別なものがあったであろう。しかし彼女が昌泰二年の夏に入内しながらもすぐに女御とされなかったのは、無論、そこに宇多上皇や皇太后・班子女王（昌泰三年四月一日崩）に対する天皇の遠慮があったわけである。

醍醐天皇と時平との結びつきは、普通考えられている以上に鞏靭なものがあった。菅原道真が左遷されて間もない延喜元年（九〇一）の三月に穏子は女御とされたが[11]、時平などの願望にもかかわらず、彼女は容易に妊娠しなかった。そして彼女がやっと皇子・崇象《たかかた》を産んだのは、延喜三年十一月三十日、彼女が十九歳の時であった[12]。天皇がいかに皇子の誕生を欣ばれたかは、勅使をつかわして賜わった贈り物の質と量からしても想像されるのである[13]。

当時、後宮において絶大な権力を握っていたのは、穏子の叔母にあたる尚侍従一位の藤原淑子《よしこ》であった[14]。いかに事を巧妙に運んだとしても、宇多上皇の目を盗むことは可能であっても、淑子に隠して穏子を入内さすことはできないし、また淑子の感情を害したのでは、後宮生活は続くものではなかった。無論、基経と仲のよかった淑子は、穏子の入内を支持したであろうし、またこの入内について彼女は上皇の了解を得るように努めたに相違ないのである。

またその頃、淑子の下にいたのは、歌人として知られた典侍・藤原因香《よるか》であった。皇子・崇象の誕生は、誰の目にも次代の天皇が生まれたと映ったようであって、天皇の叔母にあたるこの因香[15]も、賀歌を詠じて、皇子の誕生を慶祝したのであった[16]。

その時分、穏子は時平の東一条院（華山院）を里第としていたようである[17]。新皇子がここで生まれ、しばらく母女御とともにその邸宅にあったことは言うまでもなかった。天皇も時平も、新皇子の知能や性格などを度外視して、当然のことのように、この皇子の立太子を予定していた。しかしなによりも上皇に対するてまえ、そう簡単に皇太子に立てるわけにはいかなかった。こうして延喜四年正月いらい、時平以下の上卿らの連名による上表が三度も繰り返され、彼らの執拗な願いとして立太子の儀が天皇に要請された[18]。そこで天皇は、止むをえず—という形をとって—二月十日、皇子・崇象を親王とした上で皇太子に立て、その象徴として『壺切の剣』を皇太子に賜わったのであった[19]。

こうして穏子は、皇太子の母となり、その重みは、他の女御、更衣たちを完全に圧倒するに至った。後宮における穏子の曹司は、弘徽殿にあったらしいから[20]、恐らく初めのころ、彼女は、『弘徽殿の女御』と呼ばれていたのであろう。延喜七年正月、彼女は従三位に叙されていたらしいが、[21]同九年二月には従二位に昇叙され、[22]同年六月には、更に加階された。[23]恐らくこの時、正二位が授けられたのであろう。しかし初産において穏子はいくらか体を痛めたらしく、その後十七年間も妊娠の徴候をみず、彼女自身もこれ以上の出産は無理と諦めていたようである。

その間、後宮では延喜六年五月に尚侍の藤原淑子が薨去し(六十九歳)、翌年二月には、その替えとして藤原満子が尚侍に任じられた。この満子も歌人であり、因香の姉妹、従って天皇の叔母に当たっていた。[24]この頃、穏子に最も憂愁を覚えさせたのは、自分の庇護者である左大臣・時平の薨去(三十九歳)であった。皇太子の母であるとは言え、彼女は前途に容易ならぬものを感じたことであろう。穏子は義理に篤い性質であった。後に触れるように、彼女は生涯、兄・時平の恩義を忘れず、時平の遺児に絶えず目をかけていたのである。

四

時平薨去の後、穏子と忠平とは互に接近し、提携を固くしたようである。これは、兄妹といった肉親的な関係ばかりからではなかった。穏子にとってみれば、長兄の時平亡きあと、最も頼りがいのあるのは、公平にみて忠平であったし、忠平は政治力も充分であり、かつ政治的に実力をもっていた宇多法皇の信任が篤かった。忠平にしてみれば、穏子は春宮の母であり、醍醐天皇の御息所のうちでは最も重きをなしていた。とかく法皇派として白眼視されていた忠平にとって、穏子を通じて天皇に接近することは、彼の政治生活にはまことに重要であった。忠平は、穏子の里第として東五条第を提供し、互に便宜を図った。忠平は多く東五条第に正室の順子と住んでいたが、穏子が退出した際は、この邸宅に同居したり、或いは西五条第に遷ったりしていた。『貞信公記』を閲読して少しく奇異に思われるのは、穏子がしばしば内裏から退出し、かなり永いあいだ東五条第に居住していることである[25]。天皇と穏子との仲が悪かったとは思えぬので、右に述べた穏子の退出の理由は、説明し難いものがあるのである。

延喜四年以後穏子は春宮の母であった。しかし不思議なことに、崇象親王が二歳で皇太子に立てられて以来、太子は母のもとを離れ別に養育されていたのである。醍醐天皇は、『御記』の延喜十二年正月四日条に、

大納言藤原朝臣（忠平）を召し、仰せて皇太子をして女御藤原朝臣（穏子）を拝せしむ。年来事謬りて此の事を得ず。仍つて仰せて行はしむ。ただし、簾中に拝す。

としるされている。どういう事情がこのように母子を隔てたかは明白でないが、恐らく穏子の入内や保明親王（延喜十一年十一月に改名[26]）の立太子に無理があり、そのため法皇に対

する天皇の遠慮が原因となっていたのではないかと臆測される。身は太子の母であっても、このように隔てられていたのでは、穏子の胸中は決して安らかなものではなかったであろう。

しかし母子の対面がどれほど困難であったにせよ、穏子は春宮の母であり、春宮の配偶者の選定については、最も大きな発言権をもっていた。穏子はかねがね天皇に、春宮には時平の遺児・仁善子を室として迎えたい旨を奏し、天皇の許諾を得ていたようである。これは、彼女が時平へ恩義を感じていたためではあるが、同時にそれは、宇多法皇に対する無言の抵抗をも意味していたものと推察される。

延喜十六年（九一六）十月二十二日、皇太子は十四歳で元服し[27]、その夜、仁善子は皇太子のもとに入侍したのである。その前日（二十一日）、穏子は天皇に書面を呈上し、東宮妃として仁善子を参入せしめたいこと、その際、仁善子が輦車を用いることを請い、共に勅許を得ている[28]。しかしこれはあくまで形式的な請願であって、仁善子入内の儀は、天皇、穏子、忠平などの間で内定していたに相違ないのである。法皇の了解は、忠平や褒子を通じて得られていたことであろう。法皇は、時平の娘・褒子を強引に御息所とされていた[29]。褒子は『京極御息所』と呼ばれ、延喜二十年四月には、法皇の皇子・雅明を産んだが[30]、彼女は晩年の法皇の寵愛を恣にしていたのである[31]。

時平の遺した子女達に対する穏子の暖かい顧慮は、彼女の生涯を通じて渝《かわ》らなかった。

る。[32] 例えば、時平の三男・敦忠は、延喜十七年二月十五日に参内し、穏子のもとに祗候《しこう》してい彼女は、歌才に富んだ、そして教養裕かな敦忠に、殊のほか目をかけていたらしい。穏子の女房・右近と敦忠との忍び逢い[33]なども、彼女の黙認のもとに行われていたのであろう。

それとともに、忠平とも親しかった穏子は、延喜十八年、娘の貴子を春宮のもとに入れたいという忠平の希望をも容れたに違いない[34]。延喜十九年十月、彼女は歌人などを招いて兄・忠平の四十の算賀を盛大に催したことであった[35]。忠平の長男の実頼が時平の娘を室に迎えたのは、丁度その頃であったが[36]、蓋《けだ》しそれは、時平と忠平の家族の協調と繁栄を図ろうとする穏子の配慮によったものであろう。

延喜十九年の秋頃から穏子は体に異常を覚えるようになった。明らかにそれは、十数年ぶりに彼女に恵まれた妊娠の徴候であった。翌年二十年二月、穏子は正式に懐妊の旨を奏上し、出産のため東五条第に退出した[37]。こうして四月十二日頃[38]、皇女・康子が無事生まれたが、ある老婆が彼女の出産を呪ったというのは、多分この時のことであろう。

『政事要略』（巻第七十）は、次ぎのような秘められた逸話を伝えている。すなわち、穏子は出産のため、四条大路南・東洞院大路東（左京五条四坊一町、四条通をへだてて大丸京都店の向い側で、大和銀行京都支店がある一画）の東五条第[39]に退出し、産褥についた。ところがなかなかの難産であったので占わせてみると、産床の下に厭者、つまり呪いの物があるのではないか、ということであった。捜してみたけれども、産床の下にはそれらしい物はなにもなかった。念のため産床の下の床板をはがしてみると、床下に白髪の老婆がおり、梓弓の折れたのを手にしてそれを噛りつつ呪っているのであった。直ちにこの老婆を追い出したところ、即時にお産が済んでしまった。側近の人びとがこの老婆をどう処分すべきかを尋ねた時、忠平は、『御産は無事済んだのだから、ただ追い払うだけでよろしい』と言い、誰れに頼まれたかなどを聴きただささないですぐにこの老婆を追い払ってしまった。世間の人びとは、忠平のこの挙を称歎したとのことである。この呪詛が誰れの仕業であったかは、最早知る由もない。しかし忠平は、老婆を問い詰めなくとも、誰れの所為か見当がついていたのであろう。

こうして生まれた皇女・康子は、同年十二月、内親王の宣旨を受けた(40)。今度は、皇女は離さず、穏子は自らこの皇女を養育することができた。翌年十一月、春宮の御息所となっていた仁善子は、慶頼王を産み(41)、穏子は三十七歳の若さで王子の祖母になったのである。

五

延喜二十三年を迎え、穏子も三十九歳となった。その正月三日、皇太子・保明親王は仁和寺に行啓して法皇に謁し(42)、天下の人びとは法皇が太子に目をかけられるのを喜んだことであった。ところが三月二十一日、皇太子は突然発病し、その夜ついに薨去されるという突発事故が起こった。『天下の庶人、悲泣せざるはなく、その声、雷の如し。世を挙げて云ふ、菅帥の霊魂の宿忿の為す所なり、と[43]』とあるように、太子の急逝は世人に非常な衝動を与え、菅原道真の怨霊の祟りによると取りざたされる始末であった。

そのころ、穏子はまた妊娠して東五条第にあったらしい。皇太子・保明親王の薨去がこれほど大きな苦痛を彼女にもたらしたかは、言うまでもなかった[44]。天皇は深く慮られるところがあり、四月二十六日、穏子を中宮に冊立した上[45]で保明親王の遺児・慶頼王（三歳）を皇太孫に立てられ[46]（二十九日）、一方では道真の本官を復し、正二位を贈られた[47]（二十日）。天皇は、保明親王をいたく愛しておられた。しかしそれにしても慶頼王を太子に立てられるところには、時平の子孫を尊重しようとする天皇や穏子の並み並みならぬ配慮があったに相違なく、嫡流を尊ぶこの考え方に、右大臣の忠平も逆うわけにはいかなかったであろう。

閏四月十一日には改元があり、延長元年（九二三）となった。これは、菅家の怨霊や水禍、疫疾を攘うためであった[48]。穏子は引き続き東五条第にあり、七月二十四日に無事、皇子・寛明（朱雀天皇）を産んだ[49]。皇子は直ちに親王の宣旨を受け、中宮・穏子は新皇子と共に、十一月二十一日、内裏の弘徽殿に還ったのであった[50]。

延長二年は、病臥することもあったにせよ、穏子にとっては平穏無事な年であった。しかし翌三年になると、春以来天然痘が流行し、六月六日には天皇までがこれに罹られた(51)。皇太孫・慶頼王もこれに感染したらしく、同月十八日の夜、職御曹司において僅か五歳で薨去してしまった(52)。王の母は、時平の娘の仁善子であったから、世間はまた菅家の怨霊の祟りと看做し、喧しく取りざたするのであった(53)。

穏子が産んだ寛明親王は、八月二十九日に著袴の儀を終え(54)、十月二十一日には皇太子に立てられた(55)。同日、天皇は勅を下して皇太子は幼きが故に中宮と同殿して弘徽殿にいるように命じられた(56)。無論これは、中宮・穏子の強い要請に基づくもので、二人の皇太子を喪ってからの彼女は、寛明親王の身辺について極度に神経質になっていた。

『大鏡』(第六巻)に、

朱雀院むまれ給て三年は、おはしますの殿の格子もまいらず、よるひる火をともして、御帳のうちにておほしたて〳〵まいらせ給、北野にをぢまうさせ給て、……

とあるように、穏子は菅家の怨霊を恐れるの余り、弘徽殿の塗籠の格子を昼でも上げず、真暗な室内の御帳の中で寛明親王を育てるといった神経質ぶりであった。末尾の年譜が明示するように、延長四年(九二六)から翌年にかけて、穏子は尊意をはじめ名ある高僧を請じ、頻繁に春宮のために修法せしめており、その修善供養の度数は常軌を逸するものがあった。延長六年以後は史料が不充分なのでよくわからないが、穏子は母性愛に狂ったかのように、修法を続けていたと推測される。延喜十八年(九一八)、穏子が三十四歳の年の八月十三日から彼女は東五条第で『法華経』を講読せしめ、詩人を招いて詩を賦させたことがあった(57)。当時の貴婦人の常として、その時分から彼女は篤く仏道に帰依していたようである。しかしそれにしても延長三年以後の穏子は、皇太子の身を案ずるの余り、もの狂わしいほど修善に努めたのであった。

延長三年の冬、穏子にはまたまた妊娠の徴候が現われた。しかしこのたびは、東五条第には赴かず、皇太子とともに桂芳坊に遷り、翌年六月二日、ここで皇子・成明（村上天皇）を産んだのであった(58)。七月になって穏子は春宮、新皇子といっしょに弘徽殿に戻った。康子内親王も参入して弘徽殿に来たったので(59)、穏子は三人の子供たちとともに弘徽殿に過ごすようになった。そのころ、天皇もまだ健やかでおられたから、親子が同じ殿舎でいっしょに暮した延長四年から八年にかけての四年間は、母としての穏子が生涯において経験した最も幸福な時代ではなかったかと思われる。

皇子・成明は、誕生の年（延長四年）の十一月二十一日、親王の宣旨を蒙った(60)。しかし穏子は、寛明親王ほど真綿にくるんだようにして成明親王を育てはしなかったようである。実際、穏子の寛明親王に対する愛情は、格別なものがあった。朱雀天皇（寛明親王）は、寛大で優しい性格(61)の反面、ヒステリックな傾向を持っておられたと伝えられている(62)。そうした性格の形成には、穏子の鍾愛が多少とも影響しているのかもしれない。

春宮・寛明親王は、延長八年二月七日、東宮学士・藤原元方について凝華舎（梅壺）で読書始めを行った[63]。時に太子は八歳であり、穏子にとって万事は好調子に続くものと思えた。しかし六月二十六日における清涼殿の落雷の椿事は、意外に大きな波紋をひき起こし、醍醐天皇の譲位、崩御、寛明親王の践祚といった事件が次ぎ次ぎと起こった。そしてまたもや菅家の怨霊が世人の口の端に上るのであった。時局の目紛わしい変転に、穏子は悲歎するよりも寧ろ唖然として過ごしていたことであろう。

第１図　醍醐天皇《後山科陵》（南方より）

六

延長八年九月二十二日、譲位に際して醍醐天皇は、左大臣の忠平に、『幼主を保輔し、政事を摂行せよ[64]』と詔し、また九月二十九日、崩御の時には、左大臣・忠平を太政大臣とするよう遺詔された[65]。全般的にみて、天皇は忠平を心底から信任してはおられなかった。しかし事ここに及んでは、忠平を摂政・太政大臣に任じて後事を託されるほか詮方なかったのであろう。

醍醐天皇は、『延喜の聖主』といわれ、その治世は『延喜の治』として後世の範とされている[66]。確かに個人としての醍醐天皇は、神経が繊細で教養の裕かな、優れた人柄であった。しかし政治の面では、宇多法皇の勢力が天皇の治世を貫いて重圧を及ぼし、その行動を規制していたのである。時平を重用し、律令体制を大いに刷新しようとされた最初の意図が龍頭蛇尾に終わったのも、間接的には法皇側からの圧力の結果と看做される。

忠平は、稀にみる政略家ではあったけれども、政治家としては寧ろ凡庸であった。『承平・天慶の乱』の対策などは、忠平が政治家として馬脚を露わした一例である。けだし忠平には行政や軍政、財政の面で積極的に改革を行おうとするような意欲も能力もなかったかに見える。宇多法皇の権威を背景とした忠平を、同母兄の仲平を無視して、藤氏の長者と認め（延喜九年四月）、延喜十三年以降は、筆頭の執政とせねばならなかった情況下においては、庶政の刷新などは、望むべくもなかった。律令体制が弛緩し、或いは破綻に陥った後世からみれば、内乱もなく平穏であった醍醐天皇の治世は、聖代とみなされよう。しかし端的に言えば、それは遺産によって生きる未亡人の平和であった。繊細な神経の持主であった醍醐天皇は、落雷に絡む菅家の怨霊に打ちのめされ、儚い最後を遂げられたが、臨終の床における天皇の胸中は、恐らく無念の思いで充たされていたのではなかろうか。

忠平は、基経の第四男に生まれ、尋常な手段では位人臣を極めるような栄達は、困難な状態におかれていた。しかし彼は、菅原道真の姪であり、法皇の養女となった光孝天皇皇女・源順子を室に迎えて法皇と緊密に提携し、女御の穏子と結び、時平薨去の後、迅速に氏長者の地位を獲得して、同母兄の仲平を瞠若たらしめた。右大臣・源光の薨去によって彼は執政の首位となったのであるが、源光の怪死は忠平の陰謀にかかるものとみる公算が多い。

また延長元年（九二三）以来起こった菅家の怨霊の風説にしても、同八年六月の落雷にからむ同じ怨霊の世評にしても、その根源は忠平にあったように推測される。恐らくそれは、繊細な神経の醍醐天皇をノイローゼに陥れ、自分を真に信任しない天皇を位から退け、穏子の産んだ幼児を天位につけて、政権を独占しようとする忠平の巧妙な神経戦的策謀に由来していたのであろう。更に彼は、穏子一人だけで満足せず、保明親王に先立たれた娘の貴子を御匣殿別当の名で後宮に入れ、右大臣・藤原定方に連なる尚侍・藤原満子の勢力を減殺しようと図った。強調せねばならぬのは、忠平のそうした術策がいつも好機を捕えて、自然に遂行され、一部の人びと（醍醐帝、定方、道明、兼輔のような）は漠然と感じていたとしても、宮廷でも、世間でも、殆どその巧妙な権謀を感づく人がいなかったことである。そして醍醐天皇が崩御した後、今度は却って忠平を掣肘する存在となった宇多法皇は、これまた承平元年（九三一）七月十八日に崩御された。天皇は九歳の子供であり、その母は、同年十一月二十八日に皇太后となった同母妹で彼と親密な穏子であった。権力的に忠平に対抗できる人物は、一人として存しなくなった。陽成上皇は健在であったけれども、上皇としての待遇を与えられているに過ぎず、無論、権力の座にはおられなかった。

過去において忠平が成し遂げえなかったただひとつは、穏子に遠慮して、娘を醍醐天皇の後宮に入れぬことだけであった。

過去において政権の座にあった基経や時平は、後宮に対する布石として皇太夫人の温子や尚侍の淑子をもっていた。言うまでもなくこれは、不比等以来の藤原氏の伝統的政策であった。そして今や忠平は、親密な同母妹の穏子と固く連繫して政界を完全に壟断するに至ったのである。

七

皇太后となった穏子は、摂政の忠平と強く提携していた。しかし勿論、聡明な彼女は、忠平の傀儡となるようなことはなかった。穏子は、どれほど菅家の怨霊が喧伝されても、昔受けた恩義を忘れず、時平の遺族への配慮をやめなかった。最愛の子・朱雀天皇の御息所の選定に関して、穏子は熟慮に熟慮を重ねたと思料されるが、その結果選んだのは、保明親王と時平の娘・仁善子との間に生まれた熙《ひろ》子女王であった(67)(承平七年二月、女御)。更に太后は、もう一人の女御を入れたが、それは実頼と時平の娘との間に生まれた慶子であった(68)(天慶四年七月、女御)。これには忠平も不満の意を表することができなかったであろう。

時平の息子達―保忠、顕忠、敦忠―は、揃いも揃って線の細い、しかし教養裕かな貴公子であった。穏子がこれら三人の兄弟の後援者であったことは疑いがなく、延長八年十二月、保忠が四十一歳の若さで大納言に昇進[69]した背後には、当然、穏子の強い支持があったはずである。少くとも保忠の生存中は、醍醐天皇も穏子も、彼を北家の嫡流とみなし、忠平を―かつて左大臣・良世がそうであったように―過渡的な氏長者とみる考え方を変えなかったに相違ない。従って摂政・太政大臣の高位に昇った忠平が、もし脅威を覚える人物があったとすれば、それが第一に保忠であったことは疑いがなく、また忠平が保忠に対して何等かの秘策を練ったことも、充分に想定されるのである。

歌人としても勝れていた右大臣の定方は、醍醐天皇の母方の叔父に当たっており、法皇、天皇ともに篤く信任された人物であった。しかし定方は、忠平を太政大臣にせよという天皇の遺詔を敢えて実行せず、ひたすら天皇の崩御に心を傷めつつ承平二年（九三二）八月に世を去った。穏子は、当然、先帝の遺詔を知っていた筈である。その彼女が定方に敢えて先皇の遺詔の実行を命じなかった背後には、なにかしら複雑な事情があったのであろう。穏子は忠平と緊密に協力していたけれども、彼女はあくまで母后、皇太后としての立場を守り、こと重大人事に関しては、相当の発言もなし、忠平の思う通りにはさせなかったように見受けられる。

延長八年六月の落雷事件によって内裏の清涼殿は穢れてしまった。そこで承平元年十一月、これまでの清涼殿の一部を改築する工事が開始された[70]。それまで天皇は、母后とともに弘徽殿におられ、飛香舎（藤壺）には御匣殿別当の貴子が住んでいた[71]。承平二年六月、穏子は天皇とともに飛香舎に移った[72]。その後、天皇の御座所は、弘徽殿となったり、綾綺殿や麗景殿に移ったりしたけれども、穏子はいつも天皇と同殿していたし、それは承平七年正月に天皇が元服され、熙子女王が女御となった後も渝らなかった。また承平二、三年頃は、国事に臨む天皇に穏子が同輿して付き添うのが常であった[73]。

穏子の産んだ他の皇子女―成明親王と康子内親王―も、殿舎を異にしていたかも知れないが、ともに内裏に住み、母后の側近く暮していた。承平二年二月、成明親王（七歳）は、大江維時を学士として凝華舎（梅壺）で読書始めを行うところがあった[74]。康子内親王は、十三歳となっていた（承平二年）。穏子は、この皇女を掌中の玉のようにいとしみ、彼女の婚姻のことなどは全く念頭におかなかったようである。

朱雀天皇が幼少の頃、太子の一身を案ずるの余り、穏子は度を過ごした修善供養を行った。朱雀天皇が即位された後は、さすがにそうした傾向は見られなくなったけれども、彼女の仏道への帰依の心は、少しも渝ることがなかった。承平元年九月、彼女は、延暦寺西塔院において醍醐天皇の周忌の大法要を催したし[75]、また内裏においては先帝の御願一切経の読誦を行わしめた[76]。翌年三月には極楽寺において亡父母の追善供養の法会を催したし[77]、同年九月には醍醐寺において先帝のため新写の四巻経を供養するところがあった[78]。穏子は新しい寺院の建立などを発願せず、先帝御願の醍醐寺の完成や維持を志していた。承平六年八月、醍醐寺に封五十戸を施入したことなども(79)その一例である。しかし普通の法会は、法性寺や延暦寺で行わしめることが多かった。天慶二年（九三九）八月にも、穏子は忠平の六十の算賀のため、法会を法性寺に設けている(80)。これよりさき承平四年十二月、忠平は太后五十の御賀を常寧殿において催したが(81)、穏子はその日の様子を詳しく日記に書きとめているし(82)、また歌人の伊勢も、記念の屏風の歌を詠じ、穏子の賀を慶祝したことであった(83)。

八

後に掲げるように、穏子は歌も一応詠んだし、また紀貫之、伊勢といった歌人とも接触があった。しかし彼女が得意としたのは寧ろ散文であって、流麗な筆致で日記を書き続けたのである。彼女の日記は、普通『太后日記』の名で知られているけれども、また『大宮日記』、『天暦母后日記』、『天暦太后御日記』などとも呼ばれている(84)。これは遅くとも延長四年（九二六）から執筆され、早くとも承平四年（九三四）までは書き続けられた和文の日記であるが、つとに散逸し、僅かに次ぎのような断簡が四辻家の源善成の『河海抄』に引用されているに過ぎない(85)。

(1)『太后御記』云、『延喜七年正月十四日、おとこ《男》たうか《踏歌》ありてわた《綿》かづけ《被》の蔵人四人、

大うへ、わたりおはします、云々。』（巻第十）

『貞信公記』によると、延喜七年（九〇七）の踏歌は、正月十六日に行われているから、この『延喜七年』は、『延長七年』の誤りであろう。延長七年正月（但し日は不詳）に男踏歌が行われたことは、『李部王記』の記事（『花鳥余情』第十三、所引）から徴証される。『綿かづけの蔵人』とは、踏歌人の高巾子《こうこんし》に禄の綿をつける役の女蔵人。『大うへ』は、貴人の母のこと。ここでは誰を指すか不明。

（2）『大宮日記』云、『延長六年、亭子院《宇多法皇》よりたかうなたてまつれ給へり。御使よしふ。かい《掻》ねり《練》の大うちぎ《袿》給。』（巻第十四）

『たかうな』は、筍のこと。『かいねり』は、『生《すずし》』または『生絹《きぎぬ》』のような天然の絹ではなく、煮沸または灰汁で蚕糸のもつ膠状物質をとり除いた、純白で柔らかい光沢のある絹、すなわち『練絹《ねりぎぬ》』をいう。『よしふ』は、如何なる人物か不詳。

（3）延長七年三月二十八日『太后御記』云、『おとゞ《忠平》の御賀を実頼の中将つかうまつれり。四尺の御屏風二よろひ、御てをうへにかゝせたてまつらせ給。』（巻第十三）

忠平の一男の実頼（当時、右近衛権中将）が父の五十の算賀を法性寺において修した時の記事。この時、醍醐天皇は、宸筆の屏風二具《よろい》を祝いとして忠平に贈られたことが記されている。但し、『日本紀略』は、これを三月二十三日としている。

（4）『太后御記』云、『承平三年八月二十七日、女宮、御も《裳》たてまつる。いぬ《戌》二にて御も《裳》

のこし《腰》、おとゞ《忠平》ゆひ《結》たてまつり給ひぬ。』（巻第十三）

承平三年八月二十七日に催された康子内親王（十四歳）の著裳の儀は、『西宮記』（巻十一）に詳しく記されているし、また『日本紀略』や『河海抄』（巻第十三）所引の『李部王記』などにもしるされている。これは、忠平が穏子の産んだ康子内親王の裳の腰を結んだことを記したもの。『いぬ二』は、『戌二点』、すなわち午後八時。

(5)『太后御記』『承平四年十二月九日、御賀おとゞとくまかで《罷出》給ひぬ。又をくり物沉（沈）のはこ一よろひ《具》いれたり。せむだい《先帝》の御手のまんようしう《万葉集》、今一には本五まき《巻》、やまと《和》こと《琴》一、云々。』（巻第十三）

左大臣・忠平が皇太后・穏子の五十の算賀を常寧殿で行った時の記事である。これは、『貞信公記』同日条に、『予、不レ及レ禄退出。追給禄幷手跡。和琴等、本万葉集、入筥二合。』とあるのに照応している。すなわち穏子は、引出物として忠平に、和琴と沈香の木で作った筥二合とを贈ったが、この筥には、醍醐天皇宸筆の『万葉集』（全部で十巻）が五巻ずつ入れてあったのである。

(6)『太后御記』云、『承平四年十二月九日、御賀。みこたち、かんたちめ《上達部》には女のよそひ、宰相にはさくら色のほそなが。』（巻第十三）

(5)と同じ時に穏子が贈った引出物が述べられている。すなわち親王たちや上達部には女装束一揃、参議には桜色の細長が贈られた。上達部は元来三位以上の殿上人を指す故に、ここでは四位の参議と区別し、狭い本来の意味で用いている。細長は、若い婦人などが着る裾の長い袿《うちぎ》。

断簡ながらともかく現在伝えられているのは、以上の六条に尽きている。なお穏子は、前述のように、延長四年六月二日、桂芳坊において皇子・成明（村上天皇）を産んだが、同月十三日のこととして『西宮記』（巻十一）には、次ぎのような記事が掲げられている。

十三日、自左大臣家被奉物。威儀御厨子一双、居（客カ）御物御衣筥四合、有御衣机、御衣二筥、御襁褓二筥、鈍物廿具、碁手卅貫、女官御（衣カ）等相具也。自余事等如例。已上日記、出於先太后御記也。

明らかにこれは、『太后御記』の一節をとって漢文にしたものであって、穏子が遅くとも延長四年には日記を執筆し始めたことを証明している。学界の一部には、この日記の侍女執筆説が行われている。[86] これは、積極的な証拠がないばかりでなく、教養の深い穏子が醍醐天皇や忠平に刺激され、暦に覚え書き風に日記を誌していったと見る方が自然であると思う。平安時代の皇后や女御で日記を誌した人は殆どいないだけに、『太后御記』の散佚はいたく惜しまれるのである。

平生、文筆に親しんでいた穏子のことであるから、彼女も当時流行し始めた歌合なども折々催したものと推量される。『拾遺和歌集』（巻二、第一一三番）に、

延喜御時、中宮歌合に　　よみ人しらず

夏くればふか草山のほとゝぎすなくこゑしげくなりまさるかな

とある如きは、その例証とされよう。但し、『夫木和歌抄』（巻第十二）に、『延喜十九年八月、藤壺女御御歌合、女郎花』とある『藤壺の女御』は、その頃穏子について勢力のあった女御の藤原能子《よし》のことであろう。彼女は定方（当時、中納言）の娘で、同年正月、従四位下に叙されており、天皇の従妹に当たっていた。彼女が歌人として相当な人であったことは、『大和物語』その他から充分に窺えるのである[87]。

それはともかく、穏子は文学への関心が強かったから、彼女に仕えた官女には才媛が少くなかったと推量される。中でも著名なのは、『小倉百人一首』の、

忘らるる身をば思はずちかひてし人の命のをしくもあるかな

で知られる右近である。『大和物語』（第八十一段）は、『季縄《なは》の少将のむすめ』とし、『勅撰作者部類』は、『右近少将藤原季綱女』と記しているが、後者の『綱』は『縄』の誤写と思考される。また『尊卑分脈』（第二編、真作孫）は、次頁のような系図を掲げている。しかし但し書きによって臆測すると、守樹、茂樹、右近とその妹の四人は、『交野《かた》の少将』として広く知られていた季縄（藤原氏南家）の子たちと見做すべきであろう。右近と敦忠とは、彼が左兵衛佐であった頃（延長六年六月から同八年十二月まで）に契い合った仲であった[88]。その後右近は、頭中将（承平元年閏五月から同五年二月まで）の師輔と恋に陥った[89]。『大和物語』（第八十三段）に、

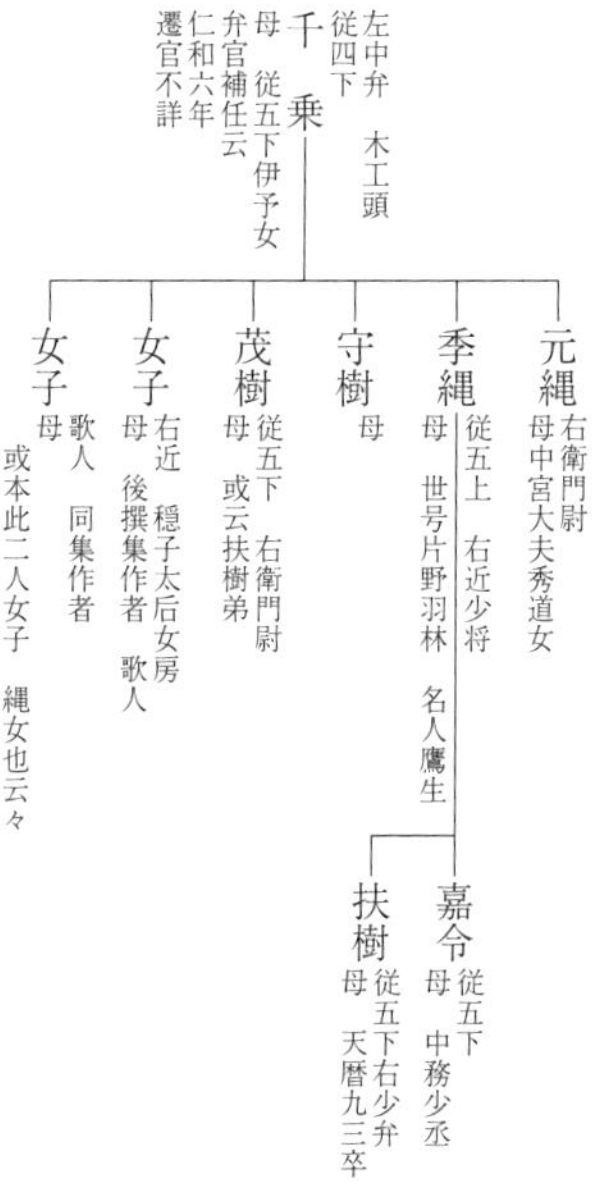

系図１　藤原季縄の系累

おなじ女、内裏《うち》の曹《ぞう》司《し》にすみける時、忍びてかよひ給ふ人ありけり。頭なりければ殿上につねにありけり、云々。

とある『頭』は、明らかに師輔をさしている。恐らく承平二、三年ごろ、右近は弘徽殿の細殿に曹司して住んでいたのであろう。そのほか右近は、藤原朝忠（定方の子）、源順(90)、師氏(91)（忠平の子）などとも交渉があったらしい。ともかく彼女は、非常に多情多感な女性であって、数々の優れた恋歌を遺しており、穏子の女房のうちでは最も光った存在であった。

右近について注目せねばならぬのは、『後撰和歌集』歌人の大輔《たいふ》のことである(92)。彼女が『古今和歌集』に見える大輔（源弼の娘）と別人であることは、宇佐美、桑原の両氏によって指摘されており(93)、まず疑いがないといってよい。『後撰和歌集』に十五首も採られている大輔の方は、『延喜御集』（桂宮本『代々御集』所収）に、

御乳母の命婦のむすめ、たいふの君とてさぶらひける。みこありける人なりければ、

つねに歌よみかはさせ給ければ、……

とあるのでもわかるように、皇太子・保明親王の乳母の娘で、皇太子の御子を産んだ婦人であった。保明親王には二人の乳母、すなわち藤原精子と良岑養父子がおり[94]、皇太子が元服された延喜十六年（九一六）十月二十二日、共に従五位下に叙されている。従って単に『乳母の命婦』といったのではどちらを指すのかが明らかでない。『躬恒集』に、

同年（延喜十八年）十月十九日、舟岡に行幸有りし時に御乳母の命婦まへに召して、もみぢば折りて奉れとあり。一枝折りて此歌をむすびつけて奉る。

と見える詞書《ことばがき》からすれば、単に『御乳母の命婦』と言うだけで、当時それがどの乳母であるかが誰にも分かっていたのであろう。それ故に、この『乳母の命婦』は二人のうちでは順序が上の藤原精子を指すとみる可能性が多い。

この大輔は穏子の側近に育ったに相違ない。また『大鏡』（第二巻）や『大和物語』（第五段）が明示するように、保明親王の寵をうけている頃も、引き続き穏子のそばに仕えていたのである。そして保明親王が亡くなった後も、そのまま穏子に仕え、内裏にあって派手な恋愛生活に身を投じたのである。師輔が詠んだ歌[95]の詞書に、

大輔が後涼殿に侍けるに、藤つぼよりをみなへしをゝりてつかはしける

とあり、また『小弐の乳母』が大輔に贈った歌[96]の詞書に、

院（朱雀院）のみかど、内におはしまし、とき、人々に扉てうぜさせ給ける。たてまつるとて、

と見えることから推せば、承平のころ[97]、大輔が穏子の女房として内裏に曹司していた事実は揺がぬものと言ってよかろう。

その間に、彼女は、小野道風[98]、藤原実頼[99]、師輔[100]、敦忠[101]、朝忠[102]、源信明[103]、橘敏仲[104]などと様々な交渉をもち、その恋いの哀歓を通じて数々の名歌を残したのであった。

大輔に扇を贈った『少弐の乳母』の伝は不明であるが、彼女は朱雀天皇の乳母であり、やはり相当な歌詠みであったらしい。無論彼女も穏子の側近者であり、穏子や朱雀天皇を取り巻く女流歌人群のひとりをなしていた。

『大和物語』（第百十一段）に、『大膳の大夫《かみ》公平《きんひら》のむすめども、県《あがた》の井戸といふ所に住みけり。おほいこは、后《きさい》の宮に、少将の御といひてさぶらひけり。』と見える女房の少将[105]は、『後撰和歌集』（巻第十二、第九四五、九四六番）に、

しのびてかよひ侍ける人、今かへりてなどたのめおきて、おほやけのつかひに伊勢の国にまかりて帰りまうできて、久しうとはず侍りければ　　少将内侍

人はかるこゝろのくまはきたなくてきよきなぎさをいかですぎけん

かへし

たがためにわれがいのちをながはまの浦にやどりをしつゝかはこし　　兼輔朝臣

とある『少将内侍』に同定してもさしつかえないであろう。『堤中納言』こと藤原兼輔は、承平三年二月、五十七歳で薨去しているから、二人の情事は多分、延長年間のことではあるまいか。公平は参議・橘広相の子・大膳大夫・公彦のこととされる。(106)すなわち、公平の娘の橘某子は、掌侍として穏子に仕えていたのであり、彼女も相当な歌人であったのであろう。

穏子の女房の名はその他にも知られているが、どれほど歌をよくしたかは不詳である。いずれにしても、穏子を中心にして内裏には女流歌人のグループがあり、それがよい意味で亭子院のグループと相対し、妍《けん》を競《きそ》っていたことは疑いがないのである。

九

承平六年（九三六）の八月十九日、忠平は太政大臣に任じられた。すでに彼は摂政であり、従一位を帯びていたからこの時に至って彼は位官ともに人臣としての極みに昇り、ここに年来の野望はすべて実現され、彼の栄達は完成したわけである。

承平六年、朱雀天皇は元服前で、まだ十四歳の少年であった。とすれば、太政大臣任命という国家最高の人事は、一体誰によって決定されたのであろうか。

忠平を太政大臣に任命しようとするのは、醍醐天皇の悲しい遺詔であった。しかしそれを承った右大臣の定方はその実行を渋っていたし、また彼が承平二年八月に薨去し、同月、同母兄の仲平が右大臣に昇格した後も、忠平の太政大臣任命は依然として実現されなかった。仲平は忠平より五歳上であった。この兄弟は内心はともかく、表面上は親しい間柄であった。[107] 穏子とか重明親王から忠平の太政大臣任命について申し入れがあれば、仲平はそれを実行せねばならぬ立場にあり、彼が忠平の昇任を邪魔したとは考えられない。無論、いかに幼帝とは言え、これは絶対に勅裁を必要とする重要人事である。そして朱雀天皇がこの問題について母后の指示に従い、或いは指示を仰がれたことは、火を睹るまでもなく明瞭である。母后・穏子が天皇に進言すれば、忠平の太政大臣昇格は延長八年（九三〇）においてすら可能であった。究極的にこの問題の決定権をもつ者は穏子であった。定方は自らの発意によっては実施しなかったけれども、勅命とあれば直ちに所要の手続きをとらねばならなかった。一体、穏子は、承平六年八月まで、何故に兄・忠平の太政大臣昇格を敢えて取り計らわなかったのであろうか。

理由は、恐らく簡単なものであったと思考される。当時はまだ太政大臣が摂政や関白より上位と考えられていた時代であった。[108] 穏子は忠平とはごく親密な間柄であったけれども、彼女は時平の系統を北家の嫡流とみる考え方に固執していたと認められる。そして恐らく彼女は、良房、基経といった北家の嫡流のみが太政大臣に任じられるという見解をもっていたのであろう。承平元年現在において、嫡流の保忠は四十二歳の若さで大納言の地位にあったし、然も彼は教養の高い優れた人物であった。穏子の考え方によれば、太政大臣に将来任じられるとすれば、その有資格者は忠平ではなく、保忠その人であった。忠平は太政大臣に任じられなくても、彼の孫で保忠の養子となった（或いは、なるであろう）頼忠がいずれはそれに任じられ、嫡流としての地位を獲得するであろうという風に思量していたのではなかったか。しかし『賢人大将』と呼ばれ、いたく将来を嘱望されていた大納言の保忠は、承平六年七月十四日、四十七歳で薨去した。忠平の一男の実頼が中納言、師輔が参議であるに対して、保忠の弟の顕忠は、左中弁兼内蔵頭であるに過ぎなかった[109]。いかに亡兄・時平を思う穏子でも、忠平とその系統が事実上の嫡流の位置を占めてしまった現実を認めざるをえなかったし、一旦これを認める以上は、忠平を年来の念願であった太政大臣に推挙せざるをえなかったであろう。

忠平の太政大臣任命は、右のような経過を辿って実現されたと推測される。決定的な契機は保忠の薨去であったが、菅家の怨恨によって彼がノイローゼにかかり、これがその死の精神的な原因となったことを思うならば、すでに考察したように、そこに忠平による菅原の怨霊の蔭からする助成を想定することも許されるであろう。この怨霊思想は、顕忠の行動や性格を著しく規制し、敦忠の寿命を縮めたに相違ないが、保忠亡き今、忠平は最早顕忠や敦忠を歯牙にかけなかったであろう。穏子は依然として時平の遺族の面倒をみていたようである。顕忠や敦忠ばかりでなく、保忠の未亡人(110)や時平の娘が産んだ源博雅や源重信などの後援者でもあったらしい。しかし同時に彼女は、忠平の息子たちにとってもよい叔母であった。

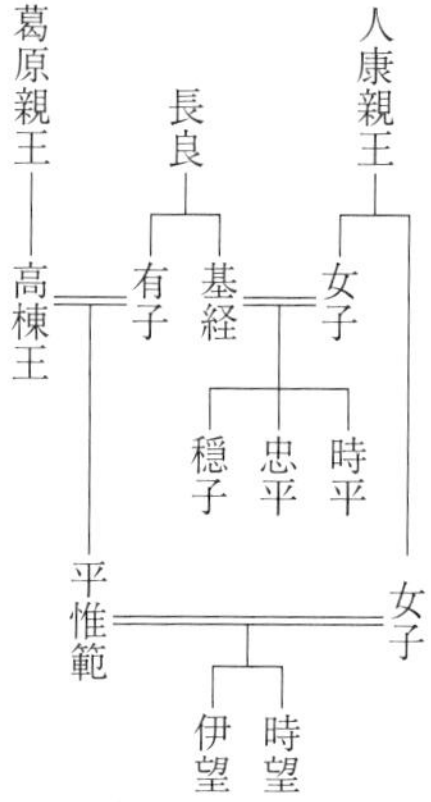

系図2　穏子と平伊望との関係

特に注意されるのは、師輔が次第に穏子に接近し、非常な信任をえるようになったことである。

一体、皇太后・穏子の事務機関である中宮職の長官および次官は、彼女がまだ中宮であった頃は、藤原扶幹と藤原元方（菅根の二男）がそれぞれこれに任じられていた(111)（延長元年四月二十六日）。扶幹は菅原道真門下の逸材であり(112)、歌もよくし(113)、名臣として謳われた(114)真面目な人物であった。延長八年（九三〇）、朱雀天皇の即位後、参議・平伊望が代わって中宮大夫に任命された（時に五十一歳）。伊望は血縁的に穏子と近い関係にあったし(115)、また延長三年正月以来中宮権大夫を兼ね(116)、穏子の側近にあったのであり、彼の中宮大夫昇格は甚だ自然な人事であった。穏子が承平元年（九三一）十一月、皇太后になった後も、皇太后宮職は置かれず、伊望はそのまま中宮大夫に在任していた。そして彼は、天慶二年（九三九）十一月に薨去するまで、九年間ほどその任にあった。同年十二月、代わって中宮大夫を兼任したのは、師輔であった[117]。

師輔は延長元年（九二三）九月、穏子が新皇子・寛明とともに忠平の東五条第から主殿寮に遷る日、大臣家への謝礼の意味で従五位下に叙された[118]。聡明で女好きな師輔は、実力者たる穏子に接近を図り、同時に穏子の女房たちとの交情を忘れなかった。皇太后の事務を主宰する中宮大夫となって師輔が第一に画したのは、穏子にとり入って、自分の娘の安子を成明親王の室に入れることであった。これは都合よく運び、天慶三年（九四〇）四月十九日、安子は飛香舎に入って親王との婚儀が行われた[119]。『未レ聞下人臣在二禁中一行中嫁娶礼上、頗可レ怪者也[120]』と言われたのは、この時のことであった。第二に彼が企図したのは、皇太后・穏子が掌中の玉のように育てていた康子内親王に目をつけ、天慶三年に二十一歳になっていたこの内親王と情を交すことであった。これは至難なことであったが、彼は決して初志を変えなかった。いずれにしても、策士という点で師輔は、遥かに兄の実頼を凌いでおり、忠平の息子に似つかわしかったのである。穏子が、『承平・天慶の乱』などにどれほど深い関心を寄せていたかは、甚だ疑問である。否、忠平や実頼ですら、将門や純友の叛乱を地方的な騒擾程度にしか考えていなかったように窺えるのである。穏子の勢力は比類のないものであったが、国家の行政に関してはすべて忠平にこれを委ね、敢えて干渉することはなかったであろう。穏子の最大の関心は主に人事にあり、その方面では忠平や仲平もどうにもならなかった。天慶八年九月二日、臨終の近づいた左大臣の仲平は、子女の将来について穏子に依頼したが[121]、これまた当然のことであった。また天慶七年四月二十二日、成明親王は、穏子の希望によって皇太弟に立てられ、師輔は春宮大夫に転じた[122]。この場合もそうであったが、穏子の進言は、女性的な朱雀天皇にとって絶対であった。

この朱雀天皇の譲位は、穏子の絶大な権力が冒した過誤であった。『大鏡』（第六巻）は、その次第を次ぎのように述べている。

母きさきの御もとに行幸せさせ給へりしを、『か丶る御ありさまの思やうにめでたくうれしきこと』など奏せさせ給て、『いまは春宮ぞかくてみきこえまほしき』と申させ給けるを、『こ丶ろもとなくいそぎおぼしめしけることにこそありけれ』とて、ほどもなくゆづりきこえさせ給けるに、きさいのみやは、『さもおもひても申さゞりしことを。たゞゆくすゑのことをこそおもひしか』とて、いみじうなげかせ給ひけり。

『日本紀略』その他によってみるに、朱雀天皇の譲位は洵に唐突であって、この譲位の理由は、少くとも表面的にはなにひとつ明らかにされていない。天皇はまだ二十四歳の若さであったし、特に病身というわけでもなかった。ただこの気の弱い天皇は、『大鏡』（第六巻）に、『……将門が乱などいできて、おそれすごさせをはしまし丶ほどに、やがてかはらせ給にしぞかし。』とあるように、永年の平和の夢を破ったこの騒乱を自分の不徳の致すところと考えられていたのであろう。そこに譲位を勧めるかのように解される母后の

言葉があれば、天皇が直ちに譲位を決意されたのは当然であった。譲位の日、すなわち天慶九年四月二十日、朱雀天皇は、

ひのひかりいでそふ今日のしぐるゝはいづれのかたの山辺なるらん

という御製を母后に贈られた。これに対して穏子は、

白雲のおりいるかたやしぐるらんおなじみやまのゆかりながらに

と返歌した(123)。誤解から出たこととは言え、今となってはすべてが後の祭りであった。しかし同時にそれは、穏子の発言力がいかに偉大であったかを実証する例とみなされるのである。

新帝たる村上天皇は、穏子が産んだ三番目の皇子であった。従って新帝が即位したからと言って、彼女が宮中から退出せねばならぬ理由は少しもなかった。しかし太上天皇は内裏から後院に遷御せねばならなかった。穏子にとって朱雀上皇は最愛の子であったから、彼女は一も二もなく、上皇とともに内裏を出て後院に遷る方を択んだのである。

しかし譲位のあった直前から穏子は東西をわきまえないほどの病臥の身であったし(124)、また上皇が後院として希望される朱雀院は、若干修理を加える必要があった。然も、朱雀院は方角が悪かったらしい(125)。尤も穏子自身は、病が重いので、一日も早く内裏から退出しようと考えたらしいが(126)、病床にある穏子を他に移すことは、天皇、上皇、忠平の誰もが反対であったであろう。そこで上皇も穏子もしばらく弘徽殿に留まっていたらしく、同年七月

九日、天皇は弘徽殿で上皇に謁し、そこで宴が催されている。[127] その頃、天皇は引き続き飛香舎におられ[128]、康子内親王は麗景殿に住んでいたようである。[129] この別宴のあった翌十日、上皇と母后とは、康子内親王や女御、官女などを伴って内裏を出て主殿寮に遷御された。[130] 朱雀院に遷ったのは恐らく七月十一日のことであったろう。穏子は早く四月二十六日、太皇太后の尊称をうけていたが[131]、なんといっても朱雀院遷御は、彼女の晩年を画する一転機であったのである。

十

承平七年（九三七）の正月四日、朱雀天皇は十五歳で元服された。[132] そこで忠平は、摂政を辞する表、すなわち所謂『復辟の奏』を上ったが、勅許されなかった。[133] のみならず天慶二年（九三九）二月、忠平は三后に准ずる待遇（年官と年爵）、つまり准三宮を賜わり[134]、栄達はその極に達した。彼は、摂政や准三宮を辞する表を上ったが、その都度許されなかった。[135] そして天慶四年十一月には、摂政辞任が勅許された代わりに関白に任じられた。[136] 村上天皇が即位された後、忠平は幾度も関白を辞したけれども、その都度優諚があってその願いは容れられず[137]、かくして彼は天暦三年（九四九）八月、七十歳で薨去するまでその職にあったのである。

今日からこれを見れば、それは全くの茶番劇であり、退屈なドラマティズムですらある。美辞麗句を連ねた尤もらしい上表、少年に過ぎない天皇（朱雀・村上両帝とも）から賜わる感激的な優諚、それらは殆ど空疎なやりとりに過ぎないものである。ただここで知りたく思うのは、(1)承平七年における忠平の摂政辞任を認めず、天皇が元服された後もなお摂政の任においたこと、(2)天慶二年に彼を三后に准じたこと、(3)天慶四年に関白に任じたこと、(4)村上天皇の即位後も彼を引き続き関白の任においたこと、更に言えば、(5)天暦元年に太政大臣・忠平の一男の実頼を左大臣兼左近衛大将に、二男の師輔を右大臣兼右近衛大将に任じたこと、といった重大な、或いは未曾有の人事が一体誰によって決定されたかということである。それは果たして忠平のお手盛り人事であったのであろうか。

君臨するのが少年の天皇であったのであるから、そうした人事の裁断は、当然、母后の穏子によって下されたに相違ない。しかし穏子の裁断を求めるにしても、忠平や実頼、師輔が直接これを彼女に願うのは憚られたであろう。そのために忠平は、故皇太子の後家の貴子を女官として後宮に入れておいたのではなかろうか。貴子は実頼の妹、師輔の姉として延喜四年（九〇四）に生まれた。[138]貴子の生母は、恐らく源順子の方であったであろう。延喜十八年四月、貴子は春宮・保明親王の侍妃となったが（十五歳）、延長元年[139]（九二三）三月、まだ王子を産まないうちに春宮と死別してしまった（二十歳）。延長年間、忠平は彼女を後宮に出し、穏子に仕えさせた。仮にも左大臣の娘であり、春宮の侍妃であった婦人を典侍に任ずるのはどうかと思われたらしく、彼女は御匣殿別当という職名で宮仕えすることとなった。承平七年十月、尚侍の藤原満子が薨去し[140]（六十五歳）、翌年十一月に、替わって彼女が尚侍に任じられ[141]、十二月には従三位に叙された[142]。爾来二十五年間、応和二年（九六二）十月に薨去するまで（五十九歳）、貴子は尚侍として後宮にあった。穏子が、姪でもあり、息子の未亡人でもある貴子に目をかけていたことは当然である。しかし貴子は、父親思いのおとなしい婦人であったようで[143]、政治的に積極的な役割を果たすことはなかった。しかし彼女が忠平の指示に従い、重要人事について天皇や穏子にそれとなく父親の意向を伝えるようなことは、充分にありえたのである。裏面工作のため縁者を尚侍として後宮に入れるのは、なにも忠平に始まったことではなく、藤原氏の常套的な手段であった。

上皇および天皇の母后として、穏子の勢力は絶大であった。しかしいかに藤原氏北家の出ではあっても、またどれほど忠平と親しくあっても、穏子は自分が置かれている皇室という立場によらねばならなかった。従って彼女は、皇室と藤原氏北家との協調や相互依存という原則に基づいて判断を下さざるをえなかったと想察される。

村上天皇の即位後間もなく師輔の娘・安子は女御とされ（天慶九年五月二十七日）、天暦四年（九五〇）五月二十四日、皇子・憲平を産んだ。これを機会に師輔は必死になって村上天皇に説き、更衣・藤原祐姫（大納言元方の娘）がすでに産んでいた広平親王をさし措いて、しきりに新皇子の立太子を画したようである。(144) 天皇はひそかに母后に図って皇子憲平の立太子について了解をえられたが、穏子はこの問題は朱雀上皇の了解をも得ておくべきことを指示している。(145)

ところで上皇が母后とともにおられた朱雀院は、右京の四条一坊の東の半分を占める、従って八つの町を敷地とした広大な離宮であって、東は朱雀大路、南は四条大路に面していた。(146) これは、嵯峨天皇が後院、つまり大宮御所として造営されたもののようで、承和年間には檀林皇后がここを在所とされ、政界に睨みをきかされていた。(147)

宇多天皇は遜位の後、すなわち寛平九年（八九七）九月九日、朱雀院で宴を設けられ、菅原道真や紀長谷雄に詩を賦さしめられるところがあった。(148) ついで翌年（昌泰元年）二月十七日、上皇は朱雀院に移御し、(149) ここを後院とされた。そして四月二十五日には、皇太夫人の温子もここに移御したが、(150) 歌人の伊勢なども温子に従って朱雀院にいたに相違ない。

朱雀院にて人の心にもあらで鶴を殺したりけるを、今ひとつの鶴いみじう恋ひてなきけるを、雨の降る日なむ

という詞書のある歌は、(151) その頃、伊勢が詠んだものであろう。

延喜元年（九〇一）に上皇が仁和寺に遷御した後、朱雀院は空いていたらしい。その朱雀院を後院として別当以下の官人をおくのはもったいないことであったから、延喜五年六月には後院としての朱雀院は停廃された。(152) 恐らく朱雀院は内蔵寮の所管に置かれたのであ

ろう[153]。

朱雀院が後院としていつ復活したかは、審らかでない。『貞信公記』によると、天慶三年（九四〇）五月十四日、紀貫之と源公忠は、『旧の如く』朱雀院の別当に補されている。貫之は延長八年（九三〇）正月、土佐守に任じられ、承平五年（九三五）二月まで京を留守にしていた[154]。貫之や公忠の前に誰かが朱雀院別当に補されていなかったとは主張しえないにしても、朱雀院は承平五、六年頃、皇太后・穏子のためにまたもや後院とされ、仲の好い両人が別当を命じられたもののようである。

朱雀院の広大な敷地の内には、主な建物の寝殿のほか、東北部には漢の武帝の栢梁台にちなんだ栢梁殿があり[155]、また侍従殿のような建物[156]や馬場[157]もあった。宇多上皇が暫くおられた東対や忠平と源順子との婚儀が行われた西対[158]は、中央の本殿のそれであったのであろう。内裏を退出した後、朱雀上皇はこの本殿を在所とされ、また穏子は栢梁殿の西対におった。康子内親王は母后と居を同じうしていたらしい。上皇の女御たち（熙子女王と藤原慶子）は、勿論本殿に住んでいたはずである。上皇や穏子はしばしば栢梁殿で遊宴や修法を催していた[159]。この院を管理する別当は穏子の甥の源兼忠が任じられていた[160]。恐らく彼は、穏子の命によって別当に選任されたのであろう。

天暦元年正月二日、穏子は太皇太后として内裏の仁寿殿で大饗を催した[161]。これは恐らく、朱雀院の修築が完全に竣功していなかったためであろう。その後は、穏子の主催する饗宴は朱雀院で行われるのが例となった。村上天皇は大いに母后を尊ばれ、なにかにつけて行幸されては、上皇や母后に朝覲された（年譜参照）。その際には、重要な人事問題もいろいろと議されたのに相違なかった。

穏子はもともと健康な方であった。しかし承平七年（五十三歳）頃から老衰を感ずるようになったらしい。同年十二月にはしきりに物恠に悩まされたが、[162]翌天慶元年六月には暫く病臥したこともあった。[163]また翌二年十月から十一月にも病に臥したが、[164]とくに三年五月には重病にかかり、六月には危篤状態に陥り、忠平は終夜病床近く祗候し、万一の場合を覚悟すらした。[165]穏子が律師の義海から優婆夷戒を受けたのは[166]この時のことであった。

この大病の後、穏子はすっかり健康に復した。時には病むこともあったけれども、人びとの眉をひそめさすような病気をしなかった。しかし天暦元年（六十三歳）四月頃から穏子は健康を害し、治ってはまた病臥するといった有様となった。[167]村上天皇は憂慮のあまり、雨中を冒して朱雀院に行幸されるようなこともあった。[168]尤も気分が優れた時などには、穏子の方が康子内親王を伴って参内したりすることもあった。[169]

朱雀上皇は、朱雀院のほか二条院をも愛好されていた。天暦元年（九四七）六月十三日、二条院には簡単な修理が加えられ、上皇は十五日、これに御幸された。[170]これ以来上皇はしばしば御幸し、その清閑な風致を愉しまれた。

この二条院は、左京二条二坊十二町（二条大路北・堀川大路東）にあり、[171]南は二条大路を隔てて仲平の堀河院に対していた。これは一時、陽成上皇や皇太后・高子の在所となったこともあるが[172]、高子が小二条殿[173]に、上皇が陽成院[174]に遷御した後は空いていたようである。一方、太皇太后・穏子は、朱雀上皇の勧めもあったらしく、気分を変えるため、天暦二年八月上皇とともに二条院に赴き、渡りぞめの式を行った後、これを在所にすることとした[175]。しかし同年十月以来、穏子はしばしば病臥するようになった[176]。翌三年正月五日、天皇は母后に謁するため二条院に行幸され[177]、穏子もこの日大饗を催している点からみると、穏子は寝たきりではなかったことが分かる。しかし九月から十一月にかけてはかなりの重病であったため[178]、天皇は二条院に行幸して母后を見舞われたりした。穏子は二条院に移ってから病気がちであることを苦にし、三年の十一月末に上皇と共に朱雀院に戻った[179]。けれども翌四年六月にはしきりに物怪に悩まされ[180]、生活は必ずしも安らかではなかったらしい。同年十月十五日には、朱雀院より火が出て全焼してしまった[181]。やむをえず穏子は、上皇とともにまた二条院に遷御せねばならなかった。

その頃、穏子は六十六歳になっていた。兄の忠平は前年の八月に功なり名とげて薨去しており、時勢は変わって村上天皇親政の世となっていた。穏子の勢威は相変わらず絶大であった。老齢のため時々の病臥はやむをえなかったにせよ、彼女の頭脳は明晰であり、老いぼれるようなことはなかった。どういう考えがあってのことか、穏子は、天暦四年七月、立太子に引き続いて春宮に侍する蔵人が詮衡されていた時分、中宮亮の上毛野常行を右大臣・師輔の許に遣し、藤原公雅を蔵人に加えるよう命じている。(182)師輔は、公雅がどのような人物か分からず大いに困惑したけれども、無論、太后の命令であってみれば、師輔も、天皇も、これを奉行せねばならなかったのである。

十一

言うまでもなく、漢訳の仏典に見える『醍醐』は、サンスクリット語の maṇda の訳語であって、牛乳を材料として作った古代インドの最純最上の酥《そ》のことである。(183)山城国と近江国の境をなす逢坂山に連なる山塊の西麓は、現在でも清冽甘美な水を湧出することで知られている。後に僧正となった聖宝(184)が、この山城の一峰・笠取山の麓に迸る清水の味に感激し、この地を『醍醐』と名づけ、一寺を建立しようと発願した次第は充分に頷かれる。『醍醐と言ふは、仏性に喩ふ』(185)とあるから、それは仏法興隆の地として最適であると考えられたのであろう。

こうして貞観の末年には醍醐寺が草創されたが、(186)それは真言宗の代表者であった聖宝の偉大な政治力によって急速な発展をみるに至った。彼は、陽成天皇や宇多天皇にもいたく敬われたけれども、(187)特記さるべきは、晩年に至って醍醐天皇の篤い帰依を蒙ったことである。天皇は延喜七年（九〇七）、醍醐寺を御願寺とされたし、(188)延喜九年七月、聖宝が入滅した後はその門下の観賢を重用し[189]、十四年正月には観賢の奏によって醍醐寺を定額寺に指定された[190]。十九年九月には、座主、三綱の制が定められ、観賢が第一世の座主となった[191]。観賢は延長三年（九二五）、権僧正となってすぐ後に遷化し（六月十一日）、やはり聖宝門下の延敒《ちん》（東大寺別当）が座主に任命された[192]。醍醐天皇は終始この寺の発展に力を尽くされ、延長四年九月には、御願によって建立された釈迦堂の本尊釈迦如来像の開眼供養が行われた[193]。天皇の陵（後山階御陵）がこの寺の北一キロほどの地に営まれ、また穏子が天皇の七七忌の法会をここで催したのは[194]当然のことであった。

穏子は天皇ほど一筋にではなかったが、醍醐寺の発展には大いに寄与するところがあった。醍醐天皇の菩提を弔う五重塔の建立は、中務卿・代明《のりあきら》親王（母は藤原鮮子）の勧めによって承平元年頃に穏子が発意したものであった。穏子は同年十一月、醍醐寺の上座法師の延賀に五重塔の設計を命ずる一方、代明親王にこの事業の総裁を仰せつけたらしい。また穏子の命を受けた太政官は諸国に官符を下し、必要な材木を速かに採進するよう命じたが、しかしこれは期待したほど容易なことではなかった[195]。『慶延記』（または『下醍醐雑事記』）（巻第三）には、三昧堂に註して、『朱雀院御願、三間四面、宝形造、檜皮葺[196]』と見える。この法華三昧堂は、幼帝・朱雀天皇の名で穏子が天慶元年（九三八）十一月に発願・建立したものに相違ない。この堂宇は、天慶五年七月には既に竣功しており、その料稲や燈油料が宛てられている[197]。穏子は、承平六年八月、封戸のうち上野国、伊予国の各二十五戸計五十戸を醍醐寺に施入し[198]、経営に資せしめた。

五重塔の造立は穏子の支援や代明親王の努力にもかかわらず容易に捗らなかった。承平七年（九三七）三月、代明親王は薨去し[199]、事業は一大頓挫を来たした。この造立には右大臣の仲平の方が積極的であって、彼は塔の心礎六基を寄進した上、一基を作業現場にまで運ばしめていた。ついで仲平は残りのうち三基を、代明親王は一基、重明親王（李部王＝吏部王）も一基を大津から現場まで曳き運んでいた[200]（承平六年三月）。しかし官符を下しても諸国は材木を採進せず、作業は遅々として延滞していたのである。

天暦元年（九四七）四月二十三日、朱雀上皇は醍醐寺に行幸された[201]。恐らく上皇は、先皇の御陵に参拝の後、釈迦堂に詣で、五重塔造立の作業現場を視察されたことであろう。そして五重塔の造営は、この行幸を契機に活発化したに相違ない。村上天皇も、母后から話があって造営に積極的態度をとられるに至ったと推測される[202]。

この五重塔の見事な設計は、延賀を中心とし、屈指の大工が加わって作図されたものである。しかし工事を指揮した大工や彩筆を振った画工の名は、遺憾ながら伝えられていない。寺側では、延賀の後を承けて定助が専らこの事業に当たっていた。こうして作業は徐々に進行し、ついに天暦五年九月、着手いらい二十一箇年の歳月を経て、五重塔は、完成をみたのであった[203]。

村上天皇や朱雀上皇もさることながら、穏子の歓びは、いかほどであったことか。同年

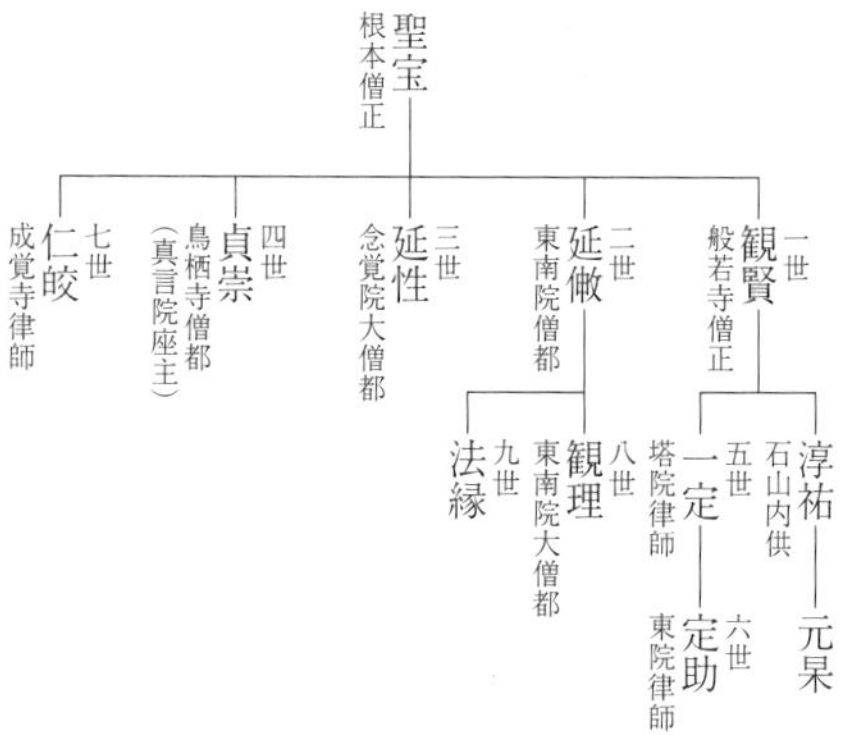

系図3　醍醐寺座主の法流血脈

十月には、塔の落慶式が挙行される予定であった。ところが十月九日に上皇の女御・藤原慶子(実頼の娘)が卒去し(204)、式は暫く延期された。更に翌年三月には、上皇が病のため出家され、八月十五日に崩御されてしまった。上皇の遺骸は、紀伊郡に存した来定寺(205)北手の野で荼毘に付され(二十日)、左中将の藤原朝忠が舎利を捧持して醍醐寺に至り、座主の定助などとともに、陵にそれを奉安した(206)。この陵(朱雀天皇醍醐陵)は、五重塔や釈迦堂の北方いくばくもない所に存し、塔頭の理性院の東北に接している(第2図)。

　このような不慮の事件が次ぎ次ぎに起こったため、五重塔の落慶式は遅れに遅れてしまった。そしてそれが大僧都・禅喜を講師とし、百僧を請じて落成供養されたのは、六年十二月二日のことであった(207)。この日、第六世の座主の定助は、功により権律師に任じられた(208)。

　言うまでもなく、醍醐寺の五重塔は、京都市に現在する最古の建造物である。これは、高さ三六・二六メートルの塔であるが、相輪が長く（一二・〇八メートル）、全体の三割三分を占めている点、各層の屋根が同じ寸法である点で、均衡のとれた、然も重量感に富んだ建物である。尾垂木や斗《と》栱《きょう》の構成なども、優美さと力強さとを失っていない[209]。またその内部に、極彩色をもって描かれた仏菩薩や祖師の絵、或いは流麗な各種の文様が日本絵画史上いかに高く評価されるかについては、贅言する必要はないであろう[210]。

この五重塔は、昭和二十九年から三十五年に亙って大修理が加えられ、特に外観は見違えるようになった。この修理の方法については、若干の問題もあるようであるが、朱や緑で新たに塗彩されただけに、今日これを仰ぐと、あたかも落成当時はかくあったであろうとの感慨を抱かされるのである。

醍醐寺に五重塔を建立しようという穏子の悲願は、二十一箇年の星霜を閲して成就され、それはまた貴重な古文化財として今日に伝えられて、『天暦の文化』の様相を如実に示しているのである。

第２図　朱雀天皇《醍醐陵》（西南より）

十二

醍醐寺の五重塔が竣功した天暦五年（九五一）は、太皇太后・穏子にとっては、洵に幸せな年であった。村上天皇は、母后に朝覲するため、しばしば二条院に行幸されたし、また穏子が誰よりも愛していた朱雀上皇は、まだ壮健でおられた。正月十三日、天皇は二条院において絃歌の遊びを催し、母后や上皇を慰められたし[211]、二月十三日には、天皇臨御のもとに紅梅の宴が二条院で催された。その時、穏子は、嬉しさの余りであろうか、自ら指揮して二人の息子―天皇と上皇―に御膳を調進したことであった[212]。

しかし幸運な穏子の生活も、天暦六年には暗転してしまった。前記のように、上皇は三月十四日に出家された。これは二人の女御を相ついで失われた上に、病による自分の死期を悟られたためであろう。四月十五日、上皇は穏子が康子内親王のために新造したばかりの仁和寺の御所に遷って病臥された[213]。穏子の憂慮は言うも愚かなほどであった。無論、彼女も仁和寺に遷御し、真心をこめて上皇の看護に尽瘁したことであろう。

その頃、上皇が仁和寺で詠まれた、

　　例ならずおはしましける比

遠近の風とぞ今はなりなましかひなきものは我身なりけり

第３図　醍醐寺の五重塔(1)　右：屋根の軒廻り　左：全景

の一首[214]には、二人の女御を亡くした上に、すでに死期を悟った者の心細い思いが籠められている。夏が過ぎ、涼しい秋となっても、上皇の病は、少しもよくならなかった。そして幼い昌子内親王（母は[215]熙子女王）の前途を深く憂いながら仁和寺において上皇が崩御されたのは、天暦六年（九五二）八月十五日のことであった（三十歳）。

　朱雀上皇は、母后・穏子が最も鍾愛した子であった。それだけに、上皇の崩御がどれほど穏子をうちのめし、悲歎せしめたかは、想い半ばに過ぐるものがある。穏子は、今やあらゆるものが悲哀を誘う仁和寺にはいたたまれない思いを抱いたらしく、せめて内裏にはいり、村上天皇のそば近くで暮したいと思った[216]ようである。彼女が八月二十日、すなわち上皇を火葬にする日、主殿寮に遷ったのは、方角の関係で直接内裏に赴くことが憚られたためであろう。

十月二日、穏子は朱雀上皇の七七日の法会を醍醐寺で催したが[217]、涙に明け暮れする間に彼女自身も病に倒れてしまった。無論、天皇は早速、主殿寮に行幸し、母后を見舞われた[218]。ただいたいけな昌子内親王（三歳）[219]の著袴の儀が同年十一月二十八日、内裏でとり行われ、天皇自らが腰を結ばれたことは、穏子にとってせめてもの喜びであったろう[220]。しかし内親王を産んだ女御の熙子女王は、恐らく出産が原因で天暦四年五月に薨じており、内親王は母や父の顔すら覚えずに成長したのであった。

朱雀上皇を喪った後の穏子は、急に老衰が加わったらしく、殆ど病床を離れることができなくなった。天暦六年の末に穏子は内裏に移り、昔通り弘徽殿に起居するようになった[221]。病の方は、依然として快方に向わなかった。康子内親王は恐らくそばにあって母后を慰めていたことであろう。しかしこの内親王もすでに三十四歳になっており（天暦七年）、穏子は愛するが故に配偶者を与えずに今日に至った娘に心を痛めていたに相違ない[222]。

天慶七年（九四四）四月、立太子とともに師輔が春宮大夫に転じた後、中宮大夫となったのは、穏子の甥で時平の二男の中納言・顕忠であった[223]。そして彼は、穏子が崩ずるまでその任にあった。穏子は、皇太后、ついで太皇太后となったけれども、承平元年から天暦八年まで後宮には皇后や中宮はおらなかった。そこで太皇太后でありながら穏子は引き続き『中宮』と呼ばれていたし、彼女のための事務機関として太皇太后宮職はおかれず、もと通りの中宮職が事務を執行していた。顕忠は甥とは言え、執政（中納言、ついで大納言）として政務に忙しかったから、実際の事務は、中宮亮に昇進した上毛野常行がこれを宰配していたようである。基経の娘に生まれ、いでては女御となり、ついには太皇太后として二人の息子を天皇にもった穏子のことであるから、生涯を通じて彼女が財政の面で心を労するようなことは全くなかった。彼女が父親から伝領した財産や太皇太后として受けている封戸などは、すべて中宮職が管理したのであり、彼女は殆どそれらを関知することなしに中宮職に委せたままにしていたと推測される。

史料が失われているため、穏子の不動産や封戸その他の給与については、委細に知ることができない。ただ片鱗だけを窺ってみると、承平三年（九三三）二月、皇太后・穏子は、年料、月料の四分の一と封三百戸を辞退している。[224] 彼女が延長元年（九二三）頃、どのような年料および月料を受けていたかは、延長元年九月四日附の『太政官符』[225]に詳しく、かつ具体的に掲げられている。またこの文書によると、延長元年五月四日まで左表上段のようであった後宮の職員の定員は、下段のように減省されている。いかに多数の官女や舎人が後宮にいたかがこれによって知られるのである。

舎人　百五十人　　百人

女孺　　九十人　　六十人
女史　　　　（一名減員）
闈司　　　　（一名減員）
薬司女孺　　（一名減員）

真に緊縮財政のために協力したとは言え、承平三年に封三百戸を返進したのは、やはり穏子の英断であり、息子の朱雀天皇の統治をよくしたいという親心から出たものであろう。また彼女は、醍醐寺に封五十戸を施入したこともあった(226)（承平六年八月）。この程度の寄付は、彼女の財政にさほど響かなかったものと推量される。

承平七年四月、中宮職は穏子のために、下野守・藤原忠紀より摂津国嶋下郡の吉志荘を買収している(227)。それは、水田七十町余、池三箇所からなる荘園であった。恐らくこれは、中宮職が穏子のためにしばしば手がけた荘園獲得の単なる一例に過ぎぬであろう。また穏子は、天慶四年（九四一）の秋に成明親王（村上天皇）のため、邸宅を買領しようとしている(228)。これは三年二月、十五歳で元服した親王のため、里第を設けておこうという親心から出たものであった。

穏子は、別に新しい寺院を建立しようという意図を抱かず、ひたすら醍醐寺の完成を冀っていた。特に、五重塔の竣功を念願していた。このためには相当な財物を投入したと推測されるが、史料がないため、その間の詳細な事情は不明である。また例えば、天暦二年二月には、朱雀院領の伊勢国壱志郡の曾禰荘が醍醐寺に施入された[229]。これなども、穏子が天皇や上皇に説いて行わしめたものに違いない。

当時の高級貴族の誰もがそうであったように、穏子も頻繁に延暦寺、法性寺、醍醐寺、極楽寺、或いは内裏や朱雀院、二条院などで高僧を請じて修法を行わしめ、また住吉神社や賀茂神社に奉幣したりした。

ところで、天暦七年の『伊勢国近長谷寺資財帳[230]』は、伊勢国多気郡相可里の字石出垣内の畠地を挙げ、その四至を記した後に、『右垣内、藤原乙御、去延喜十九年二月二日施入』と述べている。この『乙御』は、明らかに『女御』の誤写であるが、これを穏子とみる可能性が強い。近《ちかつ》長谷寺の本名は光明寺と言い、飯高郡の豪族・飯高氏の氏寺であった(三重県多気郡多気町大字近長谷寺所在)。奈良時代以来飯高氏は後宮と独自な関係を結んでいたから、穏子がこの寺に畠地を寄進したとしても別に不思議ではないのである。

穏子が諸社寺に対して施入した資財は、莫大な数量に上るものと推測される。しかし彼女の豊富な内帑にとっては、それは問題にならなかったであろう。更に穏子には、皇太后ないし太皇太后としての年官、年爵が与えられていたが、彼女はこれをもって公平に親族の若くて有能な官人を潤わすことを忘れなかった[231]。

天暦七年を通じて、穏子の病勢は、少しずつ募る一方であった。村上天皇がいかに母后の不予を憂慮されていたかは、天皇の『御記』から看取することができる。母后の病状に鑑み、天皇は翌年早々に母后七十の算賀をしようと思われたらしく、二月には早くも大納言・源高明などを太皇太后御賀行事に任命して準備に着手せしめられた(232)。

稔子が天暦七年の何月に弘徽殿から昭陽舎（梨壺）に病床を移したかはさだかでない。これは清涼殿に近い弘徽殿におっては、後宮の人びとを必要以上に煩わすし、他方、昭陽舎の方が静かであると考えたためであろう。同年十月一日は、太陽暦の十一月四日にあたっていた。この月に穏子は、昭陽舎の庭に菊を植えしめ、心を慰めたが、恐らくそれは殿上で残菊の宴が催された十月五日前後のことであろう。この時、村上天皇は、

心して霜のおきける菊の花千世にかはらぬ色とこそ見れ

という御製を母后に捧げられ、殿上人もそれぞれ賀歌を詠じ、太后を慰めた(233)。

人生の残照のような今となって、穏子がどのような心境にあったか、詠草も遺っていないので、その辺のことは審かでない。穏子は受戒したことはあっても、最後まで出家入道はしなかった。これからみると、彼女の心はかなり平静なものであったらしい。八月には、朱雀天皇の菩提を弔うために発願した金色の阿弥陀像一軀、観音像二軀、文殊・普賢像各一軀の造像、墨書の一切経や金泥の(234)『法華経』その他の写経が完成し、大江朝綱は太后に代わって堂々たる願文を草していた。これらによって八月七日には延暦寺において朱雀天皇の周忌法会が盛大に催され(235)、ともかく彼女としては気が済んでいたのである。一方、聡明な村上天皇によって親政は順調に進められていたし、彼女の甥たち（左大臣・実頼、右

大臣・師輔、大納言・顕忠、中納言・師尹《まさ》、参議の兼忠、師氏）や姪の子（参議の雅信）はこぞって朝政に与っていた。人生、欲を言えば際限はないが、穏子は殆ど思い残すことのない心境に達していたことであろう。

初めの間、病勢は一進一退であった。有名な『殿上菊合』は、十月二十七日の予定であったが、太后の不予のため翌二十八日に延期された[236]。しかし十一月下旬には穏子は重態に陥ったようで、賀茂の臨時祭の試楽も停止された[237]し、十二月三日からは五箇日の修法も始められた[238]。それが単なる老衰か、他の疾患によったかは不明であるが、年末には病勢はますます募り、ついに翌年正月四日、穏子は昭陽舎において六十九年余に亙る生涯を終えたのであった[239]。

穏子の遺骸は、やがて清涼殿の北廊（黒戸御所）に移され、殿上の侍臣は滝口所に侍い、こうして通夜が行われた[240]。正月七日、遺骸は二条院に移され、また葬司が任命された[241]。二条院に移されたのは、古来、宮中からは発葬しない慣例があるためであった。送葬は正月十日に行われ、遺骸は鳥辺山において荼毘に付され、近習の官女たちが骨を拾って—恐らく二条院に—持ち帰った[242]。この火葬が行われたのは、後に皇后・定子の陵が営まれた鳥辺野の泉山（京都市東山区今熊野泉山）の山頂部であって、現在そこには穏子の火葬塚の標識が見られる[243]。

穏子の七七日忌は、二月二十二日、二条院で催された[244]。また天皇は、三月二十日、法性寺において母后の追善の法会を催され[245]、更に八月一日からは、新しく金字の『法華経』を母后のために筆写し始められた[246]。十二月二十五日には、太皇太后・穏子の国忌が制定された[247]。

穏子の遺骨がいつ木幡山に葬られ、『中宮穏子宇治陵』が営まれたかは、明らかでない。多分それは、満中陰の直後（二月末か三月初め）ではなかったかと思われる[248]。

十三

藤原時平がもし関白・太政大臣に達し、天皇の外祖父となり、その子たちがまた大臣になったとしても、それは順調な栄達であり、当時の諸情勢に鑑みても、そこに少しも不自然なものは感得されない。しかし基経の四男に生まれた忠平が同母兄の仲平を超え、以上にみたような栄達を遂げた過程には、表面だけを眺めたのでは不可解なものが少なからず覚えられる。賢明な忠平は、その栄達の秘密を時人はもとより息子たちにすら悟らせなかったであろうから、千年を隔てた今日、それを究明することは殆ど不可能に近く、些細の証拠に基づいて臆測するしかしかたない次第である。

従って以上に試みた諸考察は、彼の栄達の秘密について確固たる結論を導き出しはしないけれども、以下のような輪郭を描き出すことは可能ではないかと思われる。

第一期　寛平七年（八九五）ごろから延喜七年（九〇七）まで

この時期において忠平は、宇多上皇や菅原道真に接近し、源順子を室に迎えて彼らとの結束を固くした。順子は、道真の妹が光孝天皇との間に産んだ子で、宇多上皇が養女としていた賜姓の皇女と思考される。上皇や道真との関係から彼は、兄の兼平や仲平を超え、二十一歳で参議に任じられた。しかしそれは、醍醐天皇のグループに属する時平、源光、藤原定国などの側から反撃を喰い、失脚を招く恐れがあるので、いちはやく参議を辞し、右大弁の地位につき政局の最中枢部から離れた。そのため彼は、道真の左遷に連坐しないで済んだ。しかし同母兄の時平が左大臣正二位であるに対し、彼は永い間右大弁従四位下という低い地位に甘んじねばならなかった。その間彼は、侍従として常に宇多上皇の側近にあり、政治の実力者たる上皇の庇護の下に身の安全を図り、将来のための地盤を培っていた。

第二期　延喜八年（九〇八）から延長元年（九二三）まで

延喜八年、恐らく宇多法皇の後押しで、忠平はやっと参議に還任した。彼がもし醍醐天皇の信任が篤かったならば、この還任は少くとも数年前に実現したことであろう。偶然にも兄の時平は延喜九年に薨去した。清経や仲平がぼんやりしている間に、忠平は氏長者——これには北家の莫大な伝領が付随していた——を命じられ、たちまち権中納言、ついで中納言を命じられた。これは天皇の意志ではなく、法皇からの圧力、従って法皇を動かした忠平の裏面工作によるものであろう。忠平は延長三年、左大臣となっていた。醍醐天皇は、その彼に自らの発意によって禁色すら聴《ゆる》そうとされなかった。『大和物語』（第九十八段）に、

同じ太政大臣《忠平》、左《実頼》の大臣の御母の菅原《源順子》の君かくれたまひにけるとき、御服《ふく》はてたまひにけるころ、亭子《宇多法皇》の帝なむうち《醍醐天皇》に御消息きこえ給て、いろゆるされたまひける。

とあることからも想察されるように、忠平の氏長者指名や権中納言昇任は、『亭子の帝《みかど》なむうちに御消息きこえ給て』実現されたものと推断せざるをえないのである。

時平が薨去したため、右大臣・源光が執政の一の座に就いた。忠平は、宇多法皇が元気で実力のある間に政権の基礎を築く必要を痛感した。そのためには、右大臣・源光の存在は、その人が天皇の信任が篤く、また年齢の割に矍鑠《かくしゃく》としているだけに、非常な邪魔であった。延喜十三年における源光の死は、確証はないにしても、忠平による暗殺と認むべき可能性が多い。忠平が一の座に坐るようになると、彼は同母妹で女御の穏子にことさら接近し、天皇の信頼を得ようと企てた。しかし大納言の道明などは、忠平の策士であることをうすうす見抜いていたらしく、天皇も容易に彼を左大臣に昇格させようとはされなかった。延長二年まで十年間も忠平が右大臣にとどまっていたのは、桓武天皇の治世ならともかく、醍醐天皇の代にあっては、彼が天皇によほど信頼されぬ藤氏の長老であったことを示している。一の座についた忠平は、自分や時平の息子たちや一世源氏を例外として、参

議には政績の著しい老人を抜擢するという美しい方針を採用し、他氏出身の若手の俊才の進出を阻止した。これは忠平が最後まで堅持した方針であり、正面きっては非難できない立派な原則であった。例えば、彼は天慶二年、六十七歳の藤原忠文を参議に採用したばかりでなく、天慶四年には、武官の経験すら殆どない六十九歳のこの御老体を征夷大将軍に任じ、将門征討に差し向けている。いかに栄達の鬼、権力の亡者とは言え、それは驚くべき方針であった。

第三期　延長元年（九二三）から延長八年（九三〇）まで

菅家の怨霊の祟りを世間に撒き散らしたのが忠平であるという確証は、全く存しない。しかし忠平が東密を尊ばれる点で醍醐天皇に反感を抱いていたらしい天台座主などと共謀してこの噂を肯定し、世間への流布を助成した疑いはかなり濃厚である。彼のこの精神的陰謀の目標は、まず第一に彼によそよそしい醍醐天皇であったと推測される。そのためには、保明親王や慶頼王の薨去は菅家の怨霊の所為であることを妹の穏子に信じこませ、彼女を通じて天皇をノイローゼに陥れる必要があったであろう。延長八年六月の清涼殿落雷と菅家の怨霊とは全く無縁のことである。それらを前論理的に融即させる巧妙な工作は、忠平と天台座主・尊意などによって機を失せずに行われたらしく、これが予期した以上の結果を招き、醍醐天皇の譲位と崩御をいたしたのである。策略にたけた忠平と雖も、天皇の崩御までは考えていなかったであろう。宇多法皇はなんといっても老齢であった。法皇在世の間に醍醐天皇を退位さすことは、忠平の権力獲得のためには是非とも必要であった。臨終に際して、忠平を摂政・太政大臣にするように命じた天皇の遺詔は、見方によっては敗残者の絶叫のようなものであったと言えよう。

第四期　延長八年（九三〇）から承平六年（九三六）まで

宇多法皇は、忠平にとって利用価値がなくなり、邪魔者にすらなって来た頃に崩御された。朱雀天皇は全くの子供であった。忠平が遠慮せねばならぬのは妹の穏子（皇太后）ただ一人であり、警戒を要するのは、時平の一男で大納言の保忠一人だけとなった。穏子は聡明で義理固い婦人であり、兄・忠平の自由になるような女性ではなかった。と同時に彼女は、摂政の忠平の輔弼《ほひつ》なくしては、朱雀天皇の統治は不可能であることをも知悉していた。この場合、忠平にとって不都合なのは、穏子が亡兄・時平の恩儀を忘れず、保忠をもって北家の嫡流と考えていることであったろう。このままの調子でいけば、いずれは氏長者の地位は保忠に行くものと予想されていた。穏子は、仁善子（時平の娘）を皇太子・保明親王の妃とし、また仁善子の産んだ熙子女王を朱雀天皇の女御に迎えるなど、時平の系統を尊重する傾向があった。穏子にしてみれば、一男たる時平の系統を尊重するのは、誰の目にも当然な、天地に恥じない行為と思われたであろう。と言って彼女は忠平の系統をも尊重し、実頼が時平の娘を室とし、その間に生まれた頼忠を保忠（または彼の後家）が養子に迎えることを、大いに支持したと思われる。

従って、宇多法皇が崩御し、幼帝が位についた後も、政治の面はともかく、人事の面では事は必ずしも忠平の欲するままには運ばれなかった。穏子は兄・忠平といかに親しくとも、彼女は忠平とは立場を異にしており、母后として、また基経の娘として——忠平の妹としてではなく——行動せねばならなかった。

こうした情況下において、忠平にとって最も望ましいのは、大納言・保忠が早く他界することであった。保忠は『賢人大将』と言われていた。確かに彼は賢人であり、また『保忠卿記』(249)が示す通り、毎日日記を誌すような几帳面な性格であった。しかし彼は、馬にもよう乗れぬような右近衛大将であり、反面、音楽には非凡な才能をもっていた。それだけに彼は線の細い文化人であり、醍醐天皇と同様、精神的工作にはいたって脆い人柄であった。それ故彼は常々菅家の怨霊には極めて神経質であり、戦々兢々としていたらしい。承平六年の六、七月、彼が病臥した時、不吉な経文の読み方をした僧が忠平の手先であったとまでは言い難いにしても、大局的にみれば、忠平が煽り立てたであろう菅家の怨霊説に見事捕えられ、自らの生命を縮めたことは殆ど断定してもよいであろう。延喜・延長年間を通じて忠平が敢えて行わなかったただひとつの行為は、娘を醍醐天皇の後宮に入れなかったことだけである。無論、これは、穏子の女心を刺戟し、彼女の気色を損じないためであった。しかし忠平は、娘の貴子を皇太子・保明親王に納れ、未亡人となった彼女を御匣殿別当として後宮に配するという布石は決して忘れることがなかった。

第五期　承平六年（九三六）から天暦元年（九四七）まで

保忠の薨去は忠平の前途にあった最後の障害物を取り除いてくれた。穏子も、時平の系統を嫡流と見做す方針を放棄せねばならなかった。忠平と彼の後に続く実頼と師輔とを考えれば、忠平の系統を嫡流と見做すことは現実的であり、穏子と雖も最早現実を直視し、これに即応する方針を打ち出さねばならなかった。このような現実を無視すれば、天皇や皇太子にはどのような災難が振りかかるかもしれなかった。他方、穏子と忠平とは兄妹としてごく親しい関係にあったたし、実頼や師輔はまた絶えず穏子の許に出入りし、彼女の信頼を得ていた。

その時分には、まだ太政大臣は摂政や関白よりも上位とされており、それは良世のような臨時の氏長者ではなく、嫡流の正統な氏長者が任じられる極官とされていた。一旦、穏子が忠平を傍系ではなく嫡流とみなす見解に転向すれば、その功績と実力からみて彼を太政大臣に任命するのは、不可避的というよりも当然というべき措置であった。保忠が承平六年七月十四日に薨去し、それから一箇月余を隔てた八月十九日に忠平が太政大臣に任命されたのは、意味深長な事実であり、どうしてもそこに穏子の考え方の変化を想定せねばならぬのである。

こうして永年に亙った忠平の栄達のための工作は、一応大成功をもって終了した。彼の秘策は殆ど誰にも看破されなかったし、また彼は誰の怨恨をも買うことなしにそれを成し遂げたのである。実頼が忠文の、そして師輔が元方の怨みを買ったような下策をなす忠平ではなかった。どこまでも彼は寛大で恵み深く、温厚で思慮深い長者として終始することが出来たのである。

しかし忠平は、自分だけが太政大臣となって満足するような人物ではなかった。生存中に息子たちを大臣とし、自分の一族の地位を嫡流たるにふさわしいように、揺がぬものにしておく必要があった。その際、息子や一世源氏のほかは老人を参議に登用するという彼が早くから堅持した方針は効を奏し、実頼や師輔の前途を妨げていた老齢の執政たちは、申し合わせたように次ぎ次ぎと他界して行った。天慶五年には、実頼、師輔の兄弟はすでに相並んで大納言の任にあったし、天暦元年には関白・太政大臣たる彼の下に、左大臣兼左近衛大将の実頼と右大臣兼右近衛大将の師輔が相並ぶという未曾有《みぞう》の人事が行われた。穏子はもともと基経の娘である。一旦、忠平を嫡流と認めた以上、一門の繁栄のために実頼や師輔の昇進を支持こそすれ、これに反対する必要は少しもなかった。

一方、忠平は穏子の諒解のもとに、実頼の娘・慶子を朱雀天皇の後宮に納れ、師輔の娘・安子を皇太弟の妃とし、どちらに転んでも彼の息子の誰かが天皇の外戚となるよう図ったのである。このように忠平の工作が巧妙かつ組織的に推進され、大きな成果をあげつつあった当時、顕忠や敦忠の存在などは最早問題にならなかった。神経の繊細な敦忠は、菅家の怨霊の余波を蒙って天慶六年三月に自滅した（三十八歳）。これには忠平も蔭で苦笑していたのではあるまいか。

忠平の栄達は天暦元年に至って完全に終了した。『大鏡』にも、『これ四人の君達、左右の大臣、納言などにてさしつゞきおはしまし、いみじかりし御栄華ぞかし。』と述べられている。朱雀天皇に比べて気性の強い村上天皇は、彼の死後関白をおかず、親政を行われるかもしれない、と忠平は予想していたと思われる。しかしそれは檻の内での親政であり、天皇の周辺は実頼、師輔、師尹、師氏、安子、貴子などによってしっかりと固められており、天皇が今さらどのような手を打たれようと彼の子孫の隆昌は絶対に揺ぐはずはない、と晩年の忠平は考え、かつひそかに会心の笑みを漏らしていたことであろう。

史料の不足から大胆な推測も混えねばならなかったが、忠平の栄達は、右に述べた五期にわたりほぼ以上のような工作を経て完成されたものと思う。ある部分の推定には無理があり、部分的な改訂は今後いくつかありうるにしても、忠平の栄達工作の基本線に関する結論は、大凡そ正鵠を射ているように思量される。

幸いに以上の考察に間違いが少いとした場合、忠平に関する旧来の映像は、当然、大幅に改訂さるべきである。しかしその故に、彼を悪人呼ばわりする必要はない。そのような評価は小論の関心事とはなっていない。ここで意図されているのは、忠平の如き影響力の大きい人物の生涯を批判的かつ多面的に分析し、これを合理的に再構成し、それらを通じて摂関政治の成立や発展に関する諸事情の機微に触れようとすることなのである。

註

（1）『尊卑分脈』第三編、仁明源氏、貞観元年五月七日紀、同十四年五月五日紀、『本朝皇胤紹運録』等々、参照。

（2）『公卿補任』寛平三年条、『尊卑分脈』第三編、仁明源氏。

（3）『公卿補任』寛平二年条。

（4）時平、忠平、穏子らは、寛平二年正月に母を失ったもののようで、時平は同年正月から二月にかけて喪に服している。時平は、同年正月七日、従四位下に叙され、一方、仲平は、同年二月十三日に元服しているから、これを母の喪とみなせば、彼らの母は正月十日頃に逝去したと想定されよう。『公卿補任』寛平二年条、『日本紀略』同年二月十三日条、参照。

（5）『日本紀略』仁和四年十月六日条。

（6）『本朝皇胤紹運録』、『尊卑分脈』第三編、宇多源氏。

（7）『九暦』天暦四年六月十五日条。

（8）『本朝皇胤紹運録』、『一代要記』丙集。

（9）『日本紀略』寛平九年七月二十五日条。

（10）註（7）、参照。

（11）『日本紀略』延喜元年三月日条、『大鏡裏書』第一巻29。

（12）『江家次第』巻第十七、『九暦』天暦四年十一月十五日条。但し、『日本紀略』が延喜三年十一月二十日とするのは誤りであろう。

（13）『九暦』天暦四年五月二十六日条。

（14）角田『尚侍藤原淑子』（本『平安人物志』上巻所収）、参照。

（15）『八代集抄・古今和歌集』春下は、因香について『内大臣高藤女、典侍』と傍註している。但し、北村季吟がいかなる史料によってこの傍註を加えたかは、不明である。
（16）『古今和歌集』巻第七、第三六四番。
（17）『醍醐天皇御記』延喜四年二月十日、同月十七日両条、参照。
（18）『別聚符宣抄』所収の上表、参照。簡単には『日本紀略』延喜四年正月二十七日条、参閲。
（19）『醍醐天皇御記』、『扶桑略記』、『日本紀略』などの延喜四年二月十日条、参照。
（20）『醍醐天皇御記』延喜十三年正月十四日条。
（21）『貞信公記』延喜七年正月九日条。
（22）『醍醐天皇御記』延喜九年二月二十一日条。
（23）『日本紀略』延喜九年六月十七日条。
（24）『尊卑分脈』第二編、高藤公孫。
（25）付載の『太皇太后藤原穏子年譜』参照。
（26）『日本紀略』延喜十一年十一月二十八日条、同年十二月（十一月か）二十八日附『太政官符』（『別聚符宣抄』所収）。
（27）『日本紀略』延喜十六年十月二十二日条。『西宮記』巻十一。
（28）『醍醐天皇御記』延喜十六年十月二十一日条。
（29）『俊頼口伝集』巻上（『大日本史料』第一編之六所掲）。
（30）『貞信公記』延喜二十年四月十三日条、『二代要記』丙集。
（31）『大和物語』第六十一段、『江談抄』第三。
（32）『醍醐天皇御記』延喜十七年二月十五日条。

(33)『大和物語』第八十一、八十二両段、『拾遺和歌集』巻第十九、第一二二二番。
(34)貴子は、延喜十八年四月三日、東宮に入った(『貞信公記』同日条、参照)。
(35)『貞信公記』および『日本紀略』延喜十九年十月十一日条。
(36)実頼と時平の娘との間に敦敏が生まれたのは、延喜二十年二月五日であった(『貞信公記』同日条、参照)。
(37)『貞信公記』延喜二十年二月二十五日条。
(38)同右、同年四月十九日条。
(39)角田文衞『東五条第』(『角田文衞著作集』第四巻所収)。
(40)『貞信公記』延喜二十年十二月十七日条(十一月十七日とするのは『日本紀略』の誤りである)。
(41)『西宮記』巻十一。
(42)『日本紀略』延長元年正月三日条。
(43)同右、延長元年三月二十一日条。
(44)『前《さき》の東宮にをくれたてまつりて、(穏子は)かぎりなくなげかせ給ふ』(『大鏡』第一巻)。
(45)『日本紀略』延長元年四月二十六日条、その他。
(46)『日本紀略』同年同月二十九日条、『扶桑略記』第二十四、『立坊次第』(『群書類従』所収)四月条。
(47)『政事要略』巻第二十二、『扶桑略記』第二十四、『日本紀略』延長元年四月二十日条。
(48)『醍醐天皇御記』、『貞信公記』、『日本紀略』等の延長元年七月二十四日条。
(49)『貞信公記』延長元年七月二十九日条。
(50)『貞信公記』および『日本紀略』、同年十一月二十一日条。
(51)『貞信公記』延長三年六月七日条。

(52) 同右、同年同月十八日条、その他。
(53) 『大鏡』第二巻、その他。
(54) 『貞信公記』延長三年八月二十九日条、『西宮記』巻十一、裏書。
(55) 『貞信公記』、『日本紀略』等の延長三年十月二十一日条。
(56) 『醍醐天皇御記』延長三年十月二十一日条。
(57) 『貞信公記』、『日本紀略』等の延喜十八年八月十三～十七日条、『躬恒集』、その他。
(58) 『醍醐天皇御記』および『日本紀略』延長四年六月二日条、その他。
(59) 『貞信公記』同年七月十日条。
(60) 『貞信公記』および『日本紀略』延長四年十一月二十一日条、『皇代記』村上天皇条。
(61) 『古事談』第一。
(62) 『李部王記』天慶九年九月十日条（『源語秘訣』所引）。
(63) 『日本紀略』延長八年二月七日条。
(64) 同右、同年九月二十二日条。
(65) 『李部王記』承平二年十二月二十一日条（『政事要略』巻第二十八、所引）。
(66) 『小右記』長徳三年六月二十五日、同年七月九日両条、『玉葉』文治元年十二月二十七日条、等々。
(67) 『一代要記』丙集、『栄華物語』巻第一「月の宴」。
(68) 『一代要記』丙集、『今昔物語集』巻第二十四、第四十二話。
(69) 『公卿補任』延長八年条。
(70) 『李部王記』承平元年十一月七日条（『花鳥余情』第八、所引）。
(71) 同右、同年四月二十六日条（『改元部類』所引）。

(72)『貞信公記』および『日本紀略』承平二年六月二十日条。
(73)例えば、『貞信公記』承平三年九月二十六日条。
(74)『貞信公記』および『日本紀略』、承平二年二月三日条。
(75)同右二書、承平元年九月十六日条。
(76)註(75)に同じ。
(77)『貞信公記』承平二年三月二十七日条。
(78)『李部王記』承平二年九月二十八日条(『醍醐寺雑事記』所引)。
(79)承平六年八月十日附『中宮職牒』(『慶延記』、『醍醐寺要書』巻上、所収)。
(80)『貞信公記』および『日本紀略』天慶二年八月二十日条。
(81)『貞信公記』および『日本紀略』承平四年十二月九日条。
(82)『太后御記』同年同月同日条(『河海抄』巻第十三、所引)。
(83)『伊勢集』上。
(84)『小右記』長和三年十月二十一日、同年十一月十五日両条。
(85)玉井幸助『日記文学概説』(東京、昭和二十年)、六九七〜六九八頁、和田英松編『国書逸文』(東京、昭和十五年)、八九〜九〇頁、和田英松『皇室御撰之研究』(東京、昭和八年)、四八六〜四八七頁。
(86)石原昭平『日記文学の発生と暦—太后御記を中心として—』(『平安文学研究』第三十一輯所収、京都、昭和三十八年)。
(87)『大和物語』第二十四、九十四、九十五、九十六、百二十諸段、『後撰和歌集』巻第十五、第一一一〇番、『続古今和歌集』巻第十六、第一四〇三番。
(88)註(32)参照。

(89)『新勅撰和歌集』巻第十四、第八八八番、『後撰和歌集』巻第十三、第九五四番。
(90)『権中納言朝忠卿集』、『源順集』。
(91)『大和物語』第八十五段。
(92)『勅撰作者部類』、『古今和歌集目録』、『尊卑分脈』第三巻、嵯峨源氏、『大鏡裏書』第一巻33。
(93)宇佐美喜三八『後撰集の大輔について』(『水甕』第二十五巻第二、七号連載、東京、昭和十三年)、桑原博史『後撰集の大輔について』(『平安文学研究』第二十六輯所収、京都、昭和三十六年)。
(94)『延喜殿上記』(『西宮記』巻十一、裏書、所収)。
(95)『後撰和歌集』巻第六、第二八一番。
(96)同右、巻第十六、第一一三八番。
(97)大輔の詠草のうち、年次が判明する限り最も新しいのは、承平三年に詠まれた『後撰和歌集』巻第十九所収の歌(第一三三九番)である。
(98)『後撰和歌集』巻第十二、第八八四番、八九〇番。
(99)同右、巻第十三、第九五一、九五二番。
(100)同右、巻第六、第二八二、二八四番、巻第十七、第一二〇一番。
(101)同右、巻第十二、第八九一番、巻第十七、第一二〇四、一二〇六番。
(102)同右、巻第十二、第八八六番。
(103)『信明集』。
(104)『後撰和歌集』、巻第十、第六一二番。
(105)同右、巻第三、第一〇四番、参照。
(106)阿部俊子『校本大和物語とその研究』(東京、昭和二十九年)、三〇四頁、参照。

(107)『貞信公記』延長四年五月二十二日条、『大和物語』第百二十段。
(108)具体的な例としては『公卿補任』元慶元～三年条、参照。
(109)『公卿補任』承平七年条。
(110)『九暦』承平六年十月二十四日条。
(111)『公卿補任』延長元年、天慶二年両条。なお、『大日本古文書・東大寺文書』第二、一〇一、一〇三、一〇四、一六六～一七〇頁、参照。
(112)『北野天神御伝』。
(113)『後撰和歌集』巻第二、第四七番。
(114)『二中歴』第十三。
(115)『公卿補任』延長五年条、『尊卑分脈』第四編、桓武平氏。
(116)『公卿補任』延長五年条。
(117)同右、天慶二年条。
(118)同右、承平五年条。
(119)『貞信公記』および『日本紀略』天慶三年四月十九日条、『大鏡裏書』第一巻38。
(120)『西宮記』巻十一。
(121)『貞信公記』天慶八年九月二日条。
(122)『公卿補任』天慶七年条。
(123)『大鏡』第六巻。
(124)『貞信公記』天慶九年三月二十九日条。
(125)『日本紀略』天慶九年七月十日条。

(126)『貞信公記』天慶九年四月二十三日条。
(127)同右および『九暦』の同年七月九日条。
(128)清涼殿は醍醐寺に移建の後まだ建てられていなかった。
(129)『李部王記』天慶五年正月十四日条(『花鳥余情』第十三、所引)。
(130)註(125)参照。
(131)天慶九年五月一日附『太政官符』(『類聚符宣抄』第四、所収)、『貞信公記』および『日本紀略』同年四月二十六日条。
(132)『西宮記』巻十一、『日本紀略』承平七年正月四日条、その他。
(133)『九暦』承平七年正月二十六日条、『本朝文粋』巻第四。
(134)『公卿補任』天慶二年条、『貞信公記』同年二月二十一日、二十八日両条、『日本紀略』同年同月二十八日条。
(135)『貞信公記』天慶二年三月三日、同年四月二十六日両条、『九暦』同年三月三日条、『本朝世紀』同年四月二十七日条、『本朝文粋』巻第四。
(136)『本朝世紀』および『日本紀略』天慶四年十一月八日条、『公卿補任』天慶四年条。
(137)『貞信公記』天慶九年六月十六日、同月十七日、同月二十日、同年九月四日、同月五日諸条、『本朝文粋』巻第四。
(138)貴子は応和二年十月十八日、五十九歳で薨去しているから(『日本紀略』)、延喜四年に生まれたこととなる。
(139)『李部王記』承平元年四月二十六日条(『改元部類』所引)。
(140)『日本紀略』承平七年十月十三日条、『一代要紀』丙集。

(141) 天慶元年十一月二十七日附『太政官符』(『類聚符宣抄』第四、所収)、『本朝世紀』天慶元年十一月十四日条。この除目について掌侍・橘平子らが穏子に奏慶している点からみると(『本朝世紀』)、これは穏子と忠平が協議した結果の人事と想定される。貴子は成明親王の養育に深い関係があったように推定される。『本朝世紀』天慶元年十一月二十日条、参照。

(142) 『貞信公記』および『本朝世紀』天慶元年十二月二十二日条。

(143) 『村上天皇御記』応和二年十月条。

(144) 元方が失望のあまり憂死し(天暦七年三月)(『栄華物語』巻第一『月の宴』)、怨霊となって祟ったという話は、余りにも有名である。

(145) 『九暦』天暦四年六月二十七日条。

(146) 『拾芥抄』中、第十九、『簾中抄』下。

(147) 承和三年五月二十五日紀、承和五年十一月三十日紀。

(148) 『日本紀略』寛平九年九月十日条、『類聚句題抄』、『菅家文草』巻第六。

(149) 『日本紀略』昌泰元年二月十七日条。

(150) 同右、同年四月二十五日条。

(151) 『伊勢集』上。

(152) 延喜五年六月二日附『太政官符』(『類聚三代格』巻第一、所収)。この『官符』で言う『後院』は明らかに朱雀院を指している。冷泉院の方は、陽成上皇がおられ、依然として後院であった。

(153) 『醍醐天皇御記』延長三年十二月三日、四日両条によると、朱雀院の馬場で東宮の帯刀候補者に騎射せしめている。それはこの離宮が官有地であったためであり、当時後院となっていたためではない。

(154) 『古今和歌集目録』、『土佐日記』、『紀貫之集』第七。

(155) 例えば、『菅家文草』第六、『日本紀略』天暦元年三月十六日条。栢梁殿は、一般には、略して栢殿と呼ばれていた。『醍醐天皇御記』延喜十八年八月八日条、『貞信公記』天慶九年九月十七日条、等々。時代の下った例としては、『為房卿記』寛治六年三月二十四日条。
(156) 『九暦』天暦元年正月二日条。
(157) 『貞信公記』天暦二年八月十六日条。
(158) 『大鏡異本陰書』(『大日本史料』第一編之九、所収)。
(159) 特に著名なのは、天慶九年九月十七日の遊宴や天暦元年三月十六日に始まる法華八講などである。『貞信公記』、『日本紀略』その他、参照。
(160) 『九暦』天暦四年七月二十三日条。
(161) 『日本紀略』天暦元年正月二日条。
(162) 『貞信公記』承平七年十二月十三日条。
(163) 『日本紀略』天慶元年六月一日条。
(164) 『貞信公記』、『本朝世紀』、『日本紀略』等の天慶二年十月、十一月条、参照。
(165) 『日本紀略』天慶三年五月二十三日条、『貞信公記』および『九暦』天慶三年六〜八月の諸条。
(166) 『貞信公記』天慶三年六月二十六日条。
(167) 詳しくは『年譜』参照。
(168) 『日本紀略』天暦元年四月十四日条。
(169) 同右、同年十二月十四日条。
(170) 同右、同年六月十三日、十五日両条。
(171) 『拾芥抄』中、第十九。

（172）元慶八年二月四日紀。
（173）『二条后』と言われた皇太后・高子の在所は、『小二条殿』と呼ばれ、左京二条大路南、三条坊門北、東洞院大路東、高倉小路西にあったとされている（『拾芥抄』中、第十九）。
（174）陽成院は左京二条大路北、冷泉小路南、油小路東、西洞院大路西にあり、東二条院とも呼ばれ、もとは時康親王（光孝天皇）の邸宅であった（『拾芥抄』中、第十九、元慶八年二月四日紀、『今昔物語集』巻第二十七、第五話、『河海抄』巻第十三、『九条家本・延喜式』左京図等々）。光孝天皇の即位後、この東二条院が陽成上皇の後院とされたのである。
（175）『九暦』および『日本紀略』天暦二年八月二十二日条。
（176）『貞信公記』および『日本紀略』天暦二年十月九日条。
（177）『九暦』、『李部王記』（『御遊抄』所引）、『日本紀略』天暦三年正月五日条。
（178）『日本紀略』天暦三年九～十一月諸条。
（179）『九暦』および『日本紀略』天暦三年十一月二十六日条。
（180）『九暦』天暦四年六月十日条。
（181）『皇年代略記』村上天皇条、『元亨釈書』巻第十、『園太暦』文和二年二月五日条。上掲『元亨釈書』によれば、この時焼亡したのは朱雀院の栢梁殿であったようである。
（182）『九暦』天暦四年七月二十三日条。
（183）『望月仏教大辞典』第四巻（京都、昭和三十二年）、三二一三頁。
（184）僧正聖宝の生涯および事績については、『大日本史料』第一編之四、五五～一六四頁、参照。
（185）『大般涅槃経』第十四、聖行品。
（186）初期の醍醐寺については中島俊司『醍醐寺略史』（京都府醍醐村、昭和五年）、参照。

(187) 例えば、『醍醐寺縁起』（『大日本仏教全書』所収）、『元亨釈書』巻第四、参照。
(188) 前掲『醍醐寺縁起』。
(189) 例えば、『醍醐天皇御記』延喜十年四月八日、同十八年三月一日、同十九年十一月二日諸条、参照。なお、観賢の伝記に関する史料は、『大日本史料』第一編之五、六八一〜七二六頁にほぼ集成されている。
(190) 延喜十三年十月二十五日附『太政官符』、同十四年正月二十一日附『僧綱牒』（『醍醐寺葉書』〔『続群書類従』〕所収）。
(191) 延喜十九年九月十七日附『太政官牒』（『醍醐寺要書』、『慶延記』巻第三、所収）。
(192) 『貞信公記』延長三年七月二十七日条、『東寺長者補任』。
(193) 『醍醐天皇御記』延長四年九月二十八日条。
(194) 『貞信公記』、『日本紀略』延長八年十一月十四日条。
(195) 『慶延記』巻第三、『李部王記』延長九（承平元）年六月二十四日、同年十一月五日、同年十二月八日諸条（『醍醐寺雑事記』〔『群書類従』所収〕所引）。
(196) 『李部王記』承平八（天慶元）年十一月十三日条（『醍醐寺初度具書』所収）。
(197) 天慶五年七月二十日附『太政官牒』二通（『慶延記』巻第三、『醍醐書要書』所収）。
(198) 承平六年八月十日附『中宮職牒』（『醍醐寺要書』所収）。なおこの『中宮職牒』は当時の中宮職の構成を左のように示している。

大夫　中納言兼民部卿　平朝臣伊望
亮　藤原朝臣
権亮　右衛門権佐兼備前権介　小野朝臣好古

大進　　　　上毛野朝臣常行
少進　　　　多治真人助縄
少進　　　　源朝臣
大属　　　　壱志連保
少属　　　　伊香惟教
少属　　　　川背

(199)『日本紀略』承平七年三月二十九日条。
(200)『李部王記』承平六年三月四日、十三日両条（『醍醐寺雑事記』所引）。
(201)『九暦』天暦元年四月二十三日条。
(202)清涼殿を解体し、これを醍醐寺に移建する（清涼堂として）作業も、天暦元年十二月二十七日に着工された。『貞信公記』同日条参照。清涼堂の移建は、天暦三年三月に功を終えた。『日本紀略』天暦三年三月三十日条、『僧綱補任抄出』参照。
(203)『李部王記』天暦六年某月某日条（『醍醐寺雑事記』所引）。
(204)『一代要記』丙集。
(205)来定寺が紀伊郡に存したことは、嘉祥三年三月二十七日紀によって明白である。
(206)『李部王記』天暦六年八月二十日、二十一日両条、『帝皇系図』（以上『醍醐寺雑事記』所引）。
(207)『慶延記』巻第三。
(208)『醍醐寺座主次第』、『僧綱補任』。
(209)大岡実『醍醐寺の伽藍配置』（『建築史』第二巻第二号掲載、東京、昭和十五年）、文化財保護委員会編『醍醐寺五重塔図譜』（浜田隆、森政三氏の解説をも収む）（東京、昭和三十六年）、京都府教育庁文化財保護課編『国宝建造物醍醐寺五重塔修理工事報告書』本文一冊、附図一冊（京都、昭和三十五年）。

(210) 藤懸静也「醍醐寺の壁画に就て」（『国華』第三七〇号掲載、東京、大正十年）、土居次義「醍醐寺五重塔壁画真言八祖像に就いて」（『仏教美術』第十九冊掲載、京都、昭和八年）、春山武松「醍醐寺五重塔板絵に就て」（『東洋美術特輯・醍醐寺の研究』所収、奈良、昭和五年）、明石染人「醍醐寺五重塔の文様に就て」（前掲『醍醐寺の研究』所収）、高田修編『醍醐寺五重塔の壁画』（東京、昭和三十四年）、京都府教育庁文化財保護課『国宝建造物醍醐寺五重塔修理工事報告書』（前掲）。醍醐寺に関する数多くの研究文献の目録は『仏教芸術』42『特集・醍醐寺』（毎日新聞社刊、昭和三十五年）にみられる。なお、この五重塔の相輪は、昭和四十年九月の颱風で傾いたため、昭和四十一年三月から修理が開始された。

(211) 『国史後抄』（『御遊抄』所引）。

(212) 『九暦』天暦五年二月十三日条。

(213) 『李部王記』天暦六年四月十五日条（『醍醐寺雑事記』所引）、『陰陽博士安倍孝重勘進記』（『大日本史料』第一編之九、所引）。

(214) 『新続古今和歌集』巻第十六、第一五五九番。

(215) 『大鏡』第六巻、『拾遺和歌集』巻第二十、第一三二三番。

(216) 天暦六年八月十九日附『宣旨』（『類聚符宣抄』第四、所収）。

(217) 天暦六年十月二日『朱雀院四十九日御願文』（『本朝文粋』巻第十四、所収）、『李部王記』天暦六年某月某日、十月二日条（『醍醐寺雑事記』所引）。

(218) 『小一条記』天暦六年十月十二日条（『西宮記』巻八、裏書、所引）、『北山抄』巻第九、『羽林要抄』

裏書。

(219)『李部王記』天暦六年十一月二十八日条(『河海抄』巻第十三、所引)。

(220)富岡本『栄華物語』巻第一『月宴』傍註、『玉葉』安元二年九月十四日条、『一代要記』丙集。

(221)天暦七年正月三日、村上天皇は弘徽殿に行幸して母后を拝されているから、穏子が前年の末に主殿寮から弘徽殿に遷御したことは疑いがない。『近衛家文書』第十二(『大日本史料』第一編之九、所引)、参照。

(222)康子内親王は、麗景殿に住んでいたため、『北の宮』と呼ばれていた。内親王と師輔は後に相契ったが、公季を産んだ時に内親王は薨去した。なお杉崎重遠『北宮考』(『国文学研究』第九・十輯所収、東京、昭和二十九年)、参照。

(223)『公卿補任』天慶七年条。

(224)承平三年三月四日附『太政官符』(『別聚符宣抄』所収)、同年十一月十日附『太政官符』(同上所収)。

(225)『別聚符宣抄』所収。

(226)註(198)参照。

(227)『慶延記』巻第五。

(228)『九暦』天慶四年七月二十五日条。

(229)朱雀天皇が醍醐寺に施入された荘園は、その総面積が百五十余町歩に及んでいる。これが母后の勧めによることは言うまでもない。中島、前掲書、一五頁、参照。

(230)天暦七年二月十一日附『伊勢国近長谷寺資財帳』(同寺所蔵、『平安遺文』第一巻所収)。

(231)『年譜』の承平四年、天慶元年、同四年の諸項、参照。

(232)『西宮記』巻十二、裏書。
(233)『続後撰和歌集』巻第二十、第一三四三番。
(234)天暦七年八月七日『朱雀院周忌御願文』(『本朝文粋』巻第十四、所収)。
(235)『扶桑略記』第二十五。
(236)『九暦』天暦七年十月二十八日条、『古今著聞集』巻第十九、第四話、等々。
(237)『西宮記』巻六、『小右記』万寿四年十一月二十四日条。
(238)『村上天皇御記』天暦七年十二月三日条(『柳原家記録』巻百三十一、『延喜天暦御記抄』所収)。
(239)『村上天皇御記』および『扶桑略記』(第二十五)、天暦八年正月四日条、『西宮記』巻十七、『大鏡裏書』第一巻29、『一代要記』丙集、『帝王編年記』巻第十六、等々。
(240)『村上天皇御記』天暦八年正月四日条。
(241)同右、同年同月七日条。
(242)同右、同年同月十日条。
(243)角田文衞『承香殿の女御』(東京、昭和三十八年)、五八頁、参照。
(244)『西宮記』巻十七。
(245)天暦八年三月二十日『村上天皇為母后四十九日御願文』(『本朝文粋』巻第十四、所収)、『西宮記』巻十九、『扶桑略記』第二十五。なお、『村上天皇御記』同年三月二日条、参照。
(246)『村上天皇御記』天暦八年八月一日条(『願文集』巻二、所引)。
(247)天暦八年十二月二十五日附『太政官符』(『江次第抄』巻第三、所収)。
(248)穏子の『宇治山陵』が天暦八年十二月頃までに完成していたことは、『村上天皇御記』同年十二月十六日条からして明瞭である。

(249) 『保忠卿記』の延長六年正月六日条は、『北山抄』に引用されている。

後記 師輔と康子内親王との関係については、角田文衞『師輔なる人物』(同『平安の春』所収、東京、昭和五十八年)に詳しい。

略語表

裏（大鏡裏書）
花鳥（花鳥余情）
九（九暦）
紀略（日本紀略）
群載（朝野群載）
后記（太后御記）
江次第（江家次第）
古今（古今和歌集）
西記（西宮記）
座主記（天台座主記）
三代格（類聚三代格）
紹運録（本朝皇胤紹運録）
世紀（本朝世紀）
醍縁（醍醐寺縁起）
醍記（醍醐天皇御記）
醍要記（醍醐寺要記）
著聞（古今著聞集）
貞（貞信公記）
東補（東寺長者補任）
符宣抄（類聚符宣抄）
文草（菅家文草）
編年記（帝王編年記）
補任（公卿補任）
別聚（別聚符宣抄）
村記（村上天皇御記）
文粋（本朝文粋）
大和（大和物語）
要記（一代要記）
要書（醍醐寺要書）
要略（政事要略）
李記（李部王記）
略記（扶桑略記）

年次	西紀	齢	事蹟	近親	一般
仁和元年	八八五	1	**是歳** 平安京に誕生（逆算）	父関白太政大臣基経（五〇歳）、母人康親王王女・嚴子女王	**二・二一** 改元
二年	八八六	2		**正・二** 時平元服（一五歳）正五位下	
三年	八八七	3		**正・七** 時平従四位下、**八・二六** 時平蔵人頭 **一一・二一** 基経関白	**八・二六** 光孝天皇崩御、宇多天皇践祚
四年	八八八	4		**一〇・六** 温子（異母姉、一七歳）入内、女御となる（紀略、要記）	
寛平元年	八八九	5		**正・一六** 時平讃岐守	**二・二一** 初めて賀茂臨時祭を行ふ（紀略、略記、大鏡）
				正月 この頃、母（人康親王娘・基経室）卒去、	**四・二八** 寛平大宝銭を鋳る（紀略）、

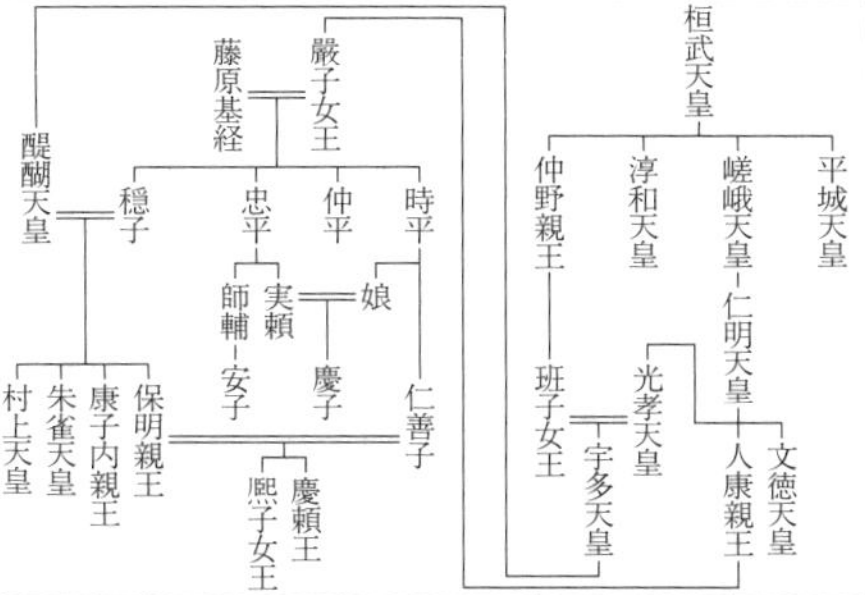

二年	八九〇	6		**二・一三** 仲平元服	**五・一六** 橘広相薨
三年	八九一	7		**正・一三** 父基経薨去(五六歳)、**三・一九** 時平参議(二〇歳)	**是歳** 島田忠臣卒(文粋、文草)
四年	八九二	8		**二・二一** 時平左衛門督、**五・四** 時平検非違使別当	**五・一〇** 類聚国史撰進(文草、西記)
五年	八九三	9		**正・一一** 右少将仲平兼讃岐権守、**二・一六** 時平中納言	**閏五・三** 新羅の賊肥後入寇
六年	八九四	10		**正・七** 仲平従四位下	**九月** 遣唐使を停む
七年	八九五	11		**八・二一** 兼平(異母兄・二一歳)従五位上、忠平正五位上	**八・二五** 左大臣源融薨(紀略、補任、要記)
				正・二六 仲平右中将、	**九・二二** 皇太后

年号	西暦	年齢	事項	一族	一般
八年	八九六	12		忠平（同母兄、一七歳）侍従	藤原高子を廃す（紀略、略記）
九年	八九七	13	**七・三** 皇太子元服即位の日、入内せんとして果たさず（九）	**六・一九** 時平大納言氏長者、**七・二六** 温子皇太夫人（略記）	**六・九** 右大臣源能有薨、**七・三** 宇多天皇譲位、醍醐天皇践祚
昌泰元年	八九八	14		**一一・二一** 忠平従四位下 **是歳** 顕忠（時平二男）生まる	**四・一六** 改元
二年	八九九	15	**是夏頃** 入内（九）	**二・一四** 時平左大臣、**三・七** 仲平中宮大夫	**三・一四** 妃為子内親王、出産により薨（紀略、九）
三年	九〇〇	16		**正・二八** 忠平参議、**二・二〇** 忠平参議辞す、**五・一五** 忠平右大弁、**是歳** 実頼（忠平一男）生まる	**五・二三** 太皇太后藤原明子崩（七三歳）
			三月 女御となる（紀略・裏）	**正・七** 時平従二位、仲	**正・二五** 右大臣

年号	西暦	年齢	事項	事項	事項
延喜元年	九〇一	17		平従四位上、**三・一九** 仲平蔵人頭	菅原道真左遷、**七・一五** 改元
二年	九〇二	18		**正・二八** 時平別封二千戸を賜はる（補任）	**三・一三** 勅旨田を停め、院王臣の閑地荒田の占有を禁ず（三代格）
三年	九〇三	19	**一一・三〇** 皇子崇象を産む（九、江次第、但し紀略は二〇日とす） **一二月初** 勅使あり縑二〇疋、絹八〇疋、綿二〇〇屯、調布三〇〇端を賜ふ（九）、典侍藤原因香賀歌を詠む（古今）	**正・七** 忠平従四位上	**二・二五** 菅原道真、配流地にて薨去（五九歳）
四年	九〇四	20	**正月** この頃、時平の東一条院（小一条院）を里第とせるが如し（醍記）	**正・二七** 時平ら太子を立てられんことを上表（符宣抄、紀略）、**二・一** 勅答（符宣抄、紀略）、**二・三** 重ねて上表（符宣抄）、**二・五** 勅答（符宣抄）、**二・七** 三たび	**二・一七** 立太子の事を柏原・後田邑両陵に告ぐ、是日、東宮、東一条院より某所に遷御（紀略、略記、西記、北山抄、江次第、

				上表（西記）、**二・一〇** 皇子崇象、東一条院にあり、是日、親王となし、皇太子に立て、壺切の剣を賜ふ（醍記、紀略、要記）	補任）、**四・八** 東宮、志貴院より宮中に移御（紀略・西記）、**一二・一九** 北野に雷公祭あり（醍記）
五年	九〇五	21		**五・一五** 温子出家（紀略・略記）、**九月** 時平、東宮の直盧にて『籬辺有残菊』の詩を賦す（紀略）	**四・一五** 紀貫之ら、古今集を撰進（紀略、紀貫之集、大鏡、古今）
六年	九〇六	22		**是歳** 敦忠（時平三男）生まる	**三・七** 大納言藤原定国薨、**一〇・一七** 増命天台座主
七年	九〇七	23	**正・九** 加階されしにより時平ら藤氏の人びと天皇に慶を奏す（貞）（この時、従三位を授けられしものの如し）	**正・七** 時平正二位、仲平正四位下、**二月** 基経の娘某卒去（紀略）、**六・八** 温子崩（三六歳）（紀略、略記、要記）、**一**	**一一・三** 延喜通宝銭を行う（紀略）、**是歳** 醍醐寺を御願寺とす（醍縁）

				○月 忠平、法皇大堰河行幸に陪従し、小倉山の歌を詠ず（大和、著聞、大鏡）	
八年	九〇八	24		**正・二二** 忠平参議に還任、**二・二四** 仲平参議、忠平春宮大夫、**八・二六** 忠平左兵衛督、**九・一** 忠平検非違使別当、**一二・一七** 師輔（忠平二男）生まる（貞）	**六・二九** 大納言藤原国経薨（八一歳）、**一〇・七** 参議藤原菅根卒（五三歳）
九年	九〇九	25	**二・二一** 従二位に昇叙（醍記）、直曹は弘徽殿なりしものの如し（醍記）、**六・一七** 更に加階さる（紀略）、**一二・一四** これよりさき内裏より退出、この日、参入（貞）	**四・四** 時平薨（三九歳）、**四・九** 忠平従三位権中納言氏長者、**五月** 時平贈正一位太政大臣、**九・二七** 忠平右大将、使別当如故	**二・二一** 皇太子、清涼殿において初めて朝覲す（醍記）、**七・六** 前僧正聖宝入寂（七八歳）、**是歳** 右大臣源光を八所別当に補す（小右記）

一〇年	九一〇	26	正・二五 内裏より退出（貞）、五・一九 参内（貞）、一一・二一 参内（貞）	正・一三 忠平中納言	三・二四 前皇太后藤原高子（穏子の叔母）崩（六九歳）
一一年	九一一	27	一一・五 これよりさき内裏より退出、是日、参内（貞）	正・一三 忠平大納言、一二・二八 忠平停使別当	一〇・二二 皇太子読書始（紀略）、一一・二八 皇太子、名を保明と改む（紀略、別聚）、一二・二八 参議当時使別当
一二年	九一二	28	正・四 皇太子参内し、母女御に謁す（醍記）、閏五・二六 内裏より退出（貞）		二・一〇 中納言紀長谷雄薨、五・二三 賑給
一三年	九一三	29	三・二五 内裏より退出、里第は忠平の東五条第なるべし（貞）、六・七 参入（貞）、直曹は弘徽殿（醍記）	正・七 忠平正三位、正月 師氏（忠平四男）生まる、四・一五 忠平左大将、仲平春宮大夫	正・一四 内裏に踏歌あり（醍記）、三・一二 右大臣源光怪死、三・一三 亭子院歌合

一四年	九一四	30	二・一四 内裏に参入（貞）	八・九 保忠（時平一男・二三歳）参議、八・二五 忠平右大臣（三五歳）	正・二一 醍醐寺を定額寺とす（要書）、四・二八 三善清行意見封事を上る、八・八 田制改革
一五年	九一五	31		正・二〇 実頼元服（一六歳）、二・三 廉子女王（保忠母）五十算賀	
一六年	九一六	32	一〇・二一 天皇に書を上り、東宮元服の夜、時平の娘仁善子の参入すること、その際輦車を用うることを願ふ。勅許あり（醍記）	二・二八 忠平従二位、一〇・二二 藤原仁善子、東宮御息所となる（紀略、略記、李記）	一〇・二二 皇太子元服（一四歳）、忠平加冠、是日東宮宣旨在原方子などに叙位（紀略、西記）、一〇・二三 皇太子、亭子院にて法皇に謁す（醍記）

一七年	九一七	33	**二・一五** 敦忠参内、女御の許に祇候(醍記)、**三・六** 夜桜の宴あり、近侍、管絃の数人に女装束を賜ふ(醍記)	**正・七** 仲平従三位、**正・二九** 仲平中納言、**二・一五** 敦忠昇殿	**正・一** 皇太子参内(醍記)、**二・三** 大納言藤原道明ら道澄寺の鐘を鋳る(鐘銘)
一八年	九一八	34	**八・一四** この夜、女御、忠平の五条第にて法華経を講説せしむ、仏法僧鳥、第の松樹に来たり鳴き、座にありし詩人ら、詩を賦す(紀略、略記、躬恒集)	**四・三** 忠平の娘・貴子、東宮に入侍(貞)	**六・二九** 大納言源昇薨(六〇歳)、**一二・七** 参議三善清行卒(七五歳)
一九年	九一九	35	**一〇・一一** 忠平の四十の算を賀す(紀略、貫之集)、**是歳** 紀貫之、勅命により女御の屏風の和歌を詠進す(貫之集)	**是歳** 忠平四十算賀あり、この頃、実頼、時平の娘を室とす、仲平筑前に安楽寺を建つ(僧綱補任)	**九・一三** 内裏にて月宴あり(躬恒集)、**九・一七** 醍醐寺の座主、三綱の制を定め、観賢を座主とす(要書、慶延記)
			二・二五 東五条第に退出(貞)、**三・三** 河原にて祓除、ついで東	**二・五** 実頼の子(敦敏)生まる、**五・一六** この	**四月** 法皇皇子雅明生まる(母藤原

二〇年	九二〇	36	五条第に還御(貞)、**三・二三** 修法を始む(貞)、**三・二七** 弁日をして除病を祈らしむ、**四・一二** この頃皇女康子を産む、**四・一九** 産養の儀あり(貞)、**五・一九** 西五条第に遷御、忠平室の病のためなり(貞)	頃、師尹(忠平五男、母源昭子)生まる、**一二・一七** 第十四皇女康子(母穏子)、内親王となる(貞、紀略)(二・一七とするは紀略の誤り)	褒子)(要記、裏、紹運録)、**六・一七** 大納言藤原道明薨(六五歳)、**一二・二八** 皇子高明に源姓を賜ふ(紀略、要記)
二一年	九二一	37		**正・七** 実頼従五位上、保忠正四位下、**正・三〇** 保忠権中納言従三位、**正月** 敦忠元服、従五位下	**一〇・二七** 空海に弘法大師の謚を贈る、**一一・九** 東宮王子慶頼生まる(母仁善子)(西記)
二二年	九二二	38		**正・三〇** 実頼近江介	**五・一五** 増命天台座主を辞す(略記、座主記)
			四・二六 中宮に冊立さる、時に東五条第にあり(紀略、九、裏、略記、要記)、参議藤原扶幹中宮	**正・二一** 保忠中納言、**四・二九** 保忠春宮大夫	**正・三** 皇太子、仁和寺にて法皇に謁す(紀略)、

延長元年
九二三
39
大夫を兼ぬ（補任）、七・二四　皇子寛明（朱雀天皇）を東五条第にて産む、蔵人頭平伊望、皇子の誕生を奏上、大法師尊意を皇子の護持僧とす（貞、、紀略、醍記）、七・二六　新皇子御湯の儀あり（貞）、七・二九　皇子寛明を親王とす（貞）、八・一　皇子七夜事あり、天皇公卿大夫に饗を、女房に酒食を賜ふ（貞、醍記、西記、年中行事類聚）、九・五　東五条第より主殿寮に移御（貞、紀略）、一一・一七　東宮のため鎮魂祭を催す（貞）、一一・二一　内裏弘徽殿に移御（貞、、紀略）、二・二三　藤氏の公卿大夫、寛明親王の慶を奏す（貞） 三・八　極楽寺にて前皇太子の周忌法事を修す（貞）、五・三　御
正・七　忠平正二位、 正・二二　忠平左大臣、
三・一二　皇太子薨去（二一歳）、三・二七　皇太子葬送、文彦と諡す、四・二九　慶頼王を皇太孫となす、大納言藤原定方東宮傅、閏四・一一　改元、四・二〇　菅原道真に右大臣正二位を贈る、七・二二　玄鑒を天台座主とす（紀略、略記、座主記） 一二・一四　宇多法皇、延暦寺に行

二年	九二四	40	悩あり、忠平見舞に祇候（貞）、**八・二三** この頃弘徽殿にあり（貞）、**九・一八** 二十僧を請じて読経を始む（貞）、**一一・四** 中宮の春日使、淀津の人々と闘乱（貞）、**一二・一八** 天皇のため五箇寺にて誦経せしむ（貞）、**一二・二一** 天皇四十の算を賀す（貞、紀略）	**二・一** 師輔侍従、**三・一一** 褒子従二位（紀略）、**八・二三** 寛明親王魚味始（貞）	幸（紀略）
			正・二 皇太子と共に大饗を催す（貞）、**正・三〇** 平伊望（母人康親王娘）中宮権大夫となる（補任）、**三・一五** 修法を始む、忠平参上す（貞）、**四・二六** 病により仁観、義海を阿闍梨として修法せしむ（貞）、**四・二九** 天台座主玄鑒をして修法せしむ（貞）、**五・二一** 天皇、中宮のことにつきて忠平に仰せあり（貞）、**八・**	**正・二三** 康子内親王に隔年毎に別給を給ふ（除目大成抄）、**四・四** 忠平室源順子卒（五一歳）、**七・一五** 兼通（師輔二男）生まる **八・二九** 寛明親王著袴（貞）、**是歳** 頼忠（実頼二男）生まる	**六・六** 天皇不予、**六・一一** 醍醐寺座主・権僧正観賢遷化（七三歳）、**六・一八** 皇太孫慶頼王、職曹司にて薨（五歳）、**八・九** 延僘を醍醐寺座主とす（貞、東補）**一〇・二一**

三年	
九二五	
41	
一一 五条院にて修善のため読経せしむ（貞）、**八・二九** この頃、弘徽殿にあり（貞）、**一〇・二一** 勅して太子幼きにより中宮と同殿せしむ（醍記）	**正・二** 東宮と共に大饗を設く（貞）、**二・一九** 東宮と共に飛香
	正・七 仲平正三位、実頼正五位下、**二・二五**
寛明親王立太子、**一一・四** 東宮、神事を行はんがため、凝華舎に移御（貞）、**一一・八** 東宮、弘徽殿に還御、勅使を諸陵に遣して立太子を告ぐ（貞、醍記）**一一・一五** 東宮、凝華舎に移御（貞）、**一二・二八** 東宮の帯刀を定む（醍記）、**閏一二・二一** 東宮、凝華舎にて仏名会を修す、忠平参入（貞）	**二・一五** 東宮、延暦寺東・西両塔

四年	九二六	42	舎に移御（貞）、**三・一七**　東宮と共に催す季御読経の請僧を選定（貞）、**三・二五**　上記の御読経始む（貞）、**四・一六**　東宮と共に桂芳坊に移御（貞）、**五・三**　尊意をして延暦寺にて修法せしむ（貞）、**五・二九**　尊意に加持を命ず（明匠略伝）、**六・一**　尊意修法を始む（貞）、**六・二**　桂芳坊にて皇子成明を産む、平伊望、皇子誕生を奏上す（貞、醍記、紀略）、**六・六**　春宮坊にて産養の事あり、天皇、公卿と殿上の侍臣に禄を賜ふ（貞）、**六・八**　内裏にて七夜事あり（醍記）、**六・一七**　極楽寺にて故慶頼王の周忌を営む（貞）、**七・一〇**　東宮と共に弘徽殿に移御、康子・成明両親王また弘徽殿に参入（貞）、**九・一二**　皇子成明の御百日の儀あり（大鏡、玉葉集）、**一**	実頼蔵人、**四・四**　忠平、菩提寺にて亡室の周忌を行ふ（貞）、**九・二八**　褒子、法皇六十の算を賀す（紀略、拾遺集、貫之集）、**一一・一〇**　師輔昇殿、**五・一三**　忠平・桂芳坊に宿す（貞）、**五・一六**　忠平、桂芳坊に宿す（貞）	院にて大般若経を読ましむ（貞）、**三・一三**　東宮、女饗を催す（貞）、**四・三**　東宮不予（貞）、**四・八**　東宮、延暦寺にて読経せしむ（貞）、**五・六**　東宮、覚怜をして修法せしむ（貞）、**五・一一**　尊意、補天台座主（紀略、略記、座主記）**六・二二**　東宮不予なり（貞）、**八・一四**　東宮常寧殿にて尊意に修法せしむ（貞）、**八・二一**　東宮、清涼殿に参入（貞）、

一・一〇 弘徽殿にて行器の興あり（貞）、一一・二一 皇子成明（村上天皇）を親王に立つ（貞、紀略）	三・二六 読経を始めしむ（貞）、四・五 賀茂杜に歌舞を献ず（要
	正・一二 仲平大納言、保忠兼左衛門督、八・二
八・三〇 東宮不予、忠平、弘徽殿に見舞に祇候（貞）、九・二八 醍醐寺釈迦堂本尊開眼供養（醍記）、一〇・一九 天皇、法皇、大堰川に行幸（紀略、略記、西記）、一一・六 北野に行幸（紀略）、一一・二六 東宮、仁観をして禅院に修法せしむ（貞）、一二・一九 東宮、季御読経を始めしむ（貞）	正・一二 藤原兼輔権中納言、二・

五年	九二七	43	略）、**七・一九** 東宮と共に修善の読経をなさしむ（貞）、**一〇・一六** 東宮のため、神仏に祈願す（貞）**一二・二〇** 東宮と共に修善の読経を始めしむ（貞）	**三** 康子内親王、初めて天皇に謁す（貞）、**六・二八** 顕忠の邸宅全焼（貞）、**一二・二六** 忠平ら、延喜式を撰進す（延喜式、紀略、要記）、**是歳** 安子（師輔娘）生まる	**一三** 東宮、尊意をして修善の読経を修せしむ（貞）、**三・二四** 東宮、季御読経始む（貞）**九・一〇** 斉世親王薨、**九・一六** 尊意、延暦寺にて東宮の修善を始む（貞）、**九・二七** 東宮、御読経を始めしむ（貞）、**一〇・四** 東宮、延暦寺にて千部仁王経を読ましむ（貞）、**一〇・一九** 東宮の御修法始む（貞）、**一〇・二八** 尊意、東宮のため祈願す（高僧伝要文抄）、

					一一・一一 増命寂（紀略、略記、座主記）
六年	九二八	44	**是歳** 紀貫之、中宮の屏風に歌を詠進す（貫之集）	**正・七** 実頼従四位下、**六・九** 実頼右権中将、師輔右兵衛佐、**是歳** 斉敏（実頼三男）生まる	**八・九** 東宮、童相撲を覧る（紀略、略記）、**八月** 天皇不予（神官雑事記）、**一〇・二一** 朱雀院に行幸（略記）、**一二・五** 大原野行幸（紀略、西記、略記）
七年	九二九	45	**正・一四** 男踏歌あり、踏歌の人々、中宮の座す弘徽殿に参る（后記、李記）、**九・一七** 忠平の子息四人、忠平の五十算賀の法会を法性寺に設くるに際して、調布二〇〇端を賜ふ（李記）	**正・七** 師輔従五位上、**三・二三** 実頼、忠平の五十算賀の法会を法性寺に催す（紀略、后記）、**四・五** 顕忠昇殿、**是歳** 兼家（師輔三男）生まる	**二・一六** 源高明元服（要記、新儀式）、**二・二五** 右少弁源公忠を東大寺別当に補す（東南院文書）、**一〇・二三** 雅明親

	八年	
	九三〇	
	46	
	八・一三 天皇の不予により東宮と共に宜耀殿に遷御（紀略）、**九・二一** 常寧殿に遷坐（紀略）、**一一・一四** 醍醐天皇の七七忌の法会を醍醐寺にて修す（貞、紀略）、**一二・一七** 平伊望中宮大夫（補任）	**二・三** 中宮御服につき、忠平大原野祭饗を行ふ（貞）、**九・一六** 醍醐天皇の周忌法会を延暦寺西塔院にて修せしめ、また内裏にあり
	四・五 忠平の家失火（略記）、**九・二二**、忠平摂政、**九・二三** 師氏昇殿、**九・二五** 実頼蔵人頭、**一〇・二〇** 忠平上表して摂政を辞す、聴されず（補任、文粋）、**一一・二一** 顕忠従四位下、**一二・一七** 仲平兼右大将、保忠大納言	**二・二六** 忠平上表して摂政を辞す、聴されず（貞）、**三・一三** 実頼参議、師輔右少将、**三・二〇** 忠
王薨（一〇歳）	**二・一七** 東宮、凝華舎にて藤原元方につきて読書始（紀略）、**六・二六** 清涼殿落雷により大納言藤原清貫、平希世震死、天皇不予、**九・二二** 醍醐天皇譲位、東宮践祚（朱雀天皇）、**九・二九** 醍醐上皇崩御、**一〇・一〇** 上皇を山科陵に葬送	**正・一** 右大臣定方、中納言兼輔、先帝を偲びて歌を贈答す（後撰集）、

承平元年	九三一	47	四・二六 改元、五・一〇 醍醐天皇の皇子ら（親王二一人、源氏八人）梵鐘を鋳造せんがための料銭二十三万貫余を拠金せんとす。この日、重明親王、一万貫を醍醐寺に送る（李記）、七・一〇 法皇、御室の宝物を仁和寺宝蔵に納めらる（仁和寺御室御物実録）、七・一九 宇多法皇崩御（六五歳）、九・二四 天皇、先帝の周忌法会を醍醐寺にて修せし	平、自家の米塩をもって賑給す（貞）、四・二六 御匣殿別当貴子（忠平娘）飛香舎に移る（李記）、閏五・一一 師輔蔵人頭
				て先帝の御願一切経を読誦せしむ（貞、紀略）、一一・三 僧延賀をして醍醐寺の塔造立の用途を勧進せしめらる（慶延記）、一一・二八 皇太后となる（紀略、略記、裏）

					めらる（紀略、李記）、一一・七　清涼殿を改造す（李記）
二年	九三二	48	二・二　修法せしむ。これに與りし阿闍梨五人に各度一人を賜ふ（貞）、三・二一　御悩あり（貞）、三・二七　極楽寺にて亡父母のため法会を設く（貞）、四・二一　忠平、皇太后の御封を定む（貞）、六・二〇　飛香舎に移御し、修法を行ふ（貞、紀略）、六・二七　忠平、飛香舎の皇太后に御膳を供進す（貞）、七・一四　夜近臣に命じて踏歌を行はしめ給ふ、皇太后臨覧す（紀略）、九・二八　醍醐寺にて醍醐天皇のため新写四巻経を供養す（李記）、一〇・二五　天皇、皇太后と同輿して東二条末の河原	正・二七　師輔近江介、二・二九　忠平、牛車を聴さる（貞、補任、紀略）、八・三〇　仲平左大将、保忠右大将、一〇・二五　貴子大嘗会御禊女御代、一一・一六　実頼従四位上、師輔従五位下、一一・二六　忠平従一位、一一・二七　師尹元服、従五位下	二・二三　成明親王、凝華舎にて読書始、大江維時を博士とす（貞、紀略、河海抄）、八・四　右大臣定方薨（五八歳）

	三年	
	九三三	
	49	
に赴き、大嘗会のため御禊をなし給ふ（貞、李記、紀略）、一一・一三 天皇、皇太后と同輿し、大嘗会のため豊楽院清暑堂に行幸（貞）	二・八 御封三百戸および御季服などの四分の一を返進す（別聚）、三・四 中務、民部、大蔵、宮内等の各省をして中宮職の御季服、雑物等各四分の一を返納せしむ（別聚）、六・二五 使を難波の住吉社に達し、神楽を奏せしむ（西記）、九・二六 斎宮群行のため大極殿に行幸さるるにあたり、皇太后同輿さる（貞）、一一・一〇 畿内諸国および近江国の国司をして中宮職諸節会の御贄を上らしむ（符宣抄）	正・七 師氏、皇太后の御給により従五位上に昇叙（補任）、正・
	正・一二 師輔右権中将、正月 実頼室（時平娘）卒（紀略）、二・一三 仲平右大臣、三・一六 仲平の右大臣辞任を聴さず（文粋）、五・二七 実頼右衛門督使別当、八・二七 康子内親王著裳、三品、忠平裳の腰を結ぶ（后記、李記、紀略）、一〇・三 忠平封四十五戸を醍醐寺に施入（李記）、是歳 述子（実頼娘）生まる	正・七 敦忠、師輔従四位下、閏正・二九 師氏
	二・二八 中納言藤原兼輔薨（五七歳）、三・二七 内裏にて管絃の御遊あり、忠平和琴を撫し、仲平鼓箏を奏す（体源抄）、一二・一七 南海諸国の警固使を定む（略記裏書）、一二・二四 源雅信（母は時平娘）昇殿（補任）	正・七 源博雅（母は、時平娘）従四

四年	九三四	50	**一一**　内裏にて踏歌あり、皇太后在所を飯駅となす（九）、**三・一六**　皇太后五十の賀により諸寺に諷誦せしめ、度者五十人を賜ふ、ついで賑給す（貞、紀略、花鳥、新儀式）、**三・二四**　皇太后五十算賀の試楽、仁寿殿にて行はれ、天皇臨御さる（西記）、**三・二六**　天皇、常寧殿において皇太后五十の算を賀さる（紀略、西記、著聞集、拾遺集、伊勢集、略記）、**三・二八**　皇太后御賀の叙位あり、参議皇太后大夫平伊望正四位上、**一二・九**　忠平、皇太后五十の算を賀す、皇太后、忠平に醍醐天皇宸筆の万葉集を贈らる（紀略、西記、河海抄、伊勢集、花鳥）	左少将、**三・二六**　成明親王、帯剣を勅授さる（西記）、**三・二八**　皇太后の御賀により康子内親王二品に昇叙（新儀式）、**一二・二一**　実頼中納言、敦忠左近中将	位下（河海抄）、**五・一**　左右京をして桑樹を植ゑしむ（要記、紀略）、**七・二七**　在原相安、武蔵および諸国の兵士を率ゐて南海に発向す（略記）、**一〇・一〇**　法性寺を定額寺とす（紀略）、**一〇・二二**　追捕海賊使を定む（紀略）、**一二・二一**　平伊望中納言、**一二・二八**　源重信（母は時平娘）昇殿、**一二・二一**　前土佐守紀貫之帰任の途につく（土佐日記）

五年	九三五	51	**二・二八** 延暦寺にて大般若経の供養を修せらる（紀略）、**一一・一** 御暦奏あり、皇太后、晩に及ぶによりて出御せず（要記）	**正・三** 師尹昇殿、**正・二三** 仲平従二位、**二・二三** 顕忠兼内蔵頭、師輔参議、師尹侍従、**二・二八** 敦忠蔵人頭、**二月** 廉子女王（時平正室、保忠母）卒 **七・二七** 兼平薨（六一歳）、**一二・二** 成明親王、註孝経の竟宴を凝華舎に催し、文人を召して詩を賦せしむ（紀略）、是日、実頼の男女元服（李記）	**二・一六** 紀貫之、土佐国より帰任（土佐日記）、**二月** 平将門、叔父国香を殺す、**一〇・二一** 将門、叔父良正両軍を破る、**一二・二九** 将門を召す
六年	九三六	52	**八・一〇** 封五十戸を醍醐寺に施入（慶延記、醍醐寺要書）、**一〇・二四** 忠平に消息を寄せ、故大納言保忠の後家の申出によりその家に度者十人を賜はるやう求めらる（九）、**一一・一七** 鎮魂祭、例の	**正・七** 顕忠従四位上、**三・一三** 仲平、醍醐寺の塔の心礎を寄進（李記）、**四月** 実頼室源氏卒、**七・一四** 保忠薨（四十七歳）、**八・一九** 忠平太	**正・二九** 参議小野好古兼中宮権亮（補任）、**一〇・二六** 平将門、伯父良兼を破る、**一一・五** これまで天

	七年
	九三七
	53
如く行はる（西記）	**正・三** 大饗を行はる（西記）、**正・四** 天皇元服ののち、皇太后を拝さる（西記）、**四・二〇** 摂津国嶋下郡吉志庄の水田七十町余、池三箇所を下野守藤原忠紀より買領さる（慶延記）、**六月** この月、御悩あるにより、石清水ほか七社に御願あり（世紀）、**一二・九** 法性寺にて仏経を供養さる（紀略）、**一二・一三** 皇太后頻りに物恠あり、よって伊勢に臨時幣便を遣す（貞）
政大臣、**九・一五** 忠平太政大臣を辞す、聴されず、**九・二三** 頼子（穏子姉）薨（西記）、**一二・八** 仲平蔵人所別当	**正・七** 師尹従五位上、**正・二二** 仲平左大臣、**正・二五** 忠平摂政の辞表を上る、**正・二六** 勅答ありて聴さず（西記）、**正・二七** 師氏正五位下、**三・八** 師尹左兵衛佐、**四・一五** 賀茂使敦忠に御衣を賜ふ（九）、**九・九** 顕忠参議
皇、飛香舎に坐す。本日、常寧殿に遷御（紀略）	**正・四** 天皇元服さる（一五歳）、忠平加冠す（略記、紀略、西記）、**正・七** 源重信従四位下、**二・一九** 煕子女王（母は時平娘）を女御とす（紀略、要記）、**四・七** これより先、平将門上京、この日将門の罪を免ず（将門記、今昔物語集）、**九・**

天慶元年	
九三八	
54	
正・七　皇太后の御給により源兼忠、正五位下に昇叙（貞、補任）、六・一　忽ち御悩あり（紀略）、八・二七　天皇とともに綾綺殿に移御（貞）、一一・三　弘徽殿より麗景殿に移御（貞、世紀）、一一・二二　皇太后の舞妓藤原滋幹の娘を五節の姫となす（世紀）	
正・七　師輔従四位上、二・二二　忠平摂政を辞す、聴されず（貞、九）、三・五　仲平、大臣と大将を辞す、聴されず（貞）、六・二三　実頼兼右大将、師輔権中納言、九・三　師輔左衛門督、使別当、八・一三　忠平、摂政の辞表を上る（文粋、群載、世紀、貞）、一一・五　勤子内親王（師輔室）薨、一一・一四　貴子尚侍、一一・二〇　成明親王、忠平第に移る（世紀）、一二・一二　貴子従三位	
正・二三　天皇の乳母橘光子に禁色を聴す（九）、二月　平将門、平貞盛を追撃して破る（将門記）、五・二二　地震と兵革により改元、六・二三　平伊望（兼中宮大夫）大納言、一〇月　将門、貞盛を下野国府に撃つ（将門記）、一二・二二　女御熙子女王正四位下（世紀）	一九　平将門、平良兼と戦ひ、敗走せしむ（将門記）

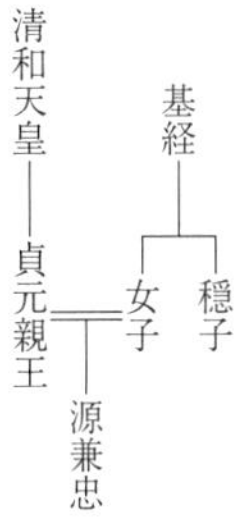

（世紀）、一二・一四　実頼兼按察使、顕忠兼刑部卿

二年	九三九	55	**六・一〇**　皇太后仰す、『醍醐天皇は、方塞と雖も忌み給はず、月次神の今食祭に出御し給へり』と（九）、**八・二〇**　法性寺において忠平六十の算賀の法会を設けらる（貞、紀略）、**一〇・二三**　御悩あり、忠平参入祇候す、延暦寺など十大寺に読経せしめ、かつ六十人を度す（貞、世紀、紀略）、**一〇・二四**　不予につき修法せしむ（貞）、**一〇・二六**　重態につき忠平参内す、延暦寺、法性寺にて修法せしむ（貞）、**一〇・二七**　重態につき忠平参内（世紀）、**一〇・二八**　重態につき忠平参内（世紀）、**一〇・三〇**　忠平、皇太后に祇候し、義	**正・七**　敦忠従四位上、師氏従四位下、**二・二八**　忠平准三宮、**三・二**　忠平、准三宮を辞す、聴されず（貞、九、小右記）**三・一〇**　仲平、大臣と大将を辞す、聴されず（貞）、**四・二六**　忠平、摂政と准三宮を辞す、聴されず（貞、世紀）、**八・二七**　実頼大納言、顕忠兼左兵衛督、敦忠参議、**一一・二七**　太政官六十社に奉幣して忠平六十の算を賀す、**一二・一三**　太政官六十寺に諷誦して、忠平	**三・三**　源経基上京し、興世王、平将門の反乱を奏す（将門記、世紀）、**四・一七**　出羽国、俘囚の反乱を奏す（世紀、貞、紀略）、**五・二五**　左右京賑給（世紀、貞）、**六・五**　源俊を問武蔵密告使長官とす（世紀）、**八・二七**　源高明、参議、**一二・四**　摂政忠平をして兵士の徴発を奉行せし

海をして六観音に祈らしめ、かつ菩薩の造像を命ず（貞）、一一・七　忠平参内して太后の許に祗候（貞）、一一・一五　不予により、神宝を八社に上る（貞、世紀、略紀）、一二・一六　大納言兼中宮大夫平伊望薨（五九歳）一二・二七　師輔兼中宮大夫（補任）	二・一五　時に麗景殿を在所とす（西記）、三・二六　皇太后の修法僧に度者を賜ふ（貞）、五・二三　皇太后の不予始まる（紀略）、六・四　御悩篤し。忠平、仲平参内し、終夜祗候す（貞）、六・六　内裏にて月次神の今食祭あり、よって太后の修法を左衛門府にて修せしむ（貞）、六・一六　危篤なり、忠平参内し、終夜祗候す（貞）、六・一七　太后の修法を内裏およ
の算を賀す、一二・一五　平将門、書を忠平に贈る（将門記、略記）	二・一五　成明親王元服（貞、紀略、西紀）、三・一五　師氏蔵人頭、四・一七　伊尹（師輔一男）元服、安子（師輔娘）著裳、四・一九　成明親王、飛香舎にて安子を妃に迎ふ（紀略）、五・二七　忠平上表して摂政を辞す、聴されず（貞、文粋）、七・二八　仲平、書を呉越
む（貞）、一二・一五　将門、上野国府に入り、除目を行い、新皇と称す（略記、将門記）	正・一　東海、東山、山陽の追捕使を補す（紀略）、正・一六　追捕使小野好古発向す（貞）、正・一九　藤原忠文征東大将軍（紀略、貞、補任）、二・一四　平貞盛、藤原秀郷ら平将門を誅す（紀略、略

三年

九四〇

56

び内蔵寮にて修す（貞）、**六・二五** 太后危篤、忠平参内して丑刻まで祇候（貞）、**六・二六** 覚慧、太后の修法を始む。義海、太后に優婆夷戒を授く（貞）、**六・二七** 不予のため童子に沙弥戒を授け、かつ左右両京、東西獄に賑給（貞）、**六・二九** 太后、危機を脱せらる（貞）、**七・二一** 不予なるがため、今日に至るまで不断の修善あり（九）、**七月** 不予の間、宴座に際し楽を停め、挿頭のことなし（九）、**八・一〇** 不予により宴座を停む（西記）、**八・一一** 音楽、宴座なし（西記、北山抄、要略）

王に贈る（紀略）、**一二・七** 実頼東大寺俗別当（東南院文書、紀略）

記）、**二・一五** 成明親王元服（一五歳）、忠平加冠、三品に叙す（貞、李記、紀略）、**二・一九** 興世王誅さる（要記）、**二・二四** 天台座主尊意寂（七五歳）、**三・二五** 成明親王、山科山陵参拝（貞）、義海天台座主（貞、紀略、略記、僧綱補任）、**八・二七** 小野好古を追捕山陽南海両道凶賊使に補す（紀略、略記）

正・七 太后の御給により伊尹従

二・二 慶子（実頼娘）

三・二八 源重信

四年 九四一 57

五位下に昇叙（補任）、**七・二五** 成明親王のため某邸を買領せんとさる(九)、**八・二六** 忠平、太后のため諷誦を修せしむ（世紀）

入内（李記）、**三・二三** 成明親王温明殿にて賭射を奉仕す(紀略)、**三・二八** 師氏左中将（蔵人頭如故）、**七・一六** 慶子女御となる(紀略、要記)、**八・五** 成明親王、文選の竟宴あり(世紀)、**八・六** 忠平摂政を辞す、聴されず(世紀)、**一〇・二七** 忠平、摂政の辞表を上る（世紀）、**一一・八** 忠平の摂政を停め関白となす（紀略、世紀、略記、補任）、**一二・一八** 顕忠権中納言従三位、敦忠兼近江権守

侍従、**五・一九** 藤原忠文征西大将軍（紀略）、**六・二〇** 藤原純友誅せらる（世紀）、**八・七** 追捕使右近少将中宮権亮小野好古、凱旋（紀略、世紀）、**一一・二九** 太宰府、兵乱平定の旨を奏す（世紀、紀略）

三・一七 法性寺において涅槃経を供養さる（紀略）、**六・二〇**

正・一四 この頃、康子内親王、麗景殿にあり(李

閏三・一 源雅信右近衛権中将、**四**

五年	九四二	58	この頃、承香殿を在所とさる（世紀）	記）、**閏三・一** 師輔大納言（中宮大夫如故）、顕忠兼左衛門督使別当、敦忠権中納言従三位、師尹左中弁、**四・二五** 師尹従四位下、**一二・一三** 頼忠（保忠養子）侍従、**一二・一七** 伊尹侍従	**・九** 左右京賑給（世紀）、**六・一八** 左右京賑給、**七・二〇** 醍醐寺三昧堂に料稲、燈油料を宛つ（要書、慶延記）、**一二・一三** 成明親王上野太守（紀略）、**一二・二二** 成明親王山科山陵参拝（九、紀略）
六年	九四三	59	**八・一一** 御悩あり（要略）	**正・七** 仲平正二位、実頼正三位、師氏従四位上、**三・七** 敦忠薨（三八歳）、**四・一八** 斉敏（実頼男）元服、**九・四** これよりさき忠平関白の辞表を上る、勅答ありて	**正・一六** 節会に際し、成明親王始めて列に侯ふ（李記）、**五・二七** 前皇太后藤原高子の本位を復す（紀略、文粋、要略、

	七年
	九四四
	60
	四・二二 皇太弟の御炊飯は、皇太后度料米を用ゐ、内膳司に進めしむ（九）、**四・二五** 顕忠兼中宮大夫、**九・一三** 二品康子内親王、太后六十の算を賀す、天皇諷誦を修せしめらる（紀略）、**九・一四** 信濃諸牧よりの馬を中宮職にも配分す、（九）、**一二・二八** 天皇十三箇寺において諷誦せしめ、太后六十の算を賀せらる。また京の貧人に施物を賜ふ（紀略）
聴さず（符宣抄）、**九・一二** 藤原盛子（師輔室）薨（願文集）、**九・一六** 頼忠右兵衛佐、**一二・八** 成明親王太宰帥	**二・二一** 斉敏従五位下、**四・九** 実頼右大臣、師氏参議、**四・一二** 師尹蔵人頭、**四・二二** 仲平兼東宮傅、師輔兼春宮大夫、**四・二五** 師尹左近中将、**六・一〇** 実頼上表、右大臣を辞す（文粋、補任）、**六・二二** 実頼上表（文粋）、**六・二八** 実頼上表、共に聴されず（文粋）、**九・九** 師輔法性寺にて亡室の周忌法会を修す（願文集）
要記）、**七・二六** 兵部卿元良親王薨（五四歳）	**四・二二** 成明親王凝華舎に移御、この日、親王を立てて皇太弟となす（紀略、略記、立坊部類記）、**五・二三** 延暦寺の僧等、皇太弟に賀意を表す（紀略）

八年	
九四五	
61	
二・二七 法性寺において多宝塔、一切経を供養さる（貞、紀略）、**五・九** 新写法華経を承香殿にて転読せしめらる（貞）、**九・二** 仲平、出家に際して女子のことを太后に依頼す（貞）**一一・二一** 鎮魂祭を行はる（西記）、**一二・六** 不予（貞）	**正・一六** 義海をして太后のため内裏にて修法せしむ（座主記）、**三・二九** 勅使を忠平第に遣し、太后の御悩を告げらる、太后東西
正・九 安子（皇太弟妃）従五位上（貞）、貴子正三位（貞）、**正・一八** 寛子（忠平娘、重明親王室）卒（四〇歳）（李記、文粋、世紀、紀略）、**三・二八** 師輔兼按察使、**九・五** 仲平卒（七一歳）、**一一・二五** 実頼兼左大将、師輔兼右大将、師尹参議、**一一・二六** 忠平、藤原氏の戸主となる（貞）、**一二・一九** 仁善子（時平娘、保明親王室）卒（九、世紀）	**正・七** 実頼従二位、師輔正三位、**二・七** 伊尹右兵衛佐、**四・二八** 師輔従二位、**五・四** 実頼
三・二八 源高明兼讃岐守	**正・一** 節会あり。**正・七** 皇太弟参賀（貞）、**正・一七** 重明親王、亡室の周忌法

九年

九四六

62

を知らず煩せらる（貞）、**四・二〇** 太后、譲位を歎かる（大鏡）、上皇、太后、方角悪しきため、内裏に留まらる（九、紀略）、**四・二二** 太后の御悩重し、加持せしめらる（貞）、**四・二三** 太后病重きが故に宮中より退出せんことを願はる（貞）、**四・二六** 皇太后を太皇太后となす（紀略、貞、符宣抄）、**五・一九** 不予により度者五十人を賜ふ（貞）、**五・二〇** 太后のため内裏にて修法を行はしむ（貞）、**七・一〇** 上皇、太后、朱雀院に遷御のため内裏を出、仮に主殿寮に御す（紀略）、**七・一四** 太后、康子内親王に近江国に封五十戸を賜はらんことを請ふ（貞）、**九・一** 太后の命により師氏、師尹をして交々内裏に宿侍せしむ（貞）、**九・一七** 上皇、太后、朱

蔵人所別当、**五・六** 康子内親王一品、安子従四位下、**五・二〇** 忠平関白如故（補任、要記、河海抄）、**五・二七** 安子女御（貞、裏、要記）、**六・一六** 忠平上表して関白を辞す（貞）、**六・二〇** 再び上表、聴されず（貞）、**八・二九** 師輔、三児を伴ひて朱雀院に参る（貞）、**九・四** 忠平、関白を辞す、聴されず（貞、文粋）、**一〇・二八** 上皇、康子内親王と共に河原にて大嘗会御禊を見物さる（李記）、**一一・二九** 師尹従四位上、述子（実頼三女）入内（貞、要記）、**一二・二五** 述子女御

会を棲霞寺新堂にて修す（李記）、**四・二〇** 朱雀天皇譲位、村上天皇践祚、**四・二八** 大極殿にて即位の儀あり。この日、源高明従三位、**五・一〇** 天台座主義海寂（七八歳）、**五・二三** 忠平をして朱雀上皇遷御のことなどを定めしむ（貞）、**八・一七** 朱雀院に行幸あり（貞）、**一二・一一** 朱雀上皇、醍醐寺に封戸五十烟を施入（慶延記、要書）、**一二・三**

雀院栢梁殿において遊覧の興あり（貞）、一二・二六　朱雀院にて仏名会あり（紀略、九）

（貞、要記、裏、西記）

○延昌天台座主（貞、群載、座主記）、**是歳**　紀貫之卒

正・二　夜、仁寿殿にて大饗を催さる（九、紀略）、**正・四**　朱雀院に行幸され、太后に謁せらる（貞、紀略）、**三・九**　朱雀院に行幸され、太后、上皇に謁せらる。ついで絃歌の遊びあり（貞、紀略）、**三・一六**　朱雀院栢梁殿において法華八講を修せらる（貞、李記、九、紀略、文粋）、**三・一九**　法華八講終る。請僧八人に度者各一名を賜ふ（貞、紀略、河海抄）、**四・一四**　太后不予なるにより雨中、朱雀院に行幸（紀略）、**四・一五**　太后病篤きにより朱雀院に行幸（貞、九、紀略）、**八・一四**　この頃、上皇、太后、忠平、実頼、師

二・二六　兼家（師輔男）元服（九）、**四・二六**　実頼左大臣（四八歳）、師輔右大臣（四〇歳）、**五・一四**　師輔、右大臣の辞表を上る、聴されず（紀略）、**五・二二**　源高明の室（実頼娘）卒（紀略、群載）、**七・一一**　師輔重ねて上表す、聴されず（紀略）、**閏七・二七**　実頼、書を呉越王に贈る（文粋）、**閏七・二九**　師輔、職封を減ぜんことを請ふ（文粋）、**一〇・五**　述子卒（一五歳）（紀略、貞、文粋、裏）

一・二五　朱雀上皇、師輔の九条殿に幸す（紀略）、**一・二六**　朱雀上皇、大原野に幸す（紀略）、**二・二五**　朱雀上皇、北野に遊猟（九）、**一・二七**　定助を醍醐寺座主に補す（貞）、**三・一五**　朱雀院に行幸（紀略）、**四・二二**　改元、**四・二三**　朱雀上皇、醍醐寺に行幸（九）、**四・二六**

天暦元年

九四七

63

輔など、名僧をして読経、説経せしむ。疱瘡流行のためなり(紀略)、**八・一八** 太后、忠平に消息を遣し、天皇の不予を告ぐ(貞)、**一一・二〇** 天皇のため、延暦寺天台座主房において不動尊像を造り、修法を行はしめらる(貞、紀略)、**一二・一四** 康子内親王を伴ひて参内(紀略)、**一二・二〇** 荷前使を怠りたる侍従を解却す、太后の仰せにより上毛野常行、解却を免る(九、紀略)、**一二・二二** 朱雀院にて仏名会あり(紀略)

一一・一七 敦敏(父実頼、母時平娘)卒

源高明権中納言、**五・三** 朱雀院の主典代、侍所、御書所別当などを定む(紀略)、**六・一三** 二条院を修理す(紀略)、**六・一五** 朱雀上皇、二条院に幸す(紀略)、**六・二〇** 朱雀上皇醍醐寺に釜一口を施入(要書、慶延記)、**六月** 疱瘡流行、疫死者多し(紀略)、**七・一五** 朱雀上皇、二条院に幸す(紀略)、**閏七・二七** 朱雀上皇、二条院に幸す(紀略)、**八・一**

	正・二　朱雀院にて大饗を催す（九、貞、紀略）、正・三　朱雀院に行幸し、太后、上皇に謁せらる（貞、紀略）、二・七　忠平に消息を遣さる（貞）、二・一一　太后
	正・七　伊尹従五位上、頼忠従五位上、兼家従五位下、正・三〇　顕忠大納言、師尹権中納言、師氏兼右衛門督、伊尹左少
七　天皇、上皇ともに疱瘡を患はる（紀略）、八・一九　左右両京賑給、一一・三　朱雀上皇、宇治院に幸し、栗隈野に遊猟さる（李記、紀略）、一一・二七　清涼殿を醍醐寺に移建せんがため、解体工事に着手（貞）、一一・二八　朱雀院に行幸	一・二一　朱雀上皇、朱雀院馬場殿にて紅梅の詩を賦さる（紀略）、二・五　朱雀院判

二年	九四八	64	御悩あり（西記、北山抄）、**二・二八** 朱雀院領の伊勢国壱志郡の曾禰庄を醍醐寺に施入す（慶延記）、**三・九** 朱雀院に行幸し、太后、上皇に謁せらる（貞、紀略）、**五・二五** 朱雀院西対の南又廂、故なくして破壊す、太后、この西対に坐せり（貞、紀略）、**六・三〇** 朱雀院にて御読経を修す（貞、紀略）、**八・二二** 上皇と共に朱雀院より二条院に遷御、新宅の礼を用ゐらる（九、紀略）、**一〇・九** 太后の御悩により二条院に行幸（貞、紀略）、**一二・二五** 二条院にて仏名会あり（紀略）	将、頼忠右少将、**二・二六** 忠平上表して関白を辞す、聴されず（文粋、貞、紀略）、**三・二〇** 師尹上表す、聴されず（貞、紀略）、**四・一一** 安子、皇女承子を産む（紀略）、**六・九** 師輔の桃園第に火あり（紀略）、**八・一九** 高光（師輔男）を殿上に召し、文選三都賦序を暗誦せしむ（九）、**一二・三〇** 徽子女王（父重明親王、母忠平娘）入内（李記、要記）	官代を定む（紀略）、**四・九** 天皇新造の清涼殿に還御さる（貞、九、紀略）、**二・一七** 朱雀上皇、二条院に幸す（紀略）。この日、源高明、使別当（補任）、**二・一九** 源雅信蔵人頭（右中将）、**七・二〇** 朱雀上皇、二条院に幸す（紀略）、**八・一四** 二条院において御読経あり（紀略）、**八・一七** 朱雀院に行幸あり（貞、紀略）、**八・二八** 朱雀上皇、九条殿

正・二　物忌により大饗を延引す(九)、**正・五**　二条院に行幸、太后に謁せらる、本日太后大饗を催せらる(紀略、九、左経記)、**二・一六**　二条院において梅花の宴あり(九、紀略)、**二・二〇**　二条院にて御読経を修す(紀略)、**九・六**　太后の御悩により二条院に行幸(九、紀略、北山抄)、**九・一一**　備中国に命じて中宮職の戸座を貢せしむ(符宣抄)、**九・二六**　陽成

正・三　忠平、致仕の表を上る、聴されず(貞、九、李記、紀略、補任、文粋)、**三・一六**　忠平、重ねて致仕表を上る、聴されず。時に忠平、小一条院にあり(文粋、九、紀略、補任)、**三・二七**　貴子、忠平の七十算を賀す(九、紀略)、**五・二九**　顕忠の母卒(補任)、**八・**

二・二　朱雀上皇、西河に幸す(紀略)、**二・一二**　朱雀上皇、西院に幸す(紀略)、**二・二四**　朱雀上皇、北野に幸す(紀略)、**二・二五**　承子女王を内親王とす(紀略、要記)、**二・二八**　朱雀上皇、東山に幸す(紀略)、**一〇・二九**　源公忠卒、**一一・一一**　朱雀上皇、宇治院に幸す(紀略)、**一二・二五**　二条院において仏名会あり(紀略)

三年　九四九　65

法皇および太后の不予により度者を奉らる（紀略）、**五・二九**　大后在所の二条院に触穢のことあり（紀略）、**一一・一五**　太后の不予により五節の御前試を停む（紀略）、**一一・一六**　新嘗祭に際して神嘉殿に出御せず。太后不予の故なり（紀略）、**一一・二六**　太后、朱雀上皇と共に二条院より朱雀院に遷御さる。二条院に御する間、太后病多きが故なり（九、紀略）**一二・一三**　東西両寺および延暦寺において逆修を行はしめらる（略記）、**一二・二五**　朱雀院にて仏名会あり（九、紀略）

一四　忠平、小一条院において薨去（七〇歳）、実頼、氏長者となる（世紀）、**八・一八**　忠平を法性寺東北の辺に葬る（紀略、北山抄）、**一〇・二七**　尚侍貴子の家の政所に失火あり（紀略）

幸して桜花を愛で、ついで師輔の九条第に御す（紀略）、**三・九**　二条院に行幸（紀略）、**三・一一**　朱雀上皇、二条院にて花宴を催さる（文粋、九、紀略、花鳥）、**三月**　清涼殿の旧材をもって醍醐寺に清涼堂を建つ（紀略、醍縁）、**四・七**　徽子女王を女御とす（紀略、要記、河海抄）、**四・一二**　朱雀上皇、朱雀院に幸す（紀略）、**五・一一**　朱雀上皇、西院において競馬を催さる（紀略）、**五・二〇** 朱雀上皇、朱雀院に幸す（紀略）、**五・二二** 粟田山の路を修理せしむ（紀略）、**六・二九** 朱雀上皇、師輔の九条第に幸す（紀略）。この日、左右両京賑給（紀略）、**九・二〇** 陽成上皇、出家さる（九、紹運録、要記）、**九・二九** 陽成法皇、冷然院において崩御（八二歳）、**一〇・二五** 二条院に行幸す（紀略）、**一一・一四** 冷然

院焼亡（紀略、略記）、**一一・一九**　朱雀院を巡検せしむ（紀略）

四年

九五〇

66

正・一四　朱雀院の太后の在所にて男踏歌あり（李記）、**五・二四**　師輔、皇子誕生の旨書状をもって太后の台盤所に申す、太后、中宮亮上毛野常行を使に遣して恩命を伝へらる（九）、**閏五・五**　太后、新皇子の産養を行はる、また常行を使者として皇子の動静を問はしめらる（九）、**六・一〇**　太后、頻りに物怪に悩まる（九）、**六・二五**　行幸の件につき師輔書を太后に上る。太后、『上皇の決裁の後、陰陽師をして吉日を択ばしめ、慎重に事を処すべき』を命ぜらる（九）、**六・二七**　太后、立太子の事は、

正・七　顕忠正三位、師氏正四位下、兼通従五位上、**正・三〇**　斉敏左兵衛権佐、**三・七**　元輔（顕忠男）蔵人、**五・二一**　兼家侍従、**七・二三**　実頼、皇太子傅、師尹春宮大夫、**一〇・一三**　師氏室靖子内親王薨（九、要記）

正・二五　朱雀院に行幸す（御遊抄）、**二月**　敦実親王出家（裏、僧綱補任抄出）、**五・五**　上皇女御熈子女王薨（玉葉）、**五・二四**　皇子憲平生まる（母女御安子）、**七・一〇**　皇子憲平、師輔の東一条第（華山院）に遷る（九）、**七・一五**　皇子憲平を親王とす（九、紀略）、

			天皇、上皇にはかりたる後に決すべき旨を師輔に命ぜらる（九）、**七・二三** 常行を師輔に遣し、立太子を慶賀さる、また藤原公雅を東宮の蔵人に補すべきことを仰す（九）、**八・四** 中宮、朱雀院、内裏蔵人所、康子内親王その他より東宮の擬帯刀を徴すべきことを定む（九）		**七・二三** 憲平親王を皇太子に立つ。源雅信を春宮亮とす（紀略、編年記、補任、立坊次第）、**八・一〇** 上皇皇女昌子を内親王となす（符宣抄）、**一〇・一五** 朱雀院焼亡（皇年代略記、園太暦）
五年	九五一	67	**正・五** 二条院に行幸し、太后に謁せらる（御遊抄）、**正・一三** 二条院に行幸あり、太后を拝せらる、絃歌の遊びあり（御遊抄）、**二・一三** 二条院に行幸、紅梅の宴あり。太后、天皇および上皇に御膳を調進さる（九）、**九月** 太后造立の醍醐寺五重塔成る（李記）	**正・七** 斉敏従五位上、**正・二三** 貴子従二位（北山抄）、**正・三〇** 師尹中納言、元輔右少将、**五・二三** 兼家右兵衛佐、**一〇・九** 慶子（朱雀女御、実頼娘）卒（要記）、**一〇・三〇** 伊尹撰和歌	**正・七** 源重信従四位上、**正・二三** 徽子女王従四位下（北山抄、三十六人歌仙伝）、**正・三〇** 源雅信参議、**六・一九** 左右両京賑給（年中行事

	六年	
	九五二	
	68	
	正・三 二条院に朝覲のため行幸す（御遊抄）、**三・一〇** 内供奉十禅師定法より受法さる（醍醐寺座主次第、続伝燈広録）、**四月** この頃、仁和寺に太后の御所造営（陰陽博士安倍考重勘進記）、**八・二〇** 主殿寮遷御（符宣抄）、**一〇・二** 朱雀上皇七七日の法会を醍醐寺に修せらる（李記）、**一〇・一二** 太后の御悩により主殿寮に行幸す（小一条記、北山抄）、**一〇・一七** 朱雀院の馬十疋を内裏に献ぜらる（西記）、**一二・二** 醍醐寺五重塔の落慶供養行はる（慶延記）	**正・一** 太后の御悩により小朝拝
所別当（文粋）	**正・七** 伊尹正五位下、頼忠正五位下、元輔従五位上	**七月** 師輔、書を呉越王
秘抄）、**七・二五** 承子内親王薨（四歳）（要記）	**三・一四** 上皇、御悩により出家（李記、要記、略記）、**四・二三** 左右両京賑給（西記）、**四・一五** 朱雀上皇、仁和寺に移御さる（李記）、**八・一五** 法皇崩御（三〇歳）、**一一・二八** 昌子内親王著裳（李記）	**三・二一** 大納言

七年	九五三	69	を停む（小一条記、西記）、正・二　上皇の喪により大饗を停めらる（九）、正・三　弘徽殿に行幸し、太后を拝さる（近衛家文書）、正・七　太后の御給により斉敏正五位下に昇叙さる（補任）、二・二三　源高明、源俊を太皇太后御賀行事となす（西記）、六・一六　左右馬寮の史生をして太后七十賀の物を作らしむ（符宣抄）、八・五　朱雀上皇周忌により一切経を延暦寺にて供養せしめらる（文粋、略記）、一〇・二八　太后不予なり（九）、一〇月　菊を昭陽舎に植ゑしめらる（続後撰集）、一一・一九　太后の御悩により賀茂臨時祭の試楽を停む（西記、小右記）、一二・三　太后の御悩重きにより五箇日の修法を行はしめらる（村記）	に贈る（文粋）、九・二五　顕忠兼按察使、師尹兼左衛門督、使別当	藤原元方薨（六六歳）、三・二九　史生をして朱雀院御経所に供せしむ（符宣抄）、九・二五　源高明大納言

八年	九五四	70	**正・二** 太后、大饗を停む（九）、**正・四** 太后、昭陽舎において崩御（七〇歳）、その後、清涼殿の北近廊に移し、殿上の侍臣は滝口所に候ふ（村記、西記、略記）、**正・七** 葬司を任ず（符宣抄、北山抄、要略、村記）、太后を二条院に移す（村記、左経記）、**正・八** 太后の崩御により御斎会を停む（村記、年中行事秘抄）、**正・一〇** 太后を鳥辺山にて火葬す。近習の官女御骨を拾ふ（村記）、のち御骨を宇治の木幡に葬る（中右記）、**二・二二** 太后の七七日忌の法会、二条院にて修せらる（村記）、**三・二〇** 太后のために法性寺において法会を修せらる（文粋、村記、略記）、**八・一** 天皇、太后の為に金字法華経を写し	**三・一八** 一品康子内親王を准三宮とす（要記）、**五・一五** 実頼正二位、**六・一九** 康子内親王上表して准三宮を辞す、聴されず（村記）、**一〇・二八** 師輔、横川に法華三昧堂を草創す（門葉記）、**是歳** 勧修寺別当遍覚（保忠男）寂（勧修寺文書）	**三・一一** 冷然院の名を改めて冷泉院となす（河海抄）、**八・二九** 雅子内親王（師輔室）薨（四五歳）（要記）**九・一四** 三品式部卿重明親王薨（四九歳）（略記、要記、小右記）

始めらる（村記）、一二・二五　太皇太后穏子の国忌を置く（江次第抄、村記、西記）、一二月　太后の周忌法会を修せらる（中右記）

付記　太皇太后・穏子の国忌（正月四日）は、天仁元年七月七日、贈皇后・藤原苡子の国忌を置くために廃された（『百錬鈔』第五、『師遠年中行事』正月条）。それまで穏子太后の国忌は、東寺において営まれていた（『東宝記』第六、『江家次第』巻第三）。但し、天暦九年正月四日、村上天皇が弘徽殿において始められた穏子太后の法華御八講は、その後、場所を法性寺に移し、永く毎年行われていた（『公事根源』正月条）。

菅原の君

一

平安時代における藤原氏の氏長者のうちで、貞信公と諡《おくりな》された忠平ほど評判のよい人は少い。また実際、彼のように幸運な人物は稀であって、古来その栄華がうたわれた道長ですら、晩年の幸せは忠平のそれには及ばなかった。

言うまでもないことであるが、忠平は、当時、摂政・右大臣であった藤原基経の第四男として陽成天皇の元慶四年（八八〇）、平安京に生誕した。母は、人康《さねやす》親王（仁明天皇皇子）の娘であって、同母の兄には、時平（当時九歳）と仲平（六歳）がいた。その昇進は至って早く、醍醐天皇の昌泰三年（九〇〇）には二十一歳の若さで参議に任じられたが、直ちにこれを辞し、情勢を観望していた。延喜八年（九〇八）になって参議に補し、その後は次ぎに見るように出世街道を独走したのである[1]。

延喜 九 年（九〇九）　従三位・権中納言・氏長者　30

	十　年	（九一〇）	中納言	31
	十一年	（九一一）	大納言	32
	十三年	（九一三）	正三位	34
	十四年	（九一四）	右大臣	35
	十六年	（九一六）	従二位	37
延長	二　年	（九二四）	正二位左大臣	45
	八　年	（九三〇）	摂政	51
承平	二　年	（九三二）	従一位	53
	六　年	（九三六）	太政大臣	57
天慶	二　年	（九三九）	准三宮	60
	四　年	（九四一）	関白	62
天暦	三　年	（九四九）	薨去（正一位を贈り、信濃国に封じ、貞信公と諡さる）	70

忠平が薨去した時、長男の実頼は左大臣、次男の師輔は右大臣であった。洵にそれは、栄達と子宝に恵まれた幸福極まりない一生であった。道長も上東門院の彰子に、

……おのが先祖の貞信公。いみじうおはしたる人、われ太政大臣にて、太郎小野宮のおとゞ左大臣、二郎九条右大臣、四郎五郎こそは大納言にてさしならび給ひ[2]……

と語ったと言うし、『栄華物語』の著者も、

小一条の大臣貞信公、左の子右の子と、小野宮殿九条殿を申させ給ひけるを、世にめ

でたきことに語り伝へ[3]……

と述べ、更に忠平の人柄については、

心のどかに、慈悲の御心広く、世をたもたせ給へれば[4]……

と評している。そして現代の歴史学者たちもこぞって彼の温雅な性格、消極的ではあるが堅実な政治家的才能を指摘している。

確かに晩年の彼は、寛大で恵み深く、温雅な性格であったであろう。しかし『いみじかりし御栄華ぞかし[5]』と言われるような身分ともなれば、忠平でなくとも、多くの人びとがそうした性格になるのであり、それは青壮年時代の忠平に対して直ちに適用しうるかどうか、必ずしも速断できないであろう。

それに彼が掌握した政権にしても、彼は実兄・時平から直接譲られたものではなく、両人の間には時間的な隔たりがあった。忠平は、藤原氏の氏長者というだけで、いながらにして政権をえたものであろうか。藤原氏北家の伝統的な術策を全く弄せずして彼は関白太政大臣の高位にのぼり、自らの子孫を摂関家の嫡流としたのであろうか。たとい晩年の彼が好々爺であったからといって、若い時分の彼の人柄が温厚かつ善良であったと判断するのは、余りにも単純で安易に過ぐるのではなかろうか。

もとより青壮年時代の忠平を表面温厚さを装った策士とする確証があるわけではないが、栄達の過程における忠平の行動には、善良な人柄とは言いきれぬ暗い翳《かげ》が宿っているように思われる。それで著者は、『菅原の君』について分析し、この問題を探ってみることとしたい。

二

藤原忠平の室は、『菅原の君』と呼ばれていたが、今なおその出自は明瞭でない。

まず『大和物語』（第九十八段）をみると、忠平の正室、従って実頼の母に触れて、左のような記述がみられる。

同じ太政大臣《おほきおとゞ》、左大臣《ひだりのおとゞ》（実頼）の御母、菅原の君かくれ給ひにける御服《おんぶく》はて給ひにける比、亭子の帝《みかど》、うちに御消息《そこ》聞え給うて、色ゆるされ給うける。……

これからすると、忠平の夫人が『菅原の君』と呼ばれていたことが分かる。この夫人が逝去したのは、醍醐天皇の延長三年（九二五）四月四日のことであった。すなわち、『日本紀略』の同日条に、『左大臣（忠平）室家源氏卒、』と見えるのである。ここにも『源氏』とあるが、忠平の夫人の名が源順子であることは周知の通りである。彼女は忠平と結婚し、長男の実頼—後の摂政太政大臣—を産んだのであった。

『公卿補任』（承平元年条）は、実頼に註して『母宇多天皇第一源氏順子』と記載し、『一代要記』（丙集）も、同じ天皇の皇女を列挙した中で、『傾子賜源姓適貞信公』と述べている。更に証拠を挙げると、『本朝皇胤紹運録』は、『宇多天皇―順子配貞信公』と録し、『大鏡裏書』（第二巻34）は、実頼の母を、『宇多天皇源氏傾子朝臣』としている。『傾』は、明らかに『順』の草体を誤ったものである。従ってこれらの文献は、いずれも忠平の夫人は、宇多天皇の皇女の源朝臣順子であったと伝えているわけである。彼女が何故に『菅原の君』と謂われたかも問題であるが、まず最初に問われるのは、彼女が果たして宇多天皇の皇女であったかどうかということである。

三

ところで、紀貫之は、延長二年（九二四）、『左大臣殿（忠平）北方御五十賀』を祝って屛風歌を詠んでいる。(6) 延長二年に五十歳を迎えたのであるから、源順子は明らかに清和天皇の貞観十七年（八七五）の生まれである。一方、宇多法皇の『五十の賀』は、延喜十六年（九一六）に行われているから、(7) 法皇は貞観九年（八六七）の生まれであり、順子が生まれた貞観十七年には九歳であった。従って順子が宇多法皇の実の皇女でないことは、極めて明白であると言わねばならない。つまり彼女を宇多天皇の皇女と誌している前掲の諸文献には、記載になんらかの誤りがあると認められるのである。

阿部俊子氏は、菅原道真の娘・衍子が女御となって産んだ宇多天皇皇女の欣子をもって順子に擬されている。[8] これは、順子の母が菅原氏であったという想定と、草体の欣が脩と誤られ、[9] それが更に順と誤写されたのではないかという仮定の上に立った臆説であるが、宇多天皇および衍子の年齢からみて到底なり立ち難い推測なのである。

一体、この衍子は、道真とその正室・島田宣来子との間に生まれた長女であり、母は昌泰二年（八九九）において五十歳であった。[10] 従って衍子は、母が十六歳の時の子であると仮定しても、昌泰二年には三十五歳である。ところが順子はこの年に二十歳であったから、どう無理して考えても、順子は女御・衍子の産んだ皇女とは認められないのである。

四

忠平の室・源順子は、『菅原の君』と呼ばれていた。これは彼女の母が菅原氏の出であったからではない。当時は、人の通称は居所の名をつけるのが慣習であった。それ故、源順子の場合も、彼女が菅原院に深い縁故があったからかく呼ばれたと認めねばならない。『拾芥抄』（巻中、第二十）は、

菅原院　勘解由小路南烏丸西一町、菅贈太政大臣御所、或云、参議是善家也、当時号歓喜光寺、北野祭日、神氏来此所、取枇杷供神、云々、

としるしている。しかし道真が住んでいたのは、南の紅梅殿[11]（町尻小路西、五条坊門北）であったから、菅原院を是善の邸宅と考える方が正しいであろう。無論、道真は、父の是善

から菅原院を伝領したに相違ないが、彼自身は、日常、紅梅殿の方に住んでいたのである。

源順子は、この菅原院と縁故の深い女性であった。しかし彼女は、父系からすれば皇統に属していたから、是善の娘とは考えられない。最も妥当な解釈は、是善の娘がさる天皇ないし親王の胤を宿して産んだ子であろうということである。換言すれば、彼女は道真の姉か妹かが産んだ子ではないかということである。この場合、当然ながら彼女は母の里の菅原院に生まれ、かつ育ったことになり、『菅原の君』と呼ばれるにふさわしい人とされるわけである。

元慶五年（八八一）に作った詩の中で、道真は、『我無父母、無兄弟、親友又亡惣昇天。』と述べている。[12]道真は、是善の三男であったが、[13]これでみると兄二人は若死したものらしい。ただこの中で彼が『姉妹なし』とは述べていないから、順子の母を彼の姉か妹と想定しても、なんら差支えはないのである。

それならば、そのころ、菅原氏の婦人で天皇ないし親王のもとに上った婦人がいたであろうか。幸いにもわれわれは、時康親王（後の光孝天皇）の側室となった菅原類子の名を知ることができるのである。[14]時康親王は、元慶八年（八八四）の二月二十三日、図らずも皇位を嗣ぎ、光孝天皇となられたが、天皇は同月二十六日、無位の菅原類子に従五位下を授けられた。同じ日、班子女王も従三位に叙された。女王は、仲野親王（桓武天皇皇子）の娘に生まれ、時康親王の妃となり、定省《さだみ》（後の宇多天皇）以下の皇子女を産んでいた女性である。践祚直後の同じ日に一緒に叙されたことからして、類子が時康親王の側室であったことは、殆ど疑問の余地がないのである。

光孝天皇は、側室たちが産んだ皇子女を親王とせず、源姓を与えて臣籍に下された。『皇代記』などは、賜姓の皇子女の名を三十六人も挙げている。源順子も、この菅原類子が産んだ光孝天皇の皇女であるに相違ない。但し、彼女は『宇多天皇皇女』と記載されている。これは宇多上皇が後に故あって彼女を養女とされたからであろう。彼女は、宇多上皇の娘ではなく、異母妹にほかならぬのである。

五

次ぎに明らかにしておきたいのは、『菅原の君』こと源順子と忠平がいかにして結ばれたか、更に進んではこの結婚が政治的にどのような意義をもっているか、という問題である。

菅原類子は、光孝天皇の践祚後、前述のように従五位下に叙された。そして彼女は、更衣に任じられ、主に内裏で日を送っていたのであろう。仁和三年（八八七）八月に天皇が崩御された後、類子は当時十三歳の源順子を連れて里第の菅原院に戻り、淋しい生活を続けながら順子の養育に専念していたと推定される。この菅原院の東北には、辻を隔てて小一条院があった。忠平は父の基経から小一条院を伝領し、これを本邸としていたため、後には『小一条殿』と呼ばれたが[15]、青少年時代にも彼は、この邸宅で過ごしたのではないかと思われる。もしそうならばなおさらのこと、彼は菅原院に住む姫君の噂を絶えず耳にし、早くから彼女に関心を寄せていたに相違ない。

昌泰元年（八九八）には、忠平は十九歳であった。彼はすでに寛平八年（八九六）正月、侍従に任じられていたが[16]、宇多天皇の譲位後も彼は引き続き侍従として上皇に仕えていたらしい[17]。後に皇女・順子との婚儀が勅許されたほどであるから、忠平は上皇の覚えが殊にめでたかったのであろう。

宇多天皇の菅原道真に対する知遇と異常な抜擢は、政界に不穏な空気を醸《かも》し出していた[18]。譲位後の宇多上皇をとりまく廷臣のグループは、本来、文化的性質を帯びたものであったが[19]、上皇の権威が背景となっているため、おのずから政治的色彩が加わってくるのであった。このグループの中心は、文人であり学者である右大臣の道真であった。それだけに道真の反対勢力は、左大臣・時平を中核として結集する形勢がみられた。

寛平の末年から昌泰元年の初めにかけて、忠平はどちらかのグループに参加し、自らの立場を明確にするよう迫られていたと思われる。忠平は、八歳違いの兄の時平にさほど親近感を覚えていなかったらしいし、また二人の性格も違っていた。それに兄・時平に追随して行く限り、真に栄達の道は開けまいと思案したろうと思われる。道真の側に立ったと

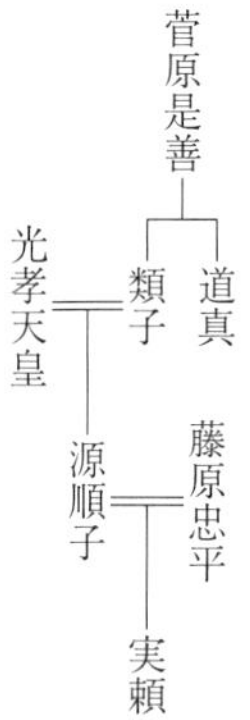

系図4　道真と忠平との関係

しても、兄に対してきわだった敵対行動をしない限り、時平も同母弟の彼を積極的に排撃することはあるまいと、彼は計算したのであろう。

　昌泰元年十一月、忠平は越階して従四位下に叙されて同母兄の仲平に追いついたばかりでなく、三年正月二十八日には、二十一歳の若さで参議を命じられた[20]。こうした破格の昇進は、宇多法皇の推挽によるものであったが、同時に法皇は、政界における険悪な雲行きからみて、忠平が直ちにこの栄職を辞するよう命じられた。忠平は、法皇の命令によって同年二月二十日に参議を辞し、これを叔父の清経に譲った[21]。表面的には洵に美挙であるが、これこそ身に箔をつけながら保全をはかる賢明な進退であり、それがまた法皇の望むところでもあった。

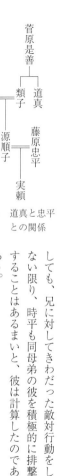

　法皇が妹の源順子を養女にされたのは、彼女を忠平に配するという意図の下であったに違いない。法皇も道真も、基経の四男の忠平の優れた政治家的才能を洞察し、彼の将来に大きな望みを託していたであろうから、この養女縁組みや結婚は、両者の間でひそかに協議され、決定をみていたものと思料される。

　現在では、忠平が道真の陣営に参加することを決意した上で一石二鳥を狙って菅原院の順子に通ったものか、つまりそうした既成事実が機縁となって婚儀が公式に認められたものか、或いは両人は事前に情交はなく、法皇が氏長者たる時平に諮ってとり決められたものか、そのどちらであったかを判断することはできない。それはともあれ、忠平と源順子との婚儀は、その年（昌泰三年）、朱雀院の西対で盛大に挙行された[22]。時に新郎は二十一歳、新婦の方は五つ年上の二十六歳であった。深謀遠慮の忠平が、この縁組がもたらすであろう結果を充分に考慮した上でそれを承諾ないし希望したことは、余りにも明らかである。そして順子との結婚によって強化された道真との関係、更には道真の怨霊との結びつきは、忠平の政治生活の方向を永く規制するに至るのである。

六

忠平と順子との夫婦仲はどうであったかは、史料がないので詳しくは分からない。しかし大局的にみると、年齢の隔たりにもかかわらず、非常に睦じかったと考えられる。昌泰三年には、早くも長男の実頼（後の清慎公）が誕生している。

順子が母の類子から菅原院を伝領したかどうかは不明である。『貞信公記』に菅原院の名が全く出て来ない点からすれば、伝領しなかったのかもしれない。その所有権は道真にあり、彼の子女の誰かが伝領したのではないかと想像もされるのである。

それはともかく、結婚後の順子は、忠平の東五条第に住んでいたらしい。この邸宅は、左京四条大路南・東洞院大路東に位置していたから、[23] 現在の下京区の長刀鉾《なぎなたぼこ》町東部や高材《たかざい》木《もく》町（四条東洞院東入ル）に当たっている。延喜四年（九〇四）には、忠平の長女の貴子が生まれた。この人の母については史料に明記されていないけれども、恐らく母は順子ではなかったかと推測される。

延喜六年には、忠平の次女の寛子、同じく八年には次男の師輔が生まれた。師輔の母は、右大臣・源能有（文徳天皇皇子）の娘・昭子であった。[24] 昭子の母は基経の娘の滋子であるから、忠平にとってこの婦人は姪にあたっていた。寛子の母の名は逸しているが、ともかく忠平は、延喜六、七年ころ、第二夫人、つまり本妻として姪の昭子を迎え入れたのであった。無論、これは正妻たる順子の了解のもとに行われたのであろう。

忠平が左京の九条にも邸宅をもち、これを九条殿と称していたことは、日記に徴しても明らかである。師輔が九条殿と呼ばれ、またその日記『九条殿記』（『九暦』）の題名によっても明白なように、彼は九条殿をも領していた。恐らく彼は、母の昭子が住んでいた九条殿を父・忠平から伝領したものであろう。不思議にも忠平は、本妻の昭子のことを殆ど日記に誌していないが、九条殿に彼女が住んでいたことは、まず疑いがないであろう。

『拾芥抄』（巻中、第二十）によれば、九条殿は、九条坊門南・町尻小路東の一町を占めていたという。これは、下京区東九条中殿田町にほぼ該当し、国鉄京都駅の真南の地点なのである。なお、右大臣・源能有は、『近院大臣《こんいんのおとど》』と呼ばれていた。[25] 近院は後に松殿と呼ばれた邸宅であって、春日小路北・烏丸小路東、すなわち菅原院の東南に接して位置していた。[26] もし昭子が近院で成人したものとすれば、不思議な因縁と言うべきであろう。

『貞信公記』から順子のその後の消息を窺うと、彼女は延喜十九年（九一九）頃まではともかく元気で過ごしていた。その年の八月十七日に極楽寺で行われた誦経に彼女は布二十端を寄進しているし、[27] また同月二十二日に彼女は、東五条第に多数の王卿を招き、忠平の四十算賀を祝っている。[28] また同年十二月には、東宮別納《べち》に夫とともに出かけて泊っている。[29] 時の皇太子は保明親王であり、その御息所は忠平の長女の貴子であった。順子が夫と同伴とは言え、心やすく東宮に出入りできたのは、貴子が彼女の産んだ娘であったからではないかと思う。

延喜二十年五月十七日、順子は病臥の身となった。どういう病気かよく分からないが、病名は『反痢』であった。[30] 彼女が病気に罹《かか》ったため、東五条第にいた女御の穏《やす》子（忠平の実妹）は、西五条第に居を移した。[31] 忠平も大いに修善のための読経を行わしめた。幸いに順子はその年の九月ごろには快癒したものの、[32] その後、彼女の健康は余り勝れなかったらしい。

延長二年（九二四）、彼女の五十算賀が行われた。[33] しかし同年十二月、彼女はまた重病に罹り、同月二十六日の暁には、天台座主玄鑒を戒師として出家した。[34] 多分彼女は、死期を予知していたのであろう。忠平は室のため熱心に修善を行ったが、順子の病勢は募るばかりであった。翌三年一月には、順子に叙位の沙汰があった[35]。忠平の意を受けて尊意上人などは読経にこれ努めたが[36]、その験《しるし》もなく、順子は四月四日に卒した[37]。享年五十一歳であった。

『貞信公記』によると、忠平は亡室の法要を実にまめまめしく勤めた。すなわち、二七忌を菩提寺で、三七忌を菩提寺と延暦寺法華堂で、四七忌を元慶寺で催し、懇ろにその後生を弔った[38]。周忌も迫った翌年の三月下旬には、『隠れにし月はめぐりて出で来れど、影にも人は見えずぞありける』と詠じ[39]、一生の伴侶を喪った淋しさを表白している。周忌には、実頼以下の諸子を連れて菩提寺に赴き、心から法要を営んだ[40]。順子の墓の所在地については明記されていないけれども、恐らくそれは、後になって後一条天皇の菩提寺院陵が営まれた付近、すなわち神楽岡北部（左京区神楽岡町）の東斜面にあったのであろう。

若い頃の忠平には、多少浮いた話もあったらしいが[41]、彼は元来色好みの方ではなく、妻の順子に対しては、若い時分から渝《かわ》らぬ愛情を抱き続けていたようである。

『菅原の君』と題したため、ここでは忠平の正妻・源順子の後半生にも言及したが、歴史的に重要なのは、忠平が愛妻の順子を通じて道真と強く結ばれていたこと、そしてこの連繋が爾後の忠平の政治生活の底流をなしていたことである。

註

（1）藤原忠平の詳細な年譜は、『大日本古記録』の『貞信公記』（東京、昭和三十一年）、三〇七頁以下に付載されている。
（2）『栄華物語』巻第十五『うたがひ』。
（3）同右、巻第三十九『布引の滝』。
（4）同右、巻第一『月の宴』。
（5）同右、同巻。
（6）『紀貫之集』第五。
（7）『日本紀略』延喜十六年三月三、五、七日諸条、『延喜十六年御賀御記』（『河海抄』巻第十三、所引）、その他。
（8）阿部俊子『校本大和物語とその研究』（東京、昭和二十九年）、二九五頁。
（9）『皇代記』には、宇多天皇の賜姓の皇女として『源顔子』の名があげられている。『大日本古記録』中の『貞信公記』（昭和三十一年）の編者は、これによって忠平の室を顔子としている。『大日本史』（巻百二）も『源顔子』を採用し、典拠として『一代要記』と『本朝皇胤紹運録』とを掲げているが、『一代要記』には傾子、『紹運録』には順子とあり、共に顔子とはしていない。ここでは順子を正しいと認め、顔子、傾子は誤写とみなしておく。
（10）『北野天神御伝』（『大日本史料』第一編之三、所収）。
（11）『帝王編年記』（巻十五）が菅原院を『菅相公（是善）之家也』として是善がここに住んでいた頃の事件を述べ、また紅梅殿を『菅家御所也』としているのは正しいと思う。
（12）『菅家文草』第二（『北野誌』地、所収、東京、明治四十三年）、一四頁。

(13)『菅家伝』第一(『北野誌』地、所収)、『北野天神御伝』(前掲)、その他。
(14)元慶八年二月二十六日紀。
(15)『尊卑分脈』第一編、摂家相続孫。
(16)『公卿補任』昌泰三年条。
(17)忠平は、延喜八年正月、参議に還任するまで前後十二年間、侍従または兼任の侍従であった。『公卿補任』延喜八年条、参照。忠平が詠じた『小倉山峰のもみぢ葉心あらば今ひとたびのみゆき待たなむ』という歌は、延喜七年九月十日、『亭子のみかどの御ともに、太政大臣(当時は、右大弁兼侍従)大井につかうまつりたまへる』(『大和物語』第九十九段)時のものである。『拾遺和歌集』巻第十七、第一一二八番、『大鏡』第六巻、参照。なお、『古今著聞集』巻第十四は、この行幸を昌泰元年九月十一日のこととしている。いずれにしても、忠平がいつも宇多法皇の側近にあったことは、確かであろう。
(18)坂本太郎『菅原道真』(東京、昭和三十七年)、九七頁以下、参照。
(19)高橋正治『大和物語』(東京、昭和三十七年)、一五七頁以下、参照。
(20)『公卿補任』昌泰三年条。
(21)『二代要記』丙集にも、『二月二十日辞職、譲叔父清経朝臣、依皇命也。』と見える。
(22)『大鏡異本陰書』(『大日本史料』第一編之九、所引)。
(23)『政事要略』巻第七十。
(24)『尊卑分脈』第一編、摂家相続孫、『公卿補任』承平五年条、『大鏡裏書』第三巻2、その他。
(25)『尊卑分脈』第三編、文徳源氏、『一代要記』丙集。
(26)『拾芥抄』巻中、第二十。
(27)『貞信公記』延喜十九年八月十七日条。

(28)『日本紀略』延喜十九年八月二十二日条。
(29)『貞信公記』延喜十九年十二月二十三日条。
(30)同右、延喜二十年五月十七日条。
(31)同右、同年同月十九日条。
(32)同右、同年九月六日条。
(33)『紀貫之集』第五。
(34)『貞信公記』延長二年十二月二十六日条。
(35)同右、延長三年正月十四日、十五日両条。
(36)同右、同年正月六日、二月六日両条。
(37)同右、同年四月四日条、『日本紀略』同日条。
(38)『貞信公記』延長三年四月十六日、二十三日、二十九日諸条。なお同年五月六日、十五日、二十三日諸条、参照。
(39)『大和物語』第九十七段。
(40)『貞信公記』延長四年四月四日条。
(41)『大和物語』第百七十一段。

道吉常の愁状

一

これは、今から丁度千五十年前、時は醍醐天皇の延喜十六年（九一六）の逸話である。[1]

その頃、平安の都に道吉常《みちのよしつね》という男がいた。歳の程は分からないが、彼は左兵衛府に兵衛として勤めていたのであるから、三十代くらいであったのであろう。

この吉常は、延喜十五年に伯耆国《ほうきの》に出張を命じられた。彼がどのような用件を左兵衛府から仰せつかったかは分からない。もしかすると彼は伯耆国の出身であり、兵衛の貢進のことで伯耆の国司と連絡する必要から出張することとなったのかもしれない。

それはともかく、その年の十月二十六日に彼は都を発って伯耆の国府―鳥取県倉吉市国《こ》府《う》―へ出かけたのである。

ところで、京都の左京二条二坊（現在の上京区室町竹屋町を中心とする一画）に、県犬養宿禰房実という人物が住んでいた。県犬養氏は、奈良時代には例の橘夫人（光明皇后の母）

を出した名門であったが、その後は余り振わず、平安時代にはいると、全く下級貴族となっていた。この房実もどこかの官司の下級官人であったらしく、正六位下という位をもっていた。房実には元慶八年（八八四）生まれの男の子があり、名を永基といった。延喜十六年には永基も三十三歳となり、白丁《はくちょう》、すなわち白地の狩衣と袴をつけた仕丁となって官に仕え、最下級の雑用（傘持ちとか沓《くつ》持ちといった）を果たしていた。

一方どういうわけか、吉常の伯耆国出張は随分永びいてしまった。その頃都では天然痘や赤痢が流行していたし(2)、夏中続いた日照りのため、庶民は物価騰貴に苦しんでいた。(3)醍醐天皇自らも天然痘にかかられていたし(4)、『民間には疱瘡が転発して(5)』いた。それに七月五日は晴天であったが、午前十一時ごろ、太陽が突然に暈《ひかり》を失って、丁度月のように見えた(6)。こうした奇怪な出来事も、人びとに悪い予感を与えていた。

政府当局もかような病災や飢饉を大いに憂慮したけれども、病災に対してはただ神仏に祈願するしか方法がなかった。大極殿や仁《じ》寿《じゅう》殿で智徳ある名僧を請じて読経せしめ(7)、紫宸殿や朱雀門で大祓を行い(8)、諸社、諸寺に令して祈願せしめ(9)、天下に大赦を行い(10)、また今年の人民の徭役を半減するなど(11)、政府としては百方手を尽くした。しかしそんなことで天然痘の流行が罷むわけはなく、飢饉も緩和されるはずもなく、人心の動揺をどうすることもできなかった。

吉常が勤務している左兵衛府でも、十一月二十日頃、佐（次官）の源朝臣敏相《としすけ》の宿直室に動物（犬か猫）の死体が発見された。穢れを厭み嫌う当時としてはこれは由々しい不祥事件であって、予定されていた折角の五節舞《ごせちのまい》も中止となってしまった(12)。

年が改まって延喜十六年となっても、道吉常は伯耆国から戻らず、出張は最早二箇月を越えた。家に独り残された吉常の妻の国仁町《くにのにまち》は食糧にこそ困らなかったけれども、疫病の流行に随分心細い思いをしたことであろう。

ところが元日も過ぎた正月三日の真夜中に、前に述べた県犬養宿禰永基が事もあろうに吉常の家の板垣を切り破り、仁町が寝ている部屋に忍び込み、突然襲いかかって彼女を強姦してしまった。のみならず、彼女を無理に連れて行って自分の妻としてしまったのである。

道吉常は、二月末から三月初めに伯耆国から戻り、自分の妻が県犬養宿禰永基の家に連れ去られ、彼の妻となっているのを知り、大いに驚いた。無論、ひどく憤慨もしたことであろう。そこで彼は事情を述べた『愁状』（愁苦の有様を述べた訴状）をしたため、三月七日にこれを検非違使庁に提出したのであった。

吉常の愁状を受理した検非違使庁は、仁町に出頭を求めて事情を問いただした。すると彼女は、まさしく正月三日の深夜、永基が忍び込んで来て暴力をもって彼女を犯したこと、そのうえ強婚、すなわち強制的な結婚をさせられたことを陳述した。よって庁は、永基を召喚ないし追捕して訊問したところ、仁町を強姦したことを認める旨の『過状』を提出した。永基の身柄が判決が下るまで獄舎に拘置されたことは言うまでもない。
強姦罪は笞杖《ちじょう》の刑罰ではすまぬ犯罪である。そこで検非違使庁は、『獄令』の規定により、永基の罪状を記した『勘文』に、永基が自署した『過状』を添えて、これを刑部省に送り、判決を仰いだのである。この『勘文』は、その年の七月三日附であって、検非違使の官人たちが左のように仰々しく名を連ね、それぞれ署名しているのである。

右衛門府生　竹田　貞主　(1)
同　道守　峯成　(2)
権少志　錦　春蔭　(3)
少尉　藤原　忠見　(4)
権佐　橘朝臣公佐　(5)
左衛門府生　国　恒世　(6)
同　高志　常直　(7)
大志　伴　高成　(8)
権少尉　源　仲正　(9)
東市正兼大尉　常世　基宗　(10)
権佐春宮大進　平朝臣伊宗　(11)
別当参議右衛門督兼近江守　源朝臣当時　(12)

右の署名官人の歴名は、延喜十六年当時の検非違使の構成や性格を窺知する上で、甚だ興味深い史料である。手短に言えば、検非違使が執政のひとりを別当に戴き、左右衛門府と市司の幹部から構成されていた事実がこれによって究明されるのである。(2)と(7)とには官名が記されていないが、これは『同右』が略されているのであって、(1)と(6)と同様に衛門府の史生であったのである[13]。源朝臣当時《まさとき》は、宇多天皇の治世の右大臣・源能有の長男で、右大臣・忠平と関係の深い人物であった。能有は文徳天皇の第一皇子であり、近院《こんいん》（左京春日小路北・烏丸小路東）に住み、左衛門督・検非違使別当に在任したことがある。また彼の娘の昭子は、忠平の本妻で師輔らの母であった。なお、『公卿補任』には、この時、当《まさ》時《とき》は正四位下で右兵衛督兼近江権守であったと見えている[14]。

二

ところで、道吉常が図らずも捲きこまれたこの事件は、彼自身にとっては洵に迷惑なことであり、後味の悪い悲劇であったに相違ない。しかし大局から見れば、この種のものは古今東西に互って幾らでも例のある平凡な事件であり、もとより歴史の動向には殆ど関係のないことである。

ここで興味深く思われるのは、県犬養宿禰永基が刑部省からいかなる『断文』（判決書）

を受けたかという点である。今日に伝えられているのは、検非違使がこの事件を刑部省に送った時の『勘文』のみであり、刑部省がどのような判決を下したかは不明なのである。

いずれにしても『勘文』を受けとった刑部省は、四十日以内に永基を法廷に引き出し、判事をして判決を下させ、本人とその家族が言い渡された刑罰を納得すれば、すなわち『服弁』(刑を承認し、上訴しない旨を明言)すれば、その由を証するために文書に署名させたはずである。この場合、刑部省においてこの事件を担当した判事がどのような判決を永基に下したかが問題なのである。そこで我々は、当時の判事に身をおいて、永基に判決を下してみることとしたい。

律令制による裁判は、近代的な意味においてではないにせよ、罪刑法定主義を原則としている。『官位令集解』に引かれた『断獄律』にも、『凡そ罪を断ずるは、皆須らく具に律令格式の正文を引くべし』と記されている。情状酌量はその上で考慮されるのである。そこで我々も、法律に照らして永基の罪状を検討することとなるのである。

道吉常の愁状は強婚を問題としている。ところが検非違使の方は、強姦を重視している。しかし両者とも、家宅侵入の方は閑却しているのである。家宅に夜侵入した場合、『賊盗律』は、笞三十と規定している。この方は微罪であるから、検非違使も重きを置かなかったのであろう。

『捕亡律』の『傍人捕繫条[15]』は、糺弾主義の原則を抑え、強姦の場合には、第三者(傍人）が犯人を捕えて官司につき出してよいと規定している。当時にあっても、強姦は重い犯罪であった。従って『雑律』には、『凡そ姦すれば徒一年、夫有らば徒二年、強せば各々一等を加へよ』と記されている。[16]すなわちこれは、『姦通した人妻と男とは、徒二年、婦人を男が襲い、或いは婦人が男を襲い、和姦となった時、襲った方の男または婦人は徒一年、襲われた婦人が人妻であれば、和姦であっても男は徒二年、婦人を強姦した男は、一等を加えて徒一年半、人妻を強姦した男は、一等を加えて徒二年半』ということである。

永基は強姦の事実を認めているから、彼の罪状は徒二年半に該当するわけである。

次ぎに、『戸婚律』の『和娶人妻条』によると、[17]人妻を合意の上で娶った者と、その人妻とは徒一年半に処せられる。また『違律為婚条』によると、人妻を強制的に娶った場合二等が加算され、その男は徒二年半の刑罰を受けることになっている。[18]永基は、仁町を自宅に連れて行って強婚したのであるから、その罪は徒二年半とされるのである。

結局、永基が犯した罪は入人家罪、強姦罪であり、当時の法律用語で表わせば、『一事分為三罪』に該当する併合罪である。それで、それぞれの罪に対する刑を併満すれば、彼に与えらるべき刑罰は、『徒五年、笞三十』ということになるのである。

永基が庶民であるならば、彼は右のような刑罰が科され、竹の鞭で肩や臀を三十打たれた上で、懲役五年に処せられたであろう。しかし彼は、下級貴族—正六位下・県犬養宿禰房実—の息子であった。すなわち、『名例律』減条によると、六位、七位または勲五等、六等を帯びた者の祖父母、父母、妻、子、孫が罪を犯した際――それが流罪以下である時は――それぞれ刑一等を減ずることを規定している。従ってこの規定が適用される永基の場合、彼に科される刑は、

入人家罪　笞三十　→笞二十
強姦罪　徒二年半　→徒二年
強婚罪　徒二年半　→徒二年

のように減され、『笞二十、徒四年』となって来るのである。ところが『名例律』の『贖条』は、八位、勲八等以上を帯びた者とその父母や妻子は、流罪以下であればその罪を贖うことを許している。いま、『律目録』によって計算すると、笞二十は銅二斤、徒二年は銅四十斤であるから、『笞二十、徒四年』は、贖銅八十二斤で贖われるわけである。

しかしながら『名例律』の『贖条』には但し書きがあり、その中で減罪、贖罪を認めぬ罪科を規定している。人妻を犯した罪はそこに挙げられていないが、この条文を解釈した『古記』(19)には、『盗を犯し、他の妻を姦せる者は、また減贖を得ず』とあり、人妻を強姦し、強娶した永基の場合、減刑、贖罪の恩典に――慣習的に――あずかれぬのである。僅かに入人家罪だけが減贖されるから、結局、判事としての我々は、永基に『贖銅二斤、徒五年』の刑を言い渡すことになるのである。彼とその家族がこの判決に服弁すれば、彼らは直ちに囚獄司に銅二斤に該当する罰金を納め(20)、一方、永基の身柄は囚獄司を通して獄に下される

のである。
延喜十六年に刑部省が県犬養宿禰永基に下した判決は、『断文』が失われてしまい、今日では知る由もない。代わって我々が判事となって断罪したわけである。我々が下した判決が当を失し、服弁し難いならば、上訴の権利は何人にも認められていたから、[21]読者が永基の代理人となって太政官に上訴して戴きたいと思うのである。

註

(1) この事件の顚末は、延喜十六年七月三日附『検非違使勘文断簡』(『政事要略』巻第八十一、所収)による。
(2) 『扶桑略記』延喜十五年四月十二日条。
(3) 『日本紀略』延喜十六年三月三日条。
(4) 同右及び『扶桑略記』延喜十五年十月十一日条。
(5) 『日本紀略』延喜十五年十月十六日条。
(6) 同右、延喜十五年七月五日条。但し、『扶桑略記』(第二十三、裏書)は、卯刻とする。これは、西紀九一五年八月二十二日の日蝕のことである。
(7) 『日本紀略』延喜十五年六月二十日、同年十月十六日条。
(8) 同右、延喜十五年十月十六日条。

（9）『扶桑略記』延喜十五年四月十二日、同年九月二十五日両条。
（10）『日本紀略』延喜十五年十月二十六日条。
（11）同右、同日条。
（12）同右、延喜十五年十一月二十一日条。
（13）左右の衛門府にいつ史生が置かれたかは詳かでない。但し、検非違使を創設してから後のことであろう。
（14）これは、『公卿補任』の記載の方が正しいと思うが、その故に延喜十六年の『検非違使勘文断簡』の信憑性を疑う必要はない。後者の誤りは、伝写の際に生じたものと認められる。なお、源当時の署名は、『東南院文書』の昌泰元年八月八日附『太政官牒』（『大日本古文書・東大寺文書』巻一、所収）に見られる。
（15）『法曹至要抄』所引。
（16）『僧尼令集解』、『法曹至要抄』、『金玉掌中抄』、所引。
（17）『法曹至要抄』所引。
（18）但し、『唐律』による。
（19）『政事要略』巻第八十三、所引。
（20）『延喜刑部式』。
（21）『公式令義解』。

源久曾

源朝臣屎《くそ》は久曾とも書かれるが、彼女は寛平頃の女流歌人として知られ、その作は『古今和歌集』（巻第十九、一〇五四番）にも採られている。『勅撰作者部類』によると、彼女は源朝臣作《つくる》の娘であったという。作の世系や事績は詳かでないが、恐らく彼は嵯峨天皇の孫くらいにあたっていたのであろう。屎の身分も明らかではないけれども、貫之、友則、躬恒、忠岑といった『古今和歌集』の編者の誰かと交際のあった婦人と思われる。

大和時代から奈良時代にかけて、日本には屎の字のついた地名や人名が少くなかった。（財）古代学協会が発掘調査した越前国足羽郡における造東大寺司の糞置《くそくの》荘などは著名であるし、大宝二年（七〇二）の戸籍や降っては延喜八年（九〇八）の戸籍にも『久曾売《くそめ》』、『小屎売《おぐそめ》』といった婦人名が随処に散見している。無論、これらは下賤な名であった。しかし下賤なるが故に、すなわち疫神も厭がって素通りするという意味では、貴族の婦人や都の街路名にも採用される可能性があった。紀貫之の幼名も阿古屎であったという（『仙源抄』）。また大和国宇陀郡の民首安占子は、自分の産んだ三人の娘のうち上の二人を安倍朝臣屎子、同阿古刀自と命名したのであった(1)。
奈良・平安時代には、屎は汚れた物ではあっても、穢れた物とは観じられなくなっていた。しかし藤原文化の形成は、そうした汚い名を、殊に都などでは、払拭するに至った。屎小路を錦小路と改名したことなど(2)は、その傾向をよく物語っている。女流歌人の源朝臣屎なども、貴族の姫君でありながらこの種の辟邪的な名を帯びた最後の女性の一人なのであろう。

註

（1）延喜九年十一月十五日附『民安占子家地処分状』（『平安遺文』第一巻、所収）。
（2）『宇治拾遺物語』巻第二、第一話。

付記 ついでながら挙げておきたいのは、桓武天皇の夫人となった藤原小屎のことである。彼女は中務大輔・藤原鷲取の娘で、第五皇子の二品式部卿・萬多親王の母となった婦人である(1)。夫人という高い地位にありながらも敢えて改名しなかったのは、大変興味深いことである。下って元慶八年（八八四）、石見国の国司館に騒動があった時、石見介の外従五位下・忍海 山下 連《おしうみのやましたのむらじ》氏則の妻・下毛野屎子は傷を負うている(2)。受領の妻であるから、この屎子なども、中流貴族の婦人であったと言える。また貞観十五年（八七三）、平群朝臣富益から土地を購入した石川朝臣屎子の名も知られている(3)。衰頽したとは言え、石川氏は古来の名門・蘇我氏に外ならなかった。これからみても、平安時代の前期においては、屎字を用いた婦人名は、階級に関係なく、かなり普遍的であったことが想察されるのである。

註

（1）『本朝皇胤紹運録』、『帝王編年記』巻第十二。
（2）元慶八年六月二十三日紀、仁和二年五月十二日紀。
（3）貞観十五年四月二十五日附『平群朝臣富益立券文写』（『平安遺文』第一巻、所収）。

右大将道綱の母――『かげろふの日記』にあらわれた平安女性の心情――

一

平安時代の女流文学は、世界の古代文芸史上の精華であるといってよい。ギリシア文学では、叙情詩や戯曲が異常に発達したが、文学の諸領域のなかで最後に発達する小説にいたっては、萌芽の状態に停まったたし、ラテン文学についてみても、ペトロニウスの作と謂われる『サテュリコン』やアプレイウスの『金の驢馬』といった、素朴な物語が達しえた最高の水準であった。同じことは、唐代の『遊仙窟』（張文成《ちょうぶんせい》作）についても言えるが、『源氏物語』を主峰とする平安時代の物語文学は、これらとは比較を絶する高水準に達し、前人未踏の分野を開拓し、掘り下げ、驚嘆すべき威容を誇ったのであった。

平安時代の女流文学は、物語を中核として、詩歌、随筆、日記等によって構成されているが、そのなかで一つ注意を惹くのは、女性の性《さが》があらゆる角度から追究されていることである。それを代表する作家は、恋愛に関しては和泉式部であり、嫉妬については道綱の母があり、母性愛の面では成尋阿闍梨《じょうじん》の母である。恋愛や情熱については、外国にも古代ギリシアの女流詩人サッフォー（前六一二年頃〜?）のような例があるけれども、嫉妬や母性愛に関する限り、平安時代の女流文学は、全く他の追随を許さないのである。

摂政太政大臣・藤原兼家の本妻となり、大納言右近衛大将・道綱を産んだ婦人は、『小倉百人一首』に採られている、

歎きつつ　ひとり寝る夜の　明くるまは　いかに久しき　ものとかは知る

という歌によって、古くからその名が知られている。無論彼女は、平安時代屈指の、そして円融朝の歌壇においては筆頭の閨秀《けいしゅう》歌人である。その歌集『道綱母集』も今日まで伝えられているが、彼女の文名を不朽のものとしたのは、言うまでもなく『かげろふの日記』（蜻蛉日記）である。今日とは違って平安時代には、『日記』という語はいろいろな意味に使われていた。『かげろふの日記』の場合は、回想録の形をとった自照《じしょう》文学にほかならない。

道綱の母は藤原倫寧《ともやす》を父とし、朱雀天皇の承平六年（九三六）頃に生まれた。その家柄は藤原氏北家に属し、基経の同母弟で、歌人としても知られた右兵衛督・高経に出ている。しかし高経の子の惟岳《これみね》は、官人としては凡庸であったらしく、太宰少弐、左馬頭などに至ったに過ぎず、位も従五位下に停まった。この結果、彼女の家は受領（国司階級）層に転落したが、皇族や摂関家との縁はまだ深かったのである。

道綱の母の生母は、嵯峨源氏の源 認《みなもとのみとむ》の娘であったと推定される。同母の弟には、歌人として有名な長能《ながとう》がいた。異母兄の理能《まさとう》は、清原元輔の娘で、清少納言の姉とおぼしい婦人を妻としていた。また道綱の母の姉は、藤原為雅《ためまさ》の妻となり、妹は菅原孝標《たかすえ》と結婚し、『更級日記』の作者を産んでいる。受領層に堕したとは言え、それはなかなか天分に恵まれた一族であった。

残念ながら、道綱の母の本名は審らかでない。彼女は、天分が豊かであった上に、光明皇后、麗景殿《れいけい》の女御（荘子女王）とならんで『本朝第一美人』三人のうちに数えられた（『尊卑分脈』）ほどの美貌の持主であったらしい。若き日の藤原兼家が強引に彼女に求婚し、本妻としたのは、早くから才色兼備の誉れが高かったからであろう。才能と環境に恵まれていた彼女は、少女時代から『古今和歌集』を中心に、『万葉集』、『伊勢物語』、『古今六帖』『後撰和歌集』等に親しみ、歌才を磨いたようである。その間に、散文を作る才能も著しい進境を示し、勝れた表現能力を身につけることとなったのである。倫寧夫妻は、この類い稀な娘の将来に薔薇色の夢を託していたに違いない。

この夢はまさしく叶えられ、村上天皇の天暦八年（九五四）に至って、当時十九歳ほどであった彼女は、今をときめく右大臣・藤原師輔の三男で、将来を嘱望されていた兼家の求婚を受けたのである。その頃、兼家は右兵衛佐の任にあり、二十六歳であった。一方、倫寧は当時従五位下で長く右馬助に在任していたばかりでなく、師輔とはまた従兄弟の間

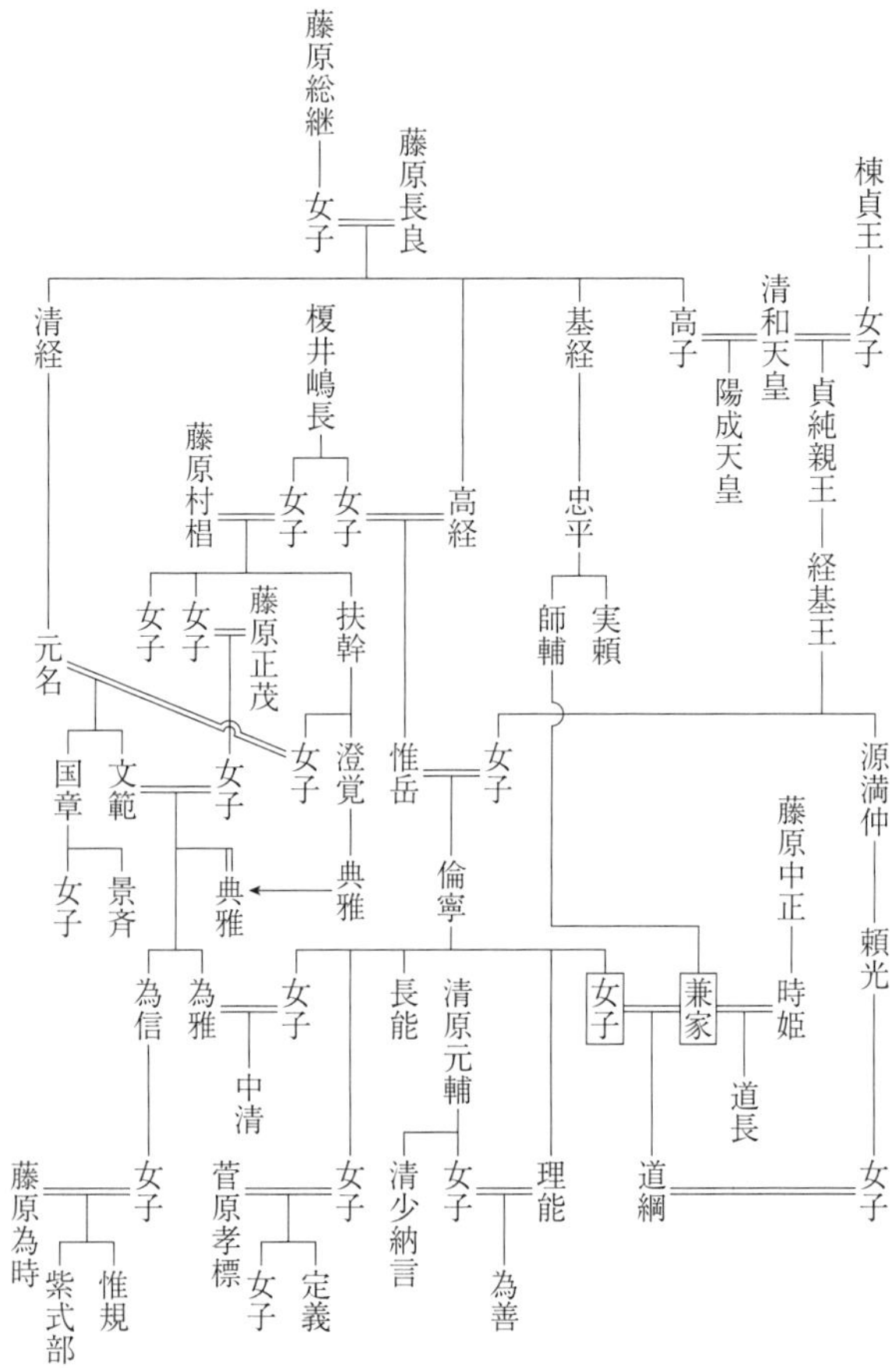

系図５　大納言・道綱母の親族関係と文学環境

柄であったので、兼家は、早くから倫寧の娘の噂を耳にしていたに違いないし、また求婚したとしても、特別不思議なことではなかった。

道綱の母は、玉の輿に乗るようなこの求婚にそれほど乗り気でなかった。それは、兼家には既に藤原時姫《ときひめ》と言う妻があり、その間には二歳になる一男の道隆《みちたか》がいたからであろう。

兼家の求婚はかなり熱烈であったらしく、夏から秋にかけて、いくどか言問《ことど》いの歌が贈られて来た。八月になって彼女が遂に結婚を承諾したのは、大勢順応主義的な両親や周囲の人々の強い奨めがあったためであろう。この年の十月、父の倫寧は陸奥守として任地に赴任した。学界の通説では、娘が兼家と結婚したため、倫寧は師輔の推薦によって陸奥守に任命されたこととなっている。これは大変な誤解であって、倫寧は同年四月の県召除目《あがためしじもく》によって陸奥守に任じられ、赴任の用意を整えつつあったが、娘の結婚式も済んだので、十月の初めになって任地に赴いたのである。

こうして天暦八年（九五四）の秋から、兼家との波瀾の多い結婚生活が始まり、それは兼家との床離れ（夫婦生活の終了）の時まで、すなわち天延元年（九七三）の八月まで、十九年間続いた。天暦九年（九五五）に彼女は一子・道綱を産んだが、どうしたわけか、その後は子宝に恵まれなかった。

これに対して時姫の方は、受領層の出ではあるが、家柄は道綱の母のそれより劣っていた。しかし道隆以下の子女を幾人も産むことによって、時姫の地位は自から重きをなし、遂に正妻と認められるようになった。その点、一子しか儲けなかった道綱の母の方は分が悪かったのである。

天延元年に兼家と床離れをした後の道綱の母は、却って安穏な心境に達したらしく、道綱の成長を愉しみにして静かな生活を送ったようである。その頃、歌人としての彼女の名声は鳴り響いていたようで、例えば、寛和二年（九八六）六月の内裏歌合などにも招かれている。天元三年（九八〇）一月には、長い間彼女の意識から離れなかった時姫が歿したし、永延元年（九八七）十一月には、道綱は従三位に叙せられ、非参議となり、更に正暦二年（九九二）九月には、右近衛中将として参議に補された。

夫の兼家は、摂政太政大臣となって位人臣を極めたが、正暦元年（九九〇）七月に薨去した。しかし、長いあいだ別居生活を続けていた彼女にとっては、それはさほどひどい打撃ではなかった。

晩年の道綱の母の交際圏についてみると、彼女と実弟の長能とは、非常に親密であったし、倫寧の従兄弟の源頼光とも大変親しかった。道綱が後に頼光の娘を妻に迎えた背後には、そうした関係があったのである。長能は、歌の関係で藤原為頼と親交があったが、為頼は紫式部の実の伯父であった。

道綱の母の実姉は、前述のように藤原為雅の妻となっていた。彼女は、為雅夫妻との関係を通じてその一族とも親しく交際していた。『拾遺和歌集』には、

五月五日、ちひさき飾りちまきを山菅《すげ》の籠《こ》にいれて、為雅の朝臣《あそみ》のむすめに心ざすと
て

という詞書のある彼女の歌が収められている。このむすめは、中納言・藤原義懐《よしちか》の室となった婦人に相違ないが、彼女や長能は、義懐とことのほか親しかった。また『道綱母集』に見える歌には、

故為雅の朝臣、普門寺に千部の経供養するにおはして帰り給ふに、小野殿の花いとおもしろかりければ、車ひきいれて帰り給ふに、

という詞書の歌がみえる。この時の話と歌は、『めでたきもの』として『枕草子』にもとられているが、清少納言は、為雅の祖父・元名《もとな》や伯父の国章《くにあきら》と親交があった父の元輔から、この逸話を聴いたものであろう。

普門寺は、岩倉（京都市左京区岩倉）の東側にあり、中納言・藤原文範《ふみのり》の小野山荘（後の大雲寺）は西側の山麓に位置していた。紫式部は、娘時代に曾祖父の文範に伴われて、しばしば大雲寺に詣で、後にこれを『北山のなにがし寺』のモデルにしたことであった。そうした諸事情に照らして推測すると、道綱の母は、清少納言一家とも、紫式部の一家とも親交があり、彼らに少からず文学的影響を及ぼしたことと察せられる。

道綱の母の晩年は、このように平穏なものであったらしい。それに、若い頃から彼女を苦しめていた生理上の前期緊張症も更年期と共に治まっており、静心を保つうえで好都合

であった。彼女が歿したのは、長徳元年（九九五）の五月と推定されるが、享年は六十歳ほどであった。道綱は、この天才的作家の子にしては余りにも凡庸であった。彼女の歌才は、道綱が若い時分、侍女に産ませた道命阿闍梨へ隔世遺伝したとみられるのである。

二

『かげろふの日記』は、単なる自叙伝または自照文学ではなく、兼家との二十年に亙る夫婦生活の間に著者が深刻に体験した嫉妬や恨みを、赤裸々に綴った告白録である。それが女性の愚痴に堕さないで、高い文学的なかおりを放ち、永遠に読者を獲得しているのは、著者がすぐれた表現能力をもっていたばかりでなく、和解しがたい男女の性という、古今に通ずる課題を妥協なしに、あくまで執拗に追究しているからである。その意味でこれは、おもしろい本ではなく、読者にとってはやりきれない思いのする作品であるといえよう。

嘗ては、道綱の母を『端正にして貞淑な女』とか、『いかにもまじめな律義な性格をもつ婦人』といった評価がなされた。この作品に清純な永遠の女性像を見出だそうとした読者も少くはなかった。しかし最近では、『愛を男性にもとめながら、愛しようとつとめないエゴイスティックな女性』、『自己陶酔に甘んじている女性』といった反対の評価もなされている。しかし彼女に限らず、歴史上実在の人間に倫理的な完璧さを求め、これを基準として評価するのはどうかと思われる。

　読者に深い感銘を与えるのは、彼女の虚飾のない叙述である。時には階級的、というよりも成上り者的な驕慢さも、女らしい虚栄心や功利心も、また、わななく怒りも露骨に表現されているが、寧ろそこには、物語に登場する女性には求められない、血の通った真実の女性像が見出される。彼女の苛立たしさ、衝動的な言行は、生理前において一段と昂じて来るが、彼女は臆することなくこれを述べている。そこには、心と体との関係で微妙に変化する現実の女性の姿が克明に捉えられているのである。

　確かにこの告白録には、彼女独特のエゴイズムも剝き出しにさらけだされている。しかしこの作品に期待されるのは、悟りきった聖者の心境ではなく、悲劇的環境にあって悩み、悶え、然もなおかつ生きようと努めた一女性のいたましい姿なのである。婦人の、と言うよりも人間の弱さからくるエゴイズムの故に、石もて彼女を打てる人は、恐らくないであろう。

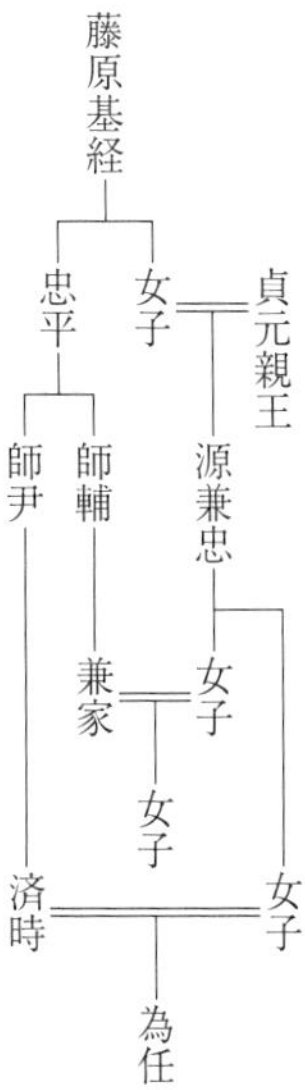

系図6
兼家と源兼忠女との関係

　『かげろふの日記』には、当時の政治の動向や社会的な諸問題は、直接的な形では殆ど反映していない。しかしそれを指

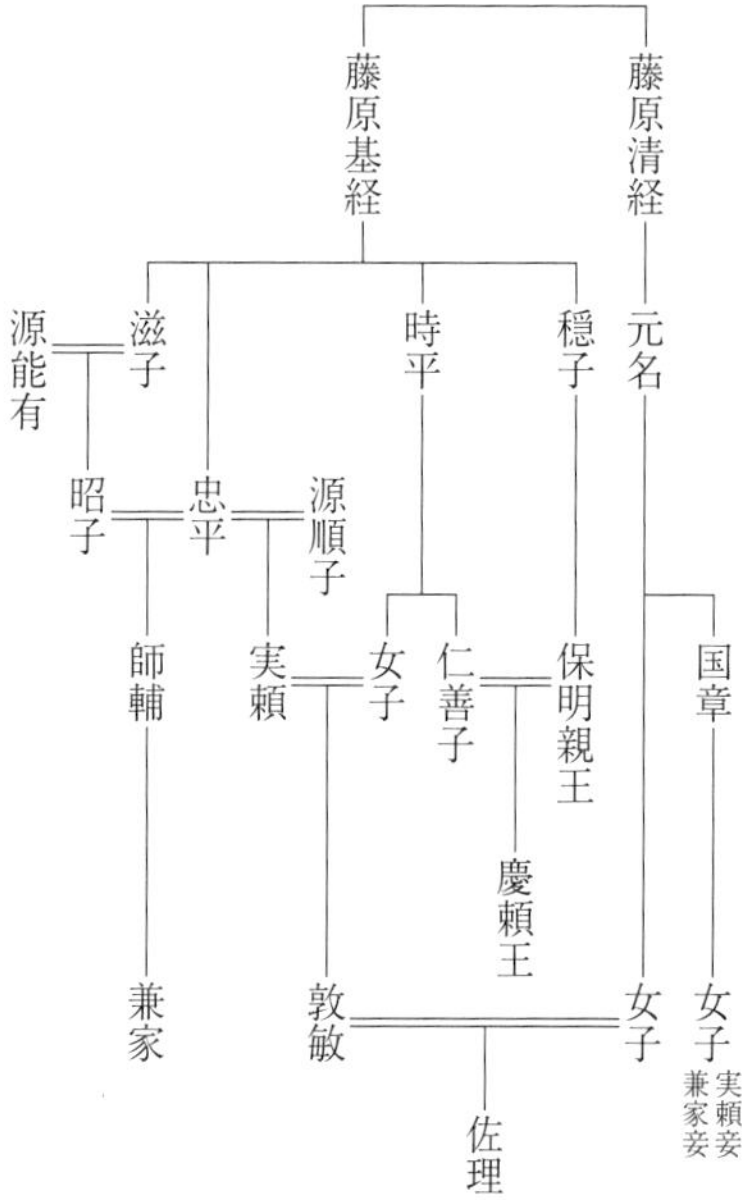

系図7
摂関家を中心とする婚姻関係

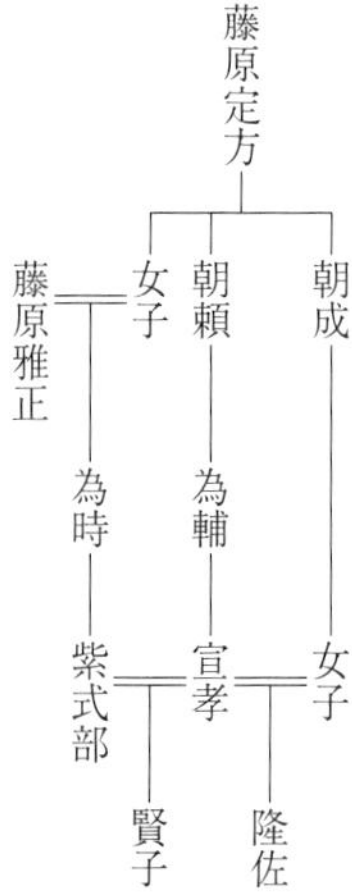

系図8
紫式部と藤原宣孝との関係

して、道綱の母が政治や社会に無関心であったと決めつけることは、穏当とはいえない。この日記は、本質的に愛の記録であって、初めから視野を限定して綴られているのである。

政治家としての夫、万年受領の父親、彼女が立身栄達を期待する道綱といった身近な人々だけを通じても、政治に対する彼女の関心は強烈であったはずである。けれども二十年に亙るひたむきな愛の歴史を記録しようと志した場合、それに政治や社会を直接反映さす必要はないし、却ってこれは作品の純粋性を損う結果となるであろう。

のみならず彼女には、特殊な環境に置かれた女性としての立場があった。彼女は、夫が大納言に栄進したことを喜ぶまえに、夫の夜離《よが》れが一段と多くなることへの不安があった。

すべて世にふること、かひなくあぢきなき心ち、いとするころなり（およそこの世に生きていくことが張合いがなく、つまらないと思う気持がしきりにする日々である）

とか、これに類した言葉は随処に見られるが、悩みに深く打ち沈みながら、そこにまた生への望みをかける、どうにもならない境地を往き来しつつ、彼女は無明の人生行路を歩み続けた。この苦悩に満ちた痛ましい人生の軌跡を、彼女は論理的秩序ではなく、心理的秩序に従って綿々と述べ、傑出した文学作品にまでそれを結晶させたのである。

『かげろふの日記』に現れた、道綱の母の苦悩の由来するところを分析してみると、

(1)永遠に和解しない男女の争い
(2)彼女自身の鋭い、ややヒステリックな性格
(3)彼女が置かれていた特別な環境

の三つがあげられる。このうち第三の問題は、表面的には彼女の悩みの主要因であったようにみえる。彼女自からも、

されど、あけくれ、世のなかの人のやうならぬを歎《なげ》きつつ、つきせず、すぐすなり

けり（しかしながらわたくしは、明けてもくれても、世間のふつうの人妻のようでない身のうえをなげきながら、つきることのないもの思いにしずんでくらしているのであった）

と述べ、夫を独占できない苦しみを切々と訴えている。

当時の上流貴族の例から見れば、彼女の夫・兼家は、特に好色であるという程でもなかった。それでも彼には、最初の妻として藤原時姫がいた。この聡明で多産的な婦人は、歿するまで兼家を摑んでおり、いつのまにか正妻（嫡妻）の地位についていた。二人の妻を持ちながら兼家は、天暦九年（九五五）頃から、左京北辺三坊に住む『町小路の女』に四年ほど夢中になっていたし、天禄元年（九七〇）以後には近江守・藤原国章の娘を寵愛し、これに綏子を産ませている。また早く天暦十年（九五六）頃には、浮気心から参議・源兼忠の娘に通い、女子を儲けた。更に彼は、自邸に仕えていた女房、藤原忠幹の娘に手をつけ、四男の道義を産ませている。

こうした女性遍歴が道綱の母の嫉妬心を昂じさせたことは勿論であるが、たといそうした浮気は別としても、政治的野心に燃え、公的生活に追われている兼家は、新妻でもない道綱の母を、そう頻繁に訪れることはできなかったであろう。その意味では、現代の読者がかくも執拗で才たけた、男にとって手におえない婦人を妻とした兼家に同情するのも、一面、無理からぬことなのである。

三

平安時代は、一夫多妻が公認されていた時代である。光源氏などはその代表的な例であるが、しかしこれは、貴族社会における現象であって、一般庶民の問では、経済的な理由からいっても一夫一婦制が行われていた。また貴族と庶民とを問わず、自由恋愛や浮気は、それ自体非難されることはなかった。公達の色好みは、時としては美徳とさえ看做されていた。問題は寧ろ恋愛や浮気の仕方如何にあったのであって、情を解さない泥臭い仕方の場合には、嫌悪されたのであった。

物語や歌集を繙くと、平安時代の貴族たちは、よい女がいると聴くやすぐ恋文を送り、二、三度消息を往来した後に、たやすく女の許に忍び通ったような印象を受ける。そうした例も少くはないが、やはり正式の結婚ともなれば、自分の方はともかく、相手の親の承諾ないし黙認を必要としたのであり、そうお手軽なものではなかった。更に意外に感じるのは、結婚の場合でも、また単なる恋愛の場合でも、その範囲は割合に限定されていたことである。特に著しいのは、系図6・7に見られるように、従兄弟、また従兄弟同士の結婚が非常に多いことである。兼家が浮気心から源兼忠の娘に通ったといっても、彼女は彼のまた従兄弟であったし、実頼、ついで兼家の妾となった婦人の父・国章は、実頼や師輔のまた従兄弟であった。このようなことは摂関家に限ったことではなく、紫式部などの場合も同様であった（系図8参照）。道綱も後に源頼光《よりみつ》の婿となったが、その婦人は道綱の母のまた従兄弟であったのである。

結婚にあたっては、無論、縁故関係によって配偶者を選ぶ例も多かった。これには、政略的、財産上の意図から出ることもあったし、美人であることに惹かれる場合もあった。藤原忠平が源順子《よりこ》を正妻に迎えた背後には、明らかに宇多法皇や菅原道真の側に立とうとする政略的意図が認められる。

大納言・藤原朝光と敦忠の娘（源延光未亡人）との結婚は、財産目あてのものとして、その頃やかましく評判されたものである。兼家は天暦年間、侍従として村上天皇の側近にあったが、同じ頃、藤原安親も蔵人として仕えていた。安親の妹の時姫は、『源氏物語』の『明石の上』のモデルと評されるほど聡明で、しっかりした女性であった。兼家は、安親その他を通じて時姫の評判を聞き、彼女を妻に迎えたものと推測される。藤原倫寧は、早くから実頼の家司の任にあったばかりでなく、右馬助として、右兵衛佐の兼家とは、職掌の上で関係が密であったに違いない。彼が道綱の母の評判を聞き、倫寧に結婚の了承を求めたことは疑いがないのである。いずれにしても、貴族の通婚圏がかなり局限されたものであったことは、否定されないのである。

平安時代の貴族社会で普通に行われていた結婚は、『むことり』すなわち招婿婚であった。つまり新郎は、結婚当日の夜、新婦の家に赴いて床を同じくし、朝、家に戻ってから新婦のもとに後朝《きぬぎぬ》の文を遣して、渝らぬ愛情を告げ、三晩ないし四晩通った後に露顕《ところあらわし》（結婚の披露宴）があって、新婦の両親や親族、知人に対面する。そして数箇月ないし数年、新婦の家に同居または通い続け、時機をみて新婦を自宅に引き取るのである。

しかし結婚は法的に強く規制されていたわけではないから、時には夫の夜離《よが》れが続いたり、通って来なくなることもあった。夫が他に妻妾を持っていたり、浮気に身をやつしているような場合には、特にこの傾向が強かった。それだけに有夫の女性たちは、嫉妬、恨み、淋しさ、身の頼りなさに悩む機会が多かったのである。

物語類を読むと、父親を亡くした女性が夫に捨てられ、経済的に困窮した例が幾つも見出される。『源氏物語』の末摘花もその例であるが、彼女は常陸大守の某親王の王女であったとされている。普通の夫婦関係では、夫が妻の家に同居または通っているにしても、夫は当然のことながら妻の家に経済的援助をしていたのである。

兼家の場合、二人の本妻のほか、妾や情人もいたし、野心家であるため公的にも多忙であったから、ひとり道綱の母に対してばかりでなく、どの女性にも夜離《よが》れがちになったのは当然であった。穏かで諦めのよい時姫は、嫉妬心などで兼家を苦しめず、一方では数多く子女を産んで地歩を固め、いつのまにか正妻と認められるようになった。しかしその時姫でも、兼家の本邸（東三条院）に迎えられたのは、結婚後十七、八年経った天禄元年

（九七〇）のことであったらしい。

道綱の母の方は、一人しか子を産まなかった上に、自分の意思を固執して他人と協調しない非妥協的な性格が災いして、時姫に太刀打ちできなかった。兼家は、いかに彼女の美貌や文才を高く買っても、とかく彼女を敬遠しがちであった。それに由来する深刻な悩みによって彼女の感性はいよいよ磨かれ、思考の度合も深められた。それは、芳醇な文学作品を産ませた反面、彼女をいよいよ幸の薄い女性に陥れたのであった。

若い時分から中年にかけての道綱の母の当面の悩みは、世間なみの夫婦でなかったという特殊な環境に由来していた。しかし『かげろふの日記』の底に潜んでいる真の主題は、終りなき男女の葛藤なのである。嫉妬に悩む間に彼女は、この本質的な問題につきあたり、鋭い感性と勝れた表現能力をもって、この不可解な問題に立ち向かう自己を克明に再現したのである。この告白録が人間の永遠の財産の一つとなった秘鍵は、恐らくその辺の事情に求められるのであろう。

為光の娘たち

一

藤原時代の高級貴族にとっては、娘は栄達のための最も重要な手段であった。適当な娘がいない時には養女を迎え、大事に育てて入内させたり、宮仕えに出す風も、一般に行われていた。こうして育てられた娘たちは、政治史的または文化史的にしばしば重要な役割を演じたのである。為光の娘たちなどは、期せずして歴史に波紋を投じた代表的な例に属しているが、これまで彼の娘達については纏まった研究が公にされることがなかった。

一体、恒徳公と諡された太政大臣の藤原為光（九四二〜九九二）は、法住寺の建立者としてよりも、その娘達が美人揃いであり、然もその美貌が政治的事件を惹き起こしたことで知られている。まずこれらの娘達を産んだ母についてであるが、現在判明している限り、為光には公的に知られた室家が二人あった。その一人は、太政大臣・藤原実頼（清慎公）の子で、若死した左近衛少将・敦敏の娘であった。

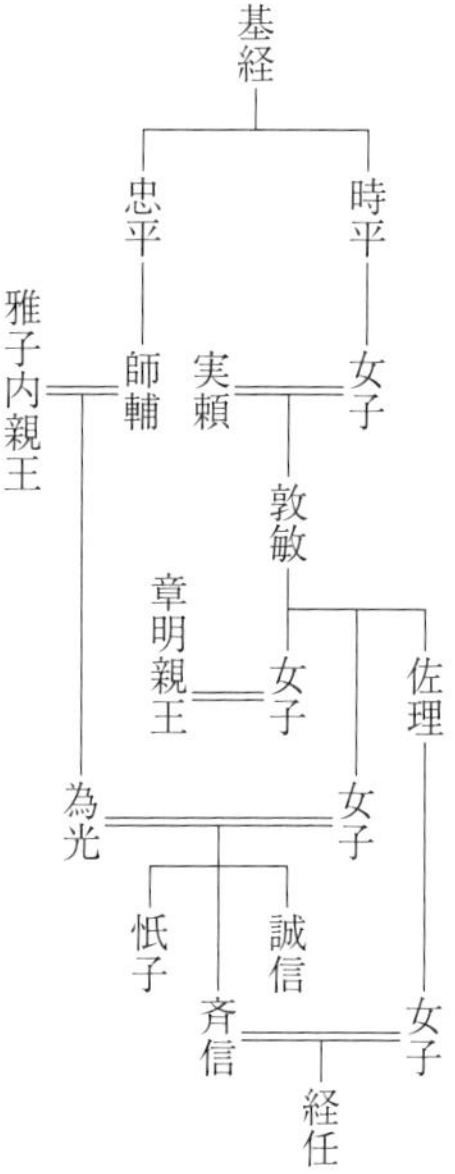

系図９　敦敏の娘と為光

『栄華物語』（巻第二『花山』）に、忯子（訓みは、ヨシコか）に触れて、

この姫君は、小野宮の大臣清慎公の御太郎敦敏の少将の御女の腹に、男君、女君とおはしけるなり。手かきのすけまさ《佐理》の兵部卿の御妹の君の御腹なりけり。

と見え、更に、『一条の大納言《為光》は、母もおはせぬ姫君を、……』とあるによって窺うと、為光の最初の室は、子女を何人か産んで早世したことが知られる。

『尊卑分脈』（第一編、為光公孫）には、誠《さね》信と斉《ただ》信の兄弟の母は、左中将・敦敏女であると記されている。『大鏡』（第三巻、為光伝）によると、

をんな二所は佐理の兵部卿の御いもうとのはら、……女君ひとゝころは、花山院の御時の女御。いみじうときにおはせしほどに、うせたまひにき。いまひとゝころも、入道《義懐》中納言のきたのかたにて、うせ給ひにき。

であると言う。『栄華物語』（巻第二『花山』）に、

……義懐中納言は、かの一条大納言の大い君の御をとこにてものし給ひければ、……

と記されたのを参考にすると、敦敏の娘は為光の二男二女の母であり、忯子は第二女であったことが明らかになるのである。但し、これらの子女の順序は必ずしも明瞭ではない。二男の斉信は、康保四年（九六七）の生まれであったから、敦敏の娘で為光の正妻であった女性は、安和・天禄年間（九七〇前後）に病歿したのであろう。

為光のもう一人の妻は、摂政太政大臣・伊尹の娘であった。但し、為光が最初の妻の生存中にこの婦人を娶ったのか、病歿後であったかは明らかでない。伊尹の娘は、為光との間に少くとも三女と二男（道信と公信）とを産み、寛和元年（九八五）六月に逝去したのであった。(1)

『大鏡』（第三巻、為光伝）によると、為光には七人の息子があったという。『公卿補任』、『大鏡』、『大鏡裏書』等に拠って窺うに、一男は誠信、二男は斉信、六男は公《きん》信であった。歌人として著名な道信は、五男であり、(2) 長保三年（一〇〇一）に出家した長信は、七男であった。(3)

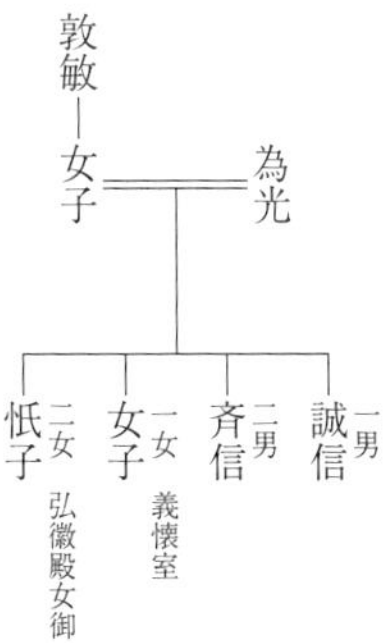

系図10　敦敏の娘が産んだ為光の子女たち

為光の息子で僧籍にはいったのは、尋覚、良光の二人であった。尋覚はのちに尋光と改名したが、(4) 興福寺本『僧綱補任』の朱書によると、彼は長保四年に三十二歳であった。従って彼は、天禄二年（九七一）の生まれであった。道信は、

系図11 藤原伊尹の二人の娘

正暦五年（九九四）に二十三歳で卒したから、(5) その生年は、天禄三年とされる。一方、良光は、『僧官補任』によると、天喜二年（一〇五四）二月に七十三歳で入滅しているから、天元五年（九八二）の生まれとされる。公信は、貞元二年（九七七）の生まれであった。(6) 従って尋光は、為光の四男と認められるし、良光は恐らく八男であったろうと想定される。三男は早く夭折したため、為光の息子は七人あったと記録されたのであろう。

尋光と斉信とは、特別親しい間柄であった。(7) これから察すると、二人は母を同じうしていたらしく、母は尋光を産んだ時に歿したのではないかと推量されるのである。

そのほか為光には、一、二名の妾妻がいたようである。『尊卑分脈』（第一編、伊尹公孫）には、上記のような記載がみられる。恐らく為光は、伊尹の娘（道信らの母）を喪った後、亡妻の妹で後家となっていた婦人を妾妻に迎えたのであろう。(8) 八男の良光は、多分この妾妻の腹に生まれた息子であったと臆測されるのである。

二

『大鏡』（第三巻、為光伝）に、『女君五人おはしき。』とあるように、為光には五人の娘があった。このうち上の二人は、前述のように藤原敦敏の娘を母としていたのである。

為光は夙に摂政太政大臣・伊尹の五男で、皇太子・師貞親王（花山天皇、生母は伊尹の娘・懐子）と近い関係にある義懐《ちか》に第一女を娶せた。その狙いは的中し、花山天皇の治世に義懐は権中納言でありながら政治の中枢となり、かなり革新的な政策を実施した。しかし天皇が兼家の策謀によって出家された後、義懐は思うところにあって出家してしまった（時に三十歳）。『大鏡』（第三巻、為光伝）に、この第一女に触れて『いまひとところも、入道中納言《義懐》のきたのかたにて、うせ給ひにき。』とあるように、この婦人は一子・伊成[9]を遺して早く他界したのであった。

　ところで、義懐の三男の右近衛権中将の成信は、藤原為雅の娘を母としていたが、長保四年、二十一歳で出家した[10]。従って成信が生まれた前の年――天元四年（九八一）――に義懐がすでに為雅の娘を妻としていたことは、疑いがない。時に義懐は、二十五歳であった。これから推察してみると、義懐は初め為雅の娘を娶り、後に為光の第一女をまた妻に迎えたようである。この第一女がいつ歿したかは不明である。『栄華物語』（巻第二『花山』）に、『今のみかどの御をぢ義懐中納言は、かの一条大納言の大い君の御をとこにてものし給ひければ、』とある記事などを読むと、寛和年間にはこの第一女はまだ在世していたような印象を受けるが、これだけでは歿年についてなにも言うことが出来ない。それに彼女が産んだ伊成[11]の年齢が不詳であることも、この問題の解決を困難にしているのである。

次ぎに、為光の第二女は、名を忯子と言い、『弘徽殿の女御』の名で遍く知られている。彼女は非常に美しい、魅力的な婦人であったらしく、花山天皇の懇望により永観二年（九八四）十月二十八日に入内し[12]、同年十一月七日、女御の宣旨を蒙った[13]。花山天皇がもの狂わしいまでに忯子を寵愛され、寛和元年（九八五）七月十八日[14]、妊娠七箇月で彼女が卒した後、頓に道心を起こされた次第は、『栄華物語』（巻第二『花山』）に詳述されている通りである。またこの道心を奇貨として兼家や道兼が天皇の出家、退位を図った顛末は、『大鏡』（第一巻、花山院）に述べられている有名な事実である[15]。忯子は、その稀にみる魅力のために図らずも、大きな波瀾を惹き起こしたのであった。

三

為光の第三女も、『寝殿の上』と呼ばれ、非常な美人であった。彼女は、五人の娘のうちで、忯子と共に父の為光に最も鍾愛された。この婦人については、『栄華物語』（巻第四『見果てぬ夢』）に詳しい叙述がある。

女君達今三所（第三、第四、第五女）一つ御腹（伊尹の娘の腹）におはするを、三の御方をば寝殿の上と聞えて、またなうかしづき聞え給ふ。四、五の御方々もおはすれど、この女御（忯子）と寝殿の御方とをのみぞ、いみじきものに思ひ聞え給ひける。

『女子《為光》はたゞ容貌《かたち》を思ふなり』と宣はせけるは、四、五の御方いかにとぞ推し量られける。……

一条殿（一条院）、いみじうなべての所の様ならず、いかめしう猛《まう》におぼし掟《おき》てたりつれば、一所《ひとところ》（為光）失せさせ給ひぬれば、いとおはしましにくげに荒れもていくも心苦しう。この寝殿の上の御処分にてぞありける。よろづの物たゞこの御領にとぞ、おぼし掟《おき》てさせ給ひける。

忯子亡き今となって、為光は一条院を初め一切の財産をこの『寝殿の上』に譲与したという次第である。為光は、『法住寺をいみじうめでたく造らせ給ひて、明暮そこに籠らせ給ひてぞ行はせ給ふ』とある様に、晩年[16]、法性寺の西北、すなわち鴨東七条大路末の南側（愛宕郡鳥部野郷野里）に営んだ法住寺を居処としており、一条院には、同母の三人の娘を住まわしめていた。第三女は、一条院の寝殿に居たため、『寝殿の上』とか『寝殿の御方』と称された訳である。

為光が薨去（正暦三年六月）した後、三人の娘たちでは一条院を立派に維持するのは困難であった。『権記』長徳四年（九九八）十月二十九日条に、

此夜遷御《東三条院詮子》一条院、依家主姫君沽却公行朝臣所買進也、直八千石云々、月来御坐左大臣一条第。

と見えるように、『寝殿の上』（家主の姫君）は一条院を売りに出し、佐伯公行がこれを購入して東三条院詮子に献上したのである。東三条院は、この月になってから左大臣・道長

の一条第におられたが、二十九日の夜、一条第の隣にある一条院に遷御したのであった。この売却によって『寝殿の上』は八千石の代価を得た。彼女等三人姉妹が鷹司小路の邸宅に移転したのは、一条院を売ってそれを購入したものか、もともとその処にも邸宅があったものか、そのどちらかの理由によるものか詳かでない。恐らく『寝殿の上』は、鷹司小路にあった邸宅をも為光から伝領し、一条院を売る前からそこに遷っていたのであろう。『栄華物語』（巻第四『見果てぬ夢』）には、

かゝる程に、一条殿をば、今は女御《院ノ誤リ》（東三条院）こそは知らせ給へ。かの殿の女君達（為光の三人の娘達）は、鷹司なる所にぞ住み給ふに、内大臣《伊周》忍びつゝおはし通ひけり。寝殿の上とは三の君をぞ聞えける。御容貌《かたち》も心もやむごとなうおはすとて、父大臣《為光》いみじうかしづき奉り給ひき。

とあり、『寝殿の上』と二人の妹達が鷹司小路の邸宅に遷り住んでいたこと、また美人として知られた『寝殿の上』が内大臣・伊周とひそかに通じていたことが述べられている。

為光の第四女は、三女と生母を同じうしていたが、三女ほど美人ではなかったという。彼女は、姉と一緒に一条院から鷹司小路の邸宅に移り住んでいた。長徳元年（九九五）頃、花山法皇は、亡き怟子の俤を求めてこの第四女に艶書を遣され、恋情を示された。『栄華物語』（巻第四『見果てぬ夢』）に、

かゝるほどに、花山院この四の君の御許に御文など奉り給ひ、けしきだたせ給ひけれ

ど、けしからぬこと、てきゝ入れ給はざりければ、たびたび御自づからおはしましつゝ、今めかしうもてなさせ給ひけることを、……

とある一節を吟味してみると、第四女は初めは拒んだが、法皇自らが度々訪ね来たって切々と口説かれたので、ついに靡いてしまったものと理解される。

『栄華物語』（巻第四『見果てぬ夢』）その他によると、法皇は美人で知られた第三女に通っておられるに相違ないと誤解した伊周は、法皇の暗殺を企て、これが伊周と同母弟の隆家の失脚、配流を招いたとのことである。長徳二年正月十九日、花山法皇が故為光第において伊周や隆家と闘乱され、法皇の御童子二人が殺害されたことは、『小右記』にも明記されている。詳しい経緯はともかく、法皇が第四女の許に通っておられたことは、否定し難い事実なのである。

藤原為光の第三女、第四女に纏わる上記のような事件は、遍く知られているところであり、今さら纏述する必要は全く存しない。問題は、その後、第三女、第四女の二人はどういう運命を辿ったか、ということである。

『大鏡』（第三巻、為光伝）は、

いま三所は、一条摂政《伊尹》の御むすめのはらにおはします。

と、為光の第三、四、五女が同母の姉妹であることを指摘し、最後に、

三の御方は、鷹司殿の上とて、尼になりておはします。四の御方は、入道殿《道長》の俗にお

はしまし、おりの御子うみて、うせ給ひにき。

と述べている。

『尊卑分脈』、『栄華物語』その他を検してみても、伊周の子女の中で右の第三女を母とする者は記されていない。想うに彼女は、伊周と通じはしたけれども、子を産むには至らなかったらしい。いつのことか彼女は出家し、『鷹司殿の上』と呼ばれていたという。尤も右の記事によっただけでは、彼女が出家後も『鷹司殿』に住んでいたと断定する訳にはいかないのである。

『御堂関白記』には、正妻の倫子は絶えず登場しているが、本妻の源明子の方は、稀にしか記されていない。まして妾妻に至っては、道長は全く日記の中で彼女らに触れていないのである。道長が倫子の異母兄・源時通の第二女（中の君）の『大納言の君』を妾妻にしていたことなども、彼の日記ではなく、『栄華物語』（巻第八『はつはな』）から知られるのである。同様なことは、為光の第四女についても言える。すなわち、同じ物語（同巻）には、

まこと花山院かくれ給ひにしかば（寛弘五年二月）、一条殿の四の君は、鷹司殿に渡り給ひにしを、との丶上《倫子》の御消息度々ありて、迎へ奉り給ひて、姫君の御具になしきこえ給ひにしかば、殿《道長》よろづにおぼし掟てきこえ給ひし程に、御心ざしいとまめやかに思ひきこえ給ふ。家司なども皆定め、まことしうもてなしきこえ給へば、いとあべい

様に、あるべかしうて過ぎさせ給ふめれば、院の御時こそ、御はらから達も知りきこえ給はざりしが、この度はいとめでたくもてなしきこえ給へりけり。

と叙されている。

右によって窺うに、第四女は、法皇と共に花山院に住んでいたが、寛弘五年（一〇〇八）二月、法皇が崩じた後、実家の鷹司殿に戻っていた。これを知った倫子は、彼女に度々消息を遣して出仕を促した。そこで第四女も土御門殿に来たって姫君（道長の二女・妍子）の御相手役となった。ところが道長は、なにかと世話をしている間にこの婦人に真実の愛情を抱くようになった。そこで第四女を正式の妾妻となし、家令などを皆定め、懇に待遇するに至った。花山法皇の情人であった時分、彼女の兄弟たち（斉信や公信など）は知らぬ顔をしていたが、この度は道長が正式の妾妻として本格的に世話をするようになったので、彼らも兄弟として第四女を懇にもてなすようになった、という次第である。

花山法皇の崩御は、寛弘五年二月八日であった。その四十九日の法会は、三月二十二日、花山院で修せられた。為光の第四女は、満中陰の後、すなわち三月下旬に鷹司殿に戻ったのであろう。

『栄華物語』（巻第八『はつはな』）には、右の一文に先立って次ぎの一節がみられる。

かの花山院の四の御方は、院うせさせ給ひにしかば、鷹司殿に渡り給ひにければ、殿《道長》聞しめして、『彼をもがな』とおぼしめしけれど、おぼしもたゝぬ程に、殿《倫子》の上ぞ常に音なひ聞えさせ給ひけれども、いかなるべいことにか、おぼしたち難かりけり。

つまり道長は、第四女が実家に戻ったと聴いて妾にしたいと思った。しかし倫子が早速第四女に消息を遣したりして交際を始めたので、さすがに憚られ、なんとも決心しかねていたというのである。

以上によって察すると、第四女が倫子に促されて土御門殿に出仕し、姫君の御相手役となったのは、寛弘六年頃であり、従兄弟の道長の妾妻となったのは、寛弘七年のことであったと想定される。時に道長は、四十五歳であった。

道長の二女・妍子が東宮妃となったのは、寛弘七年二月のことである。恐らくこの『四の御方』は、その時、宣旨ないし御匣殿という職掌の官女となり、東宮妃、ついで中宮となった妍子に仕えるに至ったのであろう。後述する通り、『四の御方』は、長和四年（一〇一五）九月において正しく官女であり、従五位上くらいの位階を帯びていたようである。この位階は、宣旨ないし御匣殿として授けられたものであって、もとより道長の妾妻または中宮の単なる御相手役として位を賜わったものではないのである。その頃は、『四の御方』のような太政大臣の娘も職掌の如何によっては、宮仕えする時代となっていた。また中宮・彰子の側近にいた『大納言の君』（倫子の異母兄・時通の二女、典侍・源簾子）のように、信頼するに足る妾妻を自分の娘の中宮の側近に配することは、道長が好んだ流儀であり、摂関政治運営の秘訣でもあったのである。

藤原実資は、『小右記』の長和四年（一〇一五）九月二十日条に、三条天皇が譲位を前にして殊更に枇杷殿から新造の内裏に遷御されたこと、道長が中宮（妍子）関係者の叙位を強く願い、天皇の御前で自ら叙位簿（男一紙、女一紙）を書いたことを記し、更に当日昇叙された『中宮々司、女官、左大臣男女子三人、家司等』の一覧表を掲げている。それによると、叙位者は次ぎの通りであった。

道長の子女

(1) 正二位　藤原能信
(2) 従三位　藤原嬉子
(3) 従三位　藤原隆子（尊子）

中宮の宮司

(4) 従四位上、中宮権亮・藤原定頼

道長家の家司

(5) 正四位下　多米国平
(6) 正四位下　橘　為義
(7) 従四位下　菅原典雅
(8) 従四位下　平　重義（親信の子で孝義の兄弟）
(9) 従五位上　甘南備保資

官女その他

(10) 正五位下　藤原儼子
(11) 正五位下　藤原穠子
(12) 従五位上　藤原教子
(13) 従五位上　藤原時子
(14) 従五位上　藤原亮子
(15) 従五位上　源　和子

その他

(16) 正五位下　東宮（権？）亮・藤原兼経

『御堂関白記』によると、(10)から(15)までの婦人のうち、教子と時子は禎子内親王の乳母

- 女子　忯子（弘徽殿贈従四上）
- 女子（中納言義懐室）　少将伊成母
- 女子（鷹司左大臣室）
- 女子（御堂殿妾）
- 女子（隆家卿室）

此外女子二人
　一人皇后宮女房
　一人安木守家平室

系図12　『尊卑分脈』に見える為光の娘たち

であり、亮子と和子とは左大臣家の女房であった。残りの儼《たけ》子、穠《しげ》子の両名については、

　正五位下　子、　子、是故一条太政大臣、御女子等也

と記されている。この□子と□子との名は空白であるが、それらが儼子と穠子に該当することは、『小右記』の記事と照合すれば一目瞭然であって、そこに疑いを差し挿む余地は全く存しないのである。

　要するに、『小右記』と『御堂関白記』は、太政大臣・藤原為光の娘二人—儼子と穠子—が長和四年九月二十日、正五位下に昇叙された事実を指証しているのである。そして当日の叙位の性格を想うならば、これら二人の為光の娘が中宮・妍子の関係者であったことは明白である。とすれば、儼子が中宮の側近に仕えていた『四の御方』であり、穠子が最高の官女として、中宮の産んだ禎子内親王に仕えていた『五の御方』にほかならぬことは、最早論議するまでもなく明白であろう。為光の第四女が藤原儼子、第五女が藤原穠子といったことは、以上の考察を通じて明らかにされたのである。

　儼子は、道長の妾妻として正式に待遇される一方、恐らく典侍に任命され、宣旨ないし御匣殿という職掌を授けられ、中宮・妍子の側近に仕えていたようである。ところが『大

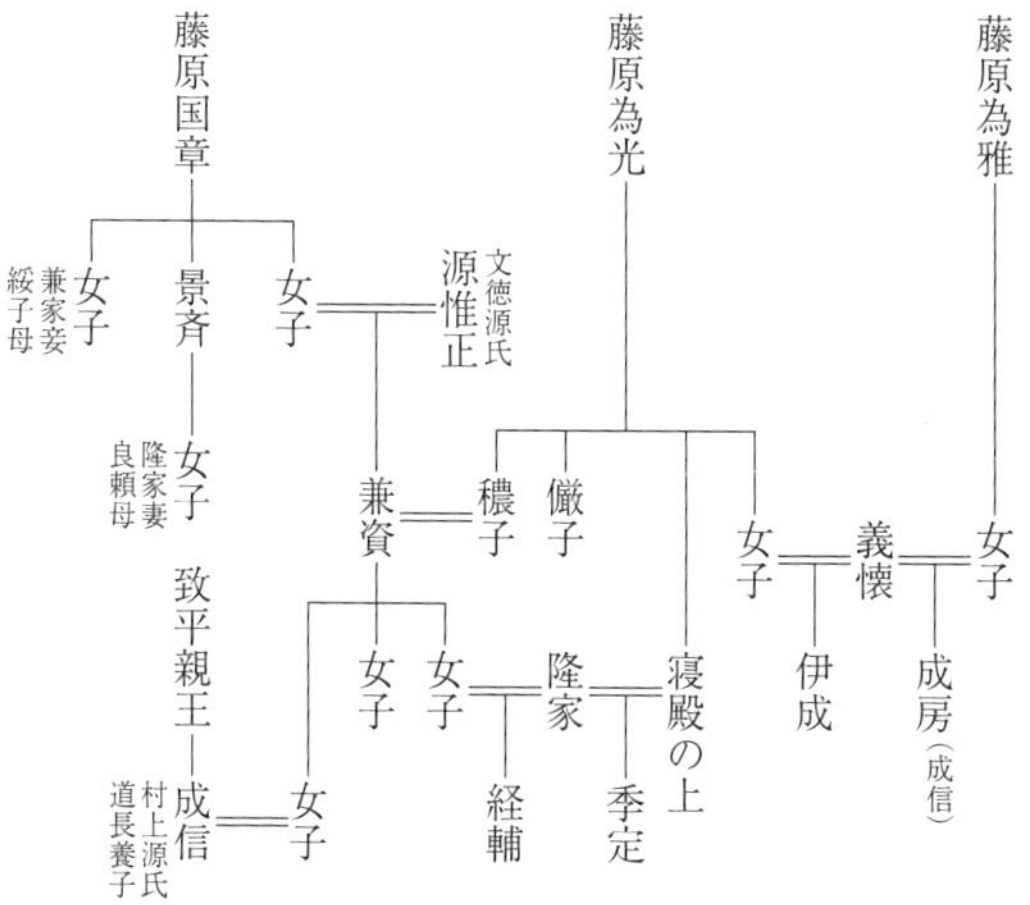

系図13　為光の娘と藤原隆家

鏡』（第三巻、為光伝）によると、彼女は『入道殿の俗におはしまし、おりの御子うみて、うせ給ひにき。』と言う。道長が出家したのは、寛仁三年（一〇一九）三月であった。従って儼子は、長和四年の末から寛仁三年の三月までの間に産死したものと認められる。彼女は、多分長和五年から寛仁二年までの三年の間に、図らずも政治史に波瀾を起こした生涯を閉じたことであろう。文献に全く記載されていないところから見ると、儼子の産んだ児は、生まれた時に死んだか、或いは夭折したものと推測されるのである。

次ぎに『尊卑分脈』（第一編、為光公孫）をみると、為光の娘達に関して系図12のような記載がある。これらのう

系図14
藤原家平の出自

ち一女（義懐室）と二女（弘徽殿女御）についてば全く問題はないけれども、後の三人については誤謬が認められる。一人の娘が『鷹司左大臣室』と記されているのは甚だしい誤りであって、これはもと『鷹司殿の上』とあったのを『鷹司左大臣（源雅信）室』と誤解したことに由来するのであろう。明らかにこの女性は、伊周が通じた第三女に相違ないのである。『御堂殿妾』とある娘は、花山法皇の情人で、後に道長の妾妻となった第四女の儼子と認められるのである。

問題となるのは、『隆家卿室』と記された娘である。隆家が為光の娘に季定を産ませたことは（『尊卑分脈』第一編、道隆公孫）、信じてよいと思われる。しかし為光の娘は五人あったと『大鏡』（第三巻、為光伝）には記されている。これから察すれば、兄・伊周の歿後、隆家は第三女の『鷹司殿の上』に通じて季定を産ませたと考えざるをえないのである。この第三女が出家したのは、伊周が薨去した寛弘七年頃ではなく、季定を産んでから暫く経った時分のことと想察されるのである。

次ぎに、『一人、皇后宮女房』とある娘は、花山法皇の情人であり、後に道長の妾となって中宮・妍子に仕えた第四女と認めざるをえない。不可解なのは、『安木守家平室』と記された娘のことである。家平という人物が十世紀後半に生存していたことは、『尊卑分脈』からは知られない。この家平を、天延元年（九七三）頃、安芸守の任にあった源蕃平の誤りと認めることは、年代的に無理がある。恐らくこの家平は、京家の藤原清平の子で、従兄の長門守・藤原為光の娘を室とした人であり、この記載が誤って太政大臣・為光の項に紛れたのではなかろうか。従って『一人、安木守家平室』は削除さるべきもののように思われるのである。

いずれにしても、『尊卑分脈』（第一編、道隆公孫、為光公孫）は、為光の第三女が後に隆家の本妻ないし妾妻となり、季定を産んだ事実をひそかに伝えていると言ってよい。それと同時に、為光の娘達に関する『尊卑分脈』の記載には著しい錯乱や誤謬のあることが知られるのである。

四

為光の第五女、すなわち藤原穠子の消息は、寛和年間は勿論のこと、長徳年間のことに関しても、文献に現れて来ない。ところが、『小右記』長和五年（一〇一六）六月十五日条には、

……件五君、故法住寺太相国女也。故兼資朝臣妻也。

とあり、穠子がいつ頃か源兼資の妻となっていたことが分かるのである。彼は、文徳源氏

の流れを汲み、参議・右近衛中将・源惟正の子で、母は従三位・藤原国章の娘であった。彼は名国守として謳われ、特に伊予守を重任した時などは、現地の郡司らの熱望によって三たび同国の守に任じられた。兼資は、三度目の任期中に左馬権頭を兼任し、入洛したらしい。そして長保四年（一〇〇二）の初秋より患い、同年八月六日、四十三歳で卒去したのであった。行成の伝えるところによると、彼には息子がなく、娘だけが三人いたとのことである[17]。

穠子がどういう因縁で兼資と結ばれ、またいつ彼と結婚したかは委かでない。恐らくそれは兼資が左馬権頭を兼任して上洛した頃、すなわち長保二、三年の頃ではなかったかと思われる。穠子は兼資の子を産まず、若くして後家となったのであろう。

未亡人になった後、穠子がどのように過ごしていたかは不明である。恐らく彼女は鷹司殿に戻り、姉（第三女の方）と一緒に住んでいたのではなかろうか。次ぎに触れるように、穠子は後に道長の妾妻となったが、多分それは、姉の儼子がまだ在世中の長和二、三年のことではなかったかと想定される。

中宮・妍子は、長和二年七月、皇女・禎子、後の陽明門院を産んだ。『栄華物語』（巻第十一『つぼみ花』）には、『こたみは法住寺の大臣の五の君、やがて五の御方とて候ひ給ふ。』と見える。これによると、穠子は出仕を促され、『五の御方』という女房名で禎子内親王に仕えるようになった訳である。出仕の際に、穠子は従五位下に推叙されたらしい。

そして前記のように、長和四年九月二十日に彼女は、姉の儼子と一緒に正五位下に昇叙されたのであった。穠子は皇太后・妍子や禎子内親王と共に暫く一条院にいたが、治安二年（一〇二二）四月、新造の枇杷殿に遷り、そこで皇太后や禎子内親王に仕えるに至ったのである。

治安元年八月、皇太后宮の女房達は、結縁して『法華経』など三十巻を書写した。その時、穠子こと『五の御方』は、この経の序品を、また御匣殿の藤原光子は方便品を写した(18)。これから推すならば、穠子は禎子内親王の筆頭の官女、すなわち『宣旨』であったことが想察されるのである。またこの紺紙金泥の見事に装潢された『法華経』の供養が法成寺で行われた時（九月十日）、『五の御方をはじめ奉り、三十人の女房』が四、五輛の車に乗って法成寺に向ったという(19)。

治安二年四月二十八日、皇太后・妍子や禎子内親王が枇杷殿に遷御した時に、禎子内親王と同車したのは、『五の御方』と『土御門の御匣殿』の二人であった。穠子は、枇杷殿の西の一、二の対に、御匣殿や内親王の乳母たちと一緒に曹司を与えられていた(20)。

これより早く長和五年、穠子の一身には大きな変化があった。大納言（当時）の実資は、次ぎのように記載している(21)。

（四月）二十四日丁酉……摂政《道長》不レ被レ参二賀茂一、依レ有二妊者一、云々。法住寺太相府女懐妊。世号二五君一、故兼資妻也。懐妊後已十六箇月。未レ聞之事也。件五君宦事者也。不レ足レ言。

（六月）十五日丁亥……摂政《道長》不レ被レ参二祇薗一。依二五君懐孕一、云々。懐妊已及二十七八箇月一、云々。世以為レ恠。件五君、故法住寺太相国女也。故兼資朝臣妻也。

右によって窺うと、穠子が妊娠したのは、長和四年一月頃であった。従って穠子は、長和三年末までには、道長の妾となっていた訳である。長和四年九月には、姉の儼子はまだ在世していたから、道長はいとこに当たる姉妹を同時に妾妻としていた訳である。道長は穠子の妊娠を理由に賀茂社や祇園社への参詣を避けたのであったから、穠子の場合も、彼女を公然たる妾妻として遇していたに相違ないのである。

穠子の『懐妊』は、真の妊娠ではなく、想像妊娠ないし腹水病であったのであろう。彼女はこのことで世間の噂に上り、かなり恥ずかしい思いをしたに違いない。しかしその病気も長和五年末には癒え、再び彼女は禎子内親王の側近に仕える身となった次第である。これでも分かるように、道長は、政略上の要となる娘や孫に仕える官女の長に自分の妾妻をおくのを常套手段とする人物であった。と言うよりも、彼は、愛情や情慾からではなく、政略上の布石としての必要から適当な女性を物色し、これを妾妻とする傾向があったのである。

治安二、三年は、穠子にとっては最も栄光にみちた時期ではなかったかと思う。例えば、治安二年七月十四日に法成寺金堂の供養が盛大に営まれた時、彼女は皇太后・妍子と禎子内親王の車に陪乗して枇杷殿から法成寺に向っている。[22] また翌三年四月一日、禎子内親王の御裳着が土御門殿で行われた時、[23] 禔子はやはり皇太后と内親王の唐庇の事に陪乗して枇杷殿から土御門殿に向ったことである。同年十月十三日、倫子の六十の算賀が祝われた時も、禔子は皇太后と内親王の車に陪乗し、枇杷殿から土御門殿に赴いている。[24]

禔子はなんと言っても太政大臣の娘であり、道長の妾妻であった。兄の斉信は、治安三年において五十七歳で、正二位・大納言兼中宮大夫の栄職にあり、権大納言たる公任、行成、頼宗、能信らより上位に坐していた。禔子がどれほどの力倆をもつ女性であったかはともかく、彼女が禎子内親王附の女官長としていたく時めいていたことは、疑いがないのである。禔子の次位にある官女・土御門御匣殿の藤原光子（大蔵卿・正光の娘）は、禔子の同母の兄弟で、権中納言兼左兵衛督・検非違使別当・春宮権大夫の公信（時に四十七歳で従二位）の妻であり、二男一女の母であった。[25] その点でも、禔子は、居心地のよい環境に恵まれていた訳である。

しかしながら治安三年十月十三日を最後として、禔子はあらゆる文献から消息を絶っているのである。万寿年間には枇杷殿では色々な行事が催されたし、また万寿四年（一〇二七）三月における禎子内親王の入内の次第は詳しく『栄華物語』（巻第二十九『玉のかざり』）に書きとどめられている。これらの場合、最先に登場する筈の『五の御方』こと禔子が全く姿を消しているのは、万寿初年に彼女が病歿したことを示唆しているのである。

実際、『左経記』の万寿二年（一〇二五）七月二十二日条に、

近来天下道俗男女、不レ論二老少一悩二赤裳瘡一之由、云々。仍所《大般若会》被行也。

と見えている通り、この年における赤瘡の流行は凄まじいものがあり、多数の病歿者の名が記録されている。恐らく穠子は、この疫病のために万寿二年に逝去したのではあるまいか。もし彼女が公信より三つ齢下であったと仮定すれば、その享年は四十六歳と算定されるのである。

為光を父として生まれた五人の姫君達は、互に優劣はあっても、ともに美しい女性であった。麗質をもって名門に生を享けたため、五人の娘達の前途には予想できないような運命が横たわっていた。天皇の愛を一身にあつめながらみまかり、歿後も追慕された忯子は、中で最も幸福であったかも知れない。ともかく政界を吹くさまざまな風に弄ばれ、彼女らは思いもかけぬような波瀾を政治史の上に惹き起こしたのであったが、これら五人の姉妹が享受した運命を個々に辿ってみることは、藤原時代史の研究に意義なしとしないのである。

註

（1）『小右記』寛和元年六月三日条。なお、『続古事談』（第二）によると、『一条摂政ハ、ミメイミジク

ヨクオハシケリ。』という。伊尹の娘も、父の血をひいて相当な美人であったのであろう。

（2）『中古歌仙三十六人伝』。但し、『二十一代集才子伝』は、道信を第四子としている。

（3）『権記』長保三年閏十二月十五日条。

（4）岩野祐吉『紫式部日記人物考』（新潟市、昭和二十七年）、一二一～一二三頁。

（5）『勅撰作者部類』。

（6）『公卿補任』万寿三年条。

（7）『小右記』万寿四年四月十五日条、『栄華物語』巻第二十七『衣の珠』。

（8）これは、寛弘七年に歿した伊尹の第五女のことであろうか。『権記』寛弘七年六月十八、十九両日条、参照。『大鏡』（第三巻、伊尹伝）には、『つぎつぎの女君二人は、法住寺の大臣の北の方にて、うちつづきうせさせ給ひにき。』と見える。これからすると、それは伊尹の第五女ではなく、第三女であり、彼女は良光を産んだ時（天元五年）に歿したのではないかと推測される。

（9）『尊卑分脈』第一編、伊尹公孫。

（10）『権記』長保四年二月三日条。

（11）『御堂関白記』寛弘四年二月九日条には、伊成が左兵衛佐であった由がみえる。伊成は、寛弘の末年に早世したようである。

（12）『小右記』永観二年十月二十八日条。

（13）『小右記』、『日本紀略』同年十一月七日条、『二代要記』丁午。

（14）『小右記』、『日本紀略』寛和元年七月十八日条、『大鏡裏書』第三巻55。

（15）なお、『扶桑略記』第二十七、寛和二年六月二十二日条、参照。

（16）『栄華物語』巻第四『見果てぬ夢』、『扶桑略記』第二十七、永延二年三月二十六日条、参照。

(17) 以上、『権記』長保四年八月六日条に拠る。なお、『栄華物語』巻第五『浦々のわかれ』、『尊卑分脈』第三編、文徳源氏、参照。
(18) 『栄華物語』巻第十六『本のしづく』。
(19) 同右。
(20) 同右。
(21) 『小右記』長和五年四月二十四日、同年六月十五日両条。
(22) 『栄華物語』巻第十七『音楽』。
(23) 同右、巻第十九『御裳着』。
(24) 同右、巻第二十『御賀』。
(25) 同右、巻第二十七『衣の珠』。

大春日兼平

一

大春日《おおかすがの》兼平は山城国の人で、天暦元年（九四七）に生まれた。長徳二年（九九六）、五十歳の時に彼は平安京において強盗を働き、検非違使に逮捕され、左獄に拘置された。以下は、大春日兼平を筆頭とする強盗や窃盗犯人の氏名と贓品を示す史料である。[1]

可着鈦左右獄囚贓物事
合弐拾参人
　強盗十九人　窃盗四人
左十一人
大春日兼平 年五十山城国人　強盗
　贓物七種　直銭七百卅文
准贓布六反四丈 流　弓一張 直卅文

胡簶一腰 直五十文　抜〈出(一本)〉手綿一領 直卅文
麦五斗 直二百五十文　麻布二反 直百五十文
手作布三丈五尺 直二百五十文
用紙五十帖 直五十文
岩松 年卅八 讃岐国人　強盗
贓物四種　直銭四貫二百文
准贓布廿〈卅イサ〉二反二丈 十四反流
絹二疋 直四貫文　菊色単衣一領 直五十文
白単衣一領 直五十文　麦二斗 直百文
清原延平 年廿五 山城国人　強盗
贓物二種　直銭五貫二百文
准贓布卅一反三丈六尺四寸 十反流
白布帯一腰 直『三貫』(五十一)文
銀銚子一口 直二貫二百文
藤井国成 年卅七 大和国人　強盗
贓物三種　直銭七貫五百文
准贓布六十反一丈三尺三寸 十四反三丈流

銀造太刀一腰 直五貫文　馬一疋 直・《一サ》貫五百文

米一石 直一貫文

田辺延正 年卅左京人　強盗

贓物漆種　直銭七十六貫三百文

准贓布六百十三反二丈 十四反三丈流

絹百卅七疋 直卅七貫文　綾七疋 直廿八貫文

直垂一領 直三貫文　掛十一領 直五貫五百文

胡簶三腰箭 直一貫五百文　黒作太刀一腰 直五百文

手作布二反 直八百文

伯耆諸吉 年廿七大和国人　強盗

贓物五種　直銭卅七貫五百文

准贓布三百十二反一丈二尺 十四反二尺流

絹十二疋 直十二貫文　手作布廿端 直八百文

信濃布十反 直二貫文　銀造打出太刀一腰 直十五貫文

黒作太刀一腰 直五百文

津守秋方 年卅山城国人　強盗

贓物一種　釜一口 直銭百文

准贓布四丈二尺三寸 徒四年

能登観童丸 年卅山城国人 窃盗

贓物一種 直銭十貫文

准贓八十反一丈五尺 五十反加役流

銀仏一体

大神福童丸 年々々々々 窃盗

贓物四種 直銭十五貫七百文

准贓布百廿五反五尺 加役流

白掛一領 直七百文 蒔絵櫛筥二合 直十貫文

紫檀念珠一連 直三貫文 綿五屯 直三百文

菅野並重 年々々々 強盗贓露験

贓物参種 直銭十二貫五百文

准贓布百九十反三丈 馬二疋 直二貫文

銀造太刀一腰 直十貫文 胡籙一腰 直五百文

紀重春 年々々々 強盗贓露験

贓物一種 直銭二貫文

准贓布十六反三尺 十四反三丈流 絹二疋

右十二人
星河清澄年々々々　強盗
物部宮時年々々々　強盗露験
贓物弐種　直銭五貫五百文
准贓布卅〔卅イ〕四反九尺十三反九尺流
米五石　籾一石
伊勢利永年々々々　強盗
贓物三種　直銭七貫二百文
准贓布五十八反二丈五寸十四反尺五寸流
蘇芳染褂一領直七百文　黒作太刀二腰直六百文
朱漆鞍骨一口直五百文
林枝重年々々々　強盗
贓物弐種　直銭八百文
准贓布六反三丈二尺流
菊色褂一領直七百文　四寸鏡一面直百文
紀清忠年々々々　強盗
贓物弐種　直銭一貫五百文

准贓布十二反二丈六尺

絹二丈五尺 直九百文　手作布二反 直六百文

美努福安 年々々々　強盗贓露験

贓物弐種　直銭三貫九百文

准贓布卅一反一丈八尺 十四反一丈八尺流

馬一疋 直七百文　牛四頭 三貫二百文各八百文

多治比吉助 年々々々

贓物一種　直銭百文

准贓布四丈二尺三寸　麦二斗

秦吉信 年々々々　窃盗

贓物二種　直銭一貫二百文

准贓布九反五尺 徒一年　馬一疋 直七百文

牛一頭 直五百文

石城《いわき》吉童丸 年々々々　窃盗

贓物二種　直銭十一貫八百文

准贓布九十反五尺 流

銀仏二躰 直十貫文　打敷十八枚 直一貫八百文

三島重遠年々々々　強盗贓露験
贓物二種　直銭十三貫文
准贓布百廿（卅カ）五反十四反九尺流
馬三疋直三貫文　麻布一百卅反直十貫文
秦乙犬丸年々々々　強盗
贓物弐種　直銭二貫文
准贓十七反一丈六反一尺流
馬一疋直一貫文　牛一頭直一貫文
広井忠助年々々々　強盗贓露験
贓物二種　直銭七百文
准贓布六反七尺流　馬一疋直六百文
稲二束代銭百文
以前、今月十九日可着鈦左右獄囚贓物、勘申如件。
長徳二年十二月十七日
右衛門府生飛鳥部好兼
美努伊遠
少志朝原善理

大志伴 忠信
権少尉安 茂乗
平 倫範
大尉藤原 慶家
防鴨《ぼうが》河《の》主典左衛門府生西《茜》 忠宗
少志錦 為信
権大尉藤原 忠親
大尉藤原 季雅

着鈦勘文第二

勘申可着鈦左右獄囚事 右志伴忠信成之、実左惟宗充亮草之、
合弐拾参
強盗拾玖人
玖盗肆人
左
強盗玖人
大春日兼平 年々 々々
贓物漆種 准贓布陸端肆丈

岩松 年々々々
贓物肆種　准贓布拾肆反
清原延平 年々々々
贓物弐種　准贓布拾壱反
藤井国成 年々々々
贓物参種　准贓布拾肆反参丈
田辺延正 年々々々
贓物漆種　准贓布拾肆反参丈
伯耆諸吉 年々々々
贓物五種　准贓布拾肆反壱丈弐尺
右陸人強盗之犯承伏已畢。検賊盗律云、強盗一尺徒三年、二反加一等十五反絞。刑部格云、犯盗之人配徒之輩、宜犯徒一年者加半年、犯二年三年者各加一年。若犯三流者各役六年。獄令云、流徒罪居作者、着鈦若盤枷不得著巾。判事式云。平臓布者、長五丈二尺、広二尺四寸為一反者。推彼贓布数、不満十五反、准犯依律已及流刑。今任刑配徒、早応役六年。
菅野並重 年々々々
贓物参種　准贓布拾肆反弐丈壱尺

紀重春年々々々

贓物壱種　准贓布拾肆反参丈

右弐人強盗之犯、雖不承伏、直贓之物已以顕露也。検断獄律云、応訊囚者、必先以情審察詞理、反覆参験。若贓状露験、理不可疑、雖不承引、即拠状断之者。計贓断罪具見上条。仍以所得之物、亦論所当之科、依格加罪徒役六年。

津守秋方年

贓物壱種　准贓布肆丈二尺参寸　右壱人強盗之犯、承伏已畢。検賊盗律云、強盗一尺徒三年、二尺加一等者。今准贓布不満一反。拠律条当徒三年、依格加一年、応役四年。

窃盗弐人

能登観童丸年

贓物壱種　准贓布捌拾反壱丈伍尺

大神福童丸年

贓物肆種　准贓布佰弐拾伍反伍尺。

右弐人窃盗之犯、承伏已畢。検賊盗律云、窃盗一尺杖六十、一反加一等、五《ママ》反徒一年、五反加一等、十五反加役流。名例律云、本条称加役流者、配遠所役三年者。准計贓布過五十反。依律言之、雖当加役流、依格論之、応処役六年。

右拾弐人

強盗拾人

星河清澄年

物部宮時年

贓物弐種　准贓布拾参反玖尺

右弐人同謀強盗、共成其犯。爰清澄早以承伏、専無所避。宮時雖不承伏、已有見贓。科断之、法章条存上。但賊盗律云、共盗者併贓。共強盗者、罪無首従者。今推贓布数不満十五反。清澄等犯得分雖異、是及流刑、上件二人応役六年。伊勢利

永年

贓物参種　准贓布拾肆反弐丈伍尺

林枝重年

贓物弐種　准贓布陸反参丈弐尺

紀清忠年

贓物　准贓布拾弐反弐丈陸尺

秦乙犬丸年

贓物弐種　准贓布陸反壱尺

右肆人強盗之犯、承伏已畢。計贓布之数不及十五反。依律論罪、共是及流、随格

役六年。

美努福安年

　贓物弐種　准贓布拾肆反壱丈捌尺

三島重遠年

　贓物弐種　准贓布拾肆反玖尺

広井忠助年

　贓物弐種　准贓布陸反漆尺

右参人強盗之犯、雖不承伏、見贓之数、亦及三流徒役之限。各以六年。

多治比吉助

　贓物壱種　准贓布肆丈弐尺参寸

右壱人強盗之犯、承伏畢。贓布之数、不満一反。准拠格律、応役四年。

窃盗弐人

秦吉信年

　贓物弐種　准贓布玖反伍尺

右壱人窃盗之犯、承伏已畢。所取之贓当徒一年。即依格旨役一年半。

石城吉童丸年

　贓物弐種　准贓布玖拾反伍尺

右壱人窃盗之犯、承伏已畢。計其贓布、過伍拾反。同前律、当加役流。更任格旨
徒役六年。
以前、今月十九日可着鈦左右獄囚、勘申如件。
長徳二年十二月十七日
右衛門府生飛鳥部好兼
美努伊遠
少志朝原善理
大志伴忠信
権少尉安茂乗
平倫範
大尉藤原慶家
防鴨河主典左衛門府生茜忠宗
少志錦為信
権大尉藤原忠親
大尉藤原季雅

二

言うまでもなく前掲二通の文書は、検非違使庁が着鈦政《ちゃくだのまつりごと》を前にしてあらかじめ刑部省に提出した所謂『着鈦勘文《かもん》』である。検非違使庁はまず第一の勘文を草し、ついで同じ盗犯たちの刑量とその根拠を述べた第二の勘文を作成し、これを第一のそれに添えて提出したのである。尤も、『西宮記』（巻二十一）には二通の勘文が連記されているため、第一の勘文の方は、百五行以下が省略されている。しかし百六〜百十七行は、第二の勘文によって正しく補うことができるのである。

第二の勘文の日附の前には、『以前、今月十九日可着鈦左右獄囚、勘申如件。』と見えるから、第一の勘文の百五行は前掲の通り復原されるのである。なお、十二月十九日に着鈦政が行われた事実は、『西宮記』（巻二十一）に引く『宗阿記』から知られるのである。

勘文の末尾に署名した検非違使の官や氏名は、『小右記』や『権記』などに散見するものとよく合致しており、その点でもこの勘文の信憑性は揺がないのである。但し、これは公文書であるから、原本には位階と姓が記されたように思われようが、三条家本『北山抄』の裏文書などから推察すると、原本にも位階と姓は省略されていたと見るのが正しいであろう。

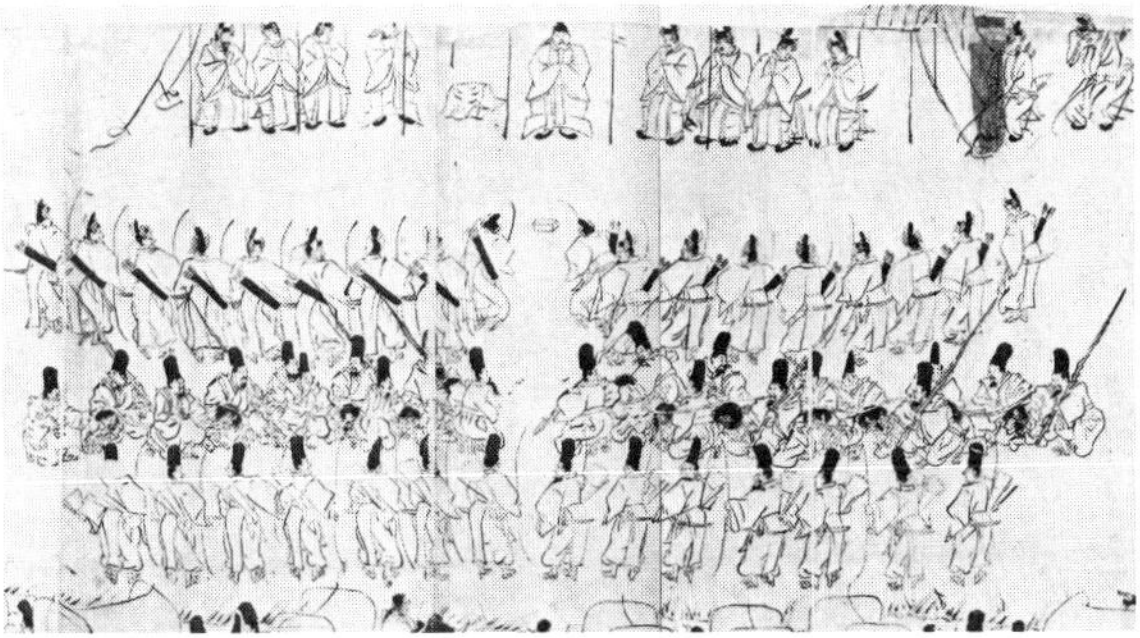

第４図　着鈦政《年中行事絵巻》より

当時の検非違使別当は、権中納言兼右衛門督の藤原実資であった。『小右記』のこの時分のことを取り扱った記載に検非違使関係の記事が多いのは、彼がその別当であったためである。彼は長徳二年（九九六）七月二十日、中納言に昇進し、九月九日と十八日に督と別当の任を退きたい旨の辞表を提出した。九月十九日、彼の二度目の辞表は聴許され、代わって参議の藤原公任が右衛門督兼使別当に任命されたのであった②。

諸般の史料から推測すると、その頃、検非違使庁の業務の中心となっていたのは、左衛門権佐の惟宗朝臣允亮《まさすけ》であったらしい。内大臣の伊周や権中納言・隆家らの左遷事件の際に別当の命によって、検非違使を指揮したのも允亮であったが、もともと彼は明法家の出であって、律に詳しかった。第二の勘文の如きも、形の上では大志の伴忠信が起案したこととなっているけれども③、実はこの允亮が起草したことは、勘文の初めに『勘申可着鈦左右獄囚事 右志伴忠信成レ之、実左惟宗允亮草レ之。』と註記されている通りである。また左に掲げる『別当宣』(4) は、公任の名で出されているとは言うものの、現実には允亮によって起案されたものであることは、殆ど疑いがないのである。

別当宣《セラレテ》　偁《ク》。依《リテ》二盗窃之犯《ニ》一入《ル》二徒役《ニ》一之輩《ハ》、貞観以往《ハ》、移《シ》二刑部省《ニ》一、任《セテ》レ法《ニ》断定《セリ》。乃《チ》是《レ》先《ニ》定《メ》二罪名《ヲ》一、次《イデ》及《ビシ》二決配《ニ》一者也。爰《ニ》貞観以後、別当直《ニ》着鈦《シテ》配《ス》二役所《ニ》一。須《ラク》下条《ヨッテ》二犯状《ニ》一同《ヒトシク》存《ス》中(衍字)恒規《ヲ》上。而《ルヲ》頃年至《リテハ》二于着鈦之日《ニ》一、只注《シ》二服弁之由《ヲ》一、雖《モ》レ顕《スト》二本贓《ヲ》一、无《シ》レ指《スコト》二役限《ヲ》一。臨《ミ》二于役限畢之期《ニ》一、欲《スル》レ従《ハント》二原免《ニ》一之時《ハ》、追《サカノボッテ》准《ズ》二彼《ノ》贓《ニ》一。更《ニ》明《ニスルハ》二其《ノ》限《ヲ》一、非《ズ》三只招《クノミニ》二先後倒錯之謗《リヲ》一、兼《ネテ》亦致《サン》二憲法《ニ》乖謬《スル》之咎《ヲ》一。縦《ヒ》有《ルモ》二行来一何《ゾ》无《カラン》二改張一。自《リ》レ今以後、全《ク》守《リテ》二朝章《ヲ》一着鈦之前《ニ》、慥《カニ》注《シ》二犯贓徒年之数《ヲ》一、原免之処《ハ》、偏《ニ》載《セヨ》二限満役畢之状《ヲ》一。然《ラバ》則《チ》長尽《シ》二一孔之理《ヲ》一、将《ニ》叶《ハン》二三典之義《ニ》一者《ヘリ》。

長徳二年十一月十六日　左衛門権佐惟宗朝臣允亮奉

この『別当宣』の日附は『政事要略』(巻第八十一) では長徳三年とされているが、それが長徳二年の誤りであることは、上掲の勘文二通が明らかに証示しているし、また『西宮記』(巻二十一) 所引の『宗阿記』に、

長徳二年 (九九六) 十二月十九日、着鈦政、云々。着鈦勘文、此度《ノ》新《ニ》下《シテ》二別当宣旨《ヲ》一、断罪《ヲ》令《メラル》二勘申《ヘセ》一。志忠信奉仕《スルモ》、余草《セリ》レ之《ヲ》。自《リ》今以後、如《ク》レ此《クノ》可《シ》レ勘《フ》レ之《レヲ》。

とある記事によって明白である。第二の『勘文』に、『右志伴忠信成レ之、実左惟宗允亮草

レ之。』とある事情も、ここに掲げた允亮の手記によって明らかとなるのである。公任が下した右の『別当宣』の趣旨は、洵に尤もな次第であって、役期や断罪の法的根拠が明示されていないと、一々贓品に遡って役期を調べねばならないし、また徒刑が満期になったのを気づかないで過ごす場合もあり得るわけである。

この『別当宣』が実施されたことは、允亮の手記（『宗阿記』）からも分かるし、また例えば、寛和二年（九八六）五月十七日附の『着鈦勘文』[5]と長徳二年の前掲『勘文』とを比較してみれば、自ら明瞭となって来るのである。

その頃、盗犯や私鋳銭犯に罪を宣告し、着枷をはめる所謂『着鈦政』は、毎年五月および十二月に適当な日を選んで、衛門佐の臨場のもとに東市（左京七条二坊）（今の西本願寺とその付近）で行われていた。長徳二年（九九六）十二月十七日附の『勘文』二通は、十九日の着鈦政を前にあらかじめ刑部省に提出された公文書である。刑部省の判事は、この『勘文』を検討した結果、律の適用が正当であると認めたので、十二月十九日の着鈦政は、予定通り行われたのである。

三

さて、大春日兼平がいつ、そしてどこで強盗を働いたかは不明である。ともかく彼は、強盗という罪科により長徳二年五月から十二月までの間に逮捕されたのである。時に彼は齢五十歳であった。よい齢をして何故彼が強盗になったのか、また彼がいかなる履歴をもち、かつなにが彼を強盗にまで追いやったかなどの理由は、最早今日では知るべくもないのである。

兼平は、京に本貫をもたなかったから、同じ大春日朝臣とは言ってもその主流ではなく、支流に属していたと認められる。大春日朝臣や春日臣は、皇別の出とされ[6]、奈良時代には中級貴族としてかなり知られた氏であった。平安時代になると、主流に属する氏人たちは、暦学や文章道の方面で頭角を現し、ともかく中級貴族の地位を維持していた。現に道長が長徳四年の日記に利用した『具注暦』なども、長徳三年十一月に『正六位上行暦博士大春日朝臣栄種』が賀茂朝臣光栄と共に勘進したものであった。

貴族の出である兼平が強盗に堕ちたのは異様に思われぬでもないが、貴族の出ではあっても兼平の一家は生活苦に悩んでいた可能性が多いし、またこの時分には、それ以外の理由から強盗を働くような名門出の人びとも稀ではなかった。長徳元年七月二十三日に逮捕された強盗たちの中には、藤原時教がいた[7]。彼は、故伊勢守・藤原奉高の息子であり、従三位・治部卿藤原季平の甥に当たっていたが[8]、その動機は生活苦であったとは認め難いのである。最も著名なのは、『強盗張本、本朝第一武略、蒙追討宣旨事十五度、』と書かれた藤原保輔であった[9]。彼の父・右京大夫の致忠は、閑院を所有していたほど富裕な人物であった。保輔の場合などは、摂関家の栄華に対する反抗という気持があったのではないかと思われる。

長徳三年四月二十四日の夜、中納言・平惟仲の邸宅と、右少弁・藤原朝経（故大納言・朝光の子）の閑院とは群盗に襲われた。閑院に侵入した群盗は、女房たちから衣裳を剝ぎ取るといった暴挙をあえてした。群盗の頭目が誰であったかは記されていない。実資は、『近日、強盗貴処を憚らず。末代と謂ふべし。(10)』と概歎しているが、その動機には、単なる生活苦以外のものがあったのではないかと疑われるのである。

長徳二年というのは、決して安穏な年ではなかった。正暦五年（九九四）から翌長徳元年にかけて未曾有に近い猛威を振った疱瘡の禍は一応納まったけれども、政界は伊周や隆家の左遷を巡って騒然としており、民政への配慮どころではなかった。閏七月における賀茂河の氾濫は、京の東の部分に類のない水害をもたらした。(11)その不安定な状態は、『今年、米穀高貴す。冬に至りて頻りに火あり。(12)』と述べられた通りであった。

こうした情勢下において、強盗の出没が激しくなるのは、当然であった。そして政府への不信や反抗心が名門の子弟をすら強盗に追いやったことは、推察に苦しまぬところである。大春日兼平が強盗を働いた動機はともかく、彼は放免らによって逮捕され、訊問された結果、次ぎの品目を盗んだことを承服したのである。

(1)弓　一張	三十文	(5)麻布　二反	百五十文

(2)胡簶　一腰　五十文
(3)抜出綿　一領　三十文
(4)麦　五斗　二百五十文
(6)手作布　三丈五尺　二百五十文
(7)用紙　五十帖　五十文
合計直銭八百十文

但し、『勘文』には、『直銭七百三十文』とあって、計算が合わない。恐らく、原本には、『手作布三文五百直百七十文』とあったのであろう。

そこで着鈦政の際に大春日兼平に下された刑量であるが、彼の贓品は布に換算すると、六反四丈に当たっている。『賊盗律』によると、強盗はなにも盗まなくても徒二年、盗品を布に換算して一尺あれば徒三年、一端を加える毎に一等（徒一年）を加え、また盗品が十五端以上の者や人を傷つけた者は絞、強盗にはいって人を殺した者は斬に処せられる。兼平の場合は、六反四丈であるから、徒九年となる。しかし盗犯の場合には、『刑部格』による特例が適用され、一年が加えられるから、結局彼は徒十年である。但し、強盗については、六端一尺から十四端五丈一尺九寸までは遠流に処せられるばかりでなく、普通の三流（近流、中流、遠流）に処せられた者が一年役されるに対し、六年間役に服する定めである。従って兼平は、遠流・役六年という判決を蒙ったに相違ないのである。

遠流の配所と定められていたのは、常陸、安房、佐渡、土佐、伊豆、隠岐の六国であり、[13]流人は『流人官符』により毎季末に配所に領送される。[14]兼平は長徳三年（九九七）の三月末に配所（恐らく伊豆国）に送られ、そこで鈦（あしかせ）または盤枷（首かせの板）をつけたまま役に服することになったと推量される。無論、流人は役が終わっても、本貫に帰ることが許されず（恩赦、特赦の場合は別である）、配所の籍に編入し、そこに永住することを強制されるのである。

以上は法に照らして想定した兼平の運命であるが、果たして実際にそう運ばれたかどうかは、これまた別個の問題である。例えば、長徳三年二月二十二日には、右獄の着鈦囚三人が逃亡している[15]。兼平は左獄に投じられていたから、逃亡はしなかったと思われる。けれども『小右記』長徳二年六月十三日条に、

壬午。東獄（左獄）の門前（東門）に井を掘らしむ。夫の食は家より宛て給ふ。年来、囚徒飲水すること難し、仍つてたとひ掘るとも、渇死する囚、衆からむ。実に哀憐すべし。

とあるように、獄内における囚人の待遇は、飲料水すら充分に与えないほど残酷なものであった。

その年の六月七日、右衛門権佐・源朝臣孝道以下の検非違使の官人らは、勅命によって左右二獄に赴いて囚人を実検するところがあった。その時の報告によると、両獄の囚人のうち十二人は衰弱して命が旦夕に迫っていたという[16]。そこで中でも衰弱の著しい六名の囚人が仮釈放されたが、瀕死の身で獄外に出されたこれらの人びとは、その後どうなったことであろうか。

その頃、出雲権守に左遷された隆家に連坐した官人六名も獄に投じられ、飢餓に苦しんでいた。六月八日には勅命によって彼らも仮釈放されたが、彼らは『地に伏して涙を流し、敢て言ふ能はず[17]』という有様であったと伝えられている。

ともかく当時の獄囚における待遇は、労役よりも寧ろ飢餓と渇悶の面で苛酷であった。年が改まって五十一歳となった兼平がどれほどこの言語を絶した飢えと渇きに堪え得たかは疑問である。その点では、一日も早く配所に赴きたかったであろうが、兼平が領送される前に獄死した公算は、必ずしも少しとはしないのである。

四

現代では、強盗の裁判に贓品の量はさほど問題になっていない。しかし『唐律』や『大宝律』では、刑量の決定に贓品の量が大いに影響したのであった。そこで種々雑多な贓品の量を客観的に計る方法が必要となって来る。このために案出されたのは、個々の贓品の銭による価格を出し、それを更に布に換算する遣り方であった。この布は、普通の麻布であり、『判事式』によって長さ五丈二尺、幅二尺四寸が一端(反)と定められていたのである。

ここで興味深く覚えるのは、長徳二年ごろ、検非違使が様々な品物の値段をどのように評価していたかということである。次に掲げたのは、初めに掲げた『勘文』から作成した公定価格表であるが、(18)これは一々みて行くとなかなかに興味の深いものである。

勿論、この表は、長徳二年十二月の物価をそのまま表したものではないはずである。基本的に言ってそれは公定の評価であるし、また初めに述べたように、米価はこの頃頗る騰貴していたからである。実のところ上掲の表は、所謂『寛和沽価官符』によったものと認められる。従ってそれは長徳二年現在ではなく、それより十年遡った寛和二年(19)（九八六）

品名	単位	価格
弓	1張	30文
胡籙	1腰	50～500文
黒作太刀	1腰	300～500文
銀造太刀	1腰	5,000～10,000文
銀造打出太刀	1腰	15,000文
朱塗鞍骨	1口	500文
稲	1束	50文
糄	1斗	50文
米	1斗	100文
麦	1斗	50文
綿	1屯	60文
打出綿	1領	30文
絹(1)	1疋	1,000～2,000文
絹(2)	1丈	360文
綾	1疋	4,000文
麻布	1反	75文
信濃布	1反	200文
白布帯	1腰	3,000文
直垂	1領	3,000文
白単衣	1領	50文
菊色単衣	1領	50文
掛	1領	500文
白掛	1領	700文
菊色掛	1領	700文
蘇芳染掛	1領	700文
用紙	1帖	1文
銀仏	1体	5,000～10,000文
打敷	1枚	100文
紫檀念珠	1連	3,000文
鏡（径四寸）	1面	100文
蒔絵櫛筥	1合	5,000文
銀銚子	1口	2,200文
釜	1口	100文
牛	1頭	500～1,000文
馬	1疋	600～1,500文

表一　盗品価格評定表

頃の公定的な物価表とみなされるのである。

凡そ当時の勘文が盗犯の刑量を判定するために、銭と布を用いたことは非常に適切な方法であった。誰しもが思いつくのは、米や麦に換算することであろうが、米や麦の価格はその時分においても変動が著しく、この目的のための基準とするには不適当であった。とは言え、この方法がとられていたからといって当時、銭貨が流通していたと看做すのは早計な判断と言わねばならない。

長徳二年は、寛和二年（九八六）より相距たること僅か十年に過ぎないけれども、その間において国民経済にはかなり大きな変動が起こったのである。寛和二年五月十七日附の『着鈦勘文』[20]をみると、列記された盗犯には銭を盗んだ者が少からずいることが認められる。ところが、長徳二年の『勘文』では、銭をとった強盗などは一人もいないのである。それは、強盗にはいっても、どの家にも銭がなかったのか、或いは銭など盗んでもなんの役にも立たなかったかのいずれかを雄弁に物語っているのである。

ここに至って思い泛かぶのは、『本朝世紀』（第十）の寛和二年六月条に見える左の史料である。

十六日癸丑。天晴れ。政なし。午後、左大臣《源雅信》、右大臣《藤原兼家》、中納言藤原文範卿、権中納言源保光卿、参議左大弁大江斉光卿、源伊陟卿、左の仗座に参着す。今日、臨時の奉幣幷びに諸陵使等を遣し奉るべき事を定めらる。是れ則ち、去年九月中より今に至るまで、一切の世俗銭を用ゐず、交関の間通ぜず、人民嗟歎せざるはなし。茲れに因りて、件の銭を例の如く用ゐせしめんがために、神明に祈禱さるべきなり。（下略）

しかしこれは、突然に起こった現象とはなし難いのであって、『日本紀略』の永観二年（九八四）の十一月条には、次ぎのような史料を見出すことができるのである。

○六日壬子。近来、世間銭を嫌ふこと尤も甚し。たまたま取る所の銭は、二寸半と号《ママ》《な》づく。銅銭の原直なり。また塩の直は、一籠一貫六、七百文、升別に五、六十文なり。童謡あり。……○二十八日甲戌。直物あり。また破銭を嫌ひ、幷びに格後の庄園を停止することを定めらる。

結局、辛うじて貨幣経済が行われていた京師においても、十世紀の八十年代にかなり急速に貨幣の流通の停止したことが知られるのである。

いまここで貨幣経済の停止の問題を論ずる余裕はないが、執政たちがこの経済的動向を是正・復帰さすためには奉幣使の派遣くらいしか考えられなかったというのは、思えば情ないことであった。

いずれにしても長徳年間には、貨幣の流通は完全に停止していたのである。強盗が銭の貯えられていない民家に押し入っても銭は取れないし、また流通しない銭は粗悪な使い道のない銅塊に過ぎず、強盗にとってそれは全く魅力のない存在であった。寛和二年と長徳二年の『着鈦勘文』は、貨幣経済の末路を徴証する上でも、貴重な史料とされるのである。

註

（1）『西宮記』巻二十一、所収。
（2）『小右記』長徳二年九月九日、同月十八日、同月十九日諸条。
（3）伴忠信は、長徳二年四月七日、検非違使に任命されたばかりで、庁務の経験は浅かった。『小右記』同日条、参照。
（4）『西宮記』巻二十一、『政事要略』巻第八十一、所収。
（5）『西宮記』巻二十一、所収。
（6）『新撰姓氏録』左京皇別、下。
（7）『小右記』長徳元年七月二十四日条。
（8）『尊卑分脈』第二編、長良卿孫。
（9）角田文衛『承香殿の女御』（東京、昭和三十八年）、三四〜三五頁。
（10）『小右記』長徳三年四月二十五日条。
（11）『日本紀略』長徳二年閏七月十日条。
（12）同右、長徳二年、今年条。
（13）『清獬眼抄』凶事、『拾芥抄』下、第十八。
（14）『獄令義解』、『延喜刑部式』、延喜二十年十月二日附『宣旨』（『政事要略』巻第八十一、所収）等々、参照。
（15）『小右記』長徳三年二月二十二日条。
（16）同右、長徳二年六月七日条。
（17）同右、同年同月八日条。

(18) 自家で織った『手作布』の価格は、品質が雑多であるため、個々について価格の開きが大きい。それでこの表では省略してある。
(19) 『日本紀略』寛和二年三月二十九日条、参照。
(20) 註(5)、参照。

紫式部――その生涯と遺薫――

一

今から千年ばかり前の日本に、世界史上奇蹟ともいうべき時代があった。それは、十世紀から十一世紀にかけて、平安京―現在の京都―を舞台とし、多数の女流文学者が雲のように輩出し、互に妍を競った時代のことである。歌人の小野小町や伊勢をさきがけとして現れたあまたの女流文学者たちによって生み出された平安文学は、和歌、日記、随想、長編から短編にいたる、さまざまな物語を主な分野としていたが、それらは原典、現代語訳、飜訳を通じて、日本人ばかりでなく、諸外国の知識人の間でも広く読み親しまれ、現代人の心の糧となっている。

これら勝れた流麗艶美な作品を遺した数多くの才媛たちの中にあって、一段と強い光彩を放っているのは、『源氏物語』の作者・紫式部である。実に紫式部こそは、これらの才媛たちが作る広大な裾野の上に聳えたつ巨峯のような存在であって、平安文学は勿論、日本文学を代表する作家として、海外でも遍く知られている。彼女がユネスコ本部によって、日本人として最初に『世界の偉人』に選出されたのは、全く当然のことといえよう。

耀かしい平安文学を育てあげた平安京は、現在の京都市の前身であって、今から約千百八十年前（延暦十三年）、桓武天皇が日本の新しい首都、すなわち『平安楽土の都』とするため、非常な決意をもって設計・造営せしめられたものである。

平安京は、条坊制という碁盤の目のようなプランをもって賀茂川の西に営まれ、南北五三一二メートル、東西四五六九メートルの整然と規格された大都市であって、盛時においては人口も二十万を越え、世界五大都市のひとつをなしていた。

内裏（皇居）や多数の役所をうちに含んでいる大内裏（宮城）は、都の北部中央に南面して営まれ、その正門たる朱雀門から朱雀大路と呼ばれる幅八五メートルに及ぶ堂々たる大路が真南に走り、それが都の南端、すなわち九条大路と交叉するところには見事な羅城門が建てられていた。説話や謡曲で有名なこの羅城門は、後には訛って羅生門と謂われたが、これは都の玄関にあたる大きな門であった。

平安京は、その中央を南北に通ずる朱雀大路によって、左京（東京）と右京（西京）とに区分されていた。左京の東端、右京の西端を走る幅三〇メートルの大路は、それぞれ東および西の京極大路と呼ばれていた。右京のうちでも、三条大路から七条大路までの区域は、京都盆地の地下水が地表に湧き出るため、不健康な湿地をなし、住宅地としては敬遠され、十世紀頃には、大部分が水田や芹田と化していたようである。

都としての平安京の特徴は、自然条件については、三方が美しい山に取り囲まれ、南は広く開け、淀川の舟運によって難波（大坂）との連絡も便利であったことである。政治や軍事の上からみると、平安京の特色は、羅城門はあっても、羅城—都を護る周囲の城壁—は全く存しないこと、都の内にも外にも、強力な軍隊が配備されていなかったことに求められる。大内裏（宮城）や内裏（皇居）も、ただ築垣を廻らしただけであったし、警備も厳重ではなかった。

大内裏は、南北一三九〇メートル、東西一一九〇メートルに及ぶ矩形の境域を占めており、その中に朝堂院（八省院）、豊楽院、内裏を初めとして、太政官庁（内閣）、大蔵省、兵部省、宮内省以下の役所の建物が整然と配置されていた。朝堂院は、最も重要な建物であって、元旦の拝賀、即位、外国使節の謁見など、国家的に重要な儀式は、すべてここで行われた。朝堂院の正殿は大極殿であったが、それは甍高く聳える豪壮な建物であって、大内裏、ひいては平安京の象徴でもあった。

天皇や后妃（后、女御、更衣）の御所である内裏は、朝堂院の東北に位置しており、その正殿を紫宸殿、正門を建礼門といった。紫宸殿の西や北手には、これに接続して清涼殿（天皇の居所）、承香殿、弘徽殿、藤壺、桐壺など、平安文学でなじみの深い殿舎が設けられており、それらを一括した内裏が平安文学の主な舞台であった。

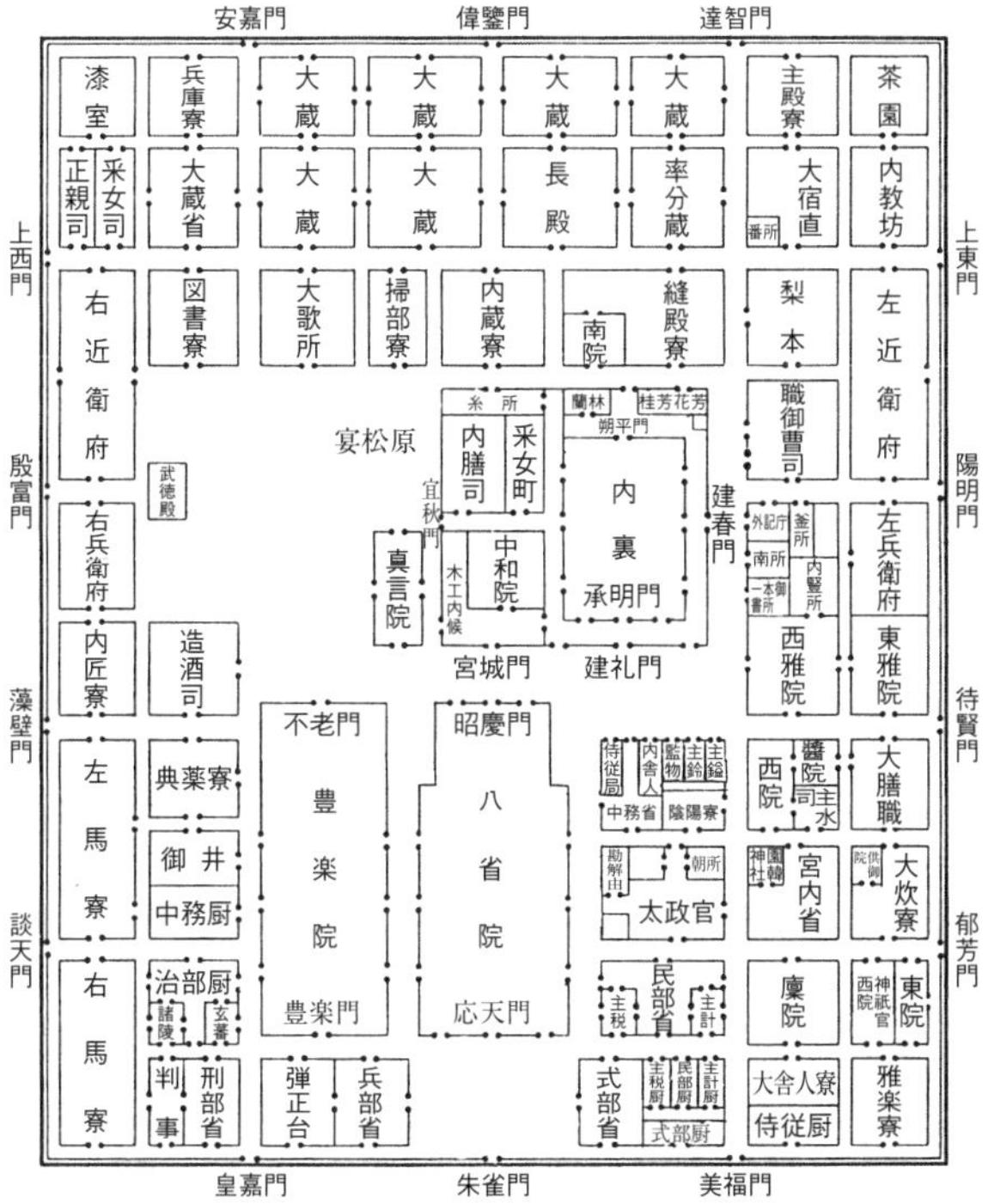

第5図　平安京大内裏（宮城）の平面図

ここで注意を要するのは、平安時代四百年間の内裏は、現在の京都市上京区千本・出水通りの東北の区域に存していたことである。今の京都御所が皇居となったのは、十四世紀の末からであって、それまでそこには、高倉殿（または土御門高倉殿）といわれる藤原氏の邸宅があったのである。

大織冠・藤原鎌足から出た藤原氏は、大いに繁栄し、沢山の支流に岐れていた。しかしその総本家（氏の長者）をなしていたのは、摂関家と呼ばれる一門であった。十、十一世紀は、この摂関家の全盛時代であって、代々の氏の長者は、摂政または関白として政治の実権を握り、政治を宰配していた。従って平安文化は、政治的には、天皇と摂関家の藤原氏とを二本の軸としていたわけである。

第6図　平安宮朝堂院址出土の軒平瓦
左右28.7cm（平安博物館所蔵）

摂関家は、左京に広大で見事な庭園のある邸宅を幾つも所有していた。なかでも著名なのは、東三条院、一条院、土御門殿、閑院、堀川院などであって、内裏が炎上したような時、これらはしばしば里内裏、すなわち重臣の邸宅を用いた臨時の皇居に当てられた。

当時の高級貴族の邸宅は、所謂寝殿造であった。その代表的なプランは、東西の柱間が七つある大きな寝殿の左右に東対と西対とがあり、寝殿の前、つまり南には広い庭、その向うに中之嶋が泛ぶ池が配されていることである。邸宅の入り口は、東門ないし西門であって、中門廊の途中に設けられた入口が玄関の役をなしていた。対の屋から南に伸びた中門廊は、更に南方へ続き、池の辺に建てられた泉殿、釣殿や舞台に通じていたのである。無論これは、高級貴族の邸宅に限られており、下級貴族や庶民は、門もないような板屋に住んでいた。

どの時代においても、また今日でも、上流と下流の人びととは、生活水準が違っている。藤原時代とてもその点では例外でなかったが、さればとてこの時代の高級貴族たちが驚くほど豪奢な生活を送っていたのではなかった。食事にしても、寝具にしても、想像以上に簡素なものであった。暖房設備といえば、小さい火桶（火鉢）程度であった。温水暖房が完備したローマの宮殿などと較べてみるがよい。なるほど中央政府の威令は辺境にまで及んでおり、物資は続々と都に運ばれ、上級の貴族たちの生活は裕かではあった。都は美しく、かつ整然と営まれ、

見渡せば柳桜をこきまぜて都ぞ春の錦なりける（『古今和歌集』）

といった見事さがあったであろう。文化の成熟には、ある程度の生活の裕かさが必要ではあっても、洗練された平安時代の文化は、豪華な、或いは贅沢な生活から生まれたものではなかった。

平安時代の四百年は、その名が示す通り、日本歴史の上では最も平和な時代であった。

勿論、この時代にも強盗殺人事件もあった。長い年月のこととて、地方には内乱も起こったし、僧兵たちの示威運動もあった。しかし他の時代に較べてみると、そうした犯罪や紛争がいかに少かったかが分かるのであって、この永年の平和こそは、平安文化を育てる大きな条件のひとつをなしていたのである。

紫式部のような稀世の天才であっても、その時代と無関係に天分を発揮したのではなかった。彼女は、最も平和な時代に一生を過ごしたばかりでなく、彼女が生まれた頃、仮名文字を用いた女流文学は、すでに基礎ができていたのである。のみならず、当時、摂関家の勢力は確立しており、政治的にも非常な安定さが見られた。無論、政治のことであるから裏面には、策謀や駆引きもあった。しかし摂関家の人びとは、娘を后や中宮として後宮に納れ、娘にかしずく女房（上、中級の女官）には、教養の高い婦人や美貌の女性を配し、その方面でも大いに勢力を争ったのである。一条天皇の皇后・定子がたの女房には、才気渙発の清少納言がいたし、同じ天皇の中宮・彰子《あきら》の方には、紫式部を初め、和泉式部、赤染衛門、伊勢大輔といった天分の溢れた女房たちが控えており、互に妍を競ったのであった。

中宮・彰子は、藤原氏の栄華の絶頂を築いた道長（九六六〜一〇二七）の長女であった。道長は政治家として一級の人物であり、また幸運にも恵まれていたが、彼自身頗る教養が深い上に、文学、美術工芸、仏教など、精神文化の方面で稀にみる理解者であり、後援者であった。実際、皇室と摂関家とを軸とする平安時代の宮廷文化は、道長の時代に至って爛熟の域に達したのであったが、このような輝かしい時代に生を享け、また道長のような人物に見出されたことが、紫式部に思う存分に不世出の天才を発揮させたのである。

二

残念なことに、紫式部の生年は、詳かでない。最近では、円融天皇の天延元年（九七三）の誕生とする学説が有力である。彼女は、摂関家の傍系に属する家柄に生まれたが、その一門は、曾祖父の堤《つつみ》中納言・兼輔いらい数々の歌人を出したことで知られていた。父の為時も歌をよくしたけれども、寧ろ詩人として名をなしていた。しかし文人肌の為時は、官人としては適材でなかったらしく、名門に生まれながらも、越前守、越後守など以上に出世することはできなかった。その点についてみると、紫式部は受領（国司）階級の娘に過ぎなかったけれども、彼女の生涯を理解する上でもっと重要なのは、道長の正妻・倫子《とも》と紫式部が再従姉妹の関係にあったこと、そして恐らく道長とも再従兄妹の間柄であったらしいことである。父の為時も、兄弟の惟規《のぶのり》や惟通《のぶみち》も、すべて道長を取り巻く側近者グループに属しており、決して単なる受領層の人びとではなかったのである。

紫式部が果たして父の家で生まれたのか、母の実家で生まれたのかは、明らかでない。

しかし彼女が育ち、未婚時代を過ごしたのは、父・為時の邸宅においてであった。それは、平安京の東に接した中河と呼ばれる地にあり、現在、京都市上京区北辺町の廬山寺の境内を中心とする場処に営まれていた。昭和四十年十一月、この境内には紫式部の邸宅址を記念する顕彰碑が建てられた。

紫式部は、この邸宅で結婚生活を送り、一人娘の賢子《かた》を育て、また『源氏物語』を執筆したのであった。当時の貴族の多くがそうであったように、紫式部も一生に一度や二度は石山寺に詣でたと思われるが、この寺で『源氏物語』の構想を得たとか、ここで執筆したなどというのは、根拠のない伝説に過ぎぬのである。

紫式部が住んでいたのは、父・為時の邸宅であった。それは、平安京の東郊の新開地にあったけれども、付近には、道長の土御門殿を初め貴族の大邸宅が多く、なかなかの高級住宅地であったのである。

紫式部を産んだ母親は、常陸介・藤原為信の娘であった。この婦人は紫式部の姉と弟の惟規を産み、若くして歿した。そこで父の為時は後妻を迎えた。彼女の兄で三井寺の林泉房にいた阿闍梨の定暹《じょうせん》（教静僧都の弟子）の母は明らかでないが、弟の惟通と妹一人とは為時の後妻、すなわち紫式部の継母が産んだ異母弟妹であった。

紫式部の少女時代については、殆ど判明していない。ともかく早く母を失った彼女ら兄弟姉妹三人は、父方の祖母や継母の手で養育されたらしい。近くには、多情多感な歌人の

陸奥守・藤原実方の妻の一人が住んでいたが、この婦人が産んだ娘と紫式部とは、幼友達であった。『小倉百人一首』にとられた、

めぐり逢ひて見しやそれともわかぬ間に雲隠れにし夜半《わ》の月かな（『紫式部集』）

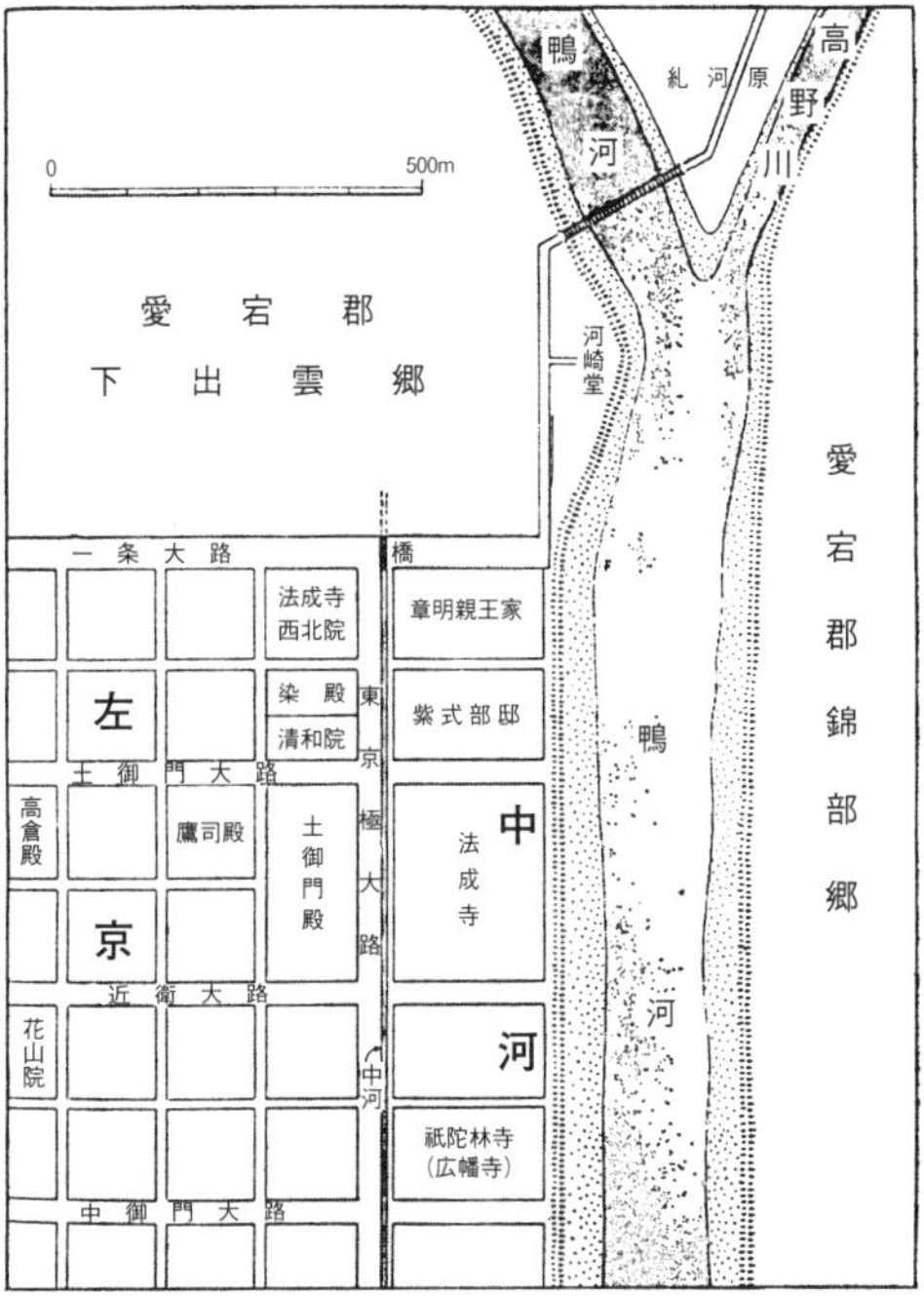

第７図　平安京における紫式部邸の位置

（図の東半分は想定復原）

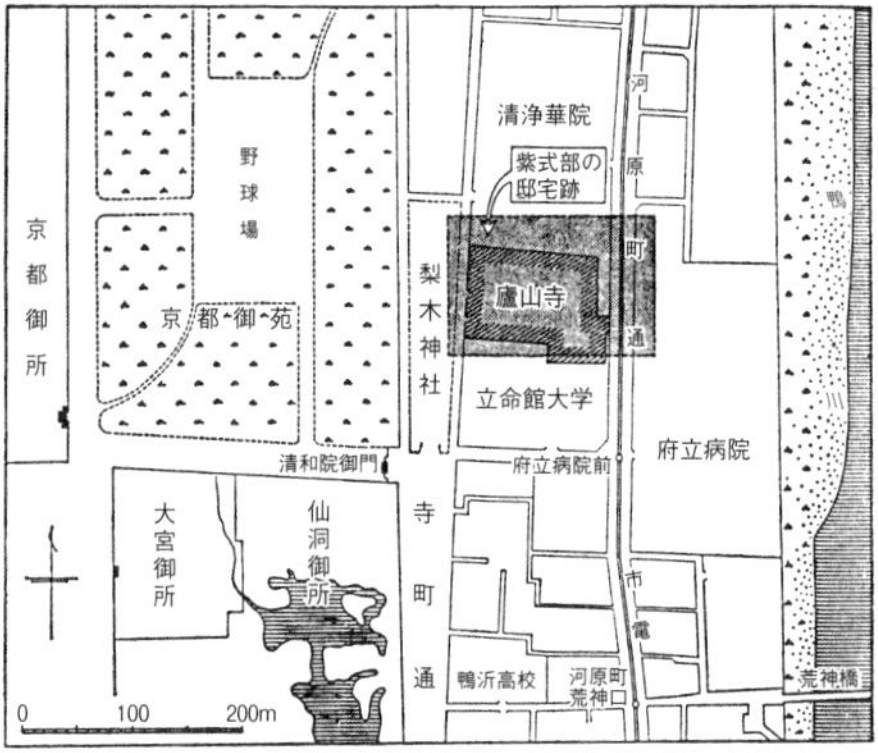

第８図　紫式部邸の現位置（1967年当時）

という歌は、後になって紫式部がこの幼友達に贈った歌である。それは、『思いがけず出会って、その形を見たのかどうか分からぬうちに、雲の中に隠れてしまった夜中の月のように、久し振りにお目にかかり、お姿を見たかどうか分からぬうちにもうあなたはお帰りになられましたのね。』といった意味である。

後に道長の正妻となった源倫子も、彼女の家と筋向いの土御門殿で育った婦人であった。倫子と紫式部とは再従姉妹の間柄であったから、二人は幼女の頃から仲のよい友達であったのであろう。

少女時代の紫式部については、有名な逸話が伝えられている。それは、彼女の実弟・惟規が父の為時について『史記』を学び、なかなか覚えられずに難渋していたが、わきで聴いている紫式部はすらすらと覚えてしまうので、為時は、『この娘が男でないのが残念だ』と歎いたという話である。世界的な文豪にまでのしあがった紫式部のことであるから、少女の頃からその才智が図抜けていたのは、当然であった。

惟規は、唯美主義的な情熱の歌人で、その家集『藤原惟規集』が今日まで伝えられている。彼の勝れた歌才は最近になって再評価されているが、すでに子供の頃、紫式部の才気は惟規などを圧倒していたのである。

紫式部が生まれたのは、代々の歌人の家柄であって、家には曾祖父の兼輔いらいの和漢の書物が多く、父親はその当時屈指の詩人であったし、伯父の為頼また著名な歌人であった。実に紫式部は、天賦の才能に加うるに、環境の点で恵まれていた。のみならず彼女は、幼い時分から向学心が強く、非常な努力家であった。また当時の貴族の娘としては珍しいことであるが、平安京内外の社寺や名所を頻りに訪ねて見聞を拡めていたようである。

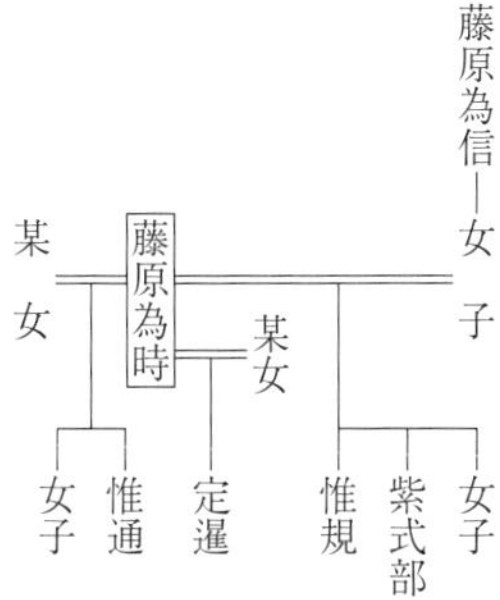

系図15　紫式部の家族

若い時代の紫式部が最も頻繁に詣でた寺は、石蔵《いわくら》の大雲寺であった。今日も京都市左京区岩倉に法燈を維持する大雲寺は、彼女の母方の曾祖父たる中納言・藤原文範が自分の山荘を捨てて建立した寺院であって、紫式部は姉と共に、長命した曾祖父に伴われて、しばしばここに参詣したようである。『源氏物語』の『若紫』の帖で光源氏が稚い紫の上を見出した山寺、すなわち『北山のなにがし寺』として描かれているのは、鞍馬寺ではなく、この大雲寺のことなのである。また『夕顔』の帖で、夕顔が物怪に襲われて頓死した『なにがしの院』は、左京六条に実在した具平親王の千種《ちぐさの》殿を準拠としている。具平親王は、紫式部一家の精神的支柱をなしていた方で、文筆をもって知られていた。また父の為時は、具平親王家の家司の任にあったこともあり、紫式部はその関係で千種殿にはよく出入りしていたのである。

宇治には、今の平等院の地に、やはり親族にあたる左大臣・源重信の別荘があり、紫式部は何度かその方に遊びに行ったらしい。彼女が夕霧の別荘を今の平等院の辺に措定したのは、決して理由のないことではなかった。

当時の貴族社会では、大和の長谷寺や近江の石山寺への参詣が流行していた。紫式部は、若い頃、祖母ないし継母に連れられ、姉と共に一、二度はこれらの寺を訪れたことであろう。須磨や明石にしても、話に聴いていたのではなく、必ずや一度は遊んだに相違ない。水路を利用すれば、須磨へ赴くのは、長谷寺などへ行くことより遥かに容易であった。恐らく紫式部は、伯父の為頼が摂津守をしていた頃、すなわち正暦四年（九九三）頃、伯父に招かれて摂津国に赴き、住吉神社に参詣したり、足を伸ばして須磨、更には明石を訪ねたのであろう。

紫式部は、天分と環境に恵まれており、また勉学や見聞を拡めることに精力を傾注していた。想うに、大作家としての彼女の基礎は、娘時代にはほぼ完成していたと見てもよいであろう。

紫式部の娘時代には、政界に大きな変動がみられた。一口にいえば、それは摂関政治の確立であった。すなわち、右大臣の藤原兼家は、寛和二年（九八六）、花山天皇の退位を画策し、自分の孫にあたる皇太子、つまり一条天皇を立て、自らは摂政となって、政権を掌握したのである。兼家が逝去すると、長男の道隆が摂政となったが（九九〇）、道隆の娘の定子は女御から中宮に進んだ。中宮・定子のまわりには、清少納言を初め、数々の才媛が集まり、花々しい宮廷生活が展開されたのであった。

第９図　紫式部の越前往復路想定図
（長徳２〜３年）

ところが、正暦五年（九九四）からは、天然痘が未曾有の激しさで全国に流行し、関白の道隆を初めとして夥しい人びとが病死したのであった。紫式部の姉も翌長徳元年に歿したが、恐らくこれも天然痘によったのであろう。紫式部や清少納言らは、幸いに病死を免れたけれども、生き残ったすべての人びとと同様に、その顔は無残にもアバタ面となってしまったのである。

紫式部は、一生にただ一度だけ長途の旅行を経験した。それは、長徳二年から翌年にかけてのことであった。

長徳二年（九九六）の正月、父の為時は、永い間の念願がかなって、越前守に任じられた。紫式部は、前年親しい姉を喪っていた上に、丁度その頃起こっていた藤原宣孝との縁談がこじれていたので、気分を転換するためと、地方の生活にも興味を抱いていたためとで、父に随って越前国の国府に赴くことに決心したらしい。時に彼女は、二十四歳ほどであった。

為時が後妻、紫式部と弟の惟規、後妻が産んだ子供たち—紫式部の異母弟妹—を連れて京都を出発したのは、その年の五月下旬（太陽暦では六月下旬）のことであった。一行は、粟田道《あわだのみち》を通り、逢坂を越えて大津に出、そこから船にのって琵琶湖の西岸沿いに進んで勝野津に一泊した。勝野津の近くの三尾ガ崎では、人びとが網をひいていたが、これは紫式部にとってもの珍しい眺めであった。

翌日、塩津に上陸した一行は、塩津越《しおつごえ》を通って敦賀に向った。今日でこそ国道第八号線は、坦々たる鋪装道路であるが、当時の塩津越は、険しい難路であった。何と言っても、紫式部は国守の姫君であった。父親の方は、馬に乗っていたであろうが、紫式部などは輿に乗って行ったのである。道が険しいので、輿を担ぐ輿丁たちが喘ぐのを、紫式部ははらはらして見守るのであった。為時の一行は、家族、家人、侍女、下人を合わせると、二、三十人に及んでいたと思われる。

紫式部たちは、敦賀に着くと気比大神宮に参拝したり、松原客館を見物したりしたことであろう。敦賀の松原に設けられていたこの迎賓館には、その頃、漂着した多数の宋の商人たちが泊っていた。無論、それは、越前守・為時の管轄下にあったから、為時は、職務の上からもこれを監察しておく必要があったのである。

越前の国府は福井県武生《たけふ》市幸《こう》町にあった。国道八号線は敦賀から、海岸沿いに進んだ後、武生市に向っている。これは、古の北陸道ではなく、北陸道の脇往還の路線なのである。為時らは、この脇往還を通り、断崖の上を走る道路から美しい敦賀湾の風光を眺めたり、歌枕で有名な五幡《いつはた》の山を見物したりしながら武生──当時は、丹生郷武生村──に到着し、国守館の人となったのである。

都育ちの紫式部にとって、雪に閉じこめられた北国の冬は、かなり苦手であったらしい。弟たちは雪が嬉しかったようで、大きな雪山を作ったりして、じっと部屋にこもっている紫式部を引張り出してこれを見物さすのであった。

紫式部は、専ら読書や物語の構想に日を過ごしていたらしい。また暦の余白を利用して日記をつけるのも、毎日の務めであった。父親は、学問の上ではまたとない師匠であったし、また彼は娘の質問にこたえて、宮廷の様子とか、かつて在任した播磨国やその方面の名所―須磨や明石など―の話などを詳しく語ってくれたようである。

その時分、紫式部の胸には、世にもすばらしい物語の構想が醗酵しており、彼女は光源氏を主人公とする短編小説を幾つか書いていたらしい。これらが後に纏められて、『源氏物語』という世界的な大ロマンへと発展したのである。

読書や執筆に疲れると、紫式部は簀子（縁側）に出て、ほど近い処に聳える日野山を眺めるのであった。

ここにかく日野の杉むら埋む雪小塩の松に今やまがへる（『紫式部集』）

小塩山は、京都の西南、乙訓郡にある小高い山である。ここには、日野山を眺めるにつけても都のかたを想う紫式部の真情が滲み出ている。

北陸の名所で歌枕としても名高いのは、『越《こし》の白山《しら》』の名で知られる加賀の白山である。紫式部の歌から推測すると、武生滞在中に彼女は、今日の福井市の方面に出向いて、白山を遠望して来たようである。

宣孝との縁談は、伯父の為頼や父親の勧めによったものらしく、越前にいる間もとぎれずに続いていた。彼女は幾分同性愛的な傾向を持っていた上に、文学への熱情にも燃えていたから、この縁談にはどうも気乗り薄の様子であった。

長徳三年（九九七）十月の二十日頃、紫式部は、任地にある父や継母と訣れ、都に向って武生を出発した。恐らく彼女は、越前国から都にのぼる朝集使の便を利用したのであろう。この時は、五幡道をとらず、北陸道を通って敦賀に出たのである。

奈良時代から明治初年まで続いた北陸道は今では木芽峠の辺では廃道となっている。昔は、この峠のある鉢伏山は帰山《かえるやま》と呼ばれ、北陸道屈指の難所であった。紫式部は、この険しい山路をはらはらしながら輿に乗って進んだが、葉蔭から顔を出す猿の群は、非常にもの珍しく覚えられた。こうして塩津についた彼女らの一行は、琵琶湖を船で縦断して大津に着き、無事都に戻ったのである。歌集から窺うと、紫式部は輿に乗りながらも絶えず四方に鋭い視線を向け、鋭い作家の眼であたりを観察していた。路辺に倒れている卒塔婆（木製）などを見ては、人の世の無常を想うといった状態であった。

彼女がなぜ家族に訣れて帰洛したのか、その理由は詳かでない。考えられる理由は、第一にはしぶしぶながらでも縁談を進めねばならなかったことである。また大作品を纏め上げるためには、自邸にある多数の蔵書が必要であったのかもしれない。実弟の惟規は、恐らくこの時、役人になるため都に戻ったのではないかと想像されるが、姉として弟の傍につき添ってやる必要もあったのではなかろうか。

紫式部の越前国滞在は、一年半に足らぬ短期間であったけれども、地方の風物や人情に接する機会を得たり、物語の発想を熟させたりした点で、それは実に貴重な体験であって、日本文学史の上でいたく重視されるのである。

紫式部は、当時としてはひどく晩婚の方であった。彼女が宣孝との結婚をためらっていた理由は、第一に二人の性格が正反対であったことに求められる。また宣孝は長徳四年においてて四十五、六歳であって、彼女と二十歳も齢が違っていたばかりでなく、宣孝には正妻もおり、大きな息子もいた。彼は派手好きで、男らしい性格のもち主であり、検非違使としては鳴らした人物であった。それだけに多少とも浮気なところもあり、紫式部は長徳四年を通じて交際を続けながらも、容易に彼との結婚に踏み切ることができないでいた。

二人が遂に結婚したのは、長保元年（九九九）の正月頃と推定されている。この結婚は嫁入婚ではなく、宣孝の方が紫式部の家に通っていたのである。宣孝の本邸には正妻がいたらしく、紫式部はそれを承知の上で彼の本妻となったわけである。本妻と言っても、社会的な待遇は余り正妻と変りなく、一夫多妻が認められていた当時としては、本妻も正式の夫人と看做されていたのである。

長保元年（九九九）、紫式部は二十七歳ほど、宣孝は四十七歳くらいであった。多少のいさかいはあっても、二人の仲はかなり円満であったらしく、翌年には一人娘の賢子も生まれ、生活は恵まれていた。

この間に、政権には大きな変動がみられた。すなわち、長徳元年四月、関白・道隆は疫病で倒れ、弟の道長が関白に準ずる内覧を命じられた。のみならず道長は、道隆の子で内大臣の伊周を遠ざけ、政権を確実に掌握してしまった。中宮・定子はこれによって失意の人となったが、道長は長女の彰子を一条天皇の後宮に納れ、多数の才媛を集め、女房として彰子の周りに侍らせた。彰子を中宮とするため、定子は皇后に祭り上げられたものの、定子は内裏から退出し、里居することが多かった。皇后は更に悲運に襲われ、長保二年十二月、皇女を産んだのがもとで崩御されてしまった。

不幸は、紫式部の方にも襲い来たった。夫の宣孝は、長保三年四月、儚くも歿してしまい、彼女は結婚生活二年余で未亡人となった。夫の死は彼女の経済生活にさほど打撃を与えはしなかった。しかしそれは彼女に無常感をそそったことであろう。独身時代に書いた短編小説を首尾一貫した大作品に纏め上げようとするのは、かねてからの念願であった。そして未亡人となった現在、彼女は非常な決意をもってこの纏め上げの仕事に当たるようになったのである。

紫式部がいつ、そしてどのようにして『源氏物語』五十四帖のような尨大な作品を執筆したのかという問題は、学者の間で色々と議論のあるところであって、はっきりと解明されていない。しかし彼女がこの作品全体を一気呵成に書き上げたものでないことは、学者の一致した見解である。

いま、作品の構成という見地から眺めてみると、『源氏物語』は、次のように区分される。

正編　(1)『桐壺』から『須磨』までの十二帖。
(2)『明石』から『藤裏葉』までの二十一帖。
(3)『若菜(上)』から『幻』までの八帖。
続編　(4)『匂宮』から『竹河』までの三帖。
(5)『橋姫』から『夢浮橋』までの十帖(いわゆる『宇治十帖』)。

(1)は、未婚時代にものしていた、光源氏を主人公とする一連の習作を纏め上げた部分であろう。紫式部は、寡居時代に(1)を纏め、ついで(2)と(3)を書き上げ、それが終ってから宮仕えに上ったもののようである。(4)と(5)がいつ書かれたかは、最も問題の多いところであるが、寛弘六年(一〇〇九)六月頃には執筆し終わっていたように思われる。翌七年に書かれた『紫式部日記』には、物語創作への情熱の喪失が強調されているから、『源氏物語』全五十四帖は、それよりやや以前に一応完成していたものと判定される。

ただ古典時代の作家は、現代とは異り、自分の作品が完成し、公表された後も、加筆したり、訂正したりした。甚だしきに至っては、他人の作品にすら手を加えることを辞さなかった。従って紫式部も、一旦完成した『源氏物語』に対して、その後加筆、訂正したりしたであろうことも、充分に想像されるのである。

『源氏物語』は、世界の文学史の上で強烈な光彩を放っている大作品の一つである。その偉大さは、紫式部の生存の間に宮廷社会で逸早く認められていたのであって、その点、彼女は作家としては、甚だ幸運に恵まれていた。道長を初め、中宮の彰子や妍子（道長の第二女）らは、まだ清書もしていないうちに紫式部の局から『源氏物語』の草稿を取り出し、貪るように読み耽ったのであった。

残念ながら『源氏物語』は、作者自筆の稿本や浄書本はもとより、十一世紀に遡る古写本すらも伝えられていない。十二世紀になると、この物語は広く流布したが、それにもかかわらず、『源氏物語絵巻』の詞書を別とすれば、当時の写本も現存していないのである。『源氏物語』の数多い写本は、すべて鎌倉時代以後のものである。それらは、(1)青表紙本、(2)河内本、(3)別本の三系統か、それらの混成本かのどれかに属するものである。青表紙本は、嘉禄一、二年（一二二五〜一二二六）頃に藤原定家が新たに書写させたものに、方々から借りた写本によって校訂を加えた『源氏物語』の定本であって、青藍色の鳥の子紙で表装されていたためにこの名がある。遺憾なことにこの青表紙本は、室町時代の初めに散逸し、完本が失われてしまった。現在では、青表紙本は一部分だけ残っており、他は異系統の写本の影響を受け、純粋性を失っている。

河内本は、河内守・源光行、親行の父子がやはり鎌倉時代の初めに半世紀もかかって校合した本である。その本文は、理解し易いという利点がある反面、必ずしも原文に忠実であるとは言い難い。この河内本も早く完本が失われ、現存する数々の河内本は、青表紙本その他による補筆、補写を含んでおり、純粋なものではない。

青表紙本、河内本の系統に属さない写本類は、『別本』の名で総称されている。『源氏物語絵巻』の詞書、京都の陽明文庫本、紀州・徳川家旧蔵の伝阿仏尼本などはその例であるが、完本はどれ一つ現存していない。

『源氏物語』は、写本の数が非常に多いにもかかわらず、善本に恵まれていない。現代の学者は、有力な写本を精細に比較検討し、できるだけ原作に近い本文を復原しようと努力している。しかしこれは想像以上に困難な仕事であって、一応の完成に達することすらが容易に期待し難いのである。

十世紀の末には、女流文学の中心は三つあった。その第一は、一条天皇の皇后・定子を中心とするグループで、清少納言がその代表者であった。第二は、賀茂の斎院・選子《のぶこ》内親王（村上天皇皇女）を中心とするグループであって、馬内侍《うまのないし》、中将といった歌人が群をなしていた。第三のグループの中心は、一条天皇の中宮となった道長の長女・彰子であったが、道長は、赤染衛門、紫式部、和泉式部、伊勢大輔といった錚々たる才媛を集めて、精神的にも中宮・彰子の周りに映光を添え、かつは自分の勢威を誇ったのであった。

紫式部の一族と、道長やその正妻・倫子とは血縁的に結ばれており、近い関係にあった。また紫式部の文名は、すでに結婚時代から宮廷人の間では知れ亙っていた。道長は、倫子の再従姉妹であり、物語作家として令名ある紫式部の宮仕えを頻りに勧めた。しかし紫式部は、一方では宮仕えに心惹かれながらも、他方では、心理的に宮仕えなるものに抵抗を覚えていたし、また大作の執筆中でもあったので、容易に出仕を肯じなかったようである。

紫式部がある年の十二月二十九日に出仕したことは、彼女の日記によって明白であるが、何年の十二月二十九日かとなると中々きめ難いものがあり、学界には諸説がある。最も有力なのは、寛弘二年（一〇〇五）説と寛弘三年説である。両説にはそれぞれ長短があるけれども、管見では、寛弘二年説の方が有力のように思われる（その際は、十二月二十九日は、同年の大晦日に当たる）。それはともかく、出仕した紫式部は父・藤原為時の前官名である蔵人式部丞に因んで『藤式部』と呼ばれ、中宮彰子の女房となったのである。

『源氏物語』が宮廷で有名になった後、彼女は『紫式部』と呼ばれるようになった。その名の由来については諸説あるが、恐らくこれは、『紫の物語』の作者の式部という意味なのであろう。そしてこの『紫』は、『源氏物語』の女主人公の紫の上に関係しているものと思われる。『紫式部日記』に、藤原公任が彼女を探そうとして、『このわたりに若紫やさぶらふ』と言ったとある話は、よく知られているところである。彼女が『北山のなにがし寺』で見出された美しくて聡明な少女をなぜ『紫』と名づけたのかは、必ずしも明らかでない。ただ敢えて臆測を加えてみると、この『北山のなにがし寺』のモデルとなった大雲寺の創建は紫雲伝説に基づいており、紫と縁が深いので（今日でも紫雲山大雲寺と言う）、その辺からこの名を思いついたのではなかろうか。

ところで、『女房』というのは、ここでは、天皇、上皇、皇后、中宮等に仕える高級、

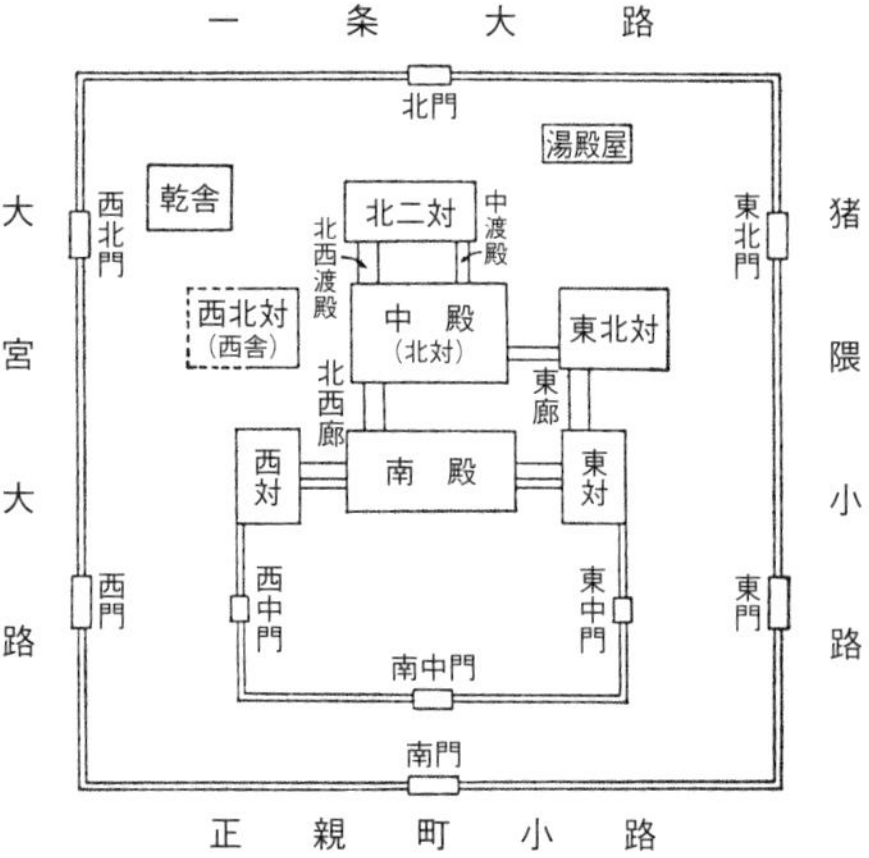

第10図　一条院の復原図

中級の官女の総称である。当時、高級の官女には、典侍、掌侍などあり、中級のそれには命婦、女蔵人などがあったが、紫式部は、従五位下に叙され、命婦として仕えたものと推定される。無論、紫式部の職掌は雑用を果たすことではなく、中宮の御歌を代作・添削したり、学問――特に漢文学――を教授したりすることであった。宮仕えには多少とも煩わしいこともあったけれども、一方では、小少将、弁の宰相、大納言といった心の許せる同僚もいたし、何といっても華やかで学芸が尊ばれる宮廷に身を置くのであるから、さほど不愉快なものではなかったらしい。

その時分（寛弘二年の末）内裏（皇居）は焼けて再建中であったから、天皇も中宮も、道長の東三条院を臨時の御所とされていた。そこで紫式部も、東三条院に始めて宮仕えに上ったわけである。間もなく内裏は再建されはしたが、一条天皇は方角を気にして内裏へは還御されず、道長の一条院を御所とされていた。それで紫式部も、東三条院、一条院、そして中宮の御産の時は道長の土御門殿にあって中宮に仕えていたのである。

宮仕えに上った頃、すなわち寛弘三年（一〇〇六）においては、紫式部は、所謂『番の女房』であって、随時出仕するような立場であったらしい。彼女はとかく里居がちで、自宅にいることが多かった。恐らくそれは、宮仕えに馴染めなかったためではなく、『源氏物語』の正編を補筆したり、清書したりする用事があり、道長夫妻や中宮もそれを認めていたことによるものであろう。

寛弘四年の正月、紫式部は掌侍に昇進したようである。その頃から彼女は専ら宮廷で過ごすことが多くなり、同年の夏からは、規則正しく中宮に『楽府《がふ》』をテキストにして漢文学を講義するようになった。『紫式部日記』が不完全ながら現存しているので、寛弘四年から七年にかけての紫式部の動静は、それによってほぼ窺うことが出来るのである。

『紫式部日記』は、非常に複雑な内容をもった日記であって、普通の女房日記とは類を異にしている。それだけに、その成立事情、原形、構成などに関しては、頗る問題点が多く、常に論争の対象となっている。

ほぼ疑いがないのは、紫式部が寛弘七年（一〇一〇）の七月頃にこの日記を書き上げたということである。しかし現存の写本には脱落した部分が少くなく、原本はもっと完備したものであったようである。

この本は、明らかに日記的な部分と、『消息文』と呼ばれる随想的な部分とからなっている。というよりも、日記の中に随想的な部分が大幅に挿入されていると見てよい。日記の方は、寛弘五年（一〇〇八）の秋から寛弘七年正月までに亙っているものの、記事には繁簡の差が著しい。中でも詳しく記述されているのは、敦成《あつひら》親王（後一条天皇）の誕生をめぐる寛弘五年の諸行事である。

『消息文』の方は、実在の人に宛てたのではなく、消息文の形を借りて述べた随想と解されている。そこには同輩の女房たちに向けた鋭い批評があり、転じて自らの内面を観照した痛烈な反省がもられている。この『消息文』は、紫式部の性格を窺い知る上で極めて重要であるし、また千年近い古い時代の日本にかくも深刻に自己を内省した大思想家が存在したことを告げてくれる点で、洵に貴重な文献とされるのである。

同じく不世出の大作家でありながらも、紫式部と清少納言とは、性格の上でも、文才についても、『対照的』であった。日記その他から窺うと、紫式部は複雑な性格の持ち主であり、決して無構造な善人ではなかった。彼女は、表面は温厚で謙遜深く、とり澄ましてはいても、一旦交際すれば、人ざわりがよかった。しかし内面的には、自分をも他をも容赦しない鋭い批判家であり、また文芸への情熱をたぎらせていた。表面では、周囲と妥協し、常識的に周囲との調和を図っていたけれども、内心には救い難い無常感や虚無主義を抱いていた。文才については、彼女の特色は練りに練った散文と追従を許さぬ構想に求められる。和歌とか、直感から来る軽妙な随想といったものは、余り得意ではなかった。なお、彼女が琴に巧みであったことは、注意されてよいと思う。

紫式部の容貌については、彼女が程度の差はあれ、アバタ面であったこと、鉄漿《おはぐろ》で歯を染めていたことが知られるばかりである。清少納言は、明らかに不美人であった。紫式部の方は、たとい美人ではなくとも、感じのよい、聡明な顔をしていたのであろう。いくら政略の上ではあっても、余りにも不美人であれば、道長と雖も紫式部を妾にしようとは考えなかったと思う。

『紫式部日記』は、上に述べた様々の理由から、実に重要な作品とされる。しかし『源氏物語』の場合と同様に、それは余り良好な伝本に恵まれていない。現存の諸本は、絵詞、日記《にっき》切《ぎれ》といった断簡零墨はしばらく措くとして、二つの系統に大別される。第一は、伏見宮・邦高親王（一四五六～一五三二）自筆本の系統であって、現存する大部分の写本は、この系統に属している。これらは悉くが江戸時代の写本である上に、脱落や誤写も少からず、必ずしも善本とは言い難い。そのうちで最も良好なのは、屋代弘賢が蔵本を底本とし、他の諸本をもって校訂した群書類従本、並びに第一系統のうちでも特異な地位を占める桃園文庫本である。第二の系統に所属するのは、近年発見された松平文庫本と黒川本である。二つながら江戸時代初期の書写に係かるが、邦高親王自筆本とは系統を異にしており、誤写などは多いが、彼我相俟って原本の姿により近く迫り得しめる点で、甚だ貴重視されるのである。

有名な『紫式部日記絵巻』は、鎌倉時代初期の制作にかかるもので、濃厚な彩色をもって描かれた『作り絵』である。絵の筆者は、『似せ絵』の名手として知られた藤原信実の作風に属する二、三人の画家のうちの一人であり、また絵詞の方は、後京極殿といわれた九条家の良経の書風を承けた一人の能書家によってしたためられたと看做されている。これは元来、かなり長巻の絵巻物であったが、大部分は散逸し、現在では、蜂須賀本、藤田本、五島本、久松本の四巻が分蔵されているに過ぎない。のみならずこれら四巻も内容的に連続していないし、同じ巻にも錯簡が認められる。また詞書はあっても絵を欠いた箇所もあり、全体としては、原本の二割程度が遺っているだけである。絵の方は、日本絵画史の上でも尊重されるし、また『紫式部日記』の理解にも大いに役立つものである。

それと共に重要なのは、詞書であって、たとい全体の五分の一に過ぎぬとは言え、これは『紫式部日記』の最古の写本なのである。これはより原本に近い善本であって、邦高親王本や松平文庫本等の誤脱を訂正する上で甚だ重要視されている。そのほか藤原定家自筆の断簡や室町時代に書写された断簡も知られている。これらはごく短いもので、本文の校合にはさして役立たないにしても、日記の伝写の系統を推知する上では、洵に貴重な資料とされている。

寛弘六年（一〇〇九）六月、紫式部は、出産のため里内裏を退下された中宮・彰子に付き添って、道長の邸宅・土御門殿におった。『紫式部日記』によると、その月の下旬のある夜、道長は忍び来たって彼女の曹司（居室）の戸を叩いた。しかし紫式部は部屋の戸をあけず、道長を空しく帰らせたという。

江戸時代の学者たちは、これによって紫式部を貞女として絶讃し、彼女を『道長の妾』とする古くからの伝えを否定したのであった。しかしながら紫式部は、観音菩薩の化身ではなく、生身の女性であった。またこの問題を解くためには、当時の歴史や紫式部がおかれた環境を直視する必要があるのである。

第一に、当時の貴族の間では、一夫多妻が常識であって、『妾』でも相当な待遇が与えられ、その社会的地位も高く、決して日蔭者といった蔭の存在ではなかった。第二に、道長は、自分または正妻・倫子の血縁に繋がり、離婚または夫を喪った婦人を妾とした上で、これを中宮となった自分の娘たち、ないし娘たちが産んだ皇子女の高級官女とすることを常套的な政略の手段とした人物であった。道長は権勢を維持する手段の一つとして、幾人かの妾をこのように配置して情報網を作ると同時に、自分の政敵が娘たちや皇子女を介して策謀を企てることを未然に防いだのである。

紫式部は、倫子の再従姉妹で、才気の溢れた未亡人であった。恐らく道長は、近々生まれる皇子（敦良親王、すなわち後朱雀天皇）につける高級官女とするため、紫式部に近づいたのであろう。この場合、男性の最初の訪れに対してこれを婉曲に拒絶するのは、当時の貴族の女性の間では慣例であった。『日記』は、道長の最初の訪れだけを書き記しているので断言は出来ないが、道長が幾度か訪れた後に彼女は部屋の戸をあけて彼を迎え入れ、こうして彼女は道長の妾になったものと推定される。

政治家としての道長は、色々と策略を弄したけれども、これはいつの世の政治家とても同じことである。人としての道長は、和歌や漢詩に長じ、音楽も巧みであり、また他への思い遣りの心も篤い人柄であった。紫式部が道長に憧憬れの気持を抱いていたことは、『日記』から十分に窺い知られる。その道長の妾となることに、紫式部は心に余り抵抗を覚えなかったであろう。小さい娘をかかえ、文人としてはともかく、官人としては一向に冴えない老いた父親をもった未亡人の紫式部を考えてみると、道長の妾となることは決して不幸であったとは言えまい。

道長は、妾となった紫式部に経済的援助を与え、社会的地位を確立してやった上で、寛弘六年十一月に生誕された敦良《あつなが》親王づきの高級官女に配したものと思われる。

寛弘八年（一〇一一）六月、一条天皇は三条天皇に位を譲り、一条院において崩御された。紫式部は相変らず皇太后となった彰子に仕えていた。幼児の敦良親王は、母后と一緒におられたし、紫式部は新皇子に授乳していたわけではないから、敦良親王づきとなってはいても、彼女が彰子の側近に仕えることには変りがなかった。その時分の紫式部は、学問や歌の上で皇太后のお相手をするほか、彰子のもとに伺候する公卿や殿上人と応待する役をも引受けていた。それと共に彼女は、若い頃からものした詠草を整理し、家集を編集しようと企てていたようである。

現存の『紫式部集』は、長和三年（一〇一四）頃作者自らが撰した家集であって、前に掲げた『めぐりあひて見しやそれともわかぬまに雲がくれにし夜半《わ》の月かな』を巻頭にして百二十首の歌が収められている。但し、現存の『紫式部集』には、十数行に及ぶ脱落が認められるから、初めは百二十数首の歌が採録されていたのであろう。

『紫式部集』に収められた歌は、未婚時代から長和三年頃まで約三十余年間に詠まれたものである。それだけにこの家集は、紫式部の伝記を研究する上で絶好の史料と言えるのである。

しかし現存の『紫式部集』には、落丁に関連して起こったとみられる著しい錯簡があり、そのまま安易に伝記史料として用い難い憾みがある。彼女は、家集の編集に当たって年代順に排列する方針をとったけれども、これはあくまで原則であって、類従主義によって並べた箇所も少くない。それが錯簡を来たしたのであるから、伝記史料とするため、それらを年代順に並べ直す操作は、実は意外に困難なのである。

現在、方々に所蔵されている『紫式部集』の写本は、系統的にみると、第一類と第二類に大別することが出来る。そのうちで第二類に属する方は、本文系統としては第一類に劣っており、恐らく第一類より分岐したものであろうと看做されている。第一類の写本は、藤原定家の手を経ているので『定家本系』とも呼ばれるが、そこに見られる本文の脱落や錯簡は、第二類が第一類よりまだ分岐しない以前、或いは第一類の祖本の時代に早くも生じたもののようである。

『紫式部集』は、関係する年月が永いだけに、この大作家の伝記を研究する上でこの上ない史料である。未婚時代、夫・宣孝との恋愛や結婚生活、越前国への旅行、宮廷での起居、人生観などは、この家集からつぶさに窺われる。しかし何分にも錯簡が多い家集のことであるから、伝記史料としてこれを役立たすためには、細心の注意が要請されるのである。

長和三年（一〇一四）以後を仮に晩年と呼ぶならば、紫式部の晩年の生活は、殆ど分からないと言った方がよい。恐らく彼女は、土御門殿や枇杷殿におって敦良親王づきの高級官女として皇太后―のち太皇太后―彰子に仕え、渉外的な用向きを弁じたり、親王に学問や作歌を教授したりしていたのであろう。また折に触れては、『源氏物語』に加筆したりしていたものと思われる。

紫式部の歿年については、長和三年説（岡一男）、長和四年冬ないし五年春説（与謝野晶子）、万寿二年―長元四年説（安藤為章）、長元四年説（角田文衞）の諸説があり、正確なことはまだ判明していない。しかしいずれにしても、彼女がある年の一月下旬に歿したことは、ほぼ疑いがないのである。

『平兼盛集』の巻末にまぎれて添加されていたものに、佚名の歌集の断簡がある。その中には、某年三月三日、母の喪に服している紫式部の一人娘の賢子に恋人が贈った歌が収められている。四十九日の服喪中に恋歌を贈るとすれば、喪があける直前と考えられるから、賢子の母・紫式部は、一月下旬に歿したとみるのが穏当とされるのである。

この歌の詞書によると、それは三月三日になっても、桃の花が咲かない年であった。長和三年から長元九年（一〇三六）にかけての約二十年間には、酷寒の年はなかったから、桃の開花が遅れたのは、寒さのためではなく、陰暦によるずれのせいであると考えられる。何年に歿したかの問題は、陰暦と陽暦とのずれを検討することによって解決されるかも知れない。なお、昭和四十一年、紫式部の九百五十年祭が催されたのは、長和五年（一〇一六）死亡説が便宜上採用されたためである。

『源氏物語』その他から帰納すると、紫式部の心は、天台宗そのものよりは浄土教に傾斜していた。殊に彼女は、父の従弟にあたる横川《よかわ》の明豪（のち大僧正）を通じて恵心僧都の名で知られる源信（九四二〜一〇一七）の新しい仏教思想に馴染んでおり、早くから『往生要集』（九八五年撰）に親しんでいたと臆測される。彼女が晩年に出家したかどうかは不明であるが、たとい出家したとしても、それは当時の慣習に従ったまでのことであり、心の救済を期待してではなかったであろう。紫式部の深刻な無常感や冷えきった虚無主義が出家入道によってたやすく解消されるような生易しいものでなかったことは、『日記』

にも暗示されている通りである。

紫式部の墓所については、古くから雲林院の子院・白毫院の南に、小野篁の墓と並び存していると伝えられている。その場処は、京都市北区紫野西御所田町に当たっており、現にその地、すなわち堀川通北大路下ル西側には、紫式部と小野篁の墓と称するものが並んで存している。

凡そ古人の墓と称するものは、余程的確な証拠がない限り、誰々の墓と断定することは出来ない。現存する紫式部の墓も、絶対にそうであると断言することは許されないけれども、中世の文献について調べてみると、まずそのように想定しても大過ないように思われる。『源氏物語』(賢木)にも見える雲林院と紫式部との関係は定かでないにしても、彼女が紫野の雲林院の傍に葬られたことは、一応、信じてもよいであろう。

紫式部の子は、娘の賢子ただ一人であった。賢子は、前記のように、万寿二年(一〇二五)、親仁親王(後冷泉天皇)の乳母となり、後には従三位に進み、大弐三位と呼ばれた。彼女は、歌に関しては母に勝るほどの才媛であって、家集としては『大弐三位集』が現存しているし、また多数の歌が勅撰集に採られている。

賢子は、初め中納言・藤原兼隆を愛人とし、万寿二年(一〇二五)頃、娘を産んだ。十一世紀の終り頃、歌人かつ詩人として知られた藤原知房は、この人が産んだ子で、紫式部の曾孫に当たっていた。また賢子は、後に高階成章の妻となったが、白河法皇の寵臣であった高階為家は、成章と賢子との間に生まれた子と認められる。知房も子孫を遺したが、特に為家の子孫は非常に繁衍し、その血は幾たびも皇統に流入している。従って紫式部の血は、娘の賢子で絶えてしまったのではなく、今日なお大多数の日本人の間に脈々と伝えられているのである。

三

個人としての紫式部は、早く夫を喪い、苦労して娘を育てたようなわけで、その生涯は必ずしも恵まれていたとは言えない。また長元四年（一〇三一）死亡説をとるならば、彼女は万寿四年（一〇二七）に道長の死に際会している。しかし作家としての紫式部は、甚だ幸運な生涯を送ったと言えよう。

『源氏物語』は、まだ完成しない前から大評判であって、宮廷人の間では引張り凧の有様であったし、治安元年（一〇二一）頃、『更級日記』の作者である菅原孝標《たかすえ》の娘は、『源氏物語』に傾倒しきっていた。早く一条天皇もこの物語に愛歎し、紫式部のことを『日本紀の局』と評されたという。

また長元五年（一〇三二）頃になった『栄華物語』の正編にも『光源氏』の名が見え、『源氏物語』がいかに広く宮廷社会に普及していたかが知られるのである。

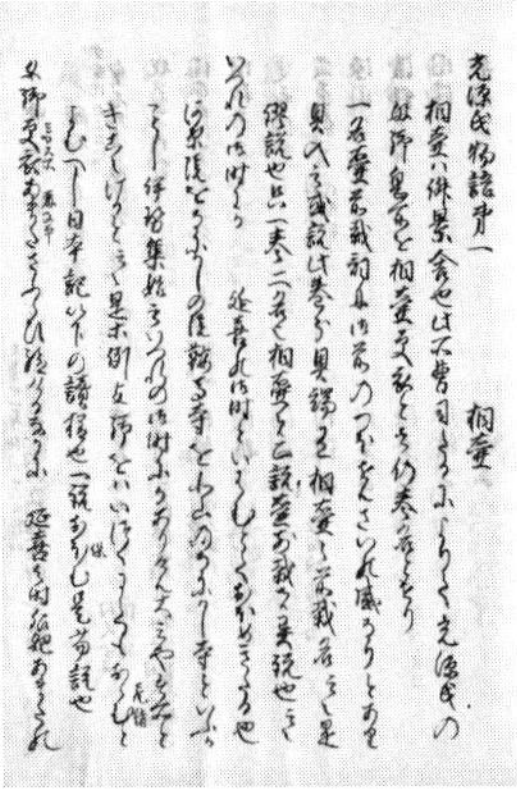

第11図　源善成著《河海抄》の写本　江戸時代（国会図書館所蔵）

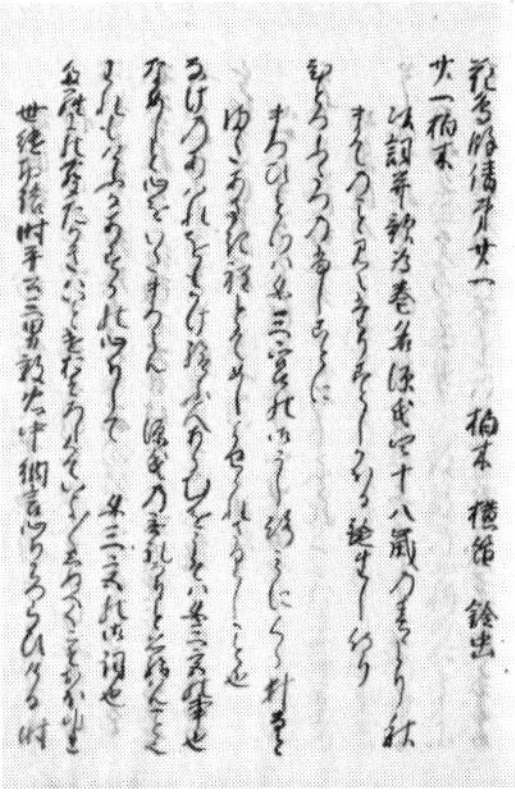

第12図　藤原兼良《花鳥余情》の写本　江戸時代（国会図書館所蔵）

十二世紀にはいる時分には、『源氏物語』は更に普及したばかりでなく、古典としていたく尊重されるに至り、『源氏物語絵巻』も描かれるようになった。しかし時の経過と共に『源氏物語』の理解は困難となり、それは同時にこの大作品の学問的研究を招いた。こうして永暦元年（一一六〇）前後には、『源氏物語』の最初の注釈書である藤原伊行の『源氏物語釈』も著されたのであった。それと同時に治承元年（一一七七）には、法印・澄憲（藤原信西入道の子）によって始めて源氏供養が営まれるに至った。

　鎌倉時代の初めには、藤原俊成・定家父子、源光行・親行父子らによって『源氏物語』の校合が行われ、また定家の『源氏物語奥入《おくいり》』や光行・親行父子の『水原抄』が著された。降って伏見天皇や後醍醐天皇は、宮中で『源氏物語』を論議させたり、講釈せしめたりされたが、貞治二年（一三六三）頃に四辻家の源善成が著した『河海抄』二十巻によって、『源氏物語』の研究は一時期を画したのであった。

室町時代になると、『源氏物語』の研究はいよいよ軌道に乗り、一条家の藤原兼良、三条西家の実隆、宗祇らが輩出した。なかでも兼良の『花鳥余情』、実隆の『細流抄』、実隆や宗祇の『源氏物語系図』の名は、よく知られている。実隆の研究は、その子・公条《きんえだ》、孫の実枝によって引き継がれたが、実枝の弟子・細川幽斎とその弟子・中院家の通勝は、十年の歳月を費して『岷江入楚《みんごうにっそ》』五十五巻を完成し、これまでの諸注釈書を集大成したことであった。

後陽成天皇は、自ら『源氏物語』を講釈されたし、徳川将軍の家康は、晩年しばしばこの物語の講義を聴いたが、『源氏物語』の研究は、江戸時代の初めから活潑であった。延宝元年（一六七三）には、北村季吟の『湖月抄』六十巻が完成し、ついで印行されたが、これは従来の諸注に自説を加えて簡明に注釈した名著であり、『源氏物語』の研究と普及を助成するところ大であった。元禄十六年（一七〇三）には、安藤為章の『紫家七論』一巻がなり、紫式部伝研究の基礎がおかれた。

江戸時代後半において特筆されるのは、賀茂真淵の『源氏物語新釈』五十四巻、および本居宣長の『玉の小櫛』九巻である。宣長の著作は、『源氏物語』の評論であって、その本質を『もののあわれ』と断じたのは、非常な卓見であった。光源氏の生まれた年を第一年とし、それから『夢浮橋』の記事を第七十五年として『源氏物語』を年表風に整理した『年立図《としだち》』は一条家の兼良に始まるが、苦心の末、これを完成したのも宣長であった。

またその頃、『日記』の方も漸く注目され、享保十四年（一七二九）には、壺井義知の『紫式部日記傍註』二巻が、ついで天保四年（一八三三）には、清水宣昭の『紫式部日記釈』五巻が刊行された。このようにして、『源氏物語』や『紫式部日記』の研究は、近代の学者に引き継がれたのであった。

『源氏物語』の研究が時代とともに広く、かつ深く行われてきたのは、この物語に対する一般人の関心が時のたつにつれて強化されてきたためである。凡そわが国の文芸作品で『源氏物語』ほど後代の芸術に強く影響をおよぼしたものはない。すでに平安時代末期において、『源氏物語』は、『狭衣物語』、『夜半の寝覚《ねざめ》』以下の物語類の手本となったし、『源氏物語絵巻』を成立せしめた。また和歌に関しては、藤原俊成・定家父子に大きな影響を与えたのであった。『栄華物語』の寛弘五年（一〇〇八）の条が『紫式部日記』を素材としていることは、周知の通りである。

中世前期の物語、戦軍記物語、和歌、或いは芸能論に及ぼした『源氏物語』の影響もまた少くなかったが、特に謡曲では、それに取材したものが甚だ多い。『空蟬』、『澪標《みおつくし》』、

『須磨源氏』、『浮舟』などは、作中の人物をシテとした多数の謡曲中の数例に過ぎないし、また『源氏供養』や『紫野』は、紫式部自身をシテとした作品である。中世も後期（桃山、江戸時代）になると、浄瑠璃、俳譜、川柳などの諸方面にわたり、『源氏物語』の影響はますます深刻化した。『石山でできた書物のやはらかさ』、『味までは書かぬ両夜の品定め』といった苦笑させるような川柳はその数が夥しい。これは、『源氏物語』の影響が庶民生活にまで浸透した事実を物語っているのである。

美術工芸の方面でも、『絵巻』いらい『源氏物語』の影響は、各時代に亙って連綿として続いた。その影響が余りにも普遍的となったため、一般人は、例えば桂離宮の庭園が『源氏物語』によって大幅に影響されているといった事実を見過ごすほどになっている。源氏筥、源氏棚、源氏車等々のように、工芸方面に与えた影響も甚大なものがあった。

そのほか日本人の生活に与えた影響も無視し難いのであって、生花、遊戯、風俗、菓子などに多数の例を見出すことができよう。いうところの『源氏ブーム』は、決して昨今に限られたことではなく、九百年にも亙って続いてきたものである。

この九百年の間に、『源氏物語』は日本文化の力強い支柱の一つとなり、一般庶民の間でもこよなく親しまれるに至った。近代における紫式部研究も、こうした国民的基盤の上に立ち、かつ発展したものであった。

明治維新後、教育制度が確立されると、『源氏物語』の原典に基づく理解は、中学校や女学校の上級用教科書に採用され、著しく深められるようになった。この趨勢に乗じて『源氏物語』を抄出した教科書や抄訳した講義録の類も多数刊行された。しかし明治・大正時代を通じて、研究にはさほどの進展が見られなかった。ただ大正年間から『源氏物語』の本文批判が漸く本格化したことが注意される。

『源氏物語』、『紫式部日記』、および紫式部伝の研究は、昭和時代にはいると、全く面目を一新するようになった。大正の末年に学界に紹介された河内本の発見によって、『源氏物語』の本文研究は高度に進められ、厳密に校訂され本文に注釈を加えた各種の校注本が相ついで刊行された。なかでも、

日本古典全書・源氏物語　七冊　池田亀鑑校注（昭和二十二～三十年）

日本古典文学大系・源氏物語　五冊　山岸徳平校注（昭和三十二～三十八年）

などは代表的な校注本といえよう。

現代語訳については、与謝野晶子氏は、明治四十五年から翌年にかけて『新訳源氏物語』を、大正五年には『新訳紫式部日記』を公にし、この分野で先鞭をつけた。昭和にはいると、与謝野源氏より本文に忠実な吉沢義則監修の『王朝文学叢書・源氏物語』六冊が刊出された。昭和十六年には、『谷崎潤一郎訳源氏物語』の刊行が終了し、読書界に大きな影響を及ぼした。

『紫式部日記』については、大正十二年に関根正直氏の『精解』が現れ、この作品の研

究に一時期を画した。その後、研究は池田亀鑑、今小路覚瑞、益田勝美諸氏によって大幅に推進され、また阿部秋生、玉井幸助、秋山虔らの諸氏によって優れた校注本が刊行されるに至った。

『源氏物語』は、ひとり本文批判や注釈ばかりでなく、あらゆる方面から研究されている。なかでも、島津久基、池田亀鑑、阿部秋生諸氏の研究には見るべきものが多い。そして池田氏の『源氏物語大成』八巻は、現代の『源氏物語研究』の成果を集大成したものと言えよう。またそれをもっと簡潔に纏めあげたものとしては、北山谿太編『源氏物語辞典』や池田氏編の『源氏物語事典』二冊、岡一男著『源氏物語事典』の名があげられるであろう。また便利なハンド・ブックとしては、秋山虔編『源氏物語必携』がある。

一方、紫式部の伝記に関しては、昭和三年に与謝野晶子が発表した『紫式部新考』は、近代的な方法によって紫式部伝に新しい照明を与えたもので、この方面の研究に一紀元を画した。その後、研究は、石村貞吉・島津久基両氏らによって進められたが、岡一男氏の諸論文が公にされるに及んで、紫式部の伝記研究は一段と精密化し、数々の新事実が明らかにされるようになった。ただ伝記研究の基本史料である『紫式部集』の研究が頗る立ち遅れており、最近になってやっと着手されたのは、遺憾とされるのである。

一条関白・藤原兼良は『我国の至宝は源氏の物語にすぎたるはなかるべし』と説いた。確かにわが国の古典で千年このかた今日まで、『源氏物語』ほど広く親しまれている作品はないと言っても差支えない。それだけにこの古典に対する研究や理解は、専門外の学者や作家、評論家によってもいたく深められた。近いところでは与謝野晶子・和辻哲郎両氏、最近では円地文子、中村真一郎、竹西寛子諸氏の業績はその最たるものであるが、これらの人々は、広い視野や鋭い洞察によって作品の本質に迫り、国文学の専門学者などが追随出来ぬような分野を開拓しているのである。

『源氏物語』にとって、昭和二十六年は、記念さるべき年であった。すなわち、この年の三月には、舟橋聖一脚色の『源氏物語』が東京の歌舞伎座で上演され、五月には『潤一郎新訳源氏物語』の巻一が出版された。更に十月には、吉村公三郎監督、長谷川一夫主演の映画『源氏物語』が上映された。これに並行して『源氏物語』の対訳書、梗概書などがいろいろと刊行され、全国各地の一般婦人の間には、講読を目的とした研究会が続々と現れたのである。

『源氏物語』は、古来、日本文学史上、王座を占めている。それは今日では揺ぐどころか、ますます強化されている。昭和二十六年に再発した、所謂『源氏物語ブーム』は、それから二十年近く経った現在でも底力のある動向として働いているばかりでなく、年々強められつつある。戦後の荒廃から立ち上った日本人が技術革新に努めるかたわら、古典中の古典たる『源氏物語』に魂のふるさとを見出し、そこに民族としての自信を固めようとしたのは、十分に肯けることである。

実際、今から千年近い昔に『源氏物語』のような芸術的に高い水準の長編小説が現れたことは、奇蹟としか考えられないのである。『源氏物語』や『紫式部日記』は、日本人の誇りであると共に、全世界の人びとにとっても、『永遠の財産』なのである。

しかしながら世界の知識人の間で紫式部の馨り高い芸術が理解されたのは、そう古いことではないし、またその理解なるものも、まだまだ十分なものとも、広く行きわたっているともいえないのである。

『源氏物語』を始めてヨーロッパに紹介したのは、末松謙澄であった。当時、ロンドンの駐英日本大使館書記生の任にあった末松は、完訳ではないが、かなり原文に忠実な英訳を仕上げ、これに詳しい解題をつけ、二五三頁の本として一八八二年（明治十五年）にこれをロンドンで出版したのであった。これは抄訳であり、また名訳でもなかったけれども、本書の出版はヨーロッパの心ある人びとの目をみはらせ、非常な驚異を与えた。そして一九一一年には、この訳本に基づいた最初の独訳も現れた。

しかし『源氏物語』に世界的名声をもたらしたのは、アーサー・ウェリー（ARTHUR WALEY, 1889～1968）であって、彼は一九二五年に『源氏物語』の英訳本の第一巻を公にし、三三年に第六巻を世に送り、偉大な訳業を完成したのである。無論、この訳書には若干の誤訳や多少の省略も認められるが、ウェリーの訳筆は微妙かつ優麗であって、よく原文のもつ陰影や趣きをとらえており、名訳として非常な好評を博し、またこれに基づいて

『源氏物語』がヨーロッパ諸国語に重訳される機会を作った。

『源氏物語』に関するヨーロッパ学者の評論は、一九一八年頃から始まり、各国における日本研究の発展に応じて、ようやく内容的に深められてきた。なかでも前に述べたイギリスのウェリー、ドイツのオスカール・ベンレ（OSCAR BENLE）、フランスのシャルル・アグノエル（CHARLES HAGUENAUER）、ソ連のニカライ・コンラッド（Николай И.Конрад）らはヨーロッパにおける『源氏物語』の研究者として令名がある。ベンレは、『源氏物語』の完全かつ精確な飜訳を志し、一九六五年に至ってついにドイツ語で完訳を刊行し、欧米諸国における『源氏物語』の研究に揺がない基礎をおいたのであった。

『源氏物語』の最初の英訳で好評を博した末松兼澄は、一八九七年に『紫式部日記』の英訳をロンドンにおいて公刊した。しかしこの類い稀な随想録の方は、『源氏物語』の名声の陰に隠れ、さほどヨーロッパ、アメリカの識者の注意を惹かなかったし、今日なお一部の研究家を除いては、その真価が認められないでいるのである。

ウェリーの『源氏物語』は、名訳ではあっても、誤訳や省略を混えた作品である。しかしこの不完全な英訳によってすら紫式部の作家としての偉大さは十分に認められ、彼女はパリのユネスコ本部により日本から始めて『世界の偉人』に選定された。各国の『源氏物語』研究が今後大いに進展し、諸国語によるその完訳が出版されるならば、世界のすべての有識者は、驚異の念を新たにし、いよいよ紫式部の偉大さに感歎することであろう。

欧米における紫式部研究の発展を妨げているのは、決して言語の障害や、その研究成果を外国に紹介しようと努めない日本の国文学者の責任ではなく、余りにも西欧文化やギリシア・ローマ的古典文化に自負し過ぎた西欧人の態度、それに由来する東洋文化に対する理解の浅さによるのである。第二次大戦後、こうした態度については欧米人自らが反省しており、東洋文化、特に日本文化を理解し、研究しようとする意欲は、大いに昂まって来た。この気運に乗じて彼らの紫式部研究も次第に深められ、彼女の諸作品が『永遠の財産』としてますます尊敬される日も漸く近づいてきているのである。

源典侍のことども

今年になって（昭和三十九年）、日本からはただひとり紫式部が『世界の偉人』に選ばれた。これはユネスコが百十三の加盟国から選出したものであり、遅きに失したとは言え、まずまずめでたいことである。

一体、『源氏物語』ほど発表当時から今日に至るまで珍重されながら通読されることの少い作品は稀である。近頃の源氏ブームによってそれが広く大衆のものになりつつあるのは、嬉しい限りである。今後は研究の方も、国民の幅広い層を基盤として画期的に進められることであろう。

これに応じて紫式部自身に関する研究も大いに発展するものと期待されるが、この方面の研究はまだまだ未開拓な部分が多い。彼女の本名が藤原香子《かおりこ》であったらしいことなどもやっと最近になって判明したのである。この紫式部こと藤原香子の性格については、ここにひとつのおもしろい挿話がある。それは彼女が源典侍《げんのすけ》という登場人物を描いた『源氏物語』中の一節である。

源典侍は、齢の頃は五十七、八で、天皇付きの最高級の官女であった。彼女は身分も気品も高い、申し分のない婦人であった。ただ困ったことには大変な色好みで、その齢になっても浮気を止められないでいた。さすがの光源氏もこの老婆の誘いには乗らず、敬遠していた。しかしあるもの静かな夕暮れ、彼女のかなでる琵琶の音にうっとりした源氏は、ついふらふらと後宮にある典侍の局に誘いこまれてしまった。

これを知った頭中将は、一度源氏をこらしめてやろうと思い、夜ふけに彼女の情人を装って局に侵入し、刀を抜いておどしてみせた。驚いたのは脛に傷をもつ典侍の方であった。色っぽく若づくりしたこの老婆がしどけない姿で手を合わせ、『わが君！　わが君！』と哀願する格好は見られたものではなかった。源氏はすっかりこの情事に懲りたが、典侍の方は少しも諦めず、何のかんのと言って彼を追い回すのであった。

『源氏物語』に登場する多数の女性は、みな源氏名で呼ばれており、この源典侍のように氏と官の名を帯びて出てくる婦人は稀である。そして大変興味深いのは、物語が執筆された長保・寛弘年間（十一世紀の初め）に、源典侍という官女が実際にいたということである。

実在の方の源典侍は、名を源明子といい、一条天皇付きの最高級の官女であった。父は歌人として有名な源信明《さねあきら》であり、円融天皇の乳母の従三位・紀頼子（貫之の娘らしい）を母としていた。

源明子は、寛弘二年（一〇〇五）に四十八歳ほどであったから、物語の源典侍より十ほど若かった。彼女は早くから宮仕えに上がり、ついに従三位まで進み、後宮における非常な実力者となっていた。正式には左大弁の藤原説孝の妻であったけれども、為平親王や平親信などとも交渉があったらしく、その方は相当なものであったらしい。

源典侍のことは、『紅葉賀』から『朝顔』に至る諸帖に見えているけれども、はっきり言って、この好色の官女の話は、『源氏物語』の筋の進行には全く関係のない、一つの挿話に過ぎぬのである。つまりこの物語の構成ないし芸術性のためには、それはあってもなくてもよい話なのである。それでは一体、何故紫式部はわざわざ源典侍を登場させ、一再ならず、かなりしつこく彼女を扱っているのであろうか。

実際、物語に登場する数百人の男女のうちで、はっきりとモデルが判かるような例は殆どないと言ってよい。しかしこの源典侍の場合だけは全く例外なのである。こうあからさまに書かれては、さすがの明子も宮廷に居たたまれなくなり、寛弘四年五月、辞表を出してしまった。尤も道長らに慰留されて彼女はその職に居すわり、寛仁二年（一〇一八）まで宮仕えの方は続けたが、その間どれほど不愉快な思いをしたことであろう。

これは、大変な名誉棄損であり、プライヴァシーの侵害であった。しかし当時はそれを訴える方法もなかったし、また脛に傷をもつ明子は泣き寝入りするより方法がなかったであろう。

ところで、もうひとつ驚くのは、この源典侍の明子が紫式部の兄嫁であったということである。つまり明子の夫の説孝は、紫式部の亡夫・宣孝の同母兄であったのである。

一体、紫式部は、何故兄嫁の明子に対してあれほど激しく筆剣を振ったのであろうか。恐らく彼女は、高い地位を鼻にかけている意地の悪い、しかし陰では男出入りの絶えぬ兄嫁にひどい反感を抱いていたのではないか。しかし『源氏物語』の筋の展開に関係のない老醜の婦人を登場させ、わざわざそれを実名の源典侍で呼んだところには、紫式部のアクの強い、底意地の悪い性格の一端が図らずも露呈している。

現在では、昔のように紫式部を観音の化身だなどと言う人はいない。しかし紫女文学の愛好者たちは、ともすれば彼女に理想像を押しつけがちである。学界でも『聡明で思慮深く、内向的である自信の強い偉大な常識家』と評されている。この評価はあながち間違ってはいないが、しかし紫式部の本性は決して円満なものではなかった。ともかく彼女が平板で無構造な常識家でなかったことは確かである。いくら教養があったにしても、根っからの常識家があれほどの大ロマンなど書けるものではないのである。

実のところ紫式部の底には聖女と魔女が同居していたのであり、さまざまな諸要素が絡み合い、相せめいでいた。彼女は置かれた立場上、偉大な精神力をもって灼熱した高圧炉のような心情を抑え、敢えてもの静かで常識的な婦人のように装っていたに過ぎないのである。

この意味で、源典侍の一場面は、慎重な紫式部がゆくりなくも心の内面を覗かせてくれた珍しい例とされよう。

＊源典侍に関する詳細は、角田文衞『源典侍と紫式部』（角田文衞著作集第七巻所収）参照。

むまの中将——紫式部・和泉式部伝の補充のために——

一

紫式部の宮廷生活は、少くとも外面的には、稀代の作家としての名声に支えられ、耀かしい幸福なものであった。しかし世の常として、その同僚のうちには、彼女の声望を羨んだり、妬いたりして、彼女に反感を抱く人もいた。そして紫式部を、『すべて世の中、ことわざしげく、憂きものにはべりけり。』(『日記』)と歎かせたのであった。『紫式部日記』によると、『むまの中将』や『左衛門の内侍』などは、そうした人びとであった。

寛弘五年(一〇〇八)の十一月十七日の夜、一条天皇の中宮・彰子は、生まれたての皇子・敦成《ひら》親王(後一条天皇)と共に、土御門殿から里内裏の一条院に還啓された。中宮付きの官女のうちでも、上層部の者は、定められた順序に従って二人ずつ牛車に乗り込んだのであるが、紫式部は、『むまの中将』と一緒に乗車することとなった。これに触れて、紫式部は『日記』(入らせ給ふは段)にこう誌している。

つぎにむまの中将とのりたるを、わろき人とのりたりと思ひたりしこそ、あなことごとしと、いとどかかるありさま、むつかしう思ひはべりしか。

現代風に砕いて言うならば、『次ぎの車にむまの中将と私が乗ったが、中将が「わろき人」と合乗りしたと思っている風を示したのは、「まあ、勿体ぶって！」と、こうした宮仕えというものが、煩わしく思われたことでした。』の意味である。

これまでの註釈では、この『わろき人』は、『詰らぬ人』[1]とか、『ぱっとしない人』[2]といった風に解されている。文字に即して言えば、確かにそういう風に受けとれもするが、そこにはもっと深い意味があるかもしれないのである。

そのためにも、『むまの中将』とは、如何なる女性であったかを探究してみる必要を覚えるのであるが、これまでの研究は、この『むま（馬）の中将』を、左馬頭・藤原相尹《すけまさ》の娘と想定し[3]、ただそれだけで満足していたように見えるのである。

二

『むまの中将』については、『紫式部日記』に二箇処言及されているだけである。[4]その第一は、寛弘五年十月十六日、土御門殿行幸の条であって、そこには、『ただむまの中将ぞ、えび染めを着てはべりし。』とあり、彼女が禁色を聴されぬ官女であった事実が示されている。

その第二は、前掲の内裏還啓の条である。すでに別の論考で究明したように、車に乗る順序からみて、彼女は、明らかに『掌侍』であった。紫式部によれば、中宮付きの官女の上層部のうちでも、『大納言の君』、『小少将の君』、『宮の内侍』、『弁の内侍』は、『いと年へたる人びと』であり（十一月のあかつきに段）、そして『宰相の君』も、疑いもなく古参の官女であった。この『日記』には、『むまの中将』の官女としての年﨟を窺知するに足る証拠は、何ひとつ見出されない。しかし彼女が割合に新顔の官女でなかったかという印象も、漠然と受けるのである。

そこで彼女を藤原相尹の娘と看做す仮説について検討してみるが、これはどうも可能性に乏しいように思われる。確かに相尹の左馬頭在任は永く、『むまの頭《かみ》』と言えば、彼を想起するほどであるが、されぱと言って、簡単に彼と『むまの中将』を結びつけることは、許されぬであろう。

藤原相尹は、兼家の弟・遠量の子であり、道長とは従弟の関係にあった(6)。彼は早くより官人として出仕したらしく、永祚元年（九八九）七月、右近少将より左近少将に転じている(7)。彼がいつ左馬頭に転任されたかは明記されていないが、正暦四年（九九三）一月には、その任についていた(8)。彼の後任者とみられる藤原隆家が正暦三年八月二十八日、左近少将に任じられている点から推理するならば、彼の左馬頭転補も、やはり正暦三年の同じ日に

源　高明
醍醐天皇皇子
西宮左大臣

- 女　子　為平親王室
- 明　子　藤原道長側室
- 女　子　藤原正光室
- 女　子　藤原相尹室
- 女　子　斎宮女別当

系図16　源高明の娘たち

行われたと思われる。爾来殆ど二十年間、長和二年（一〇一三）頃まで[10]相尹は左馬頭の地位にあったが、それは彼が伊周派に属していたためであろう（『古事談』第二）。

　道隆に接近していた頃の彼には、夢があった。彼に何人の子女がいたかは詳かでないが、彼はひとりの娘に大きな夢を託していたと見える。正暦四年十一月の豊明の節会に、中宮・定子は、豪華に装いした五節の舞姫を出したが、それは『相尹の馬の頭の女』で、『染殿の式部卿の宮のうへの御おとうとの四の君の御腹』から生まれた十二歳の姫君であった。[11]つまり為平親王（染殿の式部卿）の正室の妹（源高明の第四女）と藤原相尹との間に天元五年（九八二）に生まれたのがこの姫君であったというのである。

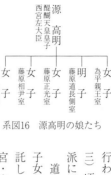

　『枕草子』によると、[12]翌々年の二月、[13]中宮・定子には、『相尹の馬の頭の女、少将』と、『北野の宰相の女、宰相の君』の二人の官女が側近に仕えていた。この『北野の宰相[15]』とは、早く季吟も指摘しているように、[14]菅原輔正のことであり、彼は、『北野宰相殿』と呼ばれていたのである。菅原氏の出身で高級の官女となった者は少いから、この『宰相の君』は、自ら日記類に出てくる掌侍・菅原芳子[16]に同定されるのである。

　相尹の娘の『少将』の実名は遽かに究明し難いけれども、やはり掌侍であったのであろう。しかし、『織物の唐衣どもこぼし出でて』二人は侍っていたというから、等しく掌侍とは言っても、彼女等両名は、特に禁色の聴された高級な掌侍であった訳である。この時（長徳元年）、五節の舞姫となった相尹の娘は、まだ十四歳に過ぎなかったから、どうしてもこの方は妹娘、『少将』の方は姉娘と解さねばならない。相尹は、姉娘の方を宮仕えに出して夢を託したが、妹娘をも出したかどうかは、甚だ疑問である。

『少将』の方は、その後も出仕を続けた。行成が日記に『少将掌侍』と誌しているのは[17]、まさに彼女のことである。たとい彼女のその後の消息は不明であるにせよ、彼女が『むまの中将』でないことは、言うまでもない。彼女は、相尹が左近少将であった正暦元年前後に出仕し、それ故に『少将』と呼ばれたに相違ないが、女房名は、父親の官職が進んだからといって変更される性質のものではなかった。彼女（少将）の妹がその後官女となり、彰子に仕えたのではないかという想像も、不可能ではない。道長は流石に政治家であり、相尹を圧迫するようなことはしなかったが、しかし掌中の玉であった彰子の身辺に伊周派の相尹の娘を侍らすほど無神経であり、無警戒であったとは考えられない。

三

『むまの中将』の実名や家系を明らかにする手掛りは、実は『御堂関白記』の中に見出されるのである。すなわちその寛弘三年（一〇〇六）十月九日条に、道長は、掌侍・源平子が辞任し、その補欠として藤原淑子が掌侍に任命された由を書いている。内覧で左大臣の道長がわざわざ掌侍の交替を記録するのであるから、これは彼、もっと具体的に言えば、彼の愛娘の彰子に関係した女除目であったであろうことが、まず脳裡に泛んで来る。しかしこれだけの記事をみつめていたのでは、何等解明の端緒は得られないから、我々は方向を変えて藤原済時の娘たちについて吟味してみたいと思う。

『小一条の大将』の名で知られる藤原済時の娘の娍子は、その頃、東宮の女御であった（後に三条天皇皇后）。娍子の母は、権大納言・源延光（醍醐源氏）の娘であった[18]。娍子には、同母の弟・通任《みちとう》がおり、同母の妹が一人いた[19]。この妹は、祖母（右大臣定方の娘で師尹の夫人）の許で育てられ、琵琶に巧みであった。兄の通任より二つ下であると仮定すれば[20]、彼女は貞元元年（九七六）の誕生とされる。『中の君』と呼ばれたこの妹は、長保四年（一〇〇二）頃、『御心わざに[21]』（自分勝手に）太宰帥・敦道親王と結びつき、その二度目の正室となった。やがて敦道親王は、和泉式部と恋いに陥り、長保五年十二月十八日、遂に彼女を東三条院の南院に迎え入れたので、『中の君』は、いたたまれず翌年正月、南院から祖母の許に帰った[22]。その後の『中の君』について、『大鏡』（第二巻、師尹伝）は、『心えぬ有さまのことのほかなるにておはすなれ。』と、零落した有様を述べている[23]。無論これは、精神的な意味での零落であって、経済的には同母の通任や娍子が彼女を放っておくことはなかったであろう。そしてこのような貴族の女性にとって、傷心を癒し、紛らわす最もよい方法は、宮仕えに出ることであり、周囲も彼女にそれを勧めたであろう。

『源掌侍』と呼ばれた源平子は、長保元年には、『侍従』や『左衛門』と共に『うへの女房』であったが[24]、翌二年二月、彰子が中宮に冊立されるに際し、三人とも一緒に中宮付きに転じたと思われる[25]。彼女がどうして木工助・藤原済成と結ばれた[26]かは不明であるが、彼女を木工助・源泰平[27]の妹、つまり権大納言・源延光の娘（従って、公任、行成の母、道長の側室明子、源俊賢などのいとこ）と仮定するならば、それは円滑に理解されるであろう。幸

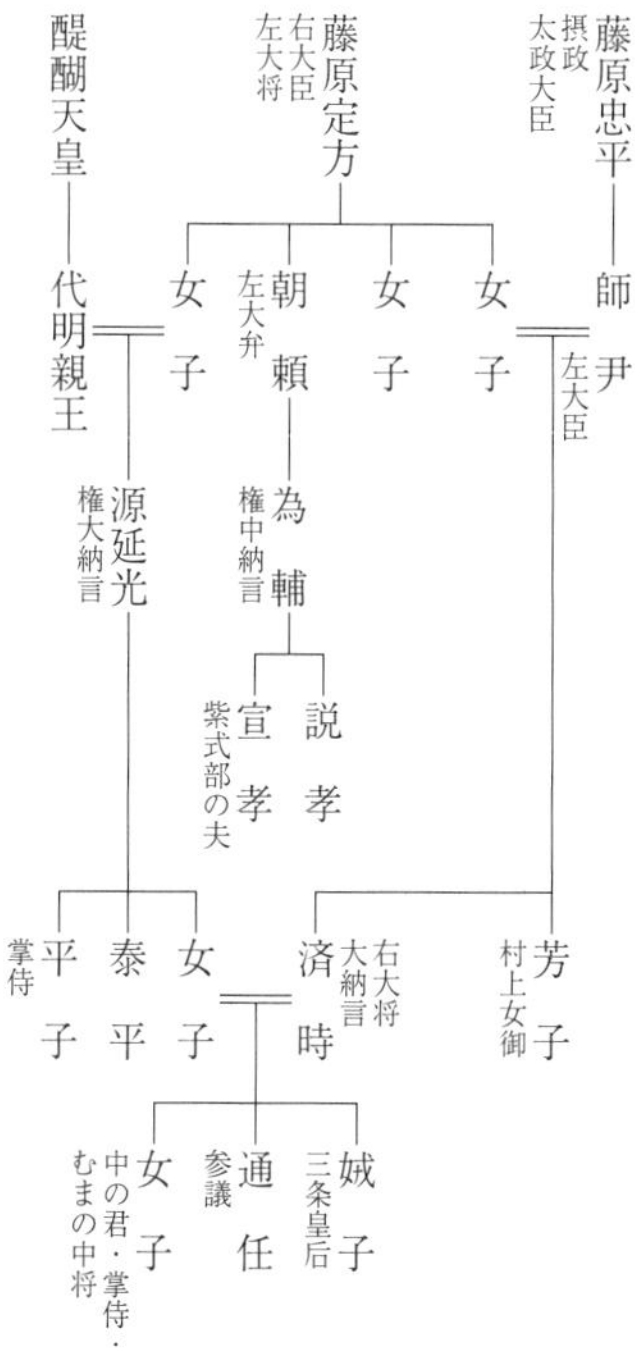

系図17　藤原定方の一族

いにこれが肯綮に当たっているとすれば、彼女は、通任、娍子、『中の君』の叔母ということになるのである。

寛弘三年十月、前記のように、掌侍・源平子は辞職し、替って藤原淑子が掌侍に任命された。源掌侍は、中宮付きに転じていたらしいから、藤原淑子も中宮付きの掌侍として任用されたであろう。中宮付きの官女のうちで、掌侍の数は限定されていた。とすれば、藤原淑子は、いかなる女房名をもつ掌侍に該当するのであろうか。

中宮彰子に任えた掌侍は、寛弘五年十一月現在で七名いた(28)。そのうち紫式部は新顔であり、『むまの中将』は、いつ出仕し始めたか不明である。他の五名は、氏名が判明しているか、そうでなくとも、すべて『いと年へたる人びと』である。結局、藤原淑子と『馬の中将』を同一人物と認めねば、説明が困難となるのである。

東宮女御の娍子の弟で『中の君』の兄の通任は、天延二年(九七四)の生まれで(29)、温厚な人物であった(30)。彼もまた道長に接近し、その側近の一人となっていた(31)。彼は、長保元年三月から寛弘八年六月まで、十二箇年余り右馬頭の職にあった(32)。いまもし寛弘三年に彼の妹の『中の君』が宮仕えを始めたとすれば、当然彼女は、『右馬』(母音省略によって『むま』)の文字を冠して呼ばれたであろう。それが掌侍であれば、小上臈また中﨟の上の官女名から適当のもの(33)(例えば『中将』)を選び、それに『右馬』を冠して女房名としたに相違ないのである。父の済時は、長徳元年(九九五)に薨去していたから、兄の官名に因んだ『右馬』を採用するのは、当然であった。その当時、官女に関しては、退任者が後任者を推すことは、是認されていた。[34] もし源平子が『中の君』の叔母であるとすれば、彼女は辞任に際して、必ずや『中の君』を自分の後任者として推薦したに違いないのである。これまで考証した結果を綜合してみると、次ぎのような可能性が導かれて来るのである。

(1) 藤原済時の娘『中の君』は、破鏡の悲歎を紛らわすため、寛弘元年正月以後に官女として宮廷に出仕したらしいこと。

(2) その場合、彼女の女房名には、亡父ではなく、右馬頭現任の兄・通任に因んで『右馬』ないし『馬』の文字が冠せられたであろうこと。

(3) 寛弘三年十月、掌侍を辞した源平子とその補欠として掌侍に採用された藤原淑子との間には、特殊な関係があったらしく、平子が後任者として淑子を推したらしいこと、

(4) 初め『うへの女房』であった源平子は、長保二年、『左衛門』や『侍従』といった同僚と共に、中宮・彰子付きの官女に転じたらしいこと。

(5) 源平子の後任者となった藤原淑子は、当然、中宮・彰子に仕えたであろうこと。

(6) 源平子は、藤原通任や『中の君』の叔母であったらしいこと。

(7) 中宮・彰子に仕えた掌侍の『むまの中将』は、出仕当時に左馬頭か右馬頭であった官人の縁故者であったであろうこと。

(8) 『むまの中将』は、『年へたる人びと』にはいらぬらしく、比較的新しい官女と思

われること。

右の八つの可能性は、些細な事実によって導かれたものであるが、一つ一つの確率はさほど大きくはない。けれども、これら八つの可能性が一つの環に結合され、その間に何等の矛盾が認められない時、それらは単なる可能性ではなく、揺がない真実性に化するのである。もしこの八次方程式が、一つの答えによって氷解するのであれば、それは二次や三次ではなく、八次方程式であるが故に、反ってその答えがただ一つだけであり、その答えの真実性が否定し難いものであることを証明してくれるのである。そしてその答えとは、『中の君＝藤原淑子＝むまの中将』に外ならぬのである。

四

記事の詳細をもって知られる『小右記』をみても明らかなように、当時の為政者は、女叙位や女除目の内容を一々記録しはしなかった。まして左大臣で内覧（関白）の藤原道長が逐一その人事を具体的に日記に誌す訳はなかった。もし道長が女叙位や女除目の内容を記しているとすれば、その人事が彼自身と特別な関係があったからであり、それ故にメモをしておく必要があったのである。日記の寛弘三年（一〇〇六）十月九日条に道長が掌侍・源平子の辞任と藤原淑子の掌侍採用を記録したのは、それが彼の愛娘・彰子に仕える官女の人事であったばかりでなく、未来における彼の政治的生命が多分に娘の彰子にかかっていたためである。

『むまの中将』は、琵琶が得意であったが、さりとて名人と謳われるほどの腕ではなかった。眼前に演じられている敦道親王と和泉式部とのはでやかな恋路は、いかほど彼女を懊悩させたことであろうか[35]。皇子、皇女に恵まれた実姉（東宮女御・娍子）の安定した生活は、悲境にある彼女の性格を歪めさせずにはおかなかったであろう[36]。

その彼女―藤原淑子―が、紫式部の華やかな名声に羨望と嫉妬を覚え、またそのとり澄ました容易に許さない態度[37]に反感を抱いたとしても、それは少しも不自然ではなかった。淑子が紫式部に抱いた敵意は、なまなかに同僚であるだけに一層熾烈なものがあったに相違ない。『紫式部日記』に見える『わろき人』は、このような背景を前にして理解さるべきであり、『詰らぬ人』といった文字に捉われた解釈は避けねばならぬのである[38]。

藤原淑子のうら若い生涯を破砕した敦道親王は、寛弘四年十月二日、二十七歳で多情多感な一生を終えた[39]。和泉式部は、かつて東三条院の南院に乗り込んで来て、正室たる淑子を追い出してしまった。その和泉式部は、親王の喪が明けてしばらくした寛弘六年の三月下旬、今度は恐らく娘の小式部をもつれて中宮に出仕したのであった[40]。淑子はこれによって苦痛を新たにした訳であるが、翌年、和泉式部は早くも藤原保昌（道長の家司）と結ばれて任地に下ったので、淑子の憂き目はそう永くは続かなかった。紫式部が『日記』の消息文に、『和泉は、けしからぬかたこそあれ』とは言っても、深くその行状を咎めず、寧ろ『ざえある人』として歌才だけを讃えている心底には、『むまの中将』に対する不快な感情があったのではなかろうか。

長和元年（一〇一二）正月三日、淑子の実姉・娍子は立后の宣旨をうけ、四月には、彼女等の亡父・済時には太政大臣が贈られた。姉の栄達にもかかわらず、淑子は引き続き枇杷殿（現在の京都御所の西側中央部）にあって敦成《ひら》親王（後一条天皇）に仕えていたらしい。それは、生誕当時から側近に侍したこの皇子に対する愛情にもよろうが、同時に、いたく勝気な性分の彼女のこととて、実姉について抱く反撥的な感情──二人姉妹にありがちな──も手伝っていたためではなかろうか。

『紫式部集』によると、

中将少将と名ある人びとの、おなじ細殿に住みて、少将の君をよなよなあひつゝ、語らふをきゝて、となりの中将

みかさ山おなじ麓をさしわきて霞に谷のへだてつるかな

かへし

さしこみていることがたみみかさ山霞ふきとく風をこそまて

という、『馬の中将』と紫式部との贈答歌がみられる。紫式部が『小少将』に同性愛に近い気持を抱いていたことは、周知の事実である。隣の曹司に住んでいた『馬の中将』が二

人に傍焼《おかや》きを覚えたことは肯けるが、紫式部は心の中でこの女性には自分を許さないでいたと見える。

なお、誤って『平兼盛集』とされた『佚名歌集』[41]は、実は『頼宗集』の断簡であるが[42]、これは『むまの中将』が里から藤原頼宗に贈った歌が収められている。

長和五年正月、後一条天皇の即位と共に、掌侍の藤原淑子は、天皇付きの官女に転じたらしく、同年六月十日には、里内裏の一条院に出向を命じられた[43]。その頃、彼女はすでに齢四十歳前後であった。これを最後として彼女は、永久に消息を絶っている。

その時分、道長の圧力は東宮の敦明親王（母は娀子）に及び、親王の皇太子辞位は、もはや目睫の間に迫っていた。そして皇后の娀子も、左大臣の顕光（東宮女御・延子の父）も、親王に託した見果てぬ夢に懊悩を続けていたのである。

註

（1）小室由三『紫式部日記全釈』（東京、昭和五年）、一三三頁。

（2）秋山虔校註『紫式部日記』（『日本古典文学大系』第十九巻所収、東京、昭和三十八年）、四七五頁。

（3）例えば、秋山、前掲書、五一三頁、補註一〇三。

（4）佐伯梅友監修『紫式部日記用語索引』（東京、昭和三十一年）、三〇頁、参照。

（5）角田文衛『紫式部の本名』（角田文衛著作集第七巻所収）。
（6）『尊卑分脈』第一編、摂家相続孫。
（7）『小右記』永祚元年七月十三日条。
（8）同右、正暦四年一月二十三日条。
（9）『公卿補任』正暦五年条。
（10）『御堂関白記』長和元年十一月十七日条。
（11）『枕草子』第八十六段（『宮の五節いださせ給ふに』段）。
（12）同右、第百段（『淑景舎、東宮にまゐり給ふほどのことなど』段）。
（13）中宮・定子と東宮妃・原子の姉妹の対面の年月については、異論があるが、『小右記』や『日本紀略』により、長徳元年二月とみるのが正しい。
（14）北村季吟『枕草子春曙抄』巻之六。
（15）『尊卑分脈』第四編、菅原氏。
（16）例えば、『権記』長保二年十月十五日条。
（17）同右、長保元年七月二十一日条。
（18）『大鏡裏書』第二巻50、『一代要記』丁集、その他。
（19）『栄華物語』第四巻『見はてぬ夢』。
（20）皇后・娍子は、万寿二年三月二十五日、五十四歳で崩じたから（『小右記』）、天禄三年（九七二）の誕生である。通任は、長暦三年に六十六歳で薨去したから（『公卿補任』長暦三年条）、天延二年（九七四）の生まれとされる。『二の君』の生年はさだかでないが、姉妹が正暦元年十二月二十五日、一緒に著裳の儀を行っている点からみて（『小右記』）、かなり姉の生年に接近していたと推測される。

(21)『大鏡』第二巻、師尹伝。
(22)蛇足ながら、『和泉式部日記』は、彼女と敦道親王との恋路(『中の君』が逃げ出すまで)の経緯を委しく書きつらねたものである。
(23)『大鏡』は、あたかも万寿二年に著述されたかのように装うているが、無論、ずっと後に著されたものである。『大鏡』は、『中の君』の零落を、『このごろきけば、』とした上で述べている。正面から受けとれば、『中の君』は万寿元、二年頃、零落していたこととなるが、これは当たっていない。この辺の事の叙述には、『栄華物語』(巻第八)が材料とされていると思われるが、『栄華物語』には、『また小一条の中君も、いかゞとぞ人推しはかり聞ゆめる。』とあるだけである。この『いかゞとぞ』は、『精神的にどんなに惨な生活をしていなさるだろう』との意味に理解すべきである。『中の君』が経済的に困るなどということは考えられない。
(24)『権記』長保元年七月二十一日条。
(25)道長は、側室・明子の従姉という点で、源平子を中宮側に引いたのであろう。
(26)『権記』長保二年七月七日条。
(27)『尊卑分脈』第三編、醍醐源氏。
(28)角田、前掲論文。
(29)註(20)、参照。
(30)『栄華物語』巻第四『見はてぬ夢』。
(31)通任は、『御堂関白記』に三十五回も登場している。寛弘八年以前においても、六回彼の名が記されている。
(32)『公卿補任』寛弘八年条。

(33) 藤原良基『女房の官しなの事（女房官品）』（『群書類従』所収）。
(34) 例えば、『権記』寛弘四年五月三日、同月十一日諸条、参照。
(35) 単に愛情ばかりの問題でなく、世間の話題となったことにも苦しんだのである。『中の君』は、親王に、『いとかう身の人げなく、人笑はれにはづかしかるべきこと』（こうもひどく私のことを無視なさって、私が世間の笑われ者となるのが恥ずかしいのです）と泣く泣く語ったと、『和泉式部日記』は伝えている。
(36) 『栄華物語』巻第八『はつ花』に、『いかで女御殿（実姉の娍子）に劣らぬさまのことをなど、思しかまへて、春宮の御弟の帥宮に聞えつけ給へりしかば、』とあるように、淑子は姉への対抗意識から敦道親王に自分の方より働きかけ、その二度目の正室となったのである。
(37) 中宮・彰子も、紫式部に、『（初めのあひだは）いとうちとけては見えじとなむ思ひしかど、』と語ったという（『紫式部日記』よろづのこと段）。
(38) 佐伯監修、前掲書、二五一〜二五二頁、参照。
(39) 『日本紀略』寛弘四年十月二日条。
(40) 岡田希雄『和泉式部』（岩波講座『日本文学』所収、東京、昭和六年）、清水文雄『和泉式部』（『日本歌人講座』第二巻所収、東京、昭和三十五年）、その他、参照。
(41) 『兼盛集補遺』（『校註国歌大系』第十二巻所収、東京、昭和四年）。
(42) 岡一男『源氏物語の基礎的研究』（東京、昭和二十九年）、一四九〜一六一頁。
(43) 『御堂関白記』長和五年六月十日条。

付記　前記『兼盛集補遺』（『頼宗集断簡』）に見えた頼宗と『むまの中将』との贈答歌を掲げておこう。

むま中将里より薄などすべて秋の花を折りまぜて
(1)君によりはつねをつめる花薄露かけまくは畏けれども
(2)白露のかかるを見ても花薄かたよる風ぞ下待たれける

(1)の歌には、頼宗に対する『むまの中将』の尊敬の意が表されているけれども、(2)の『かたよる風ぞ下待たれける』には、年増の美しい貴婦人に対する頼宗のあえかな愛慕の想いが籠められているように思われる。頼宗は、寛弘五年十一月いらい中宮・彰子のいる一条院に出入を許されていたし（『紫式部日記』高松の小公達さへ段）、また長和一、二年頃には枇杷殿に住んでいたから、紫式部や『むまの中将』とは、早くから親しい関係にあった訳である。

＊

補考　最近、岩野氏の『紫式部日記人物考』に接し、『むまの中将＝相尹の娘説』の根拠が『春記』長久元年（一〇二八）五月二十四日条の『中将典侍相尹女』にあることを教えられた。しかしこの『中将典侍』は、皇后・定子が産んだ媄子内親王の『中将の命婦』のことであって(1)、『むまの中将』とは別人である。伊周の配流に連坐して勅勘を蒙った相尹の娘であるだけに、この『中将の命婦（または「中将の乳母」）』も、熱心な伊周派であり、いつも道長に対立するグループに属していた。

彼女がいつもその身の上について涙を流していた(2)媄子内親王は、寛弘五年（一〇〇八）五月二十五日に薨去したので、彼女は伊周の妹（五の方）が御匣殿別当(3)をしていた東宮（三条天皇）の御所に入り、当子内親王に仕える身となった。寛弘五年九月、中宮・彰子が出産の際、彼女は土御門殿に来たことがあったが、その寝殿の東廂で彼女は、あきれたような表情で頭中将の源頼定と顔を見合わせている(4)。相尹と同じく伊周の事件で勅勘を蒙った頼定(5)と彼女とが、知り合いの仲であったことは疑いがないであろう。紫式部は、彼女のことを『けさう（化粧）などのたゆみなく、なまめかしき人(6)』と評している。

寛仁元年（一〇一七）四月、左近中将・藤原道雅と前斎宮・当子内親王との密通が洩れて問題となった。[7]逆鱗した三条上皇は、密通を媒介した咎で『中将の乳母』を退出させられた。[8]道雅が伊周の嫡男である事実を想えば、彼女の媒介は充分に肯かれるのである。

三条上皇の諒闇が過ぎた寛仁二年の秋頃、彼女はまた復帰し、落飾した当子内親王に仕え、内侍として長久年間まで在職したようである。なお、彼女と、禎子内親王の『中将の乳母』とは、全くの別人である。『中将の命婦』の行動を通じて明白なのは、彼女が道隆の系統に終始忠実であったことであり、それは彼女が藤原相尹の娘であることを前提として始めて理解されよう。恐らく彼女は、皇后・定子に仕えた『少将』の妹で、皇后の推挽によって正暦四年（九九三）十一月に、五節の舞姫となった婦人[9]に当たるものであろう。その時分、彼女は十四歳であったから、長久元年（一〇四〇）には、六十一歳であったわけである。

要するに、藤原相尹の娘は、『小中将』、『中将の命婦』、『中将の乳母』、『中将の典侍』などと呼ばれて永い官女生活を送ったのであり、『馬《むま》の中将』とは別人であった。この方は、同じ馬頭《むまのかみ》でも、左馬頭・藤原通任の妹であったと推断されるのである。その意味において、著者が本文で帰結した『むまの中将＝藤原済時の次女＝藤原淑子説』は、毫も改変を必要としないのである。

なお、『栄華物語』[10]は、『むまの中将』が寛仁三年にもまだ上東門院（彰子）に仕えていたことを伝えている。

補註

（1）『栄華物語』巻第七『鳥辺野』。

(2) 同右、巻第八『はつ花』。
(3) 同右、巻第十一『つぼみ花』。
(4) 『紫式部日記』、ひんがしおもて段。
(5) 『小右記』長徳二年四月二十四日条。
(6) 註(4)、参照。
(7) 『御堂関白記』寛仁元年四月十日条、『大鏡』第二巻、左大臣師尹。
(8) 『栄華物語』巻第十二『玉のむら菊』。
(9) 『枕草子』第八十六段。
(10) 『栄華物語』巻第十五『うたがひ』。

大輔の命婦

一

皇后・定子の乳母であったと推定される『大輔の命婦』は、これまで『枕草子』の研究者によって殆ど問題にされることがなく、『不詳』の語をもって簡単に片づけられているような状態であった。というのも、結局、彼女に関しては史料的に殆ど手掛かりがない上に、その名が『枕草子』、しかも三巻本の『枕草子』にただ一度しか出ていないということによるものであろう。

いま、便宜上、『大輔の命婦』に触れた『枕草子』の一段（『日本古典文学大系』本、二百四十段）を左に掲げてみよう。

御乳母の大輔の命婦、日向へくだるに、賜はする扇どもの中に、片つかたは日いとうららかにさしたる田舎の館《たち》などおほくして、いま片つかたは京のさるべき所にて、雨いみじう降りたるに、

あかねさす日に向ひても思ひ出でよ都は晴れぬながめすらんと

御手にて書かせ給へる、いみじうあはれなり。さる君を見おきたてまつりてこそえ行くまじけれ。

文意そのものは明白であって、特に問題とする箇所もないと思う。池田亀鑑氏は、右の一段を論評して、

事実の年時は明らかにしがたいが、御歌に感じられる一種の哀愁、『晴れぬながめ』の語などから推して、中宮の晩年、不遇になられてから後のことではないかと思われる。『……いみじうあはれなり。さる君を見おきたてまつりてこそえ行くまじけれ』という感動に満ちた叙述を、この作者が、最後まで宮の許にあった事実と考えあわせたい。

と記し[1]、清少納言の『心情のうつくしさ』を讃えておられる。

『大輔の命婦』の西下が皇后・定子の晩年、然も不遇になられた後にかかることは、文面を一瞥しただけでも明瞭に看取される。皇后・定子の不遇は、長徳元年（九九五）四月十日における父・入道前関白・道隆の薨去に始まったとは言うものの、特に苦悩の多かったのは、翌二年二月、同母の兄弟たる伊周と隆家の罪科が論じられてから以後、翌年四月、両人が赦免された時までであった。従って『大輔の命婦』の西下は、この一年有余の期間に起こった出来事とみなす可能性が多いのである。

二

『権記』長保二年（一〇〇〇）四月七日条によると、正暦元年（九九〇）十月五日、女御・定子が中宮に冊立された後、即ち十月十五日、左のような叙位が行われている。

同月十五日、藤原朝臣伊周叙正四位下。后兄也。祐子女王叙従五位下。乳母也。

この記事は、正暦元年十月現在、皇后・定子の乳母は祐子女王ただ一人であった事実を証示している[2]。祐子女王は、この時、従五位下に叙され、始めて命婦に列しられたのである。

尤も、『小右記』の正暦元年十月二十二日条には、

新后（定子）今夜入二給禁内一、云々。伊周朝臣加二一級一（正下）、依后同胞、云々。但可レ給二立后日位記一。彼日又有二女叙位一（一人云々）。今夜又有二叙位一。守仁朝臣叙二一級一（従五位上）。又女一人、（従五位下高階光子后乳母歟。）

と記されている。これによると、伊周と祐子女王は立后の日（十月五日）附で位記を賜う筈であったが、何等かの事情で十月十五日附に変更されたもののようである。また実資は、十月二十二日に叙位された高階光子について、『后の乳母か』と述べているが、光子は皇后の叔母であり、宣旨の任にあった婦人であって[3]、乳母ではなかった。

祐子女王の出自については、文献に全く記載されていない。ただ彼女は皇后・定子のただ一人の乳母であった点で『大輔の命婦』と同一人物と認められるところに、その出自を捜ぐる何等かの緒が求められるのである。

極く稀な例外を除くならば、当時の慣習として、女王は親王の娘にのみ与えられる称号であった。親王の息子は源姓を賜わって臣籍に降されたが、娘の方は――どうせ一代限りであるから――女王の称号が与えられ、皇親に入れられていたのである。従って祐子女王も某親王の娘と見るのが妥当である。親王の経済が必ずしも裕かでなく、特にその薨後、遺族が侘しい生活を余儀なくされていたことは、『源氏物語』などにもしばしば描かれている通りであった。それ故、親王の娘たる祐子女王が大納言・兼家の孫娘の乳母となったとしても、別に不思議ではなかったのである。

皇后・定子は、貞元二年（九七七）に生誕した。その当時、村上天皇や冷泉天皇の諸皇子はまだ若く、乳母となるような王女をもっていなかった。従って祐子女王は、どうしても醍醐天皇のある皇子の娘とみなされねばならぬのである。

いま数多い醍醐天皇の皇子のうち、皇太子・保明親王を除いた親王を列記してみると、次ぎの通りである。

祐子女王が貞元二年に定子の乳母となった時、彼女は三十歳を越していたとは考えられない。つまり彼女は天慶九年（九四六）以前に薨じた親王の娘ではありえなかったろうと

表二　醍醐天皇の皇子たち

	名	薨去年月日	享年	備考
1	克明親王	延長四年九年二十四日	不詳	
2	時明親王	延長五年九月二十日	一六	
3	雅明親王	延長七年十月二十三日	一〇	実は、宇多天皇皇子。
4	代明親王	承平七年三月二十九日	不詳	
5	常明親王	天慶七年十一月九日	三九	
6	行明親王	天暦二年五月二十七日	二三	実は、宇多天皇皇子。
7	長明親王	天暦三年九月二十二日	四二	
8	重明親王	天暦八年九月十四日	四九	
9	有明親王	応和元年閏三月二十七日	五二	
10	式明親王	康保三年十二月十七日	六〇	
11	盛明親王	寛和二年五月八日	五九	
12	兼明親王	永延元年九月二十六日	七四	
13	章明親王	正暦元年九月二十二日	六七	

思われるし、また貞元二年当時まだ在世していた親王の娘とも認められない。それ故、祐子女王の父として可能性の多いのは、表二で6～10に掲げた親王でなければならない。宇多天皇皇子で天暦元年（九四七）以後も在世していたのは、敦実親王であったが、貞元二年（九七七）、王子の源雅信は右大臣の顕職にあったから、たとい異腹ではあっても、妹を大納言・兼家の孫娘の乳母に差出したとは考えられない。それは、兼家の三男・道長に対する雅信の見下した態度[4]からしても、充分に察知し得るところである。

いま、6～10までの五親王についてみると、まず問題となるのは、その息子に各省の大輔の地位にいた者があるかどうかということである。現存する史料は限定されているにしても、長明親王には王子がいなかったし、また式明親王の子・源親頼は無官で終ったらしいから、検討を要するのは、重明、有明、行明の三親王ということになるのである。

行明親王は、天暦二年五月二十七日、二十三歳で薨去された[5]。文献に記載されているのは、後に従四位下にまで進んだ源重熙《ひろ》[6]と、後に権大納言・源重光室となった某女王[7]の二人だけであった。親王は早世したから、これ以外に子女があったとは考えにくいし、また重光は貞元二年において中納言であったから、彼の妻が兼家の孫の乳母となったとは認められない。しかも、重光室の某女王は、早世したのではないかと推測される。尤も彼女が長経ばかりでなく、則理を産んだとすれば、長元元年（一〇二八）に歿したことになる[8]。いずれにしたところで、中納言・重光室の所生のこの女王が当時まだ近衛少将であった道隆の娘の乳母となったとは考えられぬのであって、寧ろ伊周室となった重光の娘を彼女が産んだと推定する方がずっと可能性に富んでいるのである。

有明親王についてみると、その娘の能子女王は兼通室であった。[9] 貞元二年において兼通は関白太政大臣（尤も、十一月八日薨去）であったが、彼と実弟の兼家とは犬猿の仲であった。恐らく兼通は、たとい異腹ではあっても、妻の妹が仇の兼家の孫娘の乳母になることを許さなかったであろう。また有明親王の四人の息子（忠清、正清、泰清、守清）について、『親信卿記』、『小右記』、『権記』、『尊卑分脈』、『公卿補任』、『本朝皇胤紹運録』等々を漁って官歴を調べてみると、誰一人、八省において大輔の地位を占めた者は見出されない。かれこれ勘案してみると、祐子女王＝大輔の命婦の父を有明親王と看做すことは、殆ど望み難くなるのである。

その点で最も有望なのは、祐子女王を重明親王の娘とみる推定である。推知される限り、重明親王には少くとも三人の妻室がいた。正妻は、忠平の娘の寛子であったが、彼女は二、三人の子を遺して天慶八年（九四五）正月に歿した[10]（四十歳）。

『尊卑分脈』[11]や『本朝皇胤紹運録』によると、『青侍従』、『青常《あおつね》』の徒名[12]で知られた侍従左京大夫従四位下・源邦正は、寛子の産んだ王子であった。また村上天皇の後宮に入り、『斎宮女御』ないし『承香殿の女御』と呼ばれた歌人の徽子女王も、明らかに寛子の娘であった。[13] 問題となるのは、天暦元年、斎宮に卜定された悦子女王（後に旅子と改名）の母のことであるが、この女王に対する忠平の強い関心(14)から窺うと、彼女の生母はやはり寛子とみて差支えないであろう。

寛子の歿後、重明親王は、師輔の二女・登子を継室に迎えた。登子の母は、師輔の正妻・藤原盛子であった(15)。盛子は多産で健康な婦人であって、伊尹(九二四)、兼通(九二五)、安子(九二七)、兼家(九二九)、登子、第三女(源高明室)、怤子(冷泉天皇女御)の七人の子女を矢継早に産んでいる。登子は、兼家のすぐ下の妹であったから、承平元年(九三一)頃に生まれたのであろう。登子が天慶九年(九四六)に重明親王の継室になったとすれば、それは彼女が十六歳の頃のことであった。そして天暦八年(九五四)九月、彼女は二十四歳ほどで重明親王を喪い、親王との九箇年に亙る結婚生活を終えたのである。

その後、登子は村上天皇の寵愛を恣にし、『貞観殿の尚侍』としていと時めくのであるが、天皇は、『人の子など生み給はざらましかば、后にも据ゑてまし(16)』と宣わせられたという。従って登子が九箇年の間に重明親王の子を一人以上産んでいたことも、それからして推知されよう。『栄華物語』(巻第一『月の宴』)には、

九条殿の后《安子》の御はらからの中のきみは、重明の式部卿の宮の北の方にぞおはしける。
女君二人生みてかしづき給ひけり。

と述べられている。『尊卑分脈』(17)は、権中納言・藤原朝経について、『母式部卿重明親王女』と註しているが、この朝経の父・大納言・朝光の室は、『大鏡』(第三巻)に、

北の方には、貞観殿の尚侍の御腹の、重明の式部卿の宮の御中姫君ぞおはせしかし。

とあるように、重明親王と登子との間に生まれた王女二人のうち、妹の方であった。この婦人はまた、花山天皇の女御・姫子（姚子）の生母としても知られている[18]。しかし姉の方の女王が誰の妻となったか、またなんという名であったかは、現存の史料から知ることは出来ない。

山中裕氏は、登子が産んだ重明親王の二王女の一人は、徽子女王であったとされている[19]。徽子女王の母が『貞信公女』であったことは、史料の上で明証がある。この女王は、承平六年（九三六）九月、年十一歳で斎宮に卜定され、寛和元年（九八五）、五十七歳で卒しているから、登子が重明親王の継室となった天慶九年頃には、すでに二十二歳であった[20]。更に天慶八年七月における斎宮退出は、明らかに母の喪に遭ったためであった。それ故、徽子女王が重明親王と登子との間に生まれた娘ではあり得ないことは、極めて明瞭なのである。

以上挙げたほか、重明親王の子女としては、源行正、源信正と麗子女王という三人の名が知られているが、いずれも生母のことは詳かでない。麗子女王は、天慶九年四月、村上天皇の即位式の際に褰帳の役を勤めたのであるから[21]、登子の娘であり得ないことは、言うまでもない。と言って、彼女の生母を寛子とみなすことは、躊躇される。『尊卑分脈[22]』によると、行正は左馬頭従四位下、信正は民部大輔従四位下にまで至ったという。しかし彼等の生母のことは、何等文献に記載されていない。想うに、これら三人の王子女は、重明親王が寛子および登子以外の一、二婦人（本妻か妾妻）に産ませた子達なのであろう。

重明親王の王子女達は、天暦八年に親王が薨じた後、必ずしも幸運に恵まれなかった。すでに成人していた邦正や、村上天皇の後宮に入った徽子女王、斎宮を退下した悦子女王(23)など、寛子腹の王子女はまだ好都合であったが、それでも親王の旧邸・東三条院(24)は手放さざるを得なかった。行正、信正、麗子等三人の動静は明らかでないが、息子二人の方は源姓を賜わり、官人として或程度の出世を約束されている状態であったに相違ない。

精神的に惨めであったのは、登子腹の二人の王女であったらしい。色めいた登子は、村上天皇の寵愛を蒙ったものの、『多武峯少将物語』に、『式部卿の北の方、ひとりおはすれば……』と見える通り、娘達から引き離されるに至った。村上天皇の崩後、彼女は、『東宮（円融天皇）の御親の如《ごと》して(25)』宮中に候っていたし、道綱の母の記録する所に拠れば(26)、宮中から退下した時は、兼家邸の西対にひとり住んでいたとのことである。つまり登子が産んだ重明親王の二王女は、実母を奪われ、侘しい生活を送っていたのである。

管見では、これら二王女のうち、姉の方が祐子女王でなかったかと思われるのである。妹の方は、大納言・朝光の室となったが、朝光は枇杷殿という財産に惹かれて権大納言・源延光の未亡人（敦忠の娘で枇杷殿の尼と謂われた）の許に入り込んで世の嘲笑を買い、正妻、すなわち重明親王の王女で花山天皇の女御・姫子（姚子）の母を殆ど離別に近い状態においた。[27] これは、登子の産んだ二人の王女が大した財産も、しっかりした後楯もなく過ごしていた事実を暗示している。姫子が花山天皇の寵を失って退下した後、母の女王は一層惨めな心境に陥ったことと思われる。事情がこのようであってみれば、天延三年（九七五）三月、実母を喪っていた二人の姉妹のうち、姉の方―私見では祐子女王―が貞元二年（九七七）に至って兼家の一男・道隆の娘（定子）の乳母になったとしても、それは決して不自然ではなかったのである。その際彼女が、兄・信正の官名に因んで『大輔の乳母』と呼ばれたと解するのは、甚だ当を得た想定と思われる。信正が民部大輔に在任した期間が不詳なのは遺憾であるが、以上の考察を通じて、祐子女王の出自や女房名は、ほぼ右のように推測されるのである。

登子は、天慶九年（九四六）頃、重明親王と結婚し、九年ほど生活を共にした。従って彼女が産んだ二人の娘のうち、姉の方は天暦二、三年、妹の方は天暦五、六年の生まれであったと推定される。村上天皇が始めて登子を寵されたのは、まだ重明親王や実姉の中宮・安子の在世当時、即ち天暦七、八年のことであった。その時分、登子は、『内わたりのさるべき折ふしのをかしき事見には、宮仕へならず参り給』[28] うており、すでに子供を産み終えた身軽な体であったようである。その意味でも、登子が天暦二、三年に上の娘を、五、六年に下の娘を産んだとみる想定は支持されるであろう。とすれば、乳母になった貞元二年（九七七）において、祐子女王は、二十九歳ないし三十歳であり、乳母として必ずしも不適格ではなかった。まして授乳を主とする若い乳母がもう一人いたとすれば、定子の実母―内侍としてかなり忙しい高階貴子―に代って養育に与る乳母として祐子女王を想定することは、甚だ自然であるし、二十九歳ないし三十歳という年齢は、養育兼授乳の乳母としては、洵にふさわしかったと思われるのである。

三

ところで、『枕草子』によると、祐子女王は、皇后・定子の晩年、日向国に下ったという。無論、祐子女王は、観光や商売の目的で遠い日向国に赴いたのではなく、夫に随行して、或いは任地にある夫の要請によって日向国へ行ったのである。この夫も、商用などのため日向国に下ったのではなく、日向国司の官人として西下したのであるが、祐子女王の身分や立場から見て、彼女の夫は、日向守ないし日向介であったに相違なく、決して掾や目ではなかった筈である。それ故、祐子女王の夫の名は、長徳元年（九九五）頃から長保二年（一〇〇〇）までの日向国の守ないし介を調べるならば、自ら判明するのである。

『小右記』によれば、正暦三年（九九二）正月十九日、藤原保昌は日向守に任命された。国司の任期は四年であったから、保昌は長徳二年正月に任期を終えた筈である。ところが、『北山抄』（巻第十）の裏書には、『日向守保昌、勘二七箇年税帳一、前司一年、当任五年也。

……件帳、佐理卿加二押署一、有国卿放二府解一、云々』と見える。藤原佐理は、長徳元年十月十八日、太宰大弐を免じられ、同日附で藤原有国が後任に補された。しかしこの頃は中央政界に紛争が多かったためもあって有国の赴任は遅れ、彼が太宰府に向って京を後にしたのは、長徳二年八月のことであった[29]。問題となったのは、保昌が作製した『正税帳』であって、『解由』ではなかった。その書類に佐理は前大弐として加判し、有国が赴任後、すなわち長徳二年九月以降にそれを査閲し、翌三年二月末日までに太政官に申達したものと考えられる。一方、長徳二年の『大間書』に拠ると、同年正月二十五日の県召除目に際しては、日向国司には何等の異動がみられなかった。

これらから推察を試みると、保昌は長徳三年正月頃まで五箇年間、日向守に在任していたように推測されるのである。同じ長徳三年の春（恐らく正月二十八日の県召除目）に尾張正佐なる人物が日向介に任命された。即ち、『除目大成抄』（巻第十取闕事）には、

長徳三春　日向介尾張正佐停皇后宮正暦五年御給出雲介、取闕召任他人、出雲介茂部、改任

と記載されている。

日向守は、保昌の後、暫く闕員であったらしい。後任が決定したのは、長徳四年九月二十五日であった。すなわち、『権記』同日条には、『日向守忠信』と記されている。この忠信は、長徳二年九月、薩摩守の闕官に補されんことを申請して不成功に終った『前壱岐守忠信』であるに相違なく[30]、彼の念願は二年後に叶った訳である。『小右記』の正暦四年正

月六日条には、

前壱岐守高橋忠信、相二加志摩守功一可レ被レ□《叙》二□《栄》爵一之由有二□《申》□《文》一。但其申文云、忠信外無レ請二惣返抄一者。

と見え、日向守に任じられたのは高橋忠信であったことが分かる。なお、『北山抄』(巻第十)に、

六位受領治二箇国預賞有レ定。忠信加二前任志摩国功一叙レ之、云々。

とあり、忠信が正暦四年、従五位下に叙されたことも察知されるのである。内膳司関係の名門・高橋氏に生を享けた忠信は、慣例によって内膳司の奉膳《ぶぜん》から志摩守に任じられたが、忠信は先例を破って四度の公文を提出するなどして治国を刷新した点が認められ(31)、高橋氏としては珍しく他国の守に任じられるに至ったようである。その後、高橋仲堪が『非レ文非レ武、智略又乏(32)』にもかかわらず対馬守に任命されたのは、忠信が開いた先例によったものであろう。

長徳二年において祐子女王は、四十八歳前後であった。彼女の夫が日向国の掾や目であったとは考えられないから、どうしてもそれは、

尾張正佐(長徳三年春、任日向介)

高橋忠信(長徳四年九月、任日向守)

のうちの一人と考定せねばならぬのである。

まず忠信であるが、長徳四年頃、彼は相当な老齢ではなかったかと推量される。高橋氏に生まれた忠信にとって、奉膳を勤めた後に任じられる志摩守は、一応極官であり、隠退のための花道であった筈である。その彼が意外に治績を挙げたため、壱岐守、ついで日向守に任じられたのであるから、当時彼は六、七十代ではなかったかと思われる。長徳四年、参議正四位下・右大弁藤原忠輔は五十五歳であったが[33]、忠輔の子・遠江守相任の母、つまり忠輔の正妻は、『日向守忠信女』であったと伝えられている[34]。その娘が五十五歳の忠輔の妻にふさわしいのであるから、長徳四年、忠信はよほどの高齢であったらしい。その点、身分的というよりもむしろ年齢的に、彼は祐子女王の夫としては都合が悪いように思量される。

更に論ずるならば、高橋忠信は、永祚元年（九八九）頃から八箇年余を受領として志摩国や壱岐嶋に過ごしている。当然のこととして、彼の妻もその期間、夫に随って畿外にいた訳である。関白・道隆は、中宮・定子のただ一人の乳母が八年も京を留守にすることとなるような人事を許したであろうか。この視角から検討しても、高橋忠信を祐子女王の夫とする仮定は、まず成立し難いと言ってよかろう。

とすれば、祐子女王の夫はどうしても尾張正佐であったということになる。しかし彼は、身分的に祐子女王の夫としてふさわしい人物ではない。尤も、『枕草子』に、六位蔵人木工允すけただの母は、有名な近衛将監・尾張兼時の娘であると記されているように、下級貴族・尾張氏の娘が中級ないし高級貴族の妻室となるといった例も絶無ではなかった。けれどもそれは全くの例外であり、正佐を祐子女王の夫とみる不自然さは、それによって払拭されないのである。無論、男女の仲は慮外のものがあるから、あながち常識だけでは判断されないが、この場合は、正佐が祐子女王にとって必ずしも初婚の相手ではなかったという点を吟味しておく必要があろう。

いま、長徳二年（九九六）四月の伊周・隆家配流事件について見るに、この事件に連坐して処分されたのは、左のような人々であった。(35)

左遷された者

右中弁高階信順（伊豆権守に左遷）

右兵衛佐兼木工権頭高階道順（淡路権守に左遷）

殿上の簡を削られた者

右近衛少将源明理四位

右近衛少将藤原周頼

左近衛中将藤原頼親

左近衛少将源方理

信順と道順は、高階貴子（中宮・定子の母）の兄弟、頼親と周頼は、伊周、隆家の兄弟であるから、処分を蒙った理由も肯けるのであるが、源明理、方理の両人が何故処分されたのか、その理由は全く不明である。『小右記』、『権記』、『御堂関白記』に散見するところからも明らかなように、正暦から長徳年間にかけて、源明理と方理は中央において華々しく活躍し、出世街道をまっしぐらに進んでいた。しかし伊周の配流事件を契機として昇進は緩漫となり、明理は長保の末年、左京大夫に進んだものの(36)これを極官として長和年間までその地位におかれたし(37)、方理は寛弘二年（一〇〇五）、漸く民部大輔に辿りつくことが出来たのである(38)。

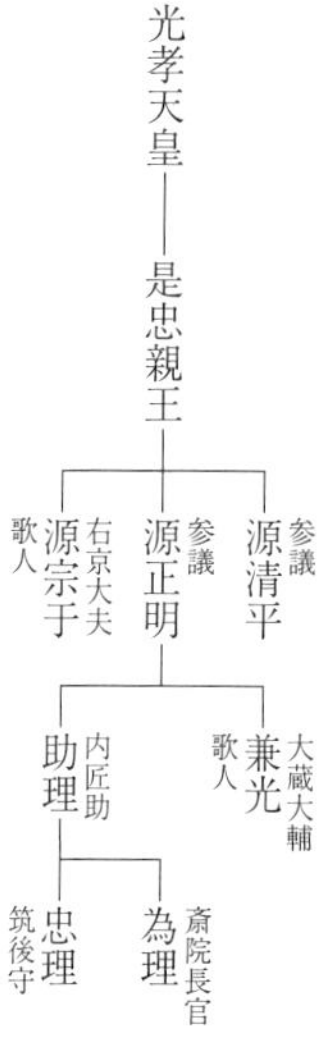

系図18
光孝源氏略系

いずれにせよ、源明理と方理は、当時においてはかなり注目される人物であった。ところが、どうした訳か彼らの名は、『尊卑分脈』に全く記載されていないのである。明理と方理はどうしても兄弟と推断されるが、諱の二字目に『理』字をつける名乗は独特のものであるから、それを手掛りに彼らの出自を推知することが出来る。そうした観点から諸源氏の系図を吟味すると、彼等が後の斎院長官・源為理の兄であったことが容易に推測されるのである。参議・源正明は天徳二年(39)（九五八）、歌人の兼光は康保三年(40)（九六六）に歿しているから、明理、方理を兼光の兄弟と見ることは困難であり、助理の子と見做すのが至当である。

問題は、内匠助ないし内匠頭に終った助理[41]の子達が何故出世街道を歩んだかにあるが、殆ど一切の疑問は、明理、方理兄弟が中宮・定子の乳母子であったと想定することによって解決するのである。乳母子であるため、彼等は関白・道隆の下で目醒しい昇進を続け、また長徳二年四月の事件に連坐したのである。殊に方理は、妻が高階氏の血を引いていたらしい関係[42]もあって、道長を深く怨んでおり、寛弘五年には有名な呪詛事件[43]を惹き起こすのである。

行論がやや迂路を辿ったが、要するに祐子女王は、初め源助理の妻となって明理、方理等を産み、夫を失って後、尾張正佐の後妻になったと見ることが出来るのである。名門出の娘であっても、再婚の場合には必ずしも相手に門地の高さを求めぬのが当時の慣行であった。従って尾張正佐を祐子女王の再婚の相手と看做せば、身分上の不自然さは、それなりに理解されるのである。

四

ところで、長徳二年（九九六）正月二十五日の『大間書』には、

出雲国

介正六位上勾宿禰茂郅 停皇后宮正暦五年臨時御給安倍秀明改任。

と記されている。即ち正暦五年（九九四）、皇后・遵子の臨時の御給によって安倍秀明が出雲介に任じられていたが、長徳二年正月、秀明は任を免じられ、勾茂郅が後任の介に任命されたのであった。これを念頭において、日向介・尾張正佐に関する『除目大成抄』に見える前掲の記事のうち、

　停皇后宮正暦五年御給出雲介、取レ闕召二任他人一。出雲介茂部《マヽ》、改任。

という割註を読んでみると、この紛わしい一文の意味が明瞭となるのである。すなわち、長徳元年には何等かの事情で出雲介・安倍秀明が停任されたので、尾張正佐は、『出雲介の闕に補されんこと』を望んだ『申文』を提出していたのである。ところが彼の希望は容れられず、他人―勾宿禰茂郅―がそれに任じられた。そこで太政官は、これまでの正佐の功績は無視出来ないので、翌年正月、正佐を出雲介ではなく、日向介に任命したという次第なのである。

　当時の受領は、任国に下る時は、妻を同伴するのが恒であった。それは、天皇の乳母であろうと、中宮の乳母であろうと、差別はなかったのである。例えば、天延元年（九七三）二月、時の円融天皇の御乳母の命婦は、夫に伴われて丹後国に下っているのである。(44)同じく丹後国に赴いた和泉式部、尾張国に下った赤染衛門など、この種の例は数多く挙げることが出来る。恐らく尾張正佐は関白・道隆の家司などの任にあったが、道隆の薨去によって散位となり、生活のため外官として地方に転出することを望んでいたのであろう。

このように考察すると、祐子女王の夫は、尾張正佐であり、彼女は長徳三年の二月頃、夫と共に日向国に下ったものと推量されるのである。中宮・定子が出家し、最も暗澹たる気持で月日を過ごしていたのは、長徳二年二月頃から、伊周と隆家が恩赦に預った翌年四月五日までであった。『さる君を見おきたてまつりて』と清少納言が非難したのは、この苦しい期間に乳母が日向国に下ったからであって、その点でも長徳三年二月頃、日向介として赴任した尾張正佐を祐子女王の夫と認める推定は、支持されるであろう。清少納言自身も、中宮の許を退下し、夫・藤原棟世と共に摂津国府に滞留していたことがある。中宮・定子にとって由々しい時に西下したからこそ清少納言は祐子女王を非難したのである。平時ならば、清少納言は女王の日向下りをなんら咎めだてしなかったに相違ないのである。

繰返して述べると、高橋忠信が日向守に任命されたのは、長徳四年九月二十五日であった。そして彼が日向国に赴任した同年十一月には、伊周の配流は赦されており、中宮・定子は漸く愁眉を開いていた。また一方、中宮は、修子内親王の著裳を目前に控え、かなり安定した心境に達していた筈である。その時分に乳母の『大輔の乳母』が離京したとすれば、清少納言は決してそれを咎めなかったであろう。それ故、どう考えてみても、高橋忠信を祐子女王の夫と看做すことは許されないのである。

尾張正佐は、恐らく武官の出で、前記のように、関白・道隆の家司を永く勤めていたのであろう。そしてその間に、定子の乳母・祐子女王と結ばれ、二人は再婚するに至ったものと推測される。正佐は所定の任期を終え、妻を伴って長保二年の春か夏に帰京したと思われる。それから間もなく皇后・定子は崩御し、それと共に情勢も完全に変り、彼等はその後の消息が文献に記録される機会を永久に失ったもののようである。

五

これまで『大輔の命婦』を中心に多岐に亙って煩雑な行論を展開したが、それらを通じて帰結されたのは、次ぎのような事柄であった。

(1)皇后・定子の乳母『大輔の命婦』は、祐子女王のことである。

(2)祐子女王は、重明親王と藤原登子の間に生まれた二人の娘のうち、姉の方に該当し、天暦二、三年頃の生まれである。

(3)祐子女王は、内匠頭・源助理の妻となり、明理、方理らの子を産んだ。

(4)祐子女王は、貞元二年、道隆の第一女・定子の乳母となった。

(5)その後、夫を喪った祐子女王は、再婚の相手として尾張正佐を択んだ。

(6)長徳二年正月、尾張正佐は日向介に任じられたので、同年四、五月頃、祐子女王は中宮・定子の許から離れ、夫に随って日向国に赴いた。

確実ないし積極的な証拠に乏しいので、右に帰結された条々は、あくまで臆説に留まるものである。しかしそれらは、消極的な多数の証拠の上に立ち、全般的な情況判断に基づいて導き出された推測であるから、精確に判明している歴史的諸事実に矛盾しない限り、その蓋然性は相当高く算定されてもよいように思われるのである。

註

(1) 池田亀鑑『全講枕草子』(東京、昭和三十八年)、四五一頁。
(2) 中宮・定子の主乳母だけが叙位され、他にも(副)乳母がいたのではないかという疑問が生ずるかも知れないが、中宮・彰子が入内の日、御乳母の源信子と源芳子の両人が叙位されていることから考えても、正暦元年現在、定子の乳母は、祐子女王ただ一人であったことが分かる。『権記』長保二年四月七日条、参照。
(3) 角田文衛『高階光子の悲願』(本書所収)。
(4) 『栄華物語』巻第三『さまざまのよろこび』。
(5) 『日本紀略』天暦二年五月二十七日条。
(6) 『尊卑分脈』第三編、醍醐源氏。
(7) 同右。
(8) 『小右記』長元元年十一月二十九日条。
(9) 『尊卑分脈』第一編、摂家相続孫。なお、角田文衛『承香殿の女御』(東京、昭和三十八年)、二一頁、参照。

(10) 『李部王記』天慶八年正月十八日条。
(11) 『尊卑分脈』第三編、醍醐源氏。
(12) 『宇治拾遺物語』巻第十一、参照。
(13) 『本朝皇胤紹運録』、『大鏡裏書』第六巻13、その他。
(14) 『貞信公記』天暦元年二月二十六日、同年九月二十五日、天暦二年八月七日、同年九月二十六日諸条。
(15) 『尊卑分脈』第一編、摂家相続孫、『大鏡裏書』第三巻13、その他。
(16) 『栄華物語』巻第一『月の宴』。
(17) 『尊卑分脈』第一編、摂家相続孫。
(18) 『大鏡裏書』第三巻51、『栄華物語』巻第二『花山』。
(19) 松村博司・山中裕校注『栄華物語』上(『日本古典文学大系』本、東京、昭和三十九年)、三六頁。
(20) 『大鏡裏書』第六巻13。
(21) 『天祚礼祀職掌録』登壇即位事。
(22) 『尊卑分脈』第一編、摂家相続孫。
(23) 悦子女王(旅子女王)は、天暦八年九月十四日、父親王の喪に服し、ついで斎王を退下した。『斎宮記』には、『在任七年。天暦三年。』と記されている。悦子女王は、天暦元年に卜定され、天暦三年九月、伊勢へ群行している。
(24) 『拾芥抄』(中、第二十)によれば、東三条院は重明親王の邸宅であった。どういう経緯があったかは不明であるが(恐らく兼家は最も親しい妹の登子を通じて)、この邸宅は兼家の所有に帰し、そのため彼は、『東三条』を冠して呼ばれるに至った。『栄華物語』巻第二『花山』参照。

(25)『かげろふの日記』上巻。
(26)同右。
(27)『栄華物語』巻第二『花山』。
(28)同右、巻第一『月の宴』。
(29)『日本紀略』長徳二年八月二日条、その他。
(30)『小右記』長徳二年九月四日条。
(31)『北山抄』巻第十。
(32)『小右記』長徳三年六月十三日条。
(33)『公卿補任』長徳三年条。
(34)『尊卑分脈』第二編、魚名公孫。
(35)『小右記』長徳二年四月二十四日条。
(36)『権記』寛弘元年三月十四日条。
(37)同右、寛弘八年八月二日条。
(38)『小右記』寛弘二年六月十九日条。
(39)『公卿補任』天徳二年条によれば、同年三月九日、六十六歳で卒去した。
(40)『勅撰作者部類』。
(41)助理は『尊卑分脈』第三編、光孝源氏には『内匠助』、同第四編、源氏略系には『内匠頭』と註されている。
(42)註(43)の『明法博士勘文』によると、方理の妻は、前越後守・源為文の娘であったという。為文は敦康親王と近い関係にあったし(『権記』寛弘六年十二月二十六条)、また『尊卑分脈』第三編、光孝源氏によると、彼には、則順と言う子があった。高階氏の独特で執拗な命名法からすれば、則順の母、即ち為文の妻は、高階成忠の娘（従って皇后・定子の叔母）であったとみるのが穏当である。高階氏出の婦人には、婚家で産んだ自分の息子の名に、自分の父または兄弟の諱の一字をつけるよう要請する性癖が強かった。例えば、藤原令尹の妻となった高階成順の娘が産んだ息子の名は、成尹であった。これは招婿婚の反映ではなく、高階一族の強烈な氏族意識に基づくものであろう。

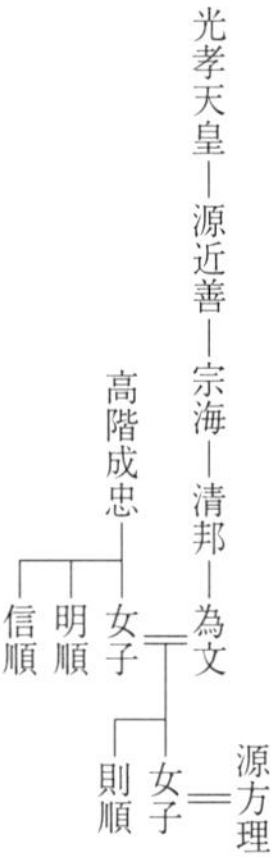

系図19　高階成忠と源為文との関係

（43）寛弘六年二月八日附『明法博士勘文』（『政治要略』巻第七十、所収）、『権記』寛弘六年二月一、五両日条、その他。

（44）『親信卿記』天延元年二月十四日条。

高階光子の悲願

一

高階光子《みつこ》が寛弘五年（一〇〇八）十二月という時点において、何故あのような悲願を立てたのかは、色々と考慮を要する問題である。

事の次第は、寛弘六年二月八日附の明法博士らの『勘文』[1]によって、一応明らかである。すなわち、この『勘文』に引用された同年二月五日附の『日記』（取調書）は、左大臣・道長の命によって検非違使の左衛門尉・甘南備《かんなび》保資と右衛門尉・豊原為時らが清和院（現在の京都御苑清和院御門の北手に所在した）において僧・円能と彼の弟子・妙延および童子の物部糸丸を取調べた際の調書である。[2]いま、他の史料によって補足しながら事の経過を述べてみると、次ぎの通りである。

僧・円能は、陰陽師として相当知られていたらしい。彼は、前越後守・源為文の家に仕えていた。それは寛弘五年のことで、時に為文は五十八歳であった。[3]彼の娘は、源方理の妻となっていた。(4) 方理の妻と高階光子とは密接な関係があったらしく、二人は道長たちに非常な怨みを抱いていた。

寛弘五年十二月の中旬、方理は、為文の家に仕えている僧・円能に、左大臣・道長、中宮・彰子と敦成親王を呪詛するため、厭符を作ってくれるよう頼んだ。その報酬として夫妻は、彼に紅花染の掛一領を渡した。更に同月下旬、伊予守・佐伯公行の妻である宣旨《せじ》の光子も、やはり同じことを円能に依頼した。その代償として光子は円能に絹一疋を贈ろうといったので、円能は彼の童子・物部糸丸を光子の宅に遣してこれを受領させたとのことである。

なお、僧・円能の陳述によると、彼は為文の宅において方理から依頼されたけれども、為文はこの件に与っていないし、また円能と親しい僧の源心もこれだけは関知していなかったとのことである。また円能は、方理と光子から時と処を別にして頼まれはしたが、これは彼等の共同の謀議によるものであり、かつ方理の妻はこの件を知っていたことを述べている。更に円能は、この度の呪詛の目的は、左大臣、中宮、若宮の三人が居る限り、帥殿、すなわち藤原伊周は無徳にいます故に、この際これら三人を亡き者にしようとするにあったと陳述しているのである。『無徳』とは『不利益』とか『具合の悪い立場』といった意味であろうが、ともかくそれが道長政権を覆えし、伊周を権力の座につけようという陰湿な策謀であったことは、まず信じてよいであろう。

二

『権記』の寛弘六年（一〇〇九）二月一日条に行成は、

一日丁亥　左府に詣づ。昨《きのふ》内より持ち来たれる厭符を示さる。是れ帝皇の后のため、若宮のために為す所なりと、云々。事多くして載せず。退出。後聞く、播磨介明賢、民部大輔方理ら、恐れを成して退出すと、云々。

と記している。この藤原明賢は、藤原惟貞の子の明賢とは別人であろう。明賢とその弟の明孝は、道長に対して反抗的であったらしいが、[5] その理由は詳かでない。ともかく一月三十日、今内裏・一条院の庭に埋められていた厭符が発見され、[6] 大騒動が持ち上ったのである。それがどうして明賢や方理と結びつけられたのかは明白でない。またそれが僧・円能の所為とどうして判明したのか、その経緯も詳かでないが、ともかく二月四日、僧・円能らは逮捕され、取調べを受けたのである。『政事要略』の頭書によれば、清和院において、また『日本紀略』によると左近馬場において円能らは訊問され、その結果、造意者として、方理夫妻、高階光子、源為文の名が泛び上って来た。二月五日、検非違使は光子の宅を取り囲み、彼女を逮捕しようとしたが、それは彼女が逐電した後であった。[7] 明記されていないけれども、方理夫妻や為文は、その時に捕えられたのであろう。

同じ二月五日、大納言兼皇太子傅・藤原道綱の奉勅命令を承けた大外記の滋《しげ》野善言《とき》は、従五位上・大判事兼明法博士の美麻那朝臣直節と従五位上・勘解由次官兼明法博士の令《よし》宗朝臣允正《まさただ》に方理らの罪名を勘えるよう命じたのであった。初めに触れた勘文は、二月八日にこれら二人の明法博士が提出したもので、そこでは方理夫妻、光子らは八虐の罪を犯した者として除名の上、絞刑に処せられるべきこと、円能は還俗の上で同じ刑に処せられるべきことが勘案されている。但し、為文は『日記』によると事件に関係していない。しかし大納言が下した『宣旨』には犯人の列に加えられている。従ってある事情から犯人と認められているのであろうが、その辺の様子が不明なのでなんとも罪を定め難いと述べられているのである。

その後、しばらく道長は彼等の処分法を考慮していたらしい。そして二月二十日、彼は参内して勅許を仰ぎ、方理夫妻と光子を除名し、また伊周の朝参を停止する処分を決定したのであった[8]。内大臣・藤原公季は、勅を奉じて『宣旨』を下し[9]、この度の呪詛は、『其の由緒を尋ぬれば、事を前太宰権師藤原朝臣伊周に寄するなり。事の根元は藤原朝臣に在り。指し召すこと有るに非ざれば、朝参せしむべからず。』と通達したのであった。

こうして処分は決定されはしたが、光子の行方は依然として不明であった。そこで同じ二十日、左中弁の源道方は、公季の奉勅命令を承けて検非違使に『宣旨』[10]を下し、光子およびその従者・藤原吉道と出納の某姓春正を逮捕するよう指令したし、更に太政官は左右京職に符を下して彼等の捕獲を命じ、『犯す所已に重し。疎略にするを得ざれ』と付記して厳重に捜索するよう指令したことであった(11)。察するに道長ら当局は、光子が地方に逃げたのではなく、京中に潜伏していると睨んでいたのであろう。光子らが遂に逮捕されたかどうかは史料がないので不明である。財力もあった光子のこと故、相当永い期間の潜伏は可能であったかもしれぬのである。

三

『権記』寛弘六年二月五日条に、『兼《公》行朝臣妾妻、故成忠二位新発女、』と、明記されているように、光子は『高二位』の名で著名な従二位・高階成忠の娘であった。またその名が光子であることは、『日本紀略』寛弘六年二月二十日条に、『従五位下高階光子』と見える記事によって明白である。

遺憾ながら光子について知られるところは、極めて尠い。『政事要略』（巻第七十）の諸本には、『伊予守公行朝臣妻宣旨』の箇処に、『高二位女中、関白家宣旨也』と傍記されている。この関白家は、明らかに伊周の父の『中関白』こと関白正二位・藤原道隆を指している。つまり光子は、摂政、ついで関白となった道隆の宣旨であったことが察知されるのである。その点から『栄華物語』（巻第三『さまざまのよろこび』）を見ると、正暦元年（九九〇）五月、道隆が父・兼家に代って摂政となったことに触れて、『宣旨には、北の方の御はらからの、摂津守為基が妻《め》なりぬ。』とある記事が注目される。道隆の正室は、言うまでもなく『今日を限りの命ともがな』で有名な『高内侍』こと高階貴子であり、彼女は高階成忠の娘であった。この貴子の同母姉妹の一人が道隆の宣旨になったというのである。光子は、道隆の宣旨であり、成忠の娘であった。従って光子は、貴子の同母の姉妹で、摂津守・大江為基の妻であったことが認められるのである。

ところで、藤本一惠氏(12)は、『枕草子』（第二六二段、積善寺供養の段）に、

……西の対に殿（道隆のこと）の住ませ給へば、宮（中宮定子）もそこにおはしまして、まづ女房ども車に乗せ給ふを、御覧ずとて、御簾のうちに、宮、淑景舎（原子のこと）、三・四の君、殿の上（貴子のこと）、その御おとゝ三所、立ち並みおはしまさふ。

とある一文のうち、傍点を付した箇処を、『殿の上（貴子）と、その御おとゝ三人』と解釈し、その前提に立って、貴子の妹は二人あり、一人は大江為基の妻、もう一人は佐伯公行の妻・光子であると推定された。

光子が宣旨であったことは、『権記』の寛弘六年二月二十日条に、『被㆑行㆓方理幷宣旨（公行妻）等除名事㆒。』とある記事によって明白である。貴子の妹二人が共に宣旨であったことは考えにくいし、またそうした稀な事実があったとすれば、かつては為基の愛人であった赤染衛門は、何等かの形で『栄華物語』の中でそれに触れていてよいとおもう。

大江為基は、冷泉、円融、一条の三帝の侍読を勤めた参議正三位・大学頭・斉光の子で[13]、母は大隅守・桜島忠信の娘であった[14]。為基自身も文章博士の任にあったし、また歌人としても知られていた[15]。為基と赤染衛門とのかなり長きに亙った相愛関係は、『赤染衛門集』から委しく窺われるが、それによると為基は、三河守に任命される少し前にある女性を恋いし、この恋妻を連れて任国に下ったようである。しかしいつの頃か彼は妻を喪っている。すなわち、『拾遺和歌集』（巻第二十）には、

　おもふめにおくれてなげく比、よみ侍りける

藤ごろもあひ見るべしと思ひせばまつにかゝりてなぐさみてまし　（第一二九五番）

年ふれどいかなる人かとこふりてあひおもふひとにわかれざるらん　（第一二九六番）

の二首が収められているし、また『拾遺抄』（巻第十）には、

　めにまかりおくれて侍りけるころ

ながむるに物思ふことのなぐさむは月はうき世の外よりや行く　（第五〇七番）

の一首が採られている。

この最後の歌は、『後十五番歌合』に、『為基入道』として採用されているけれども、この歌合の年代が不明なので[16]、彼がいつ妻を喪ったかを明らかにすることは出来ないのである。

一方、『勅撰作者部類』には、彼について、『五位、摂津守。参議大江斉光男。至永祚元年。』と記されている。また

『小右記』永祚元年（九八九）四月五日条には、『図書権頭大江為基本摂津守。而被召放。不知其由。』とあり、為基がどういうわけか、任期中に図書権頭に転じたことが知られる。『作者部類』に、『至二永祚元年一』とあるのは、彼が卒去した年ではなく、出家した年を指すものと思われるから、為基は、図書権頭に転じて間もなく入道したのであろう。彼がある年の暮に出家した事実は、『赤染衛門集』に、『この人法師になりてのころ、正月七日、ひげこに若菜をいれてやるとて』という詞書によって知られるのである。

　以上の記述から真相に迫ってみるに、光子は、成忠と斉光との交友関係から早く為基の正妻となっていたらしい。為基は正妻がありながら赤染衛門と恋仲になったり、恋人を本妻に迎えたりしたと推定される。彼が『妻《め》に後れて』と言っているのは、正妻ではなく本妻の死を指したものであろう。『栄華物語』には、前述のように、『摂津守為基が妻《め》』が道隆の宣旨に選ばれたと記されているけれども、当時、すなわち正暦元年には、為基は出家しており、摂津守の現任ではなかったのである。

　高階貴子に妹が三人ではなく、藤本氏が解釈されたように、二人いたとすれば、一人は前記の光子であり、もう一人は高階徽子であったと思う。徽子については後述するが、要するに貴子の妹二人というのは、光子と徽子であり、光子の方は為基入道の正妻であり、道隆の宣旨を勤めていたと推量されるのである。

四

長徳二年（九九六）に起こった伊周の失脚事件のことは、今さら説くまでもない。この時、優勅によって配所の太宰府に赴かないで播磨国に留まることを許された伊周は、その年の九月末頃、悩める母の貴子に会うため、ひそかに京に上った。これが露顕したため、伊周は太宰府の配所に放逐されることとなった。この際光子は、瀕死の床にある姉の貴子の代りとなって、甥の伊周に付添って太宰府に赴いたのである。すなわち『栄華物語』（巻第五『浦々のわかれ』）には、『この度の御供にぞ、母北方の御はらからの津の守為基といひし人の妻《め》をぞ宣旨とてありし、御車にてやがて参る。』と見え、光子が牛車に乗り、伊周と共にはるばる太宰府に赴いた由が記されているのである。恐らく彼女の夫・為基はその頃すでに卒しており、彼女は身軽な立場に置かれていたのであろう。為基と光子との間には、子がなかったらしい。そこに一族の要望もあったであろうから、彼女はしばらく官を辞し、伊周と行を共にするに至ったものと思量される。

太宰府における伊周や光子の生活は、大弐の藤原有国の配慮のため、割合に気分のよいものであったという[17]。長徳二年十二月、中宮・定子は修子内親王を産んだが、その慶びによって翌年四月、伊周や弟の隆家の罪は赦された。しかし折しも天然痘が昌獗を極めており、早急な入京は危険であった。伊周や光子がやっと入京したのは、同年十二月のことであった。

その後の光子の消息は余り明らかでない。光子は後家として身の頼りなさを想い、受領として裕かな佐伯公行の妾となったのである。父の高階成忠は翌四年七月に薨去したし、兄弟たちはいずれも逼塞していた。頼りがいのある姉の貴子は、伊周が太宰府に赴いた直後（長徳二年十月下旬）に薨逝していた。光子が敢えて公行の妾となった理由も、肯けないことはないのである。

ところで、『権記』の長保二年（一〇〇〇）四月七日条をみると、永祚二年（正暦元年）十月十五日、定子が一条天皇の中宮に冊立された時、その余慶として従五位上・高階貴子、すなわち后の母が正三位に、そして高階光子が従五位下に叙された事実が記載されている。藤原実資は、『小右記』の同年（正暦元年）十月二十二日条に、

又女一人、（従五位下高階光子、后乳母歟、）

と記し、光子が何故叙位に預ったかよく分からない旨を述べている。しかし中宮・定子の乳母―少くとも当時、中宮の側近に仕えていた乳母―は、同じく『権記』の長保二年四月七日条に、

祐子女王、叙従五位下。乳母也。

と記されたように、祐子女王ただ一人であって、この女王は、『枕草子』（第二百二十六段）

に見える『御乳母の大輔《たいふ》の命婦』のことであろうと思われる(18)。光子が定子の乳母でなかったことは、これによっても明白である。彼女が無位から従五位下に推叙されたのは、摂政・道隆の宣旨であるためではなく、定子が中宮に冊立されれば当然任命されるべき宣旨に彼女が転じたためと理解されるのである。若い実資には、後宮におけるこうした微妙な人事がまだ察知できなかったものと見える。

のみならず、道隆は、中宮・定子の高級官女として、正妻・貴子のもう一人の妹をも任用したと推測される。貴子に正三位、成忠に従二位を授けたことでも分かるように、摂政・道隆の高階氏びいきは、執念とでも言えるほど、根強いものがあったから、必ずや彼は、貴子のもう一人の妹を起用して中宮の身辺を固めたに相違ない。その場合、この妹の方は、必ずや『式部』または『大輔』という女房名で呼ばれたことであろう。何故ならば、彼女の父・成忠は、従三位でありながら永延元年（九八七）七月から正暦二年（九九一）まで、式部大輔に在任していたからである(19)。

いま『枕草子』を通読してみると、中宮・定子に仕えていた女房の中には、『大輔の命婦』と『式部』の二人が見出される。『大輔の命婦』の方は、叙上のように、定子の乳母であったし、また定子の晩年には夫（おそらく日向介尾張正佐）と共に日向国に下っているから、貴子の妹ではありえない。これに対して、清少納言と非常に親しく、彼女が尊敬して『式部のおもと』と呼んでいた女房は、この妹に擬される可能性が極めて濃厚なのである。

『枕草子』の四十七段が長徳四年ないし長保元年の三月の事実の回想に係かることは、周知の通りである。この段には、清少納言が『式部のおもと』と一緒に職御曹司の小廂に寝ていたが、ある朝早く思いもかけず主上と中宮が奥の遣戸を開けておいでになったので、二人は起きるに起きられず狼狽したことが記されている。池田亀鑑氏は、『式部のおもと』について、『称呼・行動などから相当の年輩と見られる』と註されている[20]。

次ぎに同書の二百七十六段は、長保二年の二、三月または八月に係かる記事であるが、そこでは清少納言が一条院（今内裏）の『東の御門につと向ひて、いとをかしき小廂に、式部のおもとともろともに夜も昼もあれば、うへ《一条天皇》もつねにもの御覧じにいらせ給ふ』たことが述べられている。この『式部のおもと』が一条天皇や中宮定子に親しく仕えていた身分の高い、かつ年輩の女性であったことは、全く疑いがなかろう。もとより『式部』と貴子の妹とを同一視するだけの確証は存しない。しかし同一人とみなす可能性は、上述の通り、甚だ多いのである。

大橋清秀氏は、この『式部』を『御堂関白集』や『御堂関白記[21]』などに見える[23]『式部』に同定しようとされた[22]。しかしこの『式部』の方は、彰子付きの官女であり、上野介・橘忠範の妾妻であった婦人である[24]。皇后・定子の崩後、彰子に仕えたとみるのは不可能ではないにしても、清少納言や『式部のおもと』のように皇后の側近にあった上級の官女が、崩後、掌を返すように彰子の官女に転じたとは考えにくい。従って『式部のおもと』は、高階貴子の妹であったと看做す方が、遥かに可能性が多いのである。

正暦元年十月、女御の定子は中宮に冊立され、新に宣旨と御匣殿の二名の高級官女が置かれることとなった。恐らく定子の叔母に当たる光子は、この時に摂政・道隆の宣旨から中宮の宣旨に転じ、従五位下に推叙されたのであろう。この際、摂政・道隆は、自分の第四女―従って中宮の妹―を御匣殿としたことであったが、多分彼は、正妻のもう一人の同母妹を中宮の高級官女に択んだのではあるまいか。蓋し光子は、女官長の格で、もう一人の妹は掌侍として中宮の側近に仕えるに至ったものであろう。

『権記』の寛弘元年（一〇〇四）十一月二十七日条には、高階徽子なる女性が典侍に任じられたことが記されている。当時の慣例から言って、徽子は一挙に典侍に任用されたのではなく、掌侍から典侍に昇任したとみるのが至当である。当時の日記類を通覧してみると、この高階徽子は、内裏や中宮・彰子の官女ではなかった。高階氏であることを想うと、必ずや彼女は、敦康親王または媄子内親王―恐らくは後者―に仕えた典侍であったように思われる。つまり彼女は、最後まで皇后に仕え、皇后の崩後は嬰児の媄子内親王の養育に専念した官女であり、『式部のおもと』と同一人物であったと臆測されるのである。

後に典侍に昇進した徽子を貴子の妹とし、『式部のおもと』と同一人物とみなす確証は、なにひとつ遺されていない。けれども全般的に見渡してみると、そう認めるのは最も自然かつ穏当であると思われるのである。

五

これに対して光子の方は、皇后・定子の崩御を機会に官を退き、佐伯公行と専ら結婚生活を送っていたのではないかと思う。この公行は、当時としてはかなり著名な人物であった。没落した名門の末流に生まれた公行[25]は、蔵人所の出納《すいとう》や太政官の外記を歴任して[26]受領に転出し、相当な蓄財に成功したのであった。

長徳元年（九九五）前後、彼は三箇年、信濃守の任にあった。『治聞え有り』と言われながら[27]、一方では莫大な財を貯えたのであるから、よほど彼は利口な要領のよい人物であったのであろう。長徳四年の初め頃、信濃前司の彼は、財産の中から八千石を割き、これで故太政大臣・為光の娘から一条院を買収した。そしてこれを東三条院の詮子に献納し[28]、女院の意向によって同年八月、播磨介に任命された[29]。彼が播磨国に下向したのは同年九月以降のことである[30]。従って光子が公行の妾となったのは、公行が散位として在京していた長徳四年の前半のことではなかったかと思われる。

公行には、藤原伊祐（紫式部の従兄）の妻となった娘もいた[31]。これらの子女を産んだ正妻が当時在世していたかどうかは不明である。また公行の邸宅は、左京の四条にあったが[32]、恐らく光子は自宅に住み、公行が時々そこに通って来るという形がとられたのであろう。但し、播磨国に公行が赴任した時、果たして光子が彼に同行したかどうかは甚だ疑問である。妾妻であるという条件もあったし、また高階一族の特殊な事情もあったから、光子はひき続き中宮・定子に仕え、崩御の日までそれを続けたとみる可能性が強いのである。『枕草子』に登場する『式部のおもと』は、皇后・定子が長保二年（一〇〇〇）十二月に崩じた後、東三条院詮子の要請もあって、最後まで仕えていた清少納言と共に嬰児の媄子内親王付きの官女に転じたものと推測される。義理固い清少納言や高階一族の血を引いたと思われる『式部のおもと』が皇后が遺した嬰児を残してさっさと官女を退いたとは、到底考えられないのである。[33] ところが亡き皇后・定子が最後に産んだ媄子内親王は、惜しくも寛弘五年（一〇〇八）五月二十五日、九歳で薨じた。[34] 同じ年の九月には、中宮・彰子は敦成親王を産み、敦康親王の立太子は絶望となった。こうして諸事象は、敦康親王や伊周に望みを託していた高階氏の人びとを絶望の淵に追い込み、一方、道長一家に対する怨恨を一段と深めたに相違ない。寛弘五年十二月に、光子らが与った呪詛の直接的な誘因は、恐らく上に述べたようなものではなかったかと推量されるのである。

六

寛弘五年十二月の呪詛事件の立役者は、源方理夫妻と高階光子の三人であった。方理の妻は、前記のように、源為文（光孝源氏）の娘であった。多分、方理の妻は、やはり皇后・定子の側近に仕えていた官女であり、母はどうも光子の姉であったようである。その点で光子とは親しい間柄であったのであろう。

源方理の出自は、未詳である。恐らく彼と明理とは、斎院長官・源為理（光孝源氏）の兄で、祐子女王が前夫・源助理との間に産んだ子、従って中宮・定子の乳兄弟であったらしい。彼は、道隆や伊周の側近者であったようで、長徳二年四月、伊周が太宰権帥に貶された時、右近衛少将・源明理らと共に殿上の簡を削られている。[35]その当時、方理も同じく左近衛少将の任にあった。同年五月一日、配流を前にして伊周が行方不明となった時、その所在を訊問するため、方理は明理や高階信順、同明順と共に監禁されたのであった。[36]

長徳二年七月に至り、明理、方理の両名は、少将として近衛府に出仕することが赦されたけれども、昇殿の方はまだ許されなかった。[37]伊周と隆家が長徳三年四月に恩赦された時、明理や方理も赦され、昇殿も認められたようである。[38]寛弘二年六月、方理は民部大輔に転じ、[39]同五年十二月までその任にあったのである。

伊周は、長保三年（一〇〇一）十二月、本位の正三位に復されたばかりでなく、長保五年九月に至って従二位に進み、寛弘五年十二月には、准大臣に列せられた(40)。当時、道長の政権はすでに確立されていたし、道長は伊周に対してもはや敵愾心はもっていなかったから、いかほど心に怨みを抱いていたにしても、伊周は悪あがきして策動することの不利を知悉していた筈である。その心中は、『栄華物語』（巻第八『はつはな』）に叙べられているような有様であったにせよ、彼は新皇子生誕の七夜に和歌の序題を書いたりして(41)、少くとも表面的には道長との和解を図っていた。百日の御儀の時も、伊周は同じく序題を作っている(42)。その彼が側近の方理夫妻や叔母の光子を使嗾して呪詛を企てたとは考えにくいのである。

『栄華物語』（巻第八『はつはな』）によると、道長は、この呪詛事件の黒幕が高階明順であると睨んでいた。そこで道長は、明順を喚びつけ、厳重に彼を責め諭したことであったが、

いといみじう恐《おそろ》しうかたじけなしと、畏まりて、ともかくもえ述べ申さでまかでにけり。そののちやがて心地悪しうなりて、五六日ばかりありて死にけり。

と記されているように、明順は恐懼の余り返答も出来ずに自宅に戻り、それから数日して卒去したのであった。恐らくこの事件の主謀者は明順であり、彼が妹の光子や同志の方理夫妻を使い、僧・円能に働きかけさせたのであろう。

総じて高階氏の人びとには、権勢に対する不気味な血が流れていたようである。成忠の後を承けた明順や光子らは、敦成親王の生誕によって敦康親王が皇儲となる可能性を失ったことに、絶望に近いものを感じていたようである。『古事談』（第二）には、

後一条院未二生給一之間、万人入レ夜参二帥殿一。依レ為二主上一宮叔父一也。後一条院生給之後、其事都（マヽ）絶、云々。

と記されているが、彼らは人びとの打算的な去就に深い憤りを覚え、それがまた道長、彰子、敦成親王に対する憎しみに転じて行ったのであろう。

この事件の主謀者は明順であり、伊周はこれを関知しなかったにしても、これが伊周の勢力恢復を目的として企てられたものである以上、彼の責任は免れ難かった。寛弘六年二月、伊周は責任を問われ、朝参を停止する旨の宣旨を受けたのであった。しかしこの咎めは厳しいものではなく、同年六月にはまた朝参と帯剣が聴された[43]。恐らくこの恩免は、『栄華物語』（巻第八『はつはな』）に詳述されているように、伊周が『御心地もいと苦しう悩ましうおぼさる』ような状態にあったため、促進されたのであろう。

ところで、光子が最後まで検非違使の追求をのがれ、潜伏しえたかどうかは、詳かでない。この呪詛事件は、(1)実害をもたらさなかったこと、(2)政権を確保していた道長がもはやこれ以上、人の怨みを買おうとは思わなかったことのため、処分も軽かったし、また早く罪科も宥恕された。寛弘六年の後半には、光子も人前に姿を現したことであろうし、方

理も程なく復官したように推測される。現に、長和三年、方理は皇后亮の任にあったのである[44]。

寛弘五年の呪詛事件に光子が与ったことで、最も迷惑したのは、彼女の夫の伊予守・佐伯公行であったであろう。彼は、道長に取り入って寛弘三年の初め伊予守に任じられ[45]、事件当時は伊予国府にいたようである。幸いに彼はこの事件に連坐しなかったけれども、道長に対して具合の悪い立場におかれ、光子の軽率な行為に立腹したのではないかと思われる。寛弘七年三月十一日、公行は出家した[46]。想うに公行は、この事件と老齢との二つの理由から官界に望みを絶ち、自分が創設して御願寺とした東山の清閑寺[47]で余生を送ることとしたのであろう。但し、長和四年（一〇一五）に至っても問題が残っていたように[48]、公行は伊予国においても私腹を肥やし、老後の安泰を図ることは忘れなかったようである。

光子の晩年については、なに一つ判明していない。公行に随って剃髪し、一緒に清閑寺にいたものか、或いは公行と別れ、甥の高階成順らと共に、敦康親王や修子内親王の将来にせめてもの望みを託しつつ、わびしい晩年を送ったものか。その辺の事情は、臆測すら出来ないのである。

長和元年六月、道長に落書する者があり、民部大輔・藤原為任が陰陽師五人をもって道長を呪詛している旨の通報があった。これについて実資は、

相府一生間、如レ此之事不レ可二断絶一。坐レ事之者已為二例事一。悲歎而已。

と記している。[49] 奈良時代には、人を失脚させる手段として厭魅呪詛という濡衣を相手に着せることが多かった。道長は、自らかような手段を講ずることはなかったが、道長に阿るため、しばしば人は、虚実とりまぜて呪詛の旨を道長に密告したのである。人の怨みを買った覚えのある道長は、密告されればやはり事を糺明したり、或いは仁王会[50]などを催して災を攘ったりせねばならず、また明確な証拠があれば、罪を科せざるをえなかった。

藤原時代においては、権力者は政敵に対して奈良時代のような殺伐な手段をとらなかった。しかし道長が政権を確立し、栄華の頂に昇るまでには、如何に不本意ではあっても、彼は多数の政敵を薙倒して進まねばならなかった。多くの場合、道長は後になって嘗ての政敵に救援の手を差し伸ばした。これは、神経質で寛容な反面をもつ道長が怨霊を怖れ[51]、寝覚めの悪い思いから逃れたかったからであろう。無論、背後には、自分の不動の政権に対する自信もあったに相違ないのである。

光子や方理夫妻の呪詛は、道長が不可避的になめたこの種の事件の一つに過ぎなかったし、また彼の政権の歴史にとっては、単なる挿話の一つに留まるものである。またそれは、やがて歴史の大きな浪にのみこまれた泡沫のような事件であった。しかし光子らにとってそれは、生命を賭した悲壮な抵抗であったのである。

註

（1）寛弘六年二月八日附『勘申散位源朝臣為文、民部大輔同方理、伊予守佐伯朝臣妻、及方理朝臣妻、僧円能等罪名事』（『政事要略』巻第七十、所収）。
（2）『政事要略』巻第七十の同右勘文の頭書による（同書の諸本、皆同じ）。
（3）『権記』寛弘七年六月二十一日条。
（4）同右、寛弘六年二月五日条。
（5）『御堂関白記』寛仁元年二月十二日条。
（6）『日本紀略』寛弘六年一月三十日条。
（7）『権記』寛弘六年二月五日条。
（8）同右、寛弘六年二月二十日条。
（9）寛弘六年二月二十日附『宣旨』（『政事要略』巻第七十、所収）。
（10）同右日附『宣旨・応令検非違使捕進佐伯公行妻及従者事』（『政事要略』巻第七十、所収）。
（11）同右日附『太政官符』（『政事要略』巻第七十、所収）。『朝野群載』（巻第二十二）には、これと同じ官符が十一月二十日附にされて収められている。この十一月は、二月の誤りと認められる。
（12）藤本一恵『高階成忠女考』（『女子大国文』第三十五号所収、京都、昭和三十九年）。
（13）『尊卑分脈』第四編、大江氏、『大江系図』（『群書類従』所収）。
（14）前掲『大江系図』。
（15）『拾遺和歌集』巻第八、第四三四番、巻第十二、第七二三番、巻二十、第一一九五番、『後拾遺和歌集』巻第十七、第九七五番、『詞花和歌集』巻第八、第二四〇番、なお、『赤染衛門集』、参照。
（16）峯岸義秋『歌合の研究』（東京、昭和二十九年）、一八二頁。

(17) 『栄華物語』巻第五『浦々のわかれ』。
(18) 詳細は、角田文衞『大輔の命婦』(本書所収)、参照。
(19) 『公卿補任』正暦二年条。
(20) 池田亀鑑『全講枕草子』(東京、昭和三十八年)、一二一頁。
(21) 『御堂関白記』寛弘二年八月二十七日条、『新千載和歌集』巻第七、第七四二番。
(22) 大橋清秀『枕冊子「式部のおもと」考』(『平安文学研究』第十八輯所収、京都、昭和三十一年)。
(23) 『勅撰作者部類』。
(24) 『御堂関白記』寛弘二年八月二十七日条。
(25) 但し、『古事談』第一には、『件公行、元播磨国之生、云々』と見える。
(26) 『御堂関白記』長和五年七月十八日条。
(27) 『権記』長徳四年八月二十七日条。
(28) 同右、同年十月二十九日条。
(29) 同右、同年八月二十七日条。
(30) 同右、同年九月二十五日条。
(31) 『尊卑分脈』第二編、良門孫。
(32) 『権記』長保五年九月一日条。
(33) 角田文衞『晩年の清少納言』(『古代学』第十二巻第四号掲載)、参照。
(34) 『日本紀略』寛弘五年五月二十五日条、『一代要記』丁集、『本朝皇胤紹運録』。
(35) 『小右記』長徳二年四月二十四日条。
(36) 同右、同年五月二日条。

(37) 同右、同年七月二十七ヵ日条。
(38) 『権記』長保二年七月二十七日条。
(39) 『御堂関白記』、『小右記』寛弘二年六月十九日条。
(40) 『大鏡裏書』第四巻15、『公卿補任』長徳二年条。
(41) 『大鏡』第四巻、道隆伝、『大鏡裏書』第四巻18。
(42) 『本朝文粋』巻第十一、『日本紀略』寛弘五年十二月二十日条。
(43) 註(28)、参照。
(44) 『小右記』長和三年三月三十日条。
(45) 『御堂関白記』寛弘三年二月二十日条。
(46) 同右、同七年三月十二日条。
(47) 『伊呂波字類抄』第十。
(48) 『小右記』長和四年四月十八日条。
(49) 同右、同元年六月十七日条。
(50) 寛弘六年二月二十三日附『左府於里第被修仁王百講願文・呪願』(『政事要略』巻第七十、所収)。
(51) 長和四年十二月、頼通は重病を患ったが、これは伊周の怨霊のせいとされた。『小右記』同年同月十三日条、参照。晩年、子女の他界が相つぐに至って、道長が怨霊に神経質になったことは、『栄華物語』からつぶさに窺われる。

為盛朝臣行状記

一

『今昔物語集』（巻第二十八、第五話）に伝えられた越前守・藤原朝臣為盛《ふじわらのあそんためもり》の逸話は、受領の狡猾さを物語る好個の史料として遍く知られている。けれどもそれがもつ歴史的な意味は、決して右の点にだけ限られたものではなく、十一世紀中頃の歴史を考える上で、それは洵に意義深いものを持っているのである。

いまこの逸話を考察する前に、蛇足ながら物語の口語訳を掲げておくこととしたい。

＊

今は昔のこと、藤原為盛の朝臣という人がいた。彼が越前守であった時分に、（越前国府は）諸衛府に大粮米《だいろうまい》を納めなかったので、六衛府の官人を初め下部に至るまでの皆が勢いこんで平張《ひらばり》といった道具を携えて為盛の朝臣の居宅に押しかけ、門の前に平張をうちたて、その下に胡床《あぐら》をすえ、残らず居並び、家の人の出入りをも差しとめながら催促していた。

○大粮米　諸司の番上の（日勤でない）下級役人（史生、舎人、仕丁など）に出勤日の数に応じて毎月支給する手当[1]（主として米塩）。○官人下部　強いて区別すれば、官人は衛府の将監、将曹、大尉、少尉、大志、少志、府生などを、下部は番長、近衛、衛士、門部、使部などを意味しているのであろう。○平張　四隅に立てた柱を支えとして水平に張った天幕をいう。○胡床　床几のこと。

それは丁度（旧暦の）六月ごろとて暑さも盛で日も長いのに朝から未《ひつじ》の刻（午後二時）頃までそうしていたため、この役人たちは陽に照りつけられ、やりきれなかったけれども、目的を遂げるまでは帰るものかと考え、頑張っていた。するとその時、門の戸を細目にあけて年配の侍が首を出して、

『国守の殿が申し上げるようにとのことなのですが、「すぐお目にかかるべきですが、あまり責め方が愕《おそ》ろし気で、女子供などが驚き恐れて泣いているような始末なので、ようお目にかかって事情を申し上げないでいます。しかしこうひどい暑熱にお気の毒に照りつけられておいでになるのでは、さだめし喉も乾いておられますでしょう。また簾越しにでもお目にかかって事情を申し上げますために、私《ひそか》に一献差し上げたいと存じますが、いかがでしょうか。もし御都合がよいのでしたら、まず左右近衛の官人方と舎人《とねり》（近衛）の方々からどうぞおはいり願います。そのほかの衛府の官人方は、

近衛府の方々がすんだ後に（おはいり下さるよう）申し上げましょう。一度にお願い致したいのですが、なにしろむさくるしい家のことで狭くて、多勢ではおられる場処もありません。暫らくお待ち願います。まず近衛府の官人の方々からおはいり願います。」と申しております。』

と言った。陽に照りつけられて喉も全く乾いている折からそう言われたので、事の次第をも言おうと大いに喜んで、

『大変嬉しい仰せです。それでは早速お伺いし、かように参上した事情を申し上げましょう。』

と答えた。侍は、その旨を聞き、

『それでは—』

と言って門を開いたので、左右近衛府の官人や舎人一同は門より中にはいった。

○舎人　ここでは近衛府の兵力の主体をなしている近衛《こんえ》を指している。『今昔物語集』は、場処によっては、将監以下近衛にいたる下級軍人を『舎人』と呼んでいる。

中門から北に伸びた（対屋に通ずる）廊下（中門廊）の東側と西側とに向かい合わせて長い筵を三間（柱間三つばかりの長さだけ）敷き、そこに丈の低い食卓を二、三十ばかり向かい合うように置いてあった。それをみると、塩辛い乾鯛を切って盛ってあるし、塩びき鮭の塩辛そうなものも切って盛ってあった。また鯵の塩辛、鯛の醤（一種の味噌漬）など、

どれもが塩辛い物ばかりが盛ってあった。菓子にはよく熟した李の紫色になったのを、春日器に十個ほどずつ盛ってあった。食事の用意ができたので、

『ではまず近衛府の官人の方々だけこの方へおはいり下さい。』

と（侍が）言うと、尾張《おわりの》兼時、下野《しもつけぬの》敦行といった舎人をはじめとして、身分のある老年の官人たちが揃ってはいって来たので、

『他の衛府の官人が来るといけないから――』

と言って、（くだんの侍は）門を閉じ、錠をかけ、鍵を取って内にはいった。

○春日器　春日盆とも言い、表を朱色、裏を黒色に塗った高坏または平盆。

官人たちは中門の処に並んでいたので、

『さあ早くこちらにお上り下さい。』

と言うと、一同は廊下にあがり、左右近衛府の官人は東西に向かい合って（二列に）着座した。それがすんでから、

『まず酒杯を早くもってくるように――。』

と（例の侍が）言ったものの、なかなか持って来ない。官人たちは空腹を覚えていたので、まず急いで箸を取り、この鮭や鯛の塩辛、醬など塩辛い物を少しずつつまみ食いしながら、

『酒杯が遅いぞ、遅いぞ。』

と言うけれども、なかなかもって来ない。国守は、

『早速お目にかかり申し上ぐべきのところ、ただ今風邪のため気分が悪く、すぐには出向けません。お酒をゆっくり召しあがられた後に参ります。』

と言わせて出て来ない。そのうち酒杯がはこばれた。大きな底の深い杯を二つずつ折敷《おしき》（白木の角盆）に据えて、若い侍が二人で捧げもって来て、兼時と敦行が向かい合って坐っている前においた。ついで大きな提《ひさげ》に酒を沢山入れてもって来た。兼時と敦行はそれぞれ杯をとり、こぼれるばかり注いで貰って呑んだ。酒は少し濁っていて酸味があるようであったが、陽に照りつけられて喉が乾いていたので、杯をはなさずぐいぐいと三杯も呑んだ。次ぎ次ぎに坐っている舎人たちも、皆酒が欲しいままに二、三杯、四、五杯と喉の乾きをうるおそうと呑み乾すのであった。

○提　酒や水を入れ、暖め、提げて運び、杯に注ぐに用いる金属製の容器であって、柄がなく、鉉《つる》と注口を備えているのが特徴。

李を肴にしてしきりに杯を受けて呑むうちに、皆が四、五杯ないし五、六杯呑んでしまった。その時分になって越前守が居ざり出て来て、簾越しに、

『まさか心から物惜しみして、そこもとたちにかように責められ、恥かしい思いをするなどと、よもやそこもとたちも思わんでしょう。かの国では昨年旱魃《かんばつ》続きで少しも徴収できないし、また僅かばかり得た物（米）は、まず恐れ多いあたりの納物に充てねばなりませんでしたから、ある限りのものはすっかり納め、全く残るものとてあり

ません。それでわが家の飯米もなくなってしまい、侍女や童部なども餓えている次第です。それにまたこのような恥じをかくのは情ないことです。まずそこもとたちになんでもない御飯さえよう差し上げられぬことからも御推測いただきたい。前世の宿縁が悪く、年ごろ官につけないでいましたが、たまたま守に任命されて越前国にまかり出ても、かように堪え難い憂き目をみます。これは他人を恨むべきことではなく、前世の報いとして恥じに思うばかりです。』

と言って、とめどなく泣いた。守は声を惜しまず泣いているので、兼時や敦行は、

『仰せられることはまことに御尤もと存じます。皆が御同情申し上げるところです。しかしながらこれは、私共一人の事ではありません。近ごろは、衛府には全く物資がなく、詰所に勤務している者どもも困っておりますので、かく押しかけて参りました。これもお互のことなので、お気の毒とは存じながらもかく参上した次第ですが、（御事情を承りますと）まことに心ないことでございます。』

などと言った。その間に兼時や敦行は（越前守の）近くにいたので、彼らの腹がしきりに鳴るのが聞こえた。両人はごろごろ腹が鳴るのを暫らくは笏《しゃく》で机をたたいて紛らしたり、或いは拳で□□に彫り入れなどしていた。守が簾越しに眺めていると、末の座にいたるまで一同がみな腹鳴りしておかしな音をたてている。

暫くすると、兼時は、

『ちょっと失礼いたします。』

と言い、急いで走るようにして行ってしまった。それを見るや、兼時の後を追うようにしてほかの舎人たちも座を立ち、重なるように走って板敷を降り、或いは長押《なげし》をすべり降りたが、その間に辛棒できずに音をたてて垂れ流す者もあった。或いは車宿《くるまやどり》（車庫）に行き、着物もよう解かないうちに垂れ流す者もいる。或いはすばやく脱いでまくり、楾《はんぞう》の水を注ぐように痢《ひ》る者、或いは隠れた場処が見つからずどこで痢ろうかとうろうろする者もいる。こういう有様であったが、お互に笑い合って、

『どうもおかしいと思っていた。かのお爺はどうせろくなことはしない、きっと怪しいことを仕出かそうと推し測っていた。こんな目にあっても、守の殿を恨むわけには行かない。つまりわれわれが酒を欲しがって呑んだことなのだから──。』

と言い、皆が笑い合いながら腹が痛むままに痢り合った。

そのうちまた（例の侍が）門を開け、

『さあお出で下さい。これより次ぎ次ぎに外の衛府の官人方をお入れ申します。』

と言ったが、（近衛府の役人たちは、）

『それは結構なことだ。早く入れて、我ら同様に痢らせてやるがいい。』

と言いながら、下痢便で汚した袴をよう拭きもせず、先きを争って出てくるのを見て、他の四つの衛府の官人たちは、一緒に笑いこけながら逃げ去ってしまった。

○棕　須恵器や漆器にみる形で、長頸壺の腹部に小さい孔をあけて注口とした水差し。

これは、早く為盛朝臣が考えていた計略であった。つまりこんな酷熱の日に、平張の下に三、四時《とき》（六〜八時間）も照りつけられた後に呼び入れ、喉が乾いているのに、李、塩辛い魚などを肴にし、それを空腹に少しずつ食べさせ、濁った酸味の出た酒に牽牛子《けにごし》を摺り入れたのを呑ませてやれば、その連中は下痢しないはずはない、と考えて彼は悪企みをしたのであった。

○牽牛子　朝顔のことであるが、特に白朝顔の葉を食べるとひどい下痢を起こすという。

いったいこの為盛の朝臣は、企み事が実に上手な風雅の士で、話がうまく、ひとを笑わすことの巧者な老人であったから、かようなこともしたのであった。とんでもない人のところに押しかけて行って舎人たちは酷い目にあったものだと、当時の人びとは笑ったとのことである。

その後は、懲り懲りしたものか、物を納入しない国司があっても、六衛府の人びとが大勢で彼のところへ押しかけて行くようなことは見られなくなった。（為盛は）この上もない風雅な、話の旨い人であったから、彼はたとい追い返そうとしても帰りそうもないと見て、このようなおかしいことを考えついたのであろう、と語り伝えられている。

＊

右は、ある日の藤原為盛の行状を伝えた、『今昔物語集』に収められた逸話の逐字訳である。我々にとってそれは、さほど面白い話ではないが、しかし歴史学的に考えつめてみると、この逸話はかなり重要な問題を含んでいるように思われる。

二

まず最初に検討を要するのは、この逸話の史実としての信憑性の問題である。話の主人公の藤原為盛は、『尊卑分脈』(2)に、『従四位下越前守』と記された、明らかに実在した人物である。また尾張兼時も、後に述べるように、著名な人であった。従ってこの話は決して荒唐無稽な作り話ではなく、細部はともかく、為盛に関連して起こったある事件を中核にしていることは、一応認めてもよさそうである。

為盛は、参議修理権大夫・安親の数多い子女の一人であった。安親の家系は、系図20にみるように、藤原北家の魚名流に属していた。魚名の後、この家系は余り振わず、参議などを一族の者から出すことはあっても、大部分の者が五位に滞まるといった受領層と化した。山蔭は中納言にまで昇った。この頃にはやや復興の兆がみられ、中でも安親の従弟の在衡の如きは、才学によって村上天皇に重く用いられ、左大臣の高位にまで昇り、また娘の正姫を天皇の後宮に入れることができた。安親は左京大夫・中正の三男で、山蔭の孫にあたっていた。母の名は分からないが、彼女は伊勢守・源友貞の娘であった。源友貞は光孝天皇の皇子であるから、安親の母は醍醐天皇の従妹にあたっていたわけである。

いま安親の官歴を探ってみると、表三に掲げた通りである。[3] 天暦五年（九五一）頃彼の妹の時姫は、右大臣・藤原師輔の三男・兼家の正妻となり、そうした関係から彼は師輔の愛顧を受けたようである。天徳四年（九六〇）三月三十日、内裏においては、村上天皇と師輔の周辺の人びとが集まって有名な『天徳内裏歌合』が催された。安親がこれに参加し

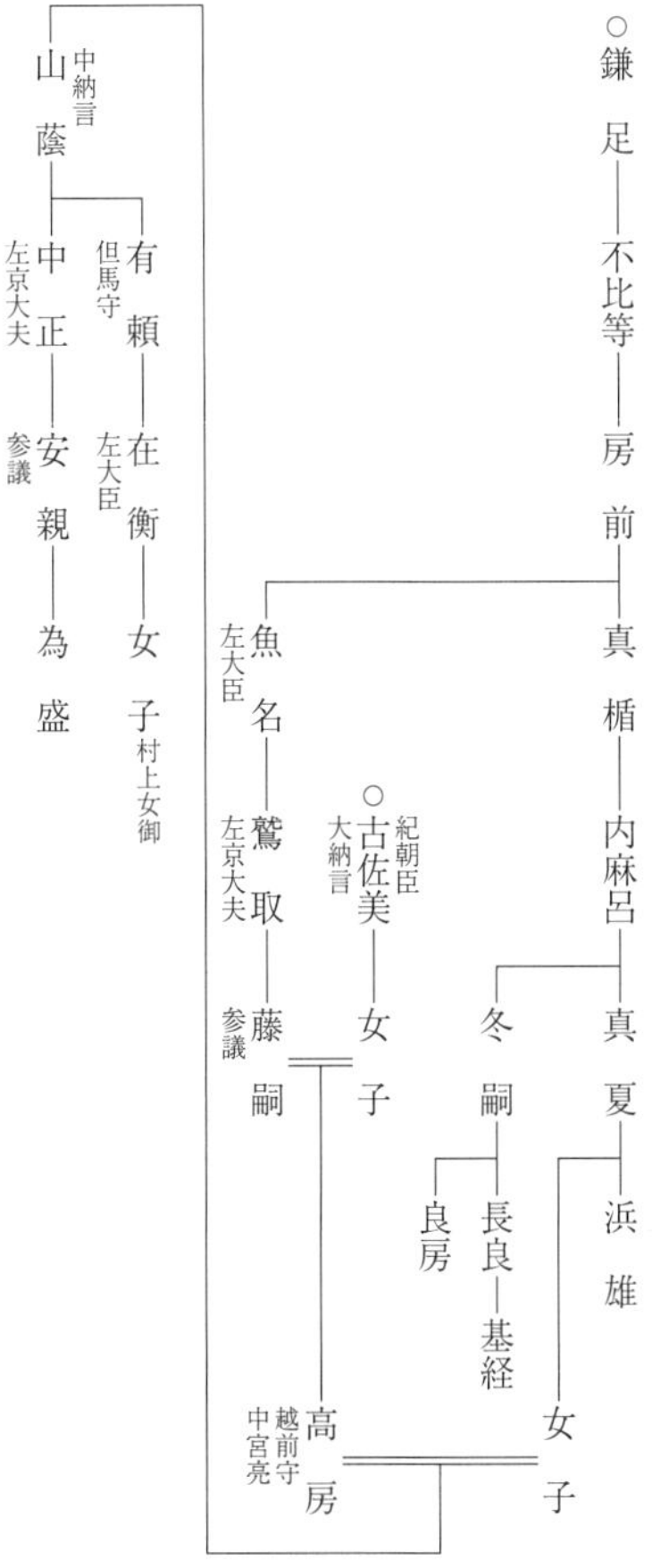

系図20　藤原氏北家魚名流系図

ている点からも、(4) 師輔の引き立てを蒙っていたことが分かる。安親は、歌人としてもある程度認められていたらしく、康保三年(九六六)八月十五日夜の『内裏歌合』にも大和守・安親の名が見えている。

しかし師輔がこの年歿すると、彼は有力な支持者を失い、遅々として昇進が滞ったばかりでなく、兼家と仲の悪い兼通が関白になると(天禄三年)、いよいよ昇進は望めなくなった。やがて兼家が実権を握ると、彼は東宮亮の地位を用意して安親を中央に呼び戻した。それ以後、安親の官途は順調に進み、一条天皇が即位された寛和三年(九八七)、遂に参議の栄冠を獲ち得たが、無論それは摂政・兼家の引きによるものであった、彼は道隆(その本妻は安親の孫娘、すなわち道頼の母)や道長とも好く、長徳二年(九九六)三月五日薨去するまで引き続き参議の職にあった。

安親は、判明しているだけでも九人の息子をもっていた。そのほか、大納言・源時中(左大臣・雅信の長男)の室となった娘が一人いた。(5) これからすれば、安親には二、三人の妻妾がいたのであろう。そのうちで彼が藤原南家の従五位下越前守・清兼の娘に生ませたのが為盛であった。(6) 後で述べるように、為盛は長元二年(一〇二九)頃に卒去した。仮にその時六十五歳前後とすれば、彼は康保二年(九六五)頃の生まれとなるのである。

三

藤原安親には、前記のように多数の息子がいた。彼らはいずれも凡庸であったらしく、閨閥的に極めて恵まれた条件の下にあったにもかかわらず、栄達する者はなかった。二男の陳政が正四位下で播磨守、内蔵頭、東宮亮を歴任したのが最高と言える。彼は道長の庇護の下にあった人物で、寛弘二年に私費で常寧殿、宣耀殿を造営し、その功により翌年二月、播磨守に重任されたことで知られている(7)。

為盛は、性格的に面白い点もあったにせよ、これを要するに平凡な官人であったらしい。親の威光で彼は初めのころ、六位の蔵人で式部丞を兼ねていた(8)。『枕草子』が『めでたきもの』の中に数えたこのポストは、高級官人への登龍門であった。彼は恐らく六位の蔵人を六年間勤め上げ、従五位下に叙されたのであろう。その間、彼の勤務成績は大したことがなかったと見え、任期満了の後は散位となったか、或いは重要でないポストに補せられたらしい。その後の彼に関しては、断片的な事がいくつか知られているに過ぎない。例えば永延元年（九八七）六月十一日、彼はなにかの用件のため、左頭中将の藤原実資を自宅に訪問している(9)。その後しばらく彼は消息を絶っているが、加賀守として現地にあったほかは、おおむね京にあって下級の官職についていたらしい(10)。降って寛弘九（長和元）年

表三　藤原安親の官歴

年	（西紀）	月日	事項	年齢
延享二十二年	（九二二）	某月某日	生誕	一歳
天慶八年	（九四五）	三月某日	木工少允	二十四歳
天暦某年		某月某日	朱雀院蔵人	
天暦七年	（九五三）	正月四日	内蔵人	三十二歳
天暦七年	（九五三）	九月某日	兼主殿権助	
天暦七年	（九五三）	十月五日	残菊宴に探韻書を持参（九暦）	
天暦七年	（九五三）	十月二十八日	殿上菊合の用を弁ず（九暦）	
天暦八年	（九五四）	正月某日	兼式部少丞（蔵人如故）	三十三歳
天徳元年	（九五七）	正月七日	従五位下	三十六歳
天徳元年	（九五七）	正月二十七日	摂津守	
天徳二年	（九五八）	十一月二十九日	昇殿	三十七歳
天徳四年	（九六〇）	四月二十七日	斎院御禊の前駆を務む	三十九歳
応和元年	（九六一）	十月十三日	民部少輔	四十歳
応和二年	（九六二）	正月七日	従五位上	四十一歳
応和二年	（九六二）	八月二十八日	大和守	
応和二年	（九六二）	九月十六日	昇殿	

応和二年	（九六二）	十月一日	次侍従	
康保四年	（九六七）	五月某日	止昇殿	四十六歳
康保四年	（九六七）	十一月某日	東宮昇殿	
康保五年	（九六八）	正月十三日	左衛門佐・検非違使	四十七歳
康保五年	（九六八）	正月十五日	昇殿	
安和元年	（九六八）	十一月十四日	兼播磨少掾（男・清通譲之）	
安和元年	（九六八）	十一月二十三日	正五位下（大嘗会主基）	
安和二年	（九六九）	五月二十一日	東宮権大進	四十八歳
安和二年	（九六九）	九月二十三日	従四位下（御即位）	
安和二年	（九六九）	十月十九日	相模守（治国）	
天禄三年	（九七二）	正月二十四日	伊勢守（受領）	五十一歳
天元三年	（九八〇）	正月十三日	昇殿	五十九歳
永観二年	（九八四）	八月二十七日	東宮亮	六十三歳
寛和元年	（九八五）	十二月二十四日	従四位上	六十四歳
寛和二年	（九八六）	六月二十三日	蔵人頭	六十五歳
寛和二年	（九八六）	七月五日	修理権大夫	
寛和二年	（九八六）	七月二十三日	正四位上	
永延元年	（九八七）	十一月十一日	参議（大夫如故）	六十六歳

（一〇一二）の五月十八日、彼は、大納言・実資が法性寺の東北院において催した実頼の供養の法会に列席したが、時に彼は五位を帯びていた。[11] 次ぎに述べることから推すと、彼は、寛弘四年正月二十二日に卒去した加賀守従四位上・藤原兼親の後をうけて、同年正月末か二月に加賀守に任じられ、同八年の二月頃までその職にあったようである。[12] 長和元年には散位で、京で無為に過ごしていたもののように推測される。

長和二年三月二十九日と三十日には、石清水八幡宮の臨時祭が催された。『前加賀守為盛』は、この日、前大和守・藤原景斉《かげなり》、歌人の前加賀守・源兼澄《かねずみ》、祭主・大中臣輔親《すけちか》、高階成順、蔵人所雑色の源懐信《かねのぶ》など縁戚や友人たちと牛車に乗って見物に出掛けた。この時、彼らの車と少納言・能信《よしのぶ》（道長の五男）の車が相近づいた時、従者たちの間で争いが起こり、輔親や懐信は車から引きずり落され、景斉や兼澄の車は石で打ちたたかれるような事件が起こった。[13] この時、為盛と成順とは車から降り、いち早く逃げ去った。能信は余り良い性質の男ではなかった。彼の従者たちも、道長の威を笠に着て横暴な振舞いが多かった。為盛は道長と従兄弟の関係にあったが、いつも世話になっていたので、彼は後難を恐れて遁走したのであろう。

長和五年にも為盛は都におり、五月十八日、やはり実資が営んだ実頼の忌日の法要に出席している。[14] 寛仁元年（一〇一七）十二月四日、道長は太政大臣に任じられ、同日、彼は二条院において盛大な祝宴を催した。この宴会に為盛も招かれている。[15] 実資は彼を『散位為盛』と記しているが(16)、この時も職についていなかった。翌二年五月十八日、彼はやはり法性寺東北院で催された法要に出席した(17)。

右によってみても、為盛が大納言・実資の機嫌をとっていたことが分かる。早く彼は、寛弘二年八月十四日に道長に馬二匹を贈っている(18)。これも彼の猟官運動に関係したものであったろう。道長が自分の従兄に当たる為盛をなに故にこうも長い間放置しておいたのか、不思議に思われる。察するに為盛ばかりでなく、安親の子達は余りにも凡庸であって、道長としてもそうたびたび彼らを起用したり、高い地位につけたりする気になれなかったのであろう。為盛ははかばかしく栄達はできなかったが、門閥の上から交際の方はかなり手広くやっていたようである。

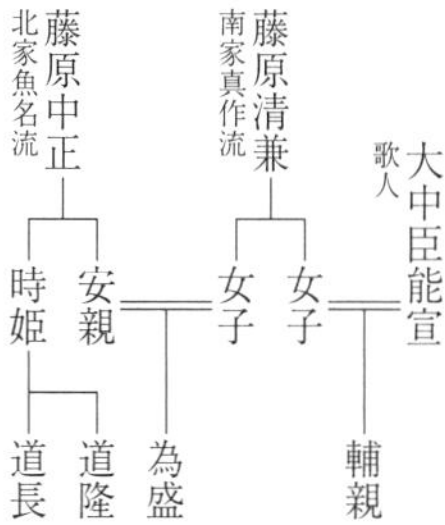

系図21
為盛の親族関係系図

治安元年（一〇二一）七月二十六日、二十五日に太政大臣に任じられた公季《きんすえ》、右大臣の実資など八名、五位の新任者十七名、六位の者十名、計三十五名の一行は、昇任、新任の挨拶のため法成寺の無量寿院に赴き、道長に拝謁した。その五位十七人のうちに為盛の名が見える(19)。それがどのような官職であったかはともかく、為盛がやっと職についたことは、右によって確実に知られるのである。

ところが実資によると、治安三年四月において、為

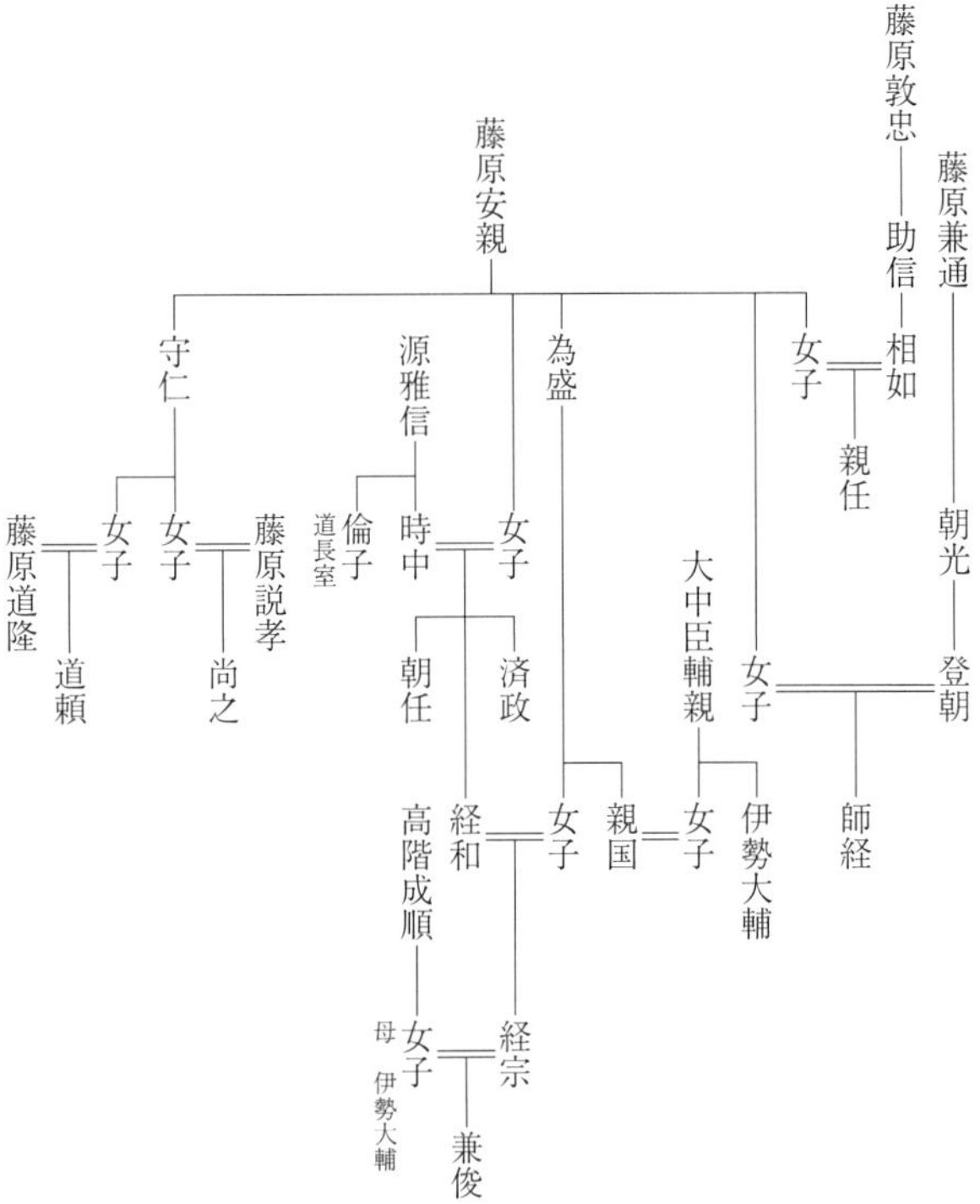

系図22　為盛を中心とした諸氏の関係系図

盛は『大納言家司』であった[20]。大納言はすなわち正二位・藤原斉信《なりのぶ》（太政大臣・為光の二男）であり、彼はその家司に奉職していたことが分かる。為盛は五位を帯びていたから、大納言の家司の令（家令）であったに相違ない。恐らく為盛は、治安元年（一〇二一）七月二十五日に、大納言・斉信の家令に任命されたのであろう。しかしそれは渉外的な雑務が多く気が休まらない上に、収入もきまりきった役職であったから、彼はもう一度受領として地方に転出し、老後が安心できる程度の蓄財をしたいと考えていたと思われる。従って家令の椅子に腰掛けながらひそかに運動を続け、国守として転出する機会を窺っていたのであろう。初めに引用した、『今昔物語集』の一節に、『前生《しょう》の宿報つたなくて、年来官を給はらで……』とある為盛の言葉は、少くともこれに関する限りは、彼の偽らない心境を表白したものと言えよう。

その後も為盛は引き続いて都におり、容易に受領補任の機会に巡り会わなかった。彼は依然として斉信の家令であったのであろう。万寿四年（一〇二七）十一月、道長は重態に陥った。為盛は十一月から薨去した十二月四日にかけて法成寺にあり、見舞い客の応接などを引き受けていたようである[21]。

為盛がいつ越前守に任命されたかはあまり明らかでない。ところが任命の後、迂闊にも為盛は任符を紛失し、万寿五年（一〇二八）七月五日にその再交付を受けている[22]。つまり彼はこの年の六、七月頃、任国に赴こうとしたが、任符を失ったことに気づき、あわてて

太政官符　越前国司
　従四位下　藤原朝臣為盛
右去二月十九日任越前国守畢。国宜承知。
符到奉行。
　万寿五年四月十一日従五位下行左大史惟宗朝臣（義賢）
従四位上行権左中弁藤原朝臣（経任）

藤原為盛の任符の想定復原
内印六跡（括弧内は自署）

その再交付を願い出たのであろう。『任符』とは、ある人をある官に任じた故、その役所はこれを承知し、彼の指示に従え、または当人を用いよという太政官の通達である。為盛の場合の任符は、為盛自身が携えて任地に赴き、これを国司の官人に示して彼の任命が正当なものであり、以後は彼の統率に服すべきことを指示した通達であって、大体ここに復原して掲げたようなものであったであろう。

為盛は、万寿五年（長元元年）七月五日に任符の再交付を受けているのであるから、彼の越前守任命は、この年の一月から四月にかけての期間に行われたと推断されねばならない。『公卿補任』や『日本紀略』についてみると、官人の大幅な移動が発令されたのは、一～四月の間では二月十七～十九日の除目《じもく》である。従って為盛の国守任命も、この二月十九日に発令されたとみるのが至当であろう。

なお、為盛は、卒去時において従四位下を帯びていた[23]。いつこの位階に昇叙されたかは明白でないけれども、家令として大納言家に勤めた年功によって、万寿三年ごろ、昇叙されたのではないかと思う。

任符の交付を受けた為盛は、間もなく—多分、七月下旬に—越前の国府（福井県武生《たけふ》市）に赴任したのであろう。この頃には、故なくして任国に下向しない国司に対しては、厳重に督促が加えられていたからである。[24] 為盛も、この年の後半には越前国にあって執務していたはずである。しかるに翌長元二年（一〇二九）閏二月五日、大内記・藤原頼任《よりとう》は、右大臣・実資に対して、越前国の粮物は、『国司卒去』のため未進である由を報告している。[25] 国司が卒去したとあるから、明らかにそれは国守、従って為盛のことである。すなわち為盛は雪国の越前に赴任し、長元元年の終わりか二年の初めに任地で卒去したとみねばならぬのである。

四

ここで初めに戻って衛府の官人や舎人の為盛宅に対する示威運動について考えてみるに、それは長元二年ではありえない。『今昔物語集』には、『六月ばかり』とあるが、それはどうしても長元元年の六月のことでなければならない。しかるに長元二年は閏年であるから、長元元年においては六月が酷暑の候であったとみなされる。長元元年の六月一日は、陽暦では七月十三日に当たっていた。現に長元元年は、六月から七月にかけてひどい炎天が続

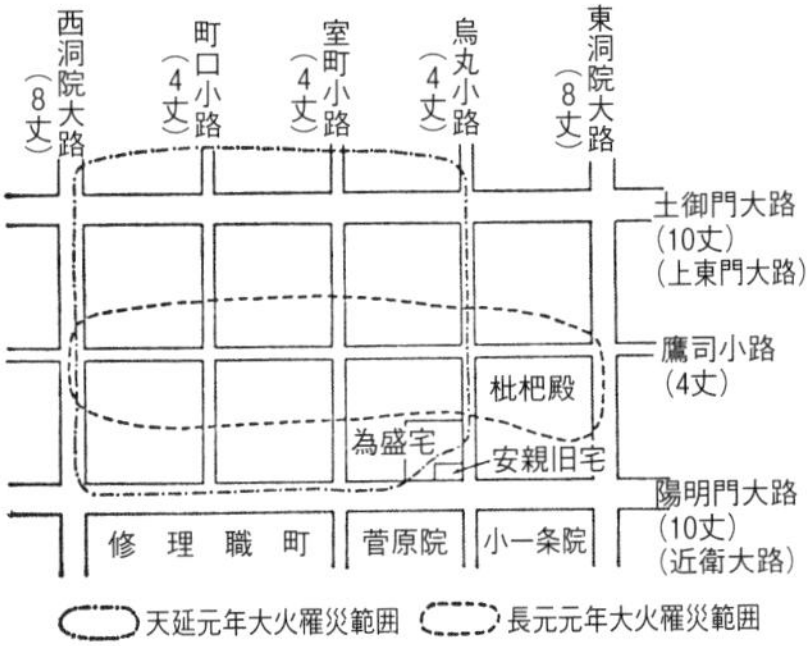

第13図　左京一条二坊略図

いていたのであって、七月三日には祈雨のため貴船神社に勅使が遣されているし、[26] 八日には、関白・頼通は、『炎旱の日久しうして農民に愁ひあり』と告げ、七大寺及び龍穴神社で甘雨を祈請するため、三日間、『仁王経』を転読するよう命じている。[27] 従って衛府の官人たちの示威運動は、六月中旬から下旬にかけて（陽暦では、七月二十二日から八月十二日まで）のことと想察されよう。[28]

為盛は近衛府の官人、舎人を自邸に請じ入れた時、『彼の国に去年旱魃して露ばかり得る物なし。』と語ったという。万寿四年というのは、稀にみる不順な年であった。五月までは至って寒く、四月には大雪があり、五月には台風が来襲し、いたる処で洪水をひき起こした。[29] この五月は全く『大寒冬の如し』[30] と言われるような気候であった。ところが六月になると、旱魃が始まり、政府は例によって諸寺社に祈雨の勤行を命じている。[31] 九月にはまた台風が都を荒した。[32] それ故、為盛の言いわけはその点では真実とみねばならない。

以上の考察によって、衛府の官人、舎人の為盛邸に対する示威運動は、長元元年六月中旬から下旬の間に行われたことが帰結されるのである。その頃、為盛はかなりの老齢であった。従って長元元年の末か翌年の初めに任地で卒去した時分、彼は六十五歳前後でなかったかと想像されるのである。

　衛府の官人、舎人の示威運動がフィクションでないとすれば、それはいったい平安京のどこで行われたのであろうか。『権記』長保二年（一〇〇〇）十一月三日条によると、この日、宮中から退出した主殿助の藤原頼明（説孝の子で、母は典侍・源明子）は、陽明門大路を通って小一条院の近くで右兵衛佐の藤原重尹《しげただ》の従者たちに乱暴される事件が起こった。抜刀の従者たちにじりじりと追われ、頼明は陽明門大路を西の方に向かい、室町小路に達する途中、幸いにそこに為盛の宅があった。為盛宅は陽明門大路に面し、その北側に位置していた。往来は大変な群集なので、重尹はひとまず頼明をつれて為盛宅の東門から邸内にはいり、従者たちをなだめようとした。

　この事件にはまた後があるが、さし当たって問題となるのは、為盛宅が陽明門大路（近衛大路）の街路に面して北側にあり、然も室町小路と小一条院との中間に位置していたこと、陽明門大路に南面していた上に『東門』があるというのであるから、当然、陽明門大路と某小路とがなす辻の西北角に位していたということになるのである。『拾芥抄』によると、小一条院は陽明門大路に面してその南側にあり、東洞院大路と烏丸小路との中間にあった。争いが起こったのは、小一条院の北門前の街頭であった。東洞院大路と室町小路との間には、寝殿造の邸宅が街路に面して東門を設けうるような道路は烏丸小路しかないから、為盛宅が陽明門大路と烏丸小路が交叉する辻の西北角（地籍の上では、左京一条二坊七町西四行北八門）、従って現在の護王神社の南、すなわち京都市上京区烏丸出水上ル西側（中出水町北部）の辺にあったことは、疑いがないのである。

為盛の邸は、『今昔物語集』の記事からして明らかなように、寝殿造であり、従って寝殿は、南面していた。これからすれば、衛府の官人や舎人たちが、邸内に請じ入れられた時の門が東門であり、為盛が簾を隔てて一同と面接したのが東対であったことも、疑いがなくなるのである。

問題は、五位の為盛が門構えのある邸宅に住んでいたのは何故かということであろう。少くとも、五位の為盛が寝殿造の邸宅などに住むのは、過差の誹りを免れないし、それは必然的に『今昔物語集』に語られた逸話の信憑性とも関連してくるのである。『延喜左京式』には、『凡そ大路に門屋を建つる者、三位已上および参議は、これを聴《ゆる》せ。身、薨卒すと雖も、子孫居住するの間はまた聴せ』と見えるが、大路に面して門構えの邸宅を建てることには、身分上の制限があった。烏丸は小路であるから、五位の為盛が街路に面して東門を建てることは差し支えないようなものの、『枕草子』の『大夫は』（百五十四段）に、『かうぶりえて（五位に叙爵されて）、何の大夫、権の守などいふ人の、板屋などのせばき家もたりて』と見えるように、五位程度の官人は狭い板屋に住むのが普通であった。その点、為盛は五位の身分にふさわしくない、立派な邸宅に住んでいたわけである。

しかしこの疑問も、次ぎのような事情からして氷解するのである。すなわち為盛は、どういう事情かわからないが、父の正三位参議の安親の邸を伝領していたのである。『かげろふの日記』の著者も述べているように、天延元年（九七三）四月二十三日、左大臣・源高明を失脚せしめた（安和の変）密告者の前越前守・源朝臣満仲の邸宅は、『強盗』（実は高明派の人びと）によって包囲・放火された。それが大火の原因となり、五百余軒が焼亡するという大事件が起こった(33)。平親信はその日のことを、左のように誌している(34)。

二十三日亥、子剋許、火出前越□《前》守橋守《マヽ》満仲宅、延及数百家。東限土代《マヽ》小道・南限陽明門・西限西洞院大路、北限上東門南平町《マヽ》、但土代《マヽ》小道与陽明門角両三家脱此災、安親朝臣家等也。件火放火、云々。

『土代小道』は、『小代小路』の誤写であって、中御門大路以北の烏丸小路のことである(35)。すなわち安親の家は、陽明門大路と烏丸小路とがなす辻の角にあったのであり（三坊十一町）、それは後に為盛が住んでいた邸宅と同じ場処なのである。尤も安親は当時伊勢守の任にあり、在宅していなかったであろう。安親の家は幸いに類焼を免れはしたけれども、陽明門大路・烏丸小路角の『両三家』のうちの一軒であったのであるから、余り広い家でなかったに相違ない。

安親は兼家の引き立てにより、永延元年（九八七）十一月参議に任じられ、その後、長徳二年（九九六）三月の薨去にいたる間、十年も参議の地位にあった。長い受領生活によ

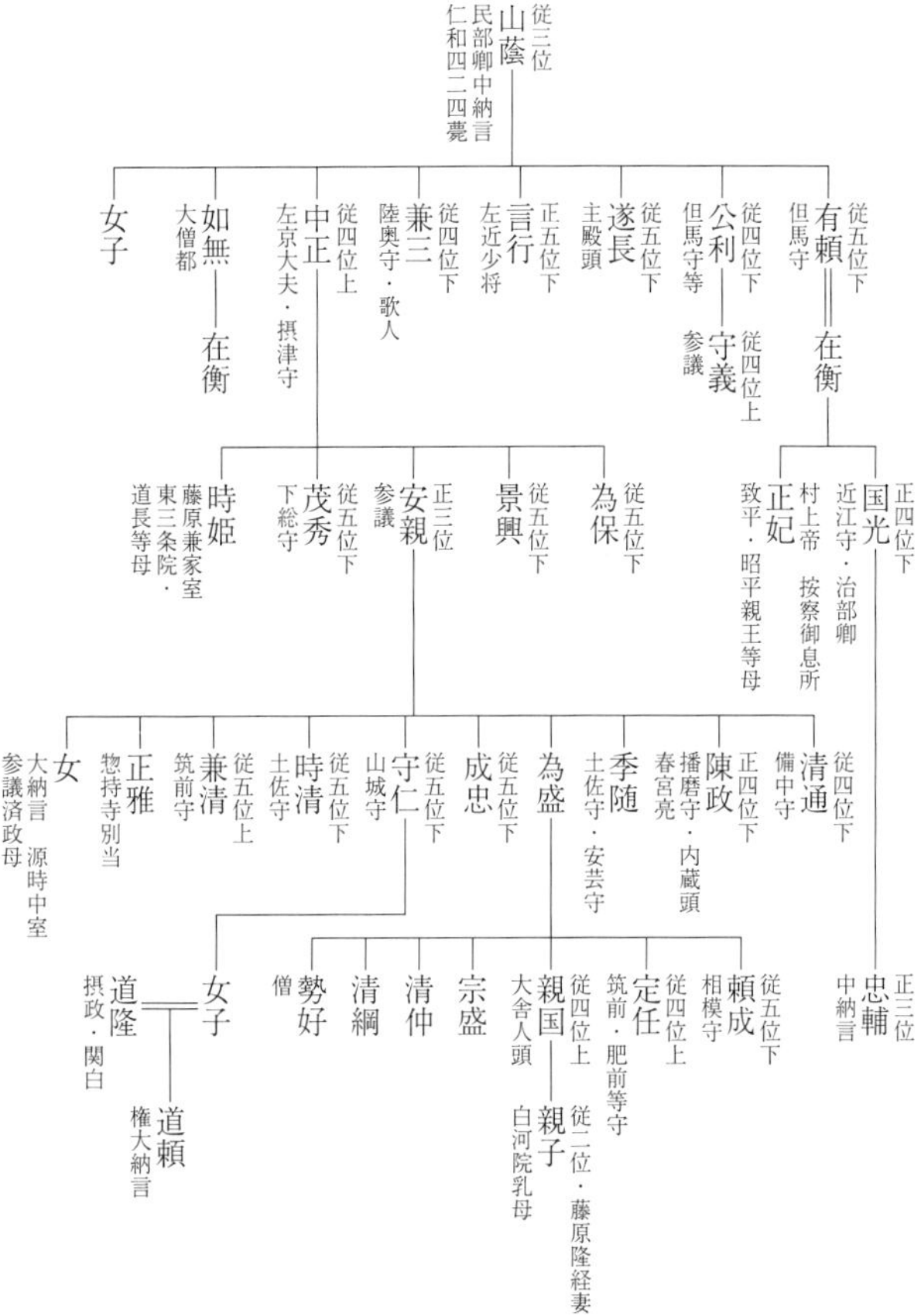

系図23　安親と摂関家との関係

って彼が相当の財力を貯えていたことは、想像に難くない。また参議という身分、また関白の伯父という立場からも、彼は付近の土地を買収し、方二十丈ほどの敷地に寝殿造の邸宅を営んだと思われる。この邸宅を為盛に譲ったのは、その頃彼が左京北辺に方四十丈の邸宅を買収し、この方を長男に渡したためであろう。

『拾芥抄』京程図左京の部をみると、三坊五町の処に、『泰親清道』と記されている。これは明らかに安親とその長男・清通の誤記であるが、それからみても、安親が後に三坊五町に本邸を移したことや、彼が長男の清通に本邸を与えた事実がはっきりとわかるのである(36)。

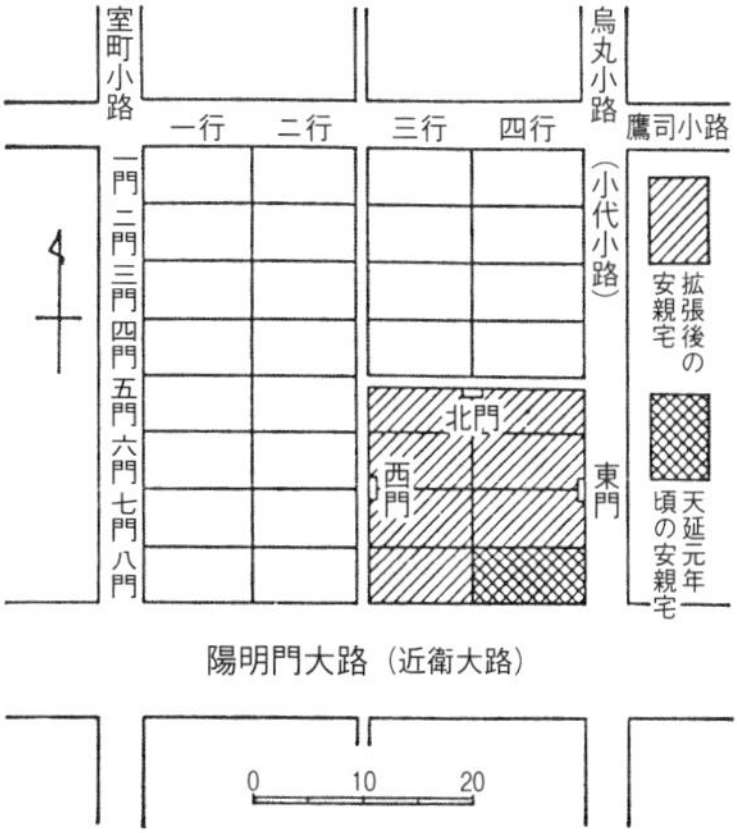

第14図　藤原安親・為盛邸宅位置図

ともあれ藤原為盛の邸宅は、陽明門大路と烏丸小路が交叉する辻の西北角(三坊十一町の東南隅)にあった。この事実は以上の叙述によって余りにも明白であろう。ところが長元元年十一月には、この辺に大火があった。源経頼(当時、左中弁)は、この大火に触れて、

九日己亥、天晴。……及二秉燭一、西東洞

院南鷹司リヨ火起天、至二于枇杷殿一大小宅皆以焼亡。一品宮令レ渡二法成寺一給、云々。惣所レ焼鷹司小路北町南辺、近衛御門南町北辺、共至二于東洞院大路一皆悉焼亡。北西風盛吹、飛炎如レ雨、云々。

と述べている。(37) 罹災範囲を図示すると、第13図のようになる。この時も為盛の邸宅は類焼を免れている。もし為盛がまだ生きて越前の国府にいたとすれば、さだめし彼は安堵の胸を撫でおろしたことであろう。

五

ところで、『今昔物語集』は、近衛府の官人や舎人を代表した人物として、将監の尾張兼時と下毛野敦行の名を挙げている。兼時の名は舞いの名手として鳴り響いていた。しかし紫式部が寛弘五年（一〇〇八）十二月のこととして、

兼時が去年《こぞ》まではいとつきづきしげなりしを、こよなく衰へたる振舞ぞ、見知るまじき人の上なれど、あはれに思ひよせらるること多く侍る。

と記しているように、(38) 彼は寛弘五年には急に老衰が加わっていたようである。それから二十年経った長元元年にまだ存命であったとすれば、彼はすでに九十歳に達していたであろう。生来頑健な上に鍛え上げた体であるにしても、示威運動に加わるほどの元気があった

とは思えない。敦行の年齢はよくわからないが、右近将監として兼時と同年輩の人と想像されるから、彼がこうした実践運動に参加したとは考えにくいのである。

思うに、兼時と敦行とは、一条天皇、三条天皇の治世における代表的な近衛府の官人として語り伝えられていたため、後人が為盛邸に請じ入れられた近衛の官人の代表者に彼らの名を付会したものであろう。『今昔物語集』の編者、もしくは編者の一人は、敦行をもって一条天皇から後一条天皇の治世にかけて活躍した近衛将監・下毛野公助の父と考え、その後、近衛府の官人、舎人の大多数が下毛野氏で占められるに至ったのは、専ら敦行の功績によるとみなしていた[39]。こうした偉大な二人の人物を為盛の逸話に加えることは、話の内容を面白くする点で大いに役立っている。しかし歴史学的には、この逸話のその部分だけは虚構であると認めざるをえないのである。しかしそれにしても、近衛府以下の官人や舎人たちによる示威運動は、現実問題として実際に行われたのであろうか。その点で為盛の逸話には、なお一抹の不安がつきまとうのである。編者は、『それより、後懲りにけるにやあらん、物成さぬ国の司の許に六衛《マヽ》門の人発りて行く事をばせぬ事になむありける。』と記し、そうした示威運動は、この時分までは度々行われたかのような示唆を与えている。果たしてそれは編者が暗示する通りであったのであろうか。

この点、幸いにも『日本紀略』天延三年（九七五）六月条には、左のような記事がみられるのである。

十六日丁巳。六衛府の官人以下舎人以上、束帯を著け、諸国大粮米を下し行はざるの由を愁ひ申す。忽ち裁許無きの間、平張を陽明門に立て、弓箭を著け、これを訴へ申す。先例を問はせらるるに、この例なし。よつて平張を壊《こぼ》ち畢んぬ。愁ひ申すことは、在京の国司を召し問ひ、裁許せしむべし、てへり。

ここで言う『官人』とは、近衛府、将監、府生、衛門府と兵衛府の大尉、少尉、大志、少志、府生を指し、舎人とは近衛府の番長、近衛などや、兵衛府、衛門府の番長、衛士、兵衛、門部《かどべ》などを意味している。これらの官人、舎人が正装の上、平安宮東側の陽明門の辺に屯《たむろ》し、大粮米の下付を愁訴したわけである。

これは、俸禄の増額ないし勤務条件の改良を要求したのではなく、生活を全うするために俸禄の支払いを求めた示威運動であった。天延三年には、政府に対してなされたが、為盛の場合には、大粮米未進の国の責任者たる国守の自宅に対して敢行されたのである。

国守が私利を計り、要路の官人に不当な贈物をする風は、当代の通弊であった。国の財源には自ら限度があるから、不正行為による財政的な皺寄せはどこかで為さるべきであった。そして天延三年（九七五）の事件は、それが事もあろうに、衛府の大粮米に皺寄せされたことを証示しているのである。

当代における六衛府は実のところ皇宮警察のようなものに過ぎず、親衛隊としての野戦能力をもってはいなかった。のみならず、衛府の上級職（大、中、少将、督、佐、権佐）は、高級貴族によって独占され、彼らの出世街道における踏み石とされていた。それだけに、衛府の上級の武官は、中級、下級の官人や舎人から遊離していた。従って武力はもっていたとしても、衛府の中級、下級の官人たちは、国司にとって恐しい存在ではなくなっていた、と判断しなければ、この種の未進は理解されないのである。

陽明門においてすら示威運動を敢行するのであるから、彼らが大挙して在京の国守の邸宅に押寄せることなどは容易であった。それ故、衛府の官人、舎人の示威運動を話の核心とする為盛に関する逸話は、ますますその真実性を加えて来るのである。

いま近衛府についてみると、天延三年、その上級職には次ぎのような人びとが名を連ねていた(40)。

左近衛府

大　将　従二位　藤原頼忠（右大臣）
中　将　従三位　藤原朝光（権中納言）
　　　　従四位上藤原懐忠
権中将　　　　　源　正清
少　将　従五位上藤原道隆
　　　　　　　　藤原高遠

右近衛府

大　将　正三位　藤原兼家（大納言）
中　将　従四位下藤原顕光（参議）
　　　　従四位下源　時中
権中将　従四位下藤原時光（蔵人頭）
少　将　　　　　藤原実資
　　　　　　　　藤原理《まさ》兼

近衛府の上級職にある武官で執政となっている者は、頼忠以下四名もいた。頼忠や兼家は、近衛府の長官として、将監以下が示威運動を起こすまで、部下に対する俸禄の不払いを放置していたわけである。将監たちにしても、生活費の不払いという死活問題について、頭中将の時光や少将の実資に依頼することができなかったのであろうか。相談したり、依頼したりしても、大粮米は諸国より進上されなかったのであろうか。

更に長元元年六月の場合について言えば、これを決行するに先だち、各衛府は、『左近衛府注二中越前国大粮米未進一文』といった文書をそれぞれ太政官に提出し、その支給を要請したはずである。六衛府の官人、舎人は、いくら書類を提出しても埒があかないため、この強行策をとることを決意したのであろう。しかし大粮米の支給は、長官（大将ないし督）の職責である。中級、下級の官人、舎人が困りきって蹶起するまで、『晏然として平居し』、放置しておくとはなんという無責任さであろうか。

一体、右大臣兼右大将の実資は、在京の越前守・為盛を呼びつけ、即刻大粮米を進上するようなぜ命令できなかったのであろうか。たとい昨年は不作であったにせよ、越前国の不動倉を開けば、衛府の大粮米を調達するくらいはできたはずである。また調査の結果、それが不可能であれば、別に手段を講じ、とにかく大粮を支給するのが長官たるものの責任である。右近衛大将の実資は、衛府より提出される『大粮申文』が書類として整わぬことを攻撃はするが[41]、大粮の未進によって中級、下級の官人、舎人が生活に困窮することには、殆ど思いやりがなかったかに見える。この時代には、高級貴族の子弟が便宜上、将監に任じられる場合もあった。しかしこの種の将監は、下から敲き上げて来た本来の将監と違って、近衛府の兵力を掌握していなかった。大、中、少将また同様であって、軍を指揮する能力などはまるでもち合わせていなかった。

長元元年の六月には大粮米が支給されず、六衛府の官人、舎人たちが大騒ぎをしている最中に、関東で叛乱を起こした平忠常に対して征討軍を差し向ける議が廟堂で決せられた[42]。しかしその征討軍の司令官は大将でも督でもなく、俸禄すらよう与えていない右衛門府の尉の平直方であり、副司令官は同じく志の中原成道であった。なんともおめでたい結構な時代と言うほかはないのである。

ローマ帝国などでは、いつも近衛軍団が皇帝権の背景となっており、それはしばしば皇帝の地位をすら左右していた。平安時代の日本では、衛府の軍事力は上級武官から遊離しており、政争の具に用いられることはなかった。例えば、左近衛大将、或いは右衛門督が部下の軍隊を用いてクーデターを起こし、政敵を倒して政権を握るといった事例は、かつて起こることがなかったのである。

いずれにしても明瞭なのは、六衛府全般を通じて存する上級武官と中級、下級の官人、舎人との深刻な懸隔である。上級の武官は中級の官人を身分の卑しい者、下劣な者とみなし、同じ釜の飯を食い、生死を共にする戦友としての親愛の情などは、露ばかりも抱いていなかった。『賢人右府』とさえ言われた実資すら、日記にはこう誌しているのである。

……検非違使・左衛門の府生・貞光死去すと、云々。数年、家の案主たり。下劣の者の志と異る。また廷尉たるの間、その勤め傍輩に勝れたりと、云々[43]。

このような状態であるから、衛府の上級と中級の武官の間には、意志の円滑な疏通などはみられなかったわけである。中級の官人たちは、上級の武官たちに信頼をおかず、彼らを通じて問題を解決することを断念していた。六衛府の官人や舎人は、それ故に警備隊としての団結力を利用し、朝堂院の東廊などで蹶起大会を開いた[44]結果、示威的愁訴という最後的手段の行使を決議したのである。官制だけをみると、近衛府などは大将↓中将↓少将↓将監↓将曹↓府生↓番長↓近衛という階層的な構成をとっているけれども、現実には上級の武官と中級、下級の官人、舎人との懸隔は非常に大きく、当時にあっては両者は全く異質的な層群をなしていたのである。

大粮米の未進に関して、衛府の官人や舎人は武力を行使しようとはしなかった。彼らは罷業もしくは怠業の手段に出でず、正装して静かに示威した。為盛の奇計にかかっても、報復しようとも考えなかった。現代人の目には、彼らは余りにも無気力であり、惨めな存在であったかのように映るのである。奇計によって彼らを退散させた為盛は、まことに思い上がったあくどい人間であったように印象づけられるであろう。然るに当時の人びとは、『時の人笑ひける』とあるように、衛府の官人や舎人を醜態を曝したものとして嘲笑し、却って為盛の方に喝采を送っているのである。

確かに為盛の逸話は、決して一場の滑稽談として済まされるものではない。探究すればするほど、この逸話が色々な面で藤原時代史の本質に触れていることが明らかとなるのである。

六

為盛は、六衛府の官人、舎人の前では泣き言を並べた。確かに彼は官途の上ではそう恵まれはしなかった。しかし彼は、寝殿造の相当立派な邸宅に住んでいたし、持ち前の要領のよさをもってかなり蓄財していたものと推定される。子供も沢山いたらしく、文献に記載されているだけでも七人の息子がいた(45)。そのうち定任《さだとう》は、筑前、肥前、伊賀、大和などの国守を歴任し、従四位上にまで達したし、親国また河内、大和守、大舎人頭を歴任し、従四位上に叙された。定任の子の章家《あきいえ》は、春宮少進を経て従五位下筑前守となった。この定任や章家の逸話は『今昔物語集』に採録されているし(46)、また為盛の甥・輔公《すけきみ》の大和守時代の逸話もまた同書に収められている(47)。

『今昔物語集』の編者が誰であるかは学界未定の問題である。しかしそれが源隆国の——今は散佚してみられない——『宇治大納言物語』をひとつの原典としていたこと、またその編纂が白河法皇を巡る側近の廷臣や僧侶のグループに関係していることは否定されないであろう(48)。

隆国の父・大納言・俊賢は、道長の腹心であったし、俊賢は道長の従兄の為盛をよく知っていた(49)。限られた上流社会のこと故、隆国もまた為盛のことはよく知っていたであろう。それに、衛府の官人や舎人が為盛邸に押し掛けた長元元年六月、隆国は右近衛権中将の任にあり(50)、この事件の直接の関係者のひとりであった。従って為盛の逸話は、『宇治拾遺物語』には収められていなくとも、隆国の執筆に帰せられる逸書の『宇治大納言物語』に収録されていた可能性は否定されない。もしその場合は、事件の直接関係者による記録であるから、為盛の逸話のもつ史実性は、一段と高いものとなるのである。

またもしそれが隆国による収録ではなく、伝承された話が採録されたとした場合でも、伝承の径路からみて、その史実性はさほど損われぬであろう。白河天皇の時代に勢力のあ

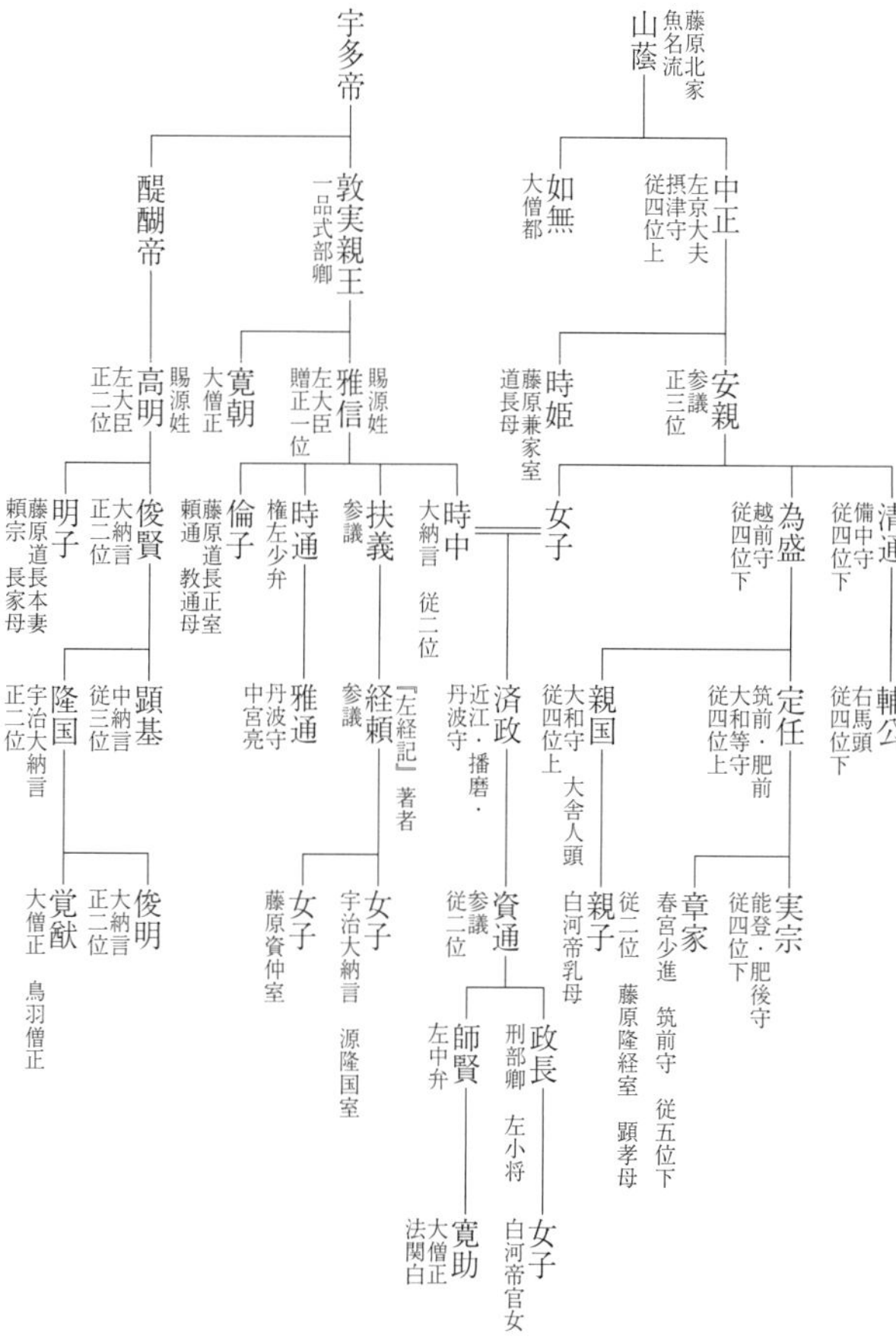

系図24　宇多源氏，醍醐源氏と藤原氏北家魚名流の略系図

ったのは、乳母の従二位・親子であり(51)、その子の六条修理大夫顕季であった。親子は、前記の親国の娘、従って為盛の孫であった。法皇の尊信をうけ、『法関白』と呼ばれた大僧正の寛助は(52)、為盛の妹の血統に出ている。為盛やその近親、子孫の名が『今昔物語集』に出ているのは、彼の子孫や姻戚が右の法皇グループと近い関係にあったせいであろう。

為盛の逸話が『宇治大納言物語』に収められており、『今昔物語集』の編集者がそれから採録したものか、あるいはそれが為盛の子孫や姻戚の間で伝承されており、始めて文字の形で『今昔物語集』に収録されたものかは、遽かに決定しえない問題である。ただここで強調しておきたいのは、同時代の筆録にかかるか、子孫による伝承の採録にかかるかは別としても、為盛の逸話が作り話ではなく、歴史的事実を核心とした実話と認められることである。無論、近衛府の官人の代表者として尾張兼時や下毛野敦行の名を挙げたのは、編者の善意に基づく誤謬と認められる。しかし話の本筋に関する限り、為盛の逸話は実話と認めて差し支えないものである。他の諸史料によって判断しても、兼時や敦行のことを削除すれば、この逸話の信憑性は否定されないのである。それ故、為盛の逸話は、藤原時代の歴史に貴重な照明を投げる重要な史料としてここに重ねて強調することができるのである。

註

（1）大粮米の問題については、阿部猛『官衙領の成立過程』（『日本歴史』第一八七号所収、東京、昭和三十八年）、参照。
（2）『尊卑分脈』第二編、藤原北家魚名流。
（3）主として『公卿補任』寛和三年条により、『九暦』によって補う。
（4）『天徳内裡歌合』（『群書類従』巻第百八十一、『平安朝歌合大成』二、所収）。
（5）『小右記』永祚元年三月二十九日条には、安親の娘が危篤に陥った旨が記されている。これは、時中の室となった娘とは別人と考えられるから、彼には少くとも娘が二人いたこととなる。
（6）『尊卑分脈』第二編、藤原北家魚名流。
（7）『御堂関白記』寛弘二年十二月二十一日、同三年二月二十日条。
（8）註（6）と同じ。
（9）『小右記』永延元年六月十一日条。
（10）『権記』長徳四年十月二十九日、寛弘八年八月二十三日両条。
（11）『小右記』寛弘九年五月十八日条。
（12）『御堂関白記』寛弘四年正月二十二日条。
（13）道長は、同右、寛弘三年十月二日、源兼澄（歌人）のことにふれて、『任を去ること久し』と述べている。その際、彼は備前守の候補者に挙げられたが、実現をみなかった。『尊卑分脈』第三編、光孝源氏をみると、兼澄は、加賀守だけで終わったようである。以上によって推断を下せば、為盛が加賀守に任じられたのは寛弘二年であり、兼澄はそれよりかなり以前に加賀守として在任したとみられる。
（14）『小右記』長和五年五月十八日条。

(15)『御堂関白記』および『左経記』寛仁元年十二月四日条。
(16)『小右記』同日条。
(17)同右、寛仁二年五月十八日条。
(18)『御堂関白記』寛弘二年八月十四日条。
(19)『小右記』治安元年七月二十六日条。
(20)同右、治安三年四月十四日条。
(21)同右、万寿四年十二月四日条。
(22)同右、万寿五年七月五日条。
(23)『尊卑分脈』第二編、藤原北家魚名流。
(24)『小右記』万寿四年六月十九日、長元元年十一月二十九日条。
(25)同右、長元二年閏二月五日条。
(26)『左経記』長元元年七月三日条。
(27)同右、同年同月八日条。
(28)但し、この示威運動は、六月十一日、七月一日ではなかった。少くともこの二箇日は、曇天または降雨の日であったからである(『左経記』による)。
(29)『日本紀略』万寿四年五月二十四日条。
(30)『高代寺日記』(『史料綜覧』巻二、所引)。
(31)万寿四年七月五日附『詔』(『類聚符宣抄』第三、所収)。
(32)『日本紀略』万寿四年九月十三日条。
(33)同右、天延元年三月二十四日条。但し、ここでは『三百余家』が焼けたと記されている。

(34)『親信卿記』天延元年四月二十三日条。
(35)裏松固禅『大内裏図考証』巻第一之上。
(36)尤も、『権記』長保二年一月八日条によると、この夜、民部少輔・清通の『中御門宅』が放火によって焼亡した。清通は、一条北辺のほか、中御門大路にも邸宅をもっていたことがわかる。
(37)『左経記』長元元年十一月九日条。
(38)『紫式部日記』。
(39)『今昔物語集』巻第十九、第二十六話。
(40)『公卿補任』および『天延二年記』(平親信の日記)による。
(41)『小右記』万寿四年十月四日条。
(42)『日本紀略』長元元年六月二十一日条。
(43)同右、治安三年五月七日条。
(44)同右、長和四年七月五日条。
(45)『尊卑分脈』第二編、藤原北家魚名流。
(46)『今昔物語集』巻第二十八、第三十四話。
(47)同右、同巻、第三十一話。
(48)国東文麿『今昔物語集成立考』(東京、昭和三十七年)、一六九頁以下、参照。
(49)例えば、寛仁元年十二月四日、道長が二条第で催した大饗に、俊賢も為盛も出席している。『御堂関白記』同日条、参照。
(50)『公卿補任』長元七年条、『小右記』万寿四年十二月九日条、『左経記』長元元年七月二十三日条、等々、参照。

（51）『中右記』寛治七年十月二十一日条。

（52）寛助の出自は、済政―資通―師賢―寛助である。済政は、為盛の甥、すなわち為盛の妹と源時中の間に生まれた子である。寛助については、『本朝高僧伝』巻第五十一に詳しい。

付記 『小右記』（前田家本）の寛仁三年正月十五日条には、

……従内退出後、南方見火。随身保重令騎厩馬馳遣。帰来云、左衛門督頼宗家焼亡為盛朝臣宅、四条者、（下略）

とあり、また『御堂関白記』の同日条にも、

……亥時許、未申方有火。遣随身。帰来云、左衛門督住為盛宅。乍驚行向。（下略）

と記されている。左京四条にあり、小野宮からは南、土御門殿よりは西南（未申）に位置していたというのであるから、為盛邸は、烏丸・錦小路の辺にあったのであろう。当時、為盛は在京していた。その彼が頼宗に邸宅を提供していたというのであるから、四条第は彼の別邸であり、本邸はやはり近衛・烏丸にあったに違いない。長元元年における衛府の官人たちの示威運動は本邸にあった為盛に対してなされたものと考えたい。寛仁三年頃、為盛は頼宗を通じて道長にとり入るという猟官運動をやっていたものと見える。

藤原行成の妻――散骨の一例として――

平安時代における薄葬の風は周知の通りであり、これは文献と墳墓の実際から如実に証明されるところである。しかし特に印象の深いのは、しばしば文献にみられる散骨の習俗である。平安時代に関しては、淳和天皇の散骨は文献的に最も古い例に属しているが、この潔い割り切った葬制には現代人すらが理解に苦しむものがある。

いま散骨の一例として藤原行成《ゆきなり》の妻の場合を考えてみよう。『権記』その他によると、彼女は左京大夫・源泰清（醍醐天皇の孫）の娘であって、貞元元年（九七六）に生まれた。母は明らかでないが、恐らく兄弟の頼節や頼貞と同様に藤原雅材の娘であったのであろう。とすれば、この母は、兄の惟成（花山天皇の権臣）と同様、道長の従妹であったと推測される。

それはともかく、彼女は、永祚元年（九八九）八月十一日に十四歳で行成（時に十八歳）と結婚し、七人の子を産んだ。長保四年（一〇〇二）十月十四日に女児を分娩したのが原因で彼女は危篤に陥り、十六日に剃髪して名を釈寿と改め、十七日の丑の刻に逝去した。

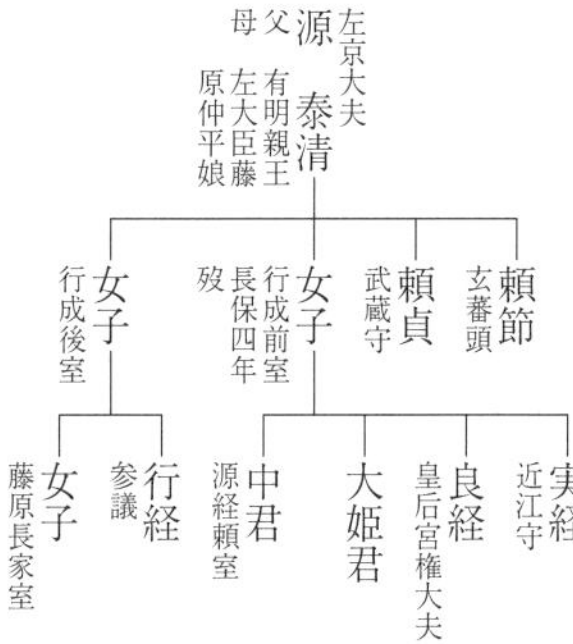

系図25　藤原行成の妻の出自

時に齢二十七歳であった。

行成がこの妻を非常に愛していたことは、彼の日記の随処に現れている。それだけに、愛妻の急死は行成にとって『悲慟之極』であった。

十七日、行成たちは彼女の遺骸を鳥辺野に運び、夕方これを荼毘に付した。十八日の寅の刻、すなわち荼毘がすむと直ぐに、彼女の骨粉は火葬処から運ばれた（骨壺に納れてであろう）。それを持ったのは、釈貞（彼女の母か）であった。そして白川の畔にいたり、順朝阿闍梨が光明真言を加持するうちに、骨粉は悉く川に流されたのである。行成は頻りに亡妻の往生を祈願し、十二月四日には七七忌を営んでいるが、幼い子供四人（三人は夭折）を遺したのでは、彼女もなかなか成仏できなかったであろう。彼女が物怪となって妹（行成の後室）の産んだ娘に祟ったことは、『栄華物語』（『浅みどり』）に見えている。ともかく行成は、愛妻を散骨に付し、当然のことながら墓を造らなかった。これは、実資が亡妻（婉子女王）の墓を営み、石塔を建て供養したのとは、まさに対蹠的であった。

なお、行成の

　女の思ひに侍りける頃石山に詣で、よみ侍りける

都にて待つべき人も思ほえず山より深く入りやしなまし

という一首（『続古今和歌集』巻第十五、第一四一二番）は、彼が亡妻の七七忌をすました翌日（十二月五日）、大僧都・厳久と共に石山寺に詣でた時に詠じたものであろう。

行成の場合、散骨が阿弥陀信仰と結びついていたことは、教理的には分からぬでもないが、どうもこれは、私達の感情の上では容易に納得し難いものがある。私などは、質素な埋葬と散骨とは、繋がっているように見えて、実は本質的に相違しているものと思われてならない。散骨の習俗は、平安人の心性を理解する上で、もっと注意されてよい問題であろう。

中務典侍――枇杷皇太后の乳母・藤原高子の生涯――

一

藤原高子《たかいこ》は、三条天皇（在位一〇一一～一六）の中宮・藤原妍子の乳母である。妍子は、道長の次女に生まれ、類い稀な幸運に恵まれていたが、みな人の願いも空しく、僅か三十四歳で世を去った女性である。世に『枇杷皇太后』と呼ばれている。高子は、妍子が生まれた時に乳母に選ばれ、『中務乳母《なかつかさのめのと》』という名で妍子を育て、親代りとなって常に彼女の側近にあり、臨終に至るまで彼女に奉仕した。従って高子は、歓びも悲しみも皇太后・妍子と共にした訳である。高子はまた『中務典侍』とも謂われた。これは、妍子が中宮になった時、高子が典侍に任じられたためである。

高子は、円融天皇の天延元年（九七三）頃に生まれたらしい。彼女の歿年は不明であるが、少くとも万寿四年（一〇二七）までは元気でいたのであるから五十五歳くらいまでは健在であった。恐らく六十歳頃までは生きていたのであろう。

高子の家系は、藤原氏のうちでも、南家の真作《またなり》流に属していた。父親の名は定かでないけれども、色々の角度から研究してみると、彼女は皇后宮大進・藤原正雅《ただまさ》の娘に生まれたようである。この正雅の叔母の盛子は、右大臣・藤原師輔の正妻となり、二人の関白―兼通と兼家―の母となった。このような関係から、正雅の一族は、受領層に属してはいても、摂関家とは近い間柄にあった。正雅は、因幡、伊予、紀伊諸国の国守を歴任したから、高子も父に随って幼年・少女時代の何年かを地方で過ごしたのかもしれない。特に優れていた訳ではないが、高子はともかく勅撰歌人の一人であった。当代の貴族の子女として、彼女も若い頃にはそうした教養も一応身につけたことと思われる。

二十歳前後に高子は結婚した。相手は、検非違使・右衛門尉として将来を嘱望されていた藤原惟風《これかぜ》であった。惟風の一族は、北家の長良流に属しており、やはり受領層ではあっても、彼の父・文信《のりあきら》は、鎮守府将軍の栄職にあった。文信の一家も摂関家と近い関係をもっていたが、高子と惟風とはそうした因縁から相結ばれるに至ったらしい。高子と惟風の間には、少くとも二人の息子（惟経と惟頼）と一人の娘が生まれたが、惟頼または娘を産んで間もなく、すなわち、正暦五年（九九四）の三月、彼女は妍子の乳母として、当時、権大納言であった道長の家に出仕したのであった。

妍子の乳母に選ばれたことは、決定的に高子の生涯を左右した。彼女は、生母の倫子（左大臣源雅信の娘、道長の正室）に代って妍子をはぐくみ育てた。道長の長女・彰子（上東門院）の場合は、倫子がかなり手塩にかけて育てたのと、彰子が僅か十二歳で一条天皇（在位九八六〜一〇一一）の許に入内したのとで、それほど乳母達を慕う風は見られなかった。これに反して妍子の場合には、もう一人いたに相違ない乳母がなにかの理由で欠けてしまったことや、高子が洵の母親のように養育したことなどの理由から妍子は生母以上に高子に馴れ親しみ、彼女に寄せる愛慕の情も、ひとしお切なるものがあったのである。

恐らく妍子の性格は、多分に中務乳母と呼ばれていた高子の影響を受けていたのであろう。『栄華物語』（巻第三十一『殿上の花見』）に、

皇太后宮《妍子》の、さまかはり、はなばなともていで好ましかりしも、さるかたにてをかしかりしを、殿ばらも思ひいで聞え給ふ。

とあるように、妍子は彰子や威子（道長三女、後一条天皇中宮）と違い、なににつけても華美《はで》好きで、人々をあっと言わすのが好きであった。想うに、高子もそうした性格の持主であり、また妍子の華やかな生活を通じて受領の娘としての夢を実現させたのであろう。

運命は、恐らく高子が予想した通りに進んだ。妍子はやがて東宮妃となり、ついで中宮に冊立された。これを廻って彼女のささやかな願いもかなえられ、夫は中宮亮となって左大臣家の家司を兼ねたし、息子や娘たちも中宮の周りでそれぞれ適当な地位を得た。と言って彼女は、中宮の乳兄弟の息子達を通じて政治的な動きを試みようとも意図しなかった。また当時としては、たとい企てようとしても、それは困難であったであろう。

高子の官歴についてみると、高子は妍子が東宮妃となる直前、すなわち寛弘六年（一〇〇九）の十二月、従五位下に叙され、命婦に任じられた。そして翌年、掌侍《ないしのじょう》に昇進したらしい。長和元年（一〇一二）四月、彼女は従五位上に昇叙された。更に翌二年九月には従四位下に、ついで寛仁二年（一〇一八）十月には従四位上を授けられた。これは皇后や中宮の乳母にとっては、限界ともいうべき位階であり、これによっても妍子がいかに高子を優遇していたかが分かるのである。

しかしながら私生活の面で、高子は必ずしも恵まれていたばかりではなかった。長和二年には、惟風の子・惟兼―高子の実子か義理の子かは不明―が甥の惟信を暗殺するような悲しい事件もあった。また長和三年頃に起こった夫・惟風との死別も、深刻な打撃を彼女に与えたに相違ない。その後、惟風の弟・惟貞から彼女は熱烈に求婚され、漸く彼女は再婚の意を固めた。しかし惟貞の余りにも強引な軽々しい遣り方は問題を惹き起こし、それは彼等のまだ公表されない秘めた関係を天下に曝し、二人は永くその恥辱に苦しまねばならなかった。

なお、今日に伝えられている彼女の作[1]、

わづらひて山里に侍りける比、人のとひて侍りけれど、またおともせずなりにければ　　中務典侍

やまざとをたづねてとふと思ひしはつらきこゝろを見するなりけり

は、何時の詠か、また誰が訪ねて来たかも明らかにしていないけれども、当時の宮廷婦人として、彼女にも一つや二つのロマンスはあったのであろう。

再婚した後、彼女は夫の強い要請を拒みきれないで典侍を辞して尾張国府に赴いた。しかし妍子は彼女との離別を殊のほか悲しんだし、彼女も三条天皇に先立たれた妍子のことが気懸りであったらしく、半年ほどで都に戻った（寛仁二年）。そしてまた妍子の側近に仕えるようになったが、恐らく高子は、尾張の国府にあっても、絢爛たる宮廷生活への憧れを抑えきれなかったのではないか。時は摂関政治の花盛りであったし、彼女は皇太后・妍子の乳母の典侍として宮廷生活の中枢に席をもっていたのであった。彼女が灑子と改名したのは、再婚の時分のことであったらしい。そして寛仁二年十月には中宮の乳母としては最高の位階に昇叙され、妍子が他界するまで側近に侍していたのである。

惟風との間にできた彼女の娘は、初め禔子内親王に仕えたらしいが、恐らくその頃、皇太后の官女に転じ、掌侍として母と一緒に皇太后に仕えるに至った。乳姉妹というのは、実の姉妹よりも懐しいものであったから、この掌侍も皇太后の側近にあっていたく信任を蒙っていたことであろう。

妍子は、『枇杷皇太后』の名で遍く知られている。実際、妍子の最も華やかな生活は、治安二年（一〇二二）四月に彼女が新造の枇杷殿に遷御し、万寿四年（一〇二七）三月、娘の禎子内親王が東宮妃として入内するまでの五箇年の間に展開されたと言ってよい。これは同時に、灑子典侍の生涯にとっても、最も佳い日々であったのである。

それは道長の晩年にあたっており、彼が栄華の絶頂に達した時代でもあった。耀かしくも美しい行事は、土御門第、法成寺、枇杷殿などを主な舞台として限りなく繰り拡げられていた。皇太后は、禎子内親王と共にこれらの行事に参与し、心から生き甲斐を感じておられた。灑子は皇太后の親代りとして恒に側近に侍し、枇杷殿の官女たちを監督する立場にあったし、また一切について皇太后の相談を受けていたはずである。女房たちの華麗な服装は、道長の不興をすら買ったこともあるが、皇太后の催される華美な行事や仕草の全般について、灑子は賛同する立場をとっていたらしい。彰子が出家した後、皇太后は、『こがねのさうぞくしたるぢんのすゞ』、すなわち沈香で作り、『上に鍍金した念珠』を銀の小函に容れ、それを梅が枝につけて女院に贈っているが、[2] 妍子や灑子の華美好みは、けばけばしいものではなく、繊細な美意識に裏づけされたものであった。

皇太后・妍子は歌をよくし、その詠歌は二十一代集に七首採用されている。と言って優れた歌人であった訳ではない。生きる苦しみや恋いの切なさを骨身に徹して経験したことのない妍子に、それを望むことは間違っていよう。灑子も勅撰歌人の一人ではあるが、もとより秀歌を遺したりはしなかった。皇太后の周辺には、土御門御匣《みくしげ》殿（藤原光子）、五節、少将などの歌人もいたし、また一品宮（禎子内親王）の乳母たちも、勅撰歌人として知られた弁の乳母を筆頭に一応の歌詠みであったけれども、総じて枇杷殿には才媛が乏しく、その点、太皇太后・彰子の女房たちとは全く比較にならなかった。これは専ら視覚的な美しさに捉われ、文芸への関心が比較的薄かった皇太后や灑子の趣好に由来するものであろう。

皇太后は、万寿四年三月八日に発病された。三月二十三日に禎子内親王の入内が無事済んでからは、病勢は徐々に募って行った。灑子が寝食を忘れて看病したことは言うまでもない。九月の初めには、さすがの灑子も疲労の余り、呆けたような状態に陥り、彼女の健康すら危ぶまれる有様であった。その年の五月下旬頃の皇太后について、『栄華物語』（巻第二十九『玉のかざり』）は、次ぎのように述べている。

ただつねの御こと《言葉》には、『いかでかあらむとすらむ』との給はせけるは、御乳母のないしのすけ《典侍》のことなりけり。それをうけ給はりて、典侍はものおぼえず、あるべきさまにもあらぬさまなり。

これによっても明らかなように、病床にある妍子が最も案じ、心痛していたのは、すでに東宮妃となった娘の禎子内親王のことではなく、自分を嬰児の時から手塩にかけて育て、側近にあって一生世話してくれた乳母の灑子のことであった。『いかでかあらむとすらむ』は、『私が亡くなったらお前はどうすることでしょうね』の意味であるが、無論これは、生計のことを指した言葉ではないのである。

それにしても惻隠に堪えないのは、茶毘所において亡き皇太后に最後の御饌を給仕した時の灑子の心境である。『栄華物語』には、今年正月の大饗の席で皇太后に給仕したことを想って彼女は泣きまどったと記されているけれども、恐らくそればかりではなかったであろう。最も痛切に覚えられたのは、彼女の乳房をふくんで無心に乳を吸っていた嬰児の頃の妍子の俤ではなかったか。老いたる乳母としては、当然そうであったと思う。妍子入内の時の欣び、立后の頃の嬉しさ、禎子安産の後の一門の騒ぎ、枇杷殿や土御門第での行事を愉しんでおられた頃の皇太后の美しい晴々とした俤などが一瞬のうちに彼女の脳裡に閃き、それは彼女を絶望の淵に投げ込んだに違いないのである。

万寿四年において、藤原灑子は、五十五歳ほどであった。彼女はかなり壮健であったらしいから、まだ相当永い余生が残されていたはずである。しかし同年の十月二十八日、満中陰の法会の日に、哀傷の歌を弁の乳母に贈った後、彼女の消息は杳として不明である。

藤原灑子は、左京一条の辺に邸宅をもっていたらしいし、また小南道にも小宅を所有していた。その頃、惟貞はまだ存命していたかもしれないが、惟貞の財産の少くとも一部は、彼女の所有に帰していたか、帰す予定であったであろう。彼女は、裕々と余生を送れる身分であった。

惟風の息子のうち、誰を灑子が産んだかはさだかでない。惟経、惟頼の両名は明らかに彼女が産んだ息子であったし、惟綱も多分、彼女の腹を痛めた子であったろう。掌侍として皇太后に仕えていた娘にも、決まった夫がいた筈である。『尊卑分脈』（第二編、長良卿孫）によると、惟風の娘は、源頼平の妻または妾であったというし、また同書には（第二編、真作孫）、灑子の姉妹の一人が源頼国の室となっていた旨が記されている。かれこれ考慮してみると、灑子が産んだ娘（掌侍）は、なにかの縁で頼平（頼国の叔父）の妾となっていたのかも知れない。惟経の方は、その後、受領を歴任し、長暦元年（一〇三七）二月、禎子内親王が中宮となった時、昔の縁で権大進に任じられ(3)、その後もひき続いてこの内親王の宮司の任にあった(4)。

それやこれやから帰結すると、灑子の晩年は頗る安泰であったろうと推量される。彼女は万寿四年の末に典侍を辞し、出家したのではあるまいか。長暦年間に活躍していた『中務典侍(5)』は、彼女とは別人であろう。恐らく灑子は、禎子内親王の許に足繁く出入し、世話を焼いたり、内親王や乳母たちと昔語をするのを愉しみとして晩年を平穏に送ったのではないであろうか。

ただ灑子にとって痛歎に堪えなかったのは、皇太后が逝いた翌長元元年（一〇二八）十一月九日の戌刻（午後八〜十時）に枇杷殿が類焼したことである。枇杷殿は、再建後六箇年を経て全焼し、東宮と離れて其処に住んでおられた禎子内親王は、官女たちに護られて法成寺に難を避けられた(6)。皇太后・姸子や灑子を中心に華やかに繰り展げられた栄華の絵巻は、枇杷殿の炎上によって儚くも美しい追憶と化したのである。

二

これまで述べたのは、藤原高子（灑子）の生涯の輪郭である。輪郭とは言っても、それは彼女の伝記に関して知られ、かつ推測される最大限であるし、それを導き出すためには、以下に展開するような煩瑣な考究が必要とされるのである。

まず初めに、高子が皇太后・妍子の乳母であった事実を証明しておくのが当然である。幸いにしてこれは、『小右記』の長和元年（一〇一二）四月二十七日条に、『后《妍子》乳母藤原高子加階、云々、』とある一文によって、問題なく解決される。然らば、彼女の女房名はどうかというと、高子が初め道長家にあって『中務乳母』と呼ばれ、のち宮廷において『中務典侍』と謂われたことは、全く疑いを要しないのである。

いま、『御堂関白記』、『小右記』、『栄華物語』などについて検討してみると、女房名をもってする限り、中宮（のち皇太后）・妍子の乳母としてそこに登場するのは、『中務乳母』ないし『中務典侍』ただ一人である。また後述するように、高子は従四位上という高い位階を帯びていたから、彼女が命婦や掌侍でありえず、典侍であったことは明瞭である。従って右の中務典侍が藤原高子その人にほかならぬことは、容易に理解されるし、またこの同定は、諸史料を通じて何等矛盾を来たしていないのである。

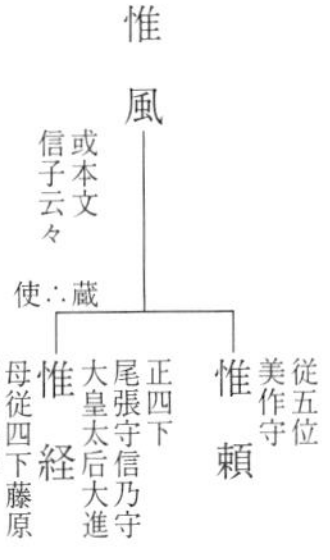

系図26
藤原惟風の息子たち

次ぎに、『小右記』長和四年（一〇一五）四月五日条には、『中宮御乳母中務典侍故惟風妻』と見えるから、彼女は藤原惟風の妻であったことが知られる。ここまでは甚だ明白なのであるが、先ず『惟風の妻』に絡んで厄介な問題が起こってくるのである。

いま『尊卑分脈』（第二編、長良卿孫）をみると、系図26に示したように、惟風の妻としては、『従四下藤原儷子典侍』の名が記されている。尤も、惟経については、『或本、文信子、云々』と頭書されてはいるが、これは『或本』の誤伝であり、彼は明らかに惟風の子と認められる。惟経の生歿年は不明であるけれども、彼の娘は、延久三年（一〇七一）二月、後三条天皇第二皇子・実仁親王の乳母となってい[7]るから、年代的にみて惟経が文信の子でありえないことは、言うまでもないのである。『尊卑分脈』の前掲記事によると、惟風の子・惟経の母は、『従四位下藤原儷子典侍』であったという。一方、『小右記』によると、後妻かも知れないが、ともかく惟風の妻は、従四位上・典侍藤原高子であった。位階が相近く、官、姓を同じうする二人の婦人を妻としたなどということは考えられないから、この場合には、⑴高子と儷子とは同一人であるか、或いは⑵『尊卑分脈』は、高子を誤って儷子と記したか、そのどちらかが考えられねばならない。ところが、『左経記』寛仁元年（一〇一七）十一月十一日条に見える『典侍藤

原灑子』は、前記の『儷子』と同一人と認められるから、(2)の判断、すなわちそれを『尊卑分脈』の誤記とみる判定は、成立が困難である。結局、高子と儷子（ないし灑子）とは同一人物であり、高子は後に灑子ないし儷子と改名したとみなすのが妥当のようである。

他方、惟経についてみると、『大鏡』（第六巻、昔物語）には、

御車のしりには、皇后宮《妍子》の御めのと惟経のぬしの御母、……

と叙されている。惟経の母は、妍子の乳母であった。藤原高子は、記録に表れた限り、妍子のただ一人の乳母であった。従って『尊卑分脈』に記された惟経の母・儷子が高子と同一人物であることは、疑いを容れなくなって来るのである。

従来の研究(8)では、惟経は、藤原泰通の子の惟経を指すものとされている。惟経という名の人物が同じ頃に二人いたのであるから、こうした誤認もありがちなことであるが、この場合の惟経は、明らかに惟風の子の惟経なのである。『尊卑分脈』（第二編、惟孝説孝孫）には、左のようにあり、この惟経の母は、常陸介・藤原高節（魚名流）の娘で、泰通の妾妻であった。

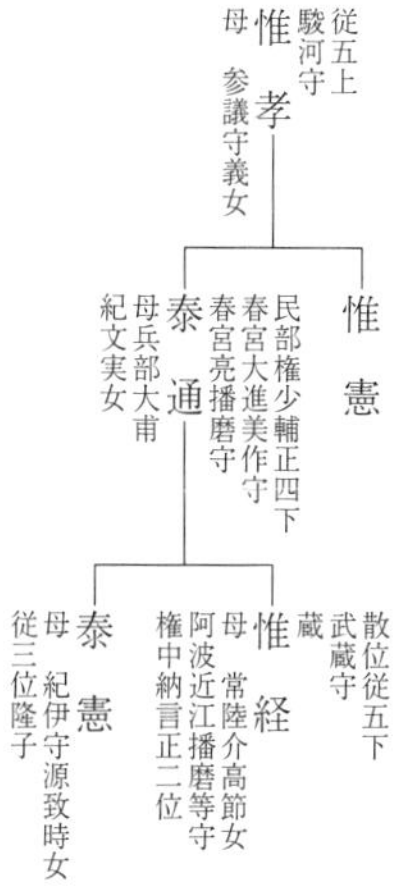

系図27
藤原泰通の子息

『栄華物語』（巻第二十六『楚王の

夢』）に、『御乳母のをとこ播磨守泰通』とあるように、彼女は尚侍・嬉子の乳母の小式部であって、寛仁二年には、一時、夫に従って美濃国に赴いたことがあった(9)。彼女の姓は藤原であるが、名は詳かでない。これまでの学者は、妍子の乳母子と嬉子の乳母子との名が同じ惟経であることから混乱を来たし、ひいては中務典侍を藤原高節の娘とするような誤謬に陥っているのである。

『栄華物語』（巻第二十九『玉のかざり』）は、皇太后・妍子の二火《にくわん》（入棺）に触れて、

やがてその折ぞ、二火仕うまつる。女房え仕うまつらねば、大納言《能信》、中納言《長家》、惟経、惟憲などの仕うまつる。

と誌している。ここでは惟経と惟憲とが並記されているので、研究者は、この惟経を惟憲の弟の子の惟経と誤解したのであろう。ここに記された惟経は、乳母の高子を母とした惟経、つまり妍子の乳姉弟の惟経のことなのである。

以上によって明確なように、藤原高子は、藤原高節の娘でも、また藤原泰通の妻でもなかった。彼女は、疑いもなく藤原惟風の妻であったのである。

周知のように、高子と同じ世代に歌才をもって知られるもう一人の中務典侍がいた(10)。この方の中務典侍は、明らかに斎院・選子内親王に仕えていた官女であり、斎院長官・源為理の娘に生まれ、かの紫式部が敵視した歌人の斎院中将の妹であった(11)。

なお、ついでながら高子が藤原方隆の娘ではなかったかという可能性について検討して

おきたい。かような問題が起こるのは、妍子が産んだ禎子内親王（後の陽明門院）の四人の乳母の中に『中務乳母』がいたかのように伝えられているからである。いま『栄華物語』（巻第十一『つぼみ花』）によると、中宮・妍子は、この内親王の乳母の選定には非常に気をつかったことが分かる。

……御乳母に人々いみじう参らまほしう案内申すべし。宮の内の女房達、さるべき君達の子生みたるなど、あがものに頼み申したりけれど、いかにもいかにもたゞよそ人のあたらしからむをなぞと、宮《妍子》の御前思ぼし志したる。

その結果選定されたのは、次ぎの四人の女性たちであった（後に明らかになるように、乳母を採用する方針や人選は、妍子と高子とが合議して道長に諮ったものと思料される）。

近江内侍　藤原美子。道長の側近者・藤原惟憲の妻で、皇太子敦成《ひら》親王（後一条天皇）の御乳母。禎子内親王の御乳《おんち》附《つけ》を承り、その縁で内親王の乳母を兼任した。『栄華物語』（同前）に、『御乳附にもあらず、やがて御乳母のうちに入れさせ給ひつ。』と見える。後の『近江三位』のことである[12]。

命婦乳母　源憙子。文人として知られた加賀守・兼澄（光孝源氏）の娘。彼女は、木工頭・藤原周頼（関白・道隆の子）の妾となり、慶増（権大僧都）を産んだ。周頼が中務大輔の任にあったこともあるので、大輔乳母とも呼ばれた[13]。歌人。

弁の乳母　藤原明子。歌人として著名。参議・藤原兼経（道綱の子）の本妻となり、顕綱（讃岐守、歌人）を産む。加賀守・藤原順時《まさ》（魚名流）の娘。『勅撰作者部類』に、『加賀守藤原顕時女』とあるのは、明らかに誤りである[14]。

中将乳母　『栄華物語』（巻第十一『つぼみ花』）によると、『伊勢守前司隆方の朝臣の女』であるという。

ここで問題になるのは、最後の『中将乳母』のことである。『栄華物語』の三条西家本では、これが『中務乳母』と記されている。岩野祐吉氏は、同為親本や『大鏡』（第五巻、藤氏物語）によってこれは『中将』が正しいことを指摘し、また隆方は藤原方隆らしいと推測された[15]。この指摘ならびに推定は、二つながら正鵠を射ていると思われる。『栄華物語』の他の諸巻に見える限りでは、禎子内親王の乳母は、常に命婦乳母、弁の乳母、中将乳母の三人であって、中務乳母の名は他に所見がない。その意味でも、内親王の三人目の乳母は、中将乳母と認めて全く差支えがないであろう。

ところで、道長および実資によると、当時『姫宮御乳母』としては藤原教子、同時子の両人がおり、二人は長和四年（一〇一五）九月二十日、正五位下を授けられたと言う。弁の乳母が寛仁三年（一〇一九）八月にやっと従五位下に叙されていることから推すと[16]、教子や時子は、たとい乳母こそは始めてであっても、つとに何処かで宮仕えをしており、従五位をすでに帯びていた婦人とみなさねばならぬのである。

いま『東寺百合文書』（ヨ）の長和二年十二月二十日附の『藤原教子譲状案』をみると[17]、

『上かつら《桂》のしやう《庄》ハ、こみや《故宮》の御かた《方》よりゆつり《譲》給たる所にて、』と記されている。この『故宮』が誰に該当するかはともかく、藤原教子がある程度の年﨟を経た官女であったことは、間違いあるまい。とすれば、すでに従五位を帯びていた藤原教子と、この文書の藤原教子とを同一人と認めることは、あながち無理ではないであろう。

更につき進んで言えば、この婦人は、初め東三条院（詮子）の女房で『中将命婦』(18)と呼ばれ、女院より遣されて媄子内親王（生母は皇后・定子）の乳母となっていた『中将乳母』(19)のことではなかろうか。寛弘五年（一〇〇八）五月、媄子内親王は薨去したので(20)、彼女は里に下っていたが、禎子内親王の誕生によって乳母としてまた召出されたもののように推量される。なおこの場合、彼女と時子とは、養育掛の副乳母として採用されたとみてよいであろう。その後の記録に見出されぬ所からすると、時子の方は長和四年九月以降に病歿したか、或いはなにかの事故で里に下ったのではなかろうか。

次ぎに岩野氏が中将乳母の父と推測された藤原方隆のことであるが、『尊卑分脈』（第二編、真作孫）には彼に関して奇妙な記載がみられる。

系図28に記された『典侍藤原灑子』は明らかに同書第二編（長良卿孫）に註された惟経の母の『従四位下藤原儷子典侍』と同一人と認められるばかりでなく、惟風の子にも惟頼という人の名が見える。二

方隆（長徳四七、卒）
- 良資
- 惟頼（従五上伊世若狭等守皇后宮少進 母典侍藤原灑子）
- 棟方

系図28　藤原方隆の息子たち

箇処にその名が見える惟頼はどうしても同一人と認められるが、彼は一方では惟風、他方では方隆の子と記載されている。この矛盾は、次ぎのように解釈することによって容易に解決されるのである。

(1)高子は惟風と結婚し、惟頼、惟経などの子を産んだ。

(2)乳母として参上するに際して高子は嬰児を父の従弟・棟利の子・方隆の養子とした。

(3)高子は後に灑子と改名した。

もし右の想定が妥当であるとすれば、方隆は長徳四年（九九八）七月—恐らく疫病で—卒しているから、高子は乳母となる直前、すなわち正暦四年（九九三）頃に多分二十一歳くらいで惟頼を産み、方隆はこの子を引取り、養子として育てたのであろう。またそれ故にこそ、禎子内親王の乳母を選定する時、高子は里居している方隆の娘の『中将乳母』を起用したのに相違ないのである（末尾の追記、参照）。

そのほか、高子を繞って紛わしい問題が三つあるので、以下簡単に説明を加えておくこととしたい。

その第一は、『菊亭文書』（一、空勘文草）に、

掌縫叙位例
藤原麗子　労十八年。寛弘四年正月、叙従五位下

とある一文である。無論、この麗子は、藤原高子（灑子）のことではない。高子はその頃、

妍子の乳母ではあっても、まだ従五位下は授けられていなかったし、更に高子が縫司に関係したなどとは、到底考えられないのである。

第二は、『紫式部日記』に見える『中務の乳母』の問題である。同じ日記では、高子は、『内侍のかみ（尚侍・妍子）の乳母』と記されており、『中務の乳母』とは截然と区別されている。『紫式部日記』に見える中務の乳母は、同書を通読すれば明らかなように、中宮・彰子に仕えていた『中務の命婦』が寛弘六年（一〇〇九）十一月に敦良《なが》親王が誕生した時に乳母とされ、かく呼ばれるに至ったものである。紫式部は日記の中で、『この命婦ぞ、ものの心得て、かどかどしくははべる人なれ。』と彼女の人柄を褒めている。『中務の乳母』は、皇太弟・敦良親王が寛仁三年（一〇一九）八月に元服された時、紫式部（藤原香子）と一緒に従五位上に昇叙されたのであるが、『光厳帝之宸記写』[23]は、これに触れて、

従五位上源渉《陟》御乳母、大宮宣旨、　同《源》隆子乳母、中務、

と誌している。これによって、中務乳母の本名が源隆子であることが知られる。『公卿補任』治暦元年（一〇六五）条には、藤原泰憲について、

母従三位源朝臣隆子（紀伊守致時女、先帝御乳母）

と見える。彼女は、道長の側近者たる播磨守・泰通の妻であった。[24]前記のように、泰通の妾の方は、嬉子の小式部乳母であった。隆子は皇太弟・敦良親王（後朱雀天皇）が践祚の後、遂に従三位を授けられるに至っている。この中務乳母（源隆子）と中務典侍の藤原高

子とは、全くの別人なのである。

第三に検討を要するのは、『左経記』の長元五年（一〇三二）三月二十七日条に見える昇任に関する左の記事である。

典侍従五位下藤原高子故主殿頭近信女

妍子の乳母の高子は、すでに長和元年頃、典侍に任じられているし、寛仁二年に従四位上に叙されているから、長元五年三月、新たに典侍に任命された藤原高子と同一人物でありえないことは、言うまでもなかろう。なお、若い方の藤原高子は、桃園大納言・師氏の孫、主殿頭・近信（長和三年二月九日卒）の娘にあたる女性であった(25)。

三

中務典侍の藤原高子をめぐる最も困難な、そして殆ど解決できない問題は、彼女の父親に関することである。『勅撰作者部類』には、

中務典侍三条院皇后女房。大和守藤原興方女。

とあり、これに拠る限り高子の父については何等問題がないように見受けられる。

興方は、藤原氏南家真作流の家柄に属しており、『尊卑分脈』（第二編、真作孫）には、系図29に掲げたような略系がみられる。尤も、『尊卑分脈』の脇坂本には、興方の左脇に、

『或治方子、云々』と註記されている。興方は、天徳四年(九六〇)の三月下旬に卒し、皇后・安子はその喪に服しているから、(26)興方が兼家や安子の近親者であることは疑いがない。興方は天慶六年(九四三)、主殿助より尾張守に転じ、(27)天暦四年(九五〇)には美濃権守に在任していた。(28)治方の最後の官は少納言であり、承平六年(九三六)十二月より少し前に彼は故人となっていた。(29)これらから帰納すると、興方はやはり治方ではなく、経邦の子であったと推断される。また興方は、天徳四年(九六〇)に卒する時には、かなりの老齢であったと推量されるのである。

いまもし『尊卑分脈』の記載が精確であると仮定してみると、そこに列挙された彼の娘達は、天徳四年十二月以前に生まれたことになる。その娘の一人が結婚した相手の藤原資業は、永延二年(九八八)の生まれであるから、(30)その妻(すなわち、興方の娘)が天徳四年以前の生まれであることは、常識では考えられないのである。同じく高階成章は、康平元年(一〇五八)二月、六十九歳で薨去しているから、(31)正暦二年(九九一)の生まれとなり、自分より三十歳以上も年上の妻をもっていたとは到底考えられない。源頼国(頼光の子)は、初め蔵人所雑色であったが、寛弘二年(一〇〇五)正月、蔵人に昇任し、(32)間もなく右衛門尉に任じられた。(33)また彼は、寛仁二年(一〇一八)には、太皇太后宮職の大進の任にあった。(34)更に彼は、長元二年(一〇二九)七月には散位の前讃岐守として都におったし、(35)長久二年(一〇四一)二月にはまだ健在であった。(36)その生歿年ははっきりしないけれども、

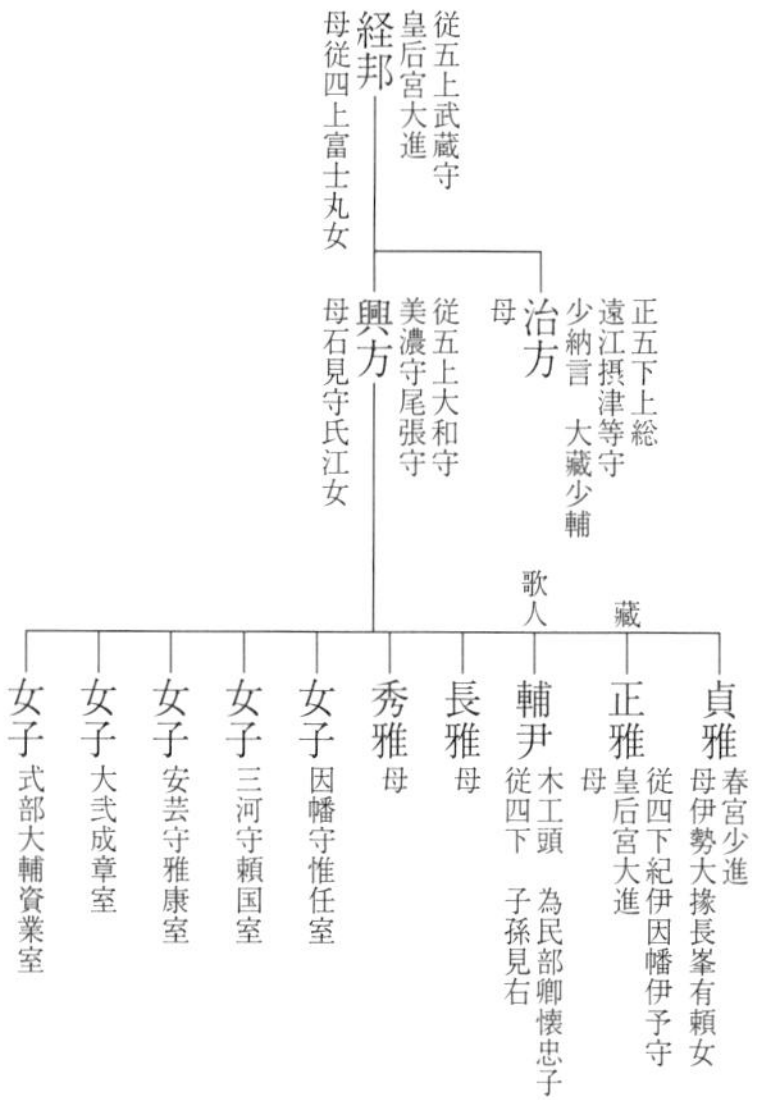

系図29　藤原興方の子女たち

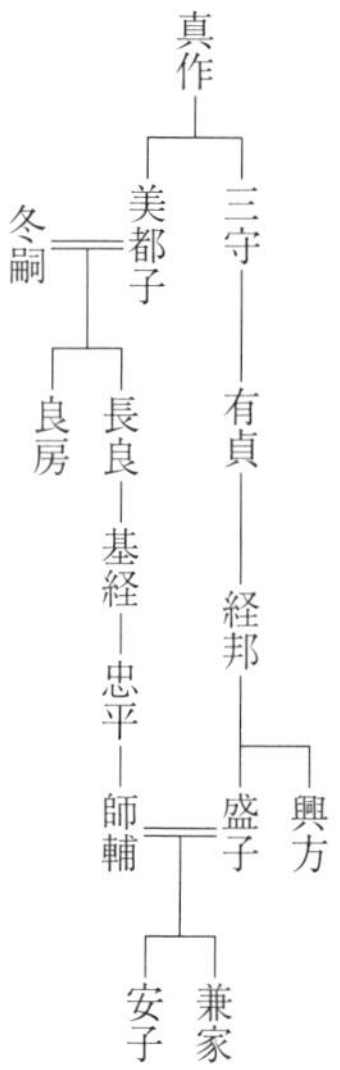

系図30　師輔と盛子との関係

寛弘二年には三十歳に達していなかったと臆測されるから、これまた天徳四年以前に生まれた婦人を妻としていたとは、考えられぬのである。頼国には娘が多かった。『尊卑分脈』についてそれらの娘達の結婚相手を検討し、それから逆に頼国の生年を推測してみると、寛弘二年頃三十歳以下という推定は、訂正を必要としないもののように見受けられるのである。

　更に因幡守・藤原惟任[37]についてみると、彼が六位の蔵人から従五位下に昇叙され（上東門院御給）、五位の蔵人となったのは、長元四年三月であった(38)。もし彼が天徳四年以前の生まれの婦人を妻としていたとすれば、長元四年においてその妻は、七十二歳以上の筈であり、これは考慮のほかのことに属するのである。

安芸守・平雅康については、『勅撰作者部類』に、

雅康 五位安芸守。播磨守 平生昌男。至永承。

と記されている。『至二永承一』とは、永承年間（一〇四六～五二）に卒去したという意味であろう。雅康は、世評を憚らず皇后・定子に奉仕した平生昌の子に生まれ、寛弘三年二月には、文章生の資格のままで東宮殿上を聴された(39)。寛弘八年八月には勘解由判官であり(40)、長和元年頃には蔵人の任にあった(41)。そして長元四年には、彼は右衛門権佐・従五位上であった(42)。その精確な生年は不詳であるにしても、寛弘三年において彼はまだ三十歳を越えてはいなかったと推定される。従って彼の場合も、天徳四年以前に生まれた婦人を配偶者としていたとは考えられないのである。

第15図　藤原惟任の花押
（《東南院文書》による）

このように、『尊卑分脈』において興方の娘と記されている五人の女性は、どう考えてみても天徳四年以前の出生とは認められない。従って彼女等は、興方の娘とは看做されないのである。ところが、同じ系図に興方の息子と記されている五人のうち、記録に見える正雅《ただまさ》、輔尹、季雅の三名は、活躍した年代と

第16図　藤原輔尹の花押
（《栄山寺文書》による）

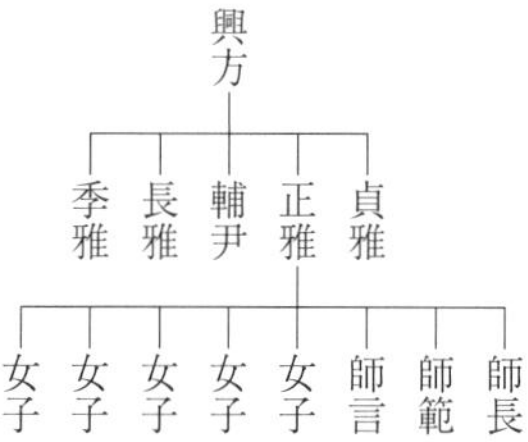

系図31　興方と正雅の子女

官職から推して、興方の子と認めてよさそうに思われる。

正雅は、寛和元年（九八五）四月には、紀伊守として任国にあった[43]。仮に当時四十歳としても、天暦元年（九四七）の生まれとされるのである。彼はまた長保三年（一〇〇一）十一月には、正親佑の任にあった[44]。季雅の方は、長徳二年（九九六）十月、左衛門尉であったし[45]、長保三年二月には検大原野社損色使を命じられている[46]。長保三年頃、季雅がかなりの年輩であったことは、疑いがなかろう。

輔尹は、大納言民部卿・藤原懐忠の養子となった[47]。それが事実とすれば、名から推して元服以前に彼は養子とされたに相違ない。懐忠は、寛仁四年（一〇二〇）に八十六歳で歿しているから[48]、天徳四年には二十六歳であった。その点、彼がなにかの事情から輔尹を養子に迎えたとしても、あながち不自然ではなかろう。輔尹は、正暦四年（九九三）には蔵人・式部丞[49]、長保三年から寛弘元年にかけては右少弁であった[50]。寛弘六年頃、彼は大和守に在任しており[51]、名国守として謳われた[52]。その官職からみて、輔尹を天徳四年以前の生まれとみなしても不都合はなかろう[53]。以上から推測すると、貞雅、長雅の両名も、興方の子と認めて差支えあるまい。要するに、『尊卑分脈』に見られる錯誤は、初めに、上掲のように巻子本に記されていた系図の横の系線が転写の際に現在のように誤られ、『尊卑分脈』の編者が無批判にそれを採用したことに由来するものと推量される。正雅の娘たちが資業、成章、惟任のように、[54]道長に近い人びとと結ばれたのは、師範が早くから道長に接近し、後にはその家司となったことに原因しているのであろう。

このように推測してみると、中務典侍の高子も、興方ではなく、正雅の娘とみなされて来るのである。彼女が惟風と結ばれ、ついで妍子の乳母となった所以も、媒介者として師範を考えてみると、極めて自然に了解されるであろう。更に彼女が産んだ惟経が資業の娘を室とした機縁も[55]、高子を他の五人の女性同様、正雅の娘と看做すことによって理解されるのである。

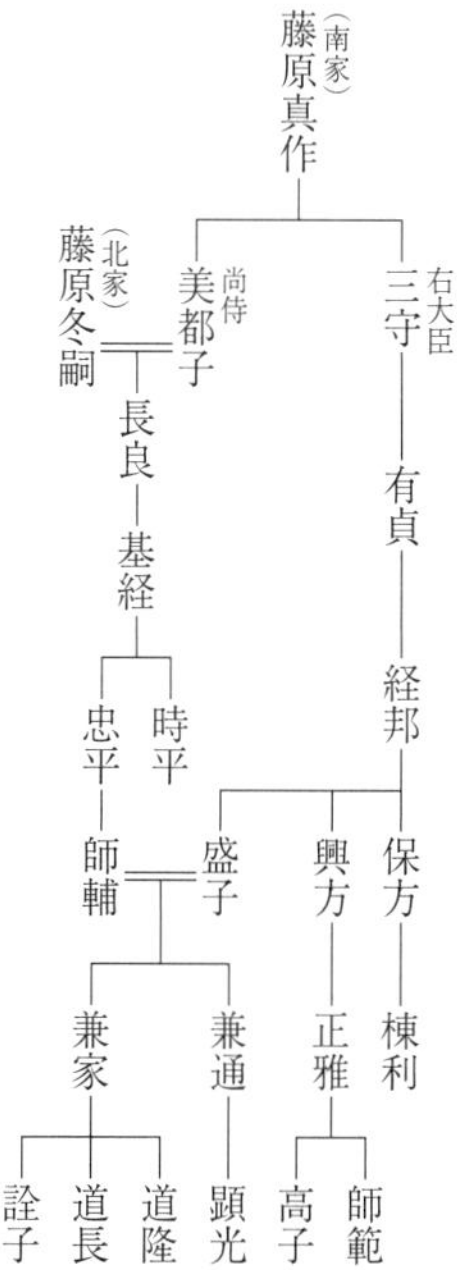

系図32　藤原高子の出自
（想定）

右の推断が幸いに認められるものとするならば、彼女の家系は、系図32に掲げた通りである。

藤原氏南家の真《また》

作流《なり》は、美都子が冬嗣の正妻であったことから勢をもり返し、三守は右大臣にまで昇った。下って武蔵守・経邦の娘の盛子は、師輔の正妻となり、二人の関白を産んだ。それ故、高子の一族は、たとい受領層に堕ちてはいても、摂関家とは近親の間柄にあった訳である。師範が道長に接近し、後にはその家司となったのも、また高子が正暦五年三月、道長の正妻・倫子が産んだ妍子の乳母となったのも、理由のあることであり、無縁の者が急に接近したのではないのである。

藤原高子の父親をめぐる厄介な問題は、かようにして一応解明されるのであるが、なお最後に遺るものとしては高子の生年の問題がある。これを決定的に究明することは不可能に近いが、大体の年齢は見当づけられるのである。この場合、彼女の年齢は、左の条件をみたすものでなければならない。

(1)正暦五年（九九四）、乳母として授乳できる年齢にあったこと。
(2)寛仁元年（一〇一七）に十歳前後の子があったから、寛弘五年（一〇〇八）頃には、妊娠・分娩できる年齢にあったこと。
(3)長和四年（一〇一五）、藤原惟貞が彼女を和姦したのでも知られるように、その時分にはまだ女性としての魅力を保つ年齢にあったこと。
(4)万寿四年（一〇二七）には、高齢には達していなかったこと。

これらの四条件が提出される根拠については、後に逐次述べるが、ともかく彼女の生年は、右の条件をみたすものでなければならない。高子は、いくら若くても十八歳以下で乳母になった筈はないし、寛弘五年（一〇〇八）に四十歳以上で子を産んでいるとは思えない。また長和四年には、四十五歳以上であったとは考えられない。このように考えてみると、彼女の生年の可能な範囲は自ら限定されて来るのであって、正暦五年、二十二歳位であったという帰結が自然に導かれるのである。

天延元年（九七三）	当歳	誕生
正暦五年（九九四）	二二歳	妍子の乳母となる
寛弘五年（一〇〇八）	三六歳	男児を産む
長和四年（一〇一五）	四三歳	惟貞に和姦さる
万寿四年（一〇二七）	五五歳	妍子崩御

天延元年（九七三）誕生説は確実とは言い難いが、当たらずと雖も遠からざる推測とされよう。従って高子は、紫式部とほぼ同年輩であったのである。

四

藤原高子が妍子の乳母となる前に女房として道長の家に仕えていたかどうかは、全く不明である。道長とはまたいとこの関係にあったから、或いは娘の時代または新婚の時代に高子は道長ないし倫子の女房であったかもしれない。

前記のように、藤原方隆（棟利の子）は、長徳四年（九九八）七月、疫病で斃れる前に、惟頼を養子に迎えていたようである。また彼女は、正暦五年（九九四）三月、妍子の乳母に選ばれた。これから推測すると、恐らく高子は、正暦年間に藤原惟風と結婚し、正暦四年頃、惟頼を産んだのであろう。この惟頼を方隆の養子にしたのは、或いは乳母として仕える上での都合によったのかもしれない。

高子を妻に迎えた藤原惟風は、左大臣・時平にその愛妻を奪われたことで有名な大納言・国経の子孫であって、その家系は系図33の通りである(56)。

これでも分かるように、惟風の父は鎮守府将軍の文信《のりあきら》であった。永祚元年（九八九）四月、文信は金峯山に詣でた帰途、安倍正国に襲われ、頭に怪我をした。間もなく正国は伊賀追捕使に捕われ、その身柄は、当時、右衛門尉であった惟風に引渡されたが、彼は正国の左右の手指を切り、足を折るという私刑を加えて報復したと伝えられている(57)。刃傷された翌日（四月五日）、文信は、百姓の愁訴(58)によって悪名の高い藤原元命が罷免(59)された後を承けて、尾張守に任命されている(60)。

文信の姉妹の一人は、関白・兼家の邸に仕え、兼家の寵愛を受けて道義を産んでいる。兼家の晩年、彼の『権の北の方』として非常に権勢のあった典侍の大輔(61)とは、この女性のことかもしれない。

もう一人の姉妹は、讃岐守・源奉職（光孝源氏）の室となっている。藤原行成によると、奉職の一男の公職と三男の公隆の母は、一条天皇の『宮内乳母』であったという[62]。この宮内乳母は、文信の姉妹で[63]、源奉職の室となった婦人のことかと推測されるが、確証する史料のないのが残念である。

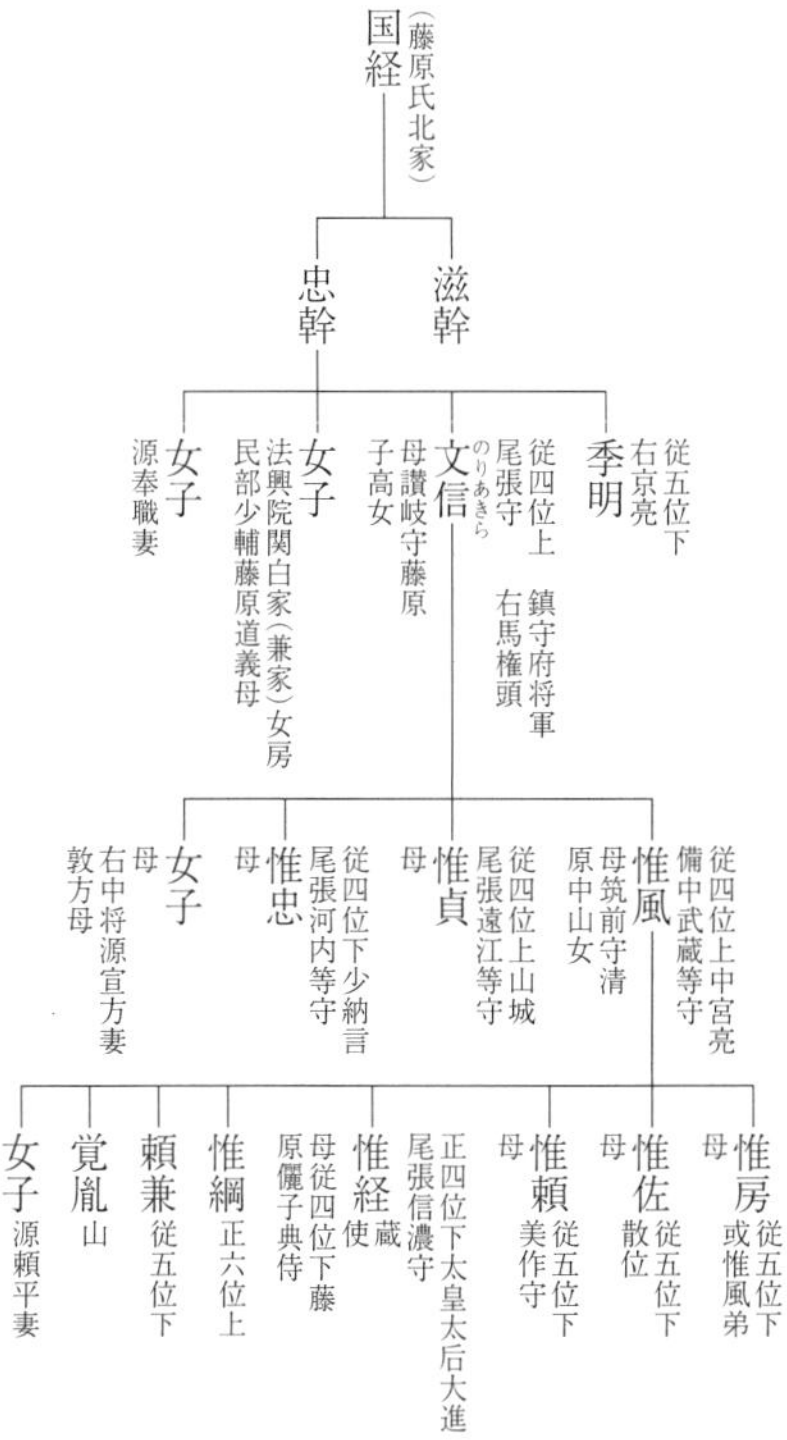

系図33　中宮亮・藤原惟風の家系

いずれにしても、文信の一族は、摂関家と近しい関係にあった訳である。文信の子と生まれた惟風も、摂関家の恩顧を蒙りながら六位の蔵人から右衛門権少尉に栄進したのである。彼が正暦年間にどのような官職にあったかは断定できないが、検非違使・右衛門尉として威勢のよい地位にあり、[64]前途が期待されていたことは、疑いがなかろう。彼がどうした経緯によって高子を知り、彼女と結婚するに至ったかは、最早知る術がないのである。

五

藤原高子は、父の従兄・棟世の娘、すなわちまたいとこの小馬命婦などと同様、その出生の関係から常に摂関家の周辺にいたのである。高子が惟風と結ばれて乳児をもっていた頃、彼女が妍子の乳母に選ばれたことは、別に不思議ではなかった。惟風の方は、高子が妍子の乳母となった後、愈々道長に接近し、検非違使・右衛門尉として大いに重宝がられたことと思われる。

長保五年（一〇〇三）、惟風は押領使に任命され、下総国で事件を惹き起こしていた平維良の追捕を命じられている。[65]彼の武勇は、道長によってかなり高く評価されていたらしい。彼がいつ武蔵守に任命されたかは、[66]明らかでない。多分それは長保年間のことであり、その地位にあって押領使を兼ねたのであろう。そして遅くとも寛弘元年（一〇〇四）の初めまでに、彼は任を終えて帰京していたのである[67]。

姉の彰子がそうであったように[68]、道長の二女・妍子にも、他にもう一人の乳母がいた筈である。しかし文献に何等記載がないところから推測すると、前述のように、その乳母はなにかの事故によって早く役を退いたか、死亡したかしたのであろう。従って高子は妍子のただ一人の乳母であり、育ての親であった訳で、それは後に説くように、皇太后・妍子の高子に対する並々ならぬ情愛からも推知されるのである。

高子の栄達は、寛弘元年（一〇〇四）十一月、妍子が尚侍に任じられた時に始まった。その時分、夫の惟風は散位で京にいたにしても、武蔵前司としての惟風の暮らし向きは裕かであったらしい。彼が朝廷や道長に馬を献上したりして道長にとり入っていたことは、『御堂関白記』から窺われるのである[69]。

寛弘の初年、高子は妍子につき添って東三条第か土御門第にいたように思われる。『紫式部日記』によると、寛弘五年九月十一日、中宮・彰子の出産を前にして、高子は土御門第にあり、少納言乳母（威子の乳母）や小式部乳母（前記の藤原泰通の妾、嬉子の乳母）などと一緒に寝殿の御産所の近くに控えていたという[70]。こうして敦成親王が生誕した後、惟風は泰通などと共に親王の家司に任じられたのである[71]。

経邦─┬─保方─棟世─女子（小馬命婦）
　　　└─興方─正雅─高子

系図34　高子と小馬命婦との関係

寛弘七年正月、妍子は従二位に昇叙され、翌月には春宮・居貞親王の妃となった。『栄華物語』（巻第八『はつ花』）によると、寛弘六年六月、中宮・彰子は懐妊のため敦成親王と共に土御門第に退下したが、当時この第にいた妍子は、親王を待ち迎え、『たゞ抱きうつくしみ奉らせ給』うたと言う。妍子は翌七年二月、この土御門第から、今内裏となっている枇杷殿に入内して春宮妃となったのである。高子が妍子に従って土御門第より枇杷殿に移ったことは、言うまでもないのである。

なお、中宮・彰子は、寛弘六年十一月二十五日、土御門第において皇子（敦良）を産んだ。翌七年正月十五日には、新皇子の御五十日の祝いが今内裏の枇杷殿で盛大に行われた。『紫式部日記』によると、惟風も招かれてこの祝席に列し、藤原景斉や平行義などと共に地下人の席に坐していたとのことである。

寛弘七年の三月、惟風は備前守として任国に下った[72]。恐らく彼は、受領としてもう一財産作りたかったに相違なく、高子を通じて道長に運動し、願いがかなえられたのであろう。赴任後間もなく、惟風はかねて手配中の犯人・平季久（前出羽介・源信親を射殺）を逮捕し、大いに賞せられると共に[73]、武勇が認められた。惟風がいつ都に喚び戻され、中宮亮兼左大臣家家司[74]に任じられたかは、明瞭でない。しかしそれは、妍子のために中宮司が設けられた長和元年（一〇一二）二月十四日のことであったと思われる。尤も寛弘八年二月、惟風は藤原登任などと日を同じうして東宮殿上を聴されている[75]。その時分、惟風は急に転任を命じられ、都に戻ってある地位についていたのかもしれない。いずれにしても彼は、長和元年二月に中宮亮兼左大臣家家司に転じ、羽振りのよい地位を獲得することが出来たのである。

なお、中宮司の設置月日についてもう少し詳しく窺ってみると、まず『栄華物語』（巻第十『ひかげのかづら』）の筆者は、中宮の侍《さむらい》の長《おさ》が決められたことに続いて、

新大夫には大殿《道長》の御はらからのよろづの兄君の大納言《道綱》なり給ふ。おほかた宮司など皆選《え》りなさせ給ふ。

と述べている。『公卿補任』（長和元年条）によると、中宮司が設置され、道綱が中宮大夫に、参議・源経房が中宮権大夫に任じられたのは、長和元年二月十四日のことであった。惟風もこの日、中宮亮兼左大臣家家司に任命されたことは、疑いがないのである。

いま、『小右記』その他によって窺うと、中宮司は左のように構成されていたのであり、それは洵に仰々しいほどのものであった。

大夫	藤原道綱（大納言）	**大進**	藤原佐光
権大夫	源　経房（参議、左近衛中将）	**権大進**	藤原頼任
亮	藤原惟風（兼左大臣家家司）	**少進**	藤原惟信
権亮	藤原能信（少納言）	**侍長**	藤原惟兼

この宮司は、さすがに道長の近親者と家人たちによって堅固に組織されていた。その中

にあって注意を惹くのは、宮司の運営の中心をなす亮が高子の夫・惟風であり、またその子の惟兼[76]と孫の惟信がそれぞれ侍長と少進の任にあったことである。

三条天皇が春宮であった頃、その帯刀長には、惟風の子の惟佐が任じられていた[77]。登位の後、惟佐は右衛門少尉の任に転じ、ついで検非違使を命じられている[78]。

今や藤原高子は、中宮の乳母であり、育ての親であった。中宮・妍子の彼女に寄せる親愛の情は、絶大であった。この大きな潜勢力を駆して高子がなし得たのは、夫を中宮職の亮につけ、夫の子や孫をその少進や侍長に据える程度であったのである。惟佐の検非違使任命は、道長すらが奇怪に思ったほど破格の人事であった。これらすべては、当時としてはかなり無理な人事であったらしいが、恐らくそれは、中務典侍・藤原高子の政治力の限界ではなかったかと思量されるのである。

六

長和年間において、藤原高子は、今をときめく中宮・妍子の乳母であり、事実上の育ての親であった。彼女自身は、長和元年四月、妍子が中宮に冊立された時に従五位上に昇叙されていた[79]し、夫の惟風は、中宮亮の栄職にあった。更に惟風の子達（全部が彼女の実子かどうか不明）の惟佐、惟兼、孫の惟信らは、それぞれ所をえていた。彼女が産んだ惟風の子・惟経の地位は不明であるが、中宮ないし天皇の側近にあったことは確かである。彼女の栄誉は、長和二年（一〇一三）九月十五日、天皇が道長の土御門第に行幸された時に、最高潮に達したと言えるのであって、この日惟風は従四位上を、彼女は従五位上から越階して従四位下を授けられたのである。(80) 彼女がいつ典侍に任じられたかは不明である。恐らくそれは、確証はないにしても、長和元年正月の女除目においてではなかったかと思われる。かくして中務乳母は中務典侍となり、やがて従四位下の高位を帯びるに至ったのである。

しかし好事魔多しの譬えの通り、彼女の幸運は永く続かなかった。まず彼女が幸福の絶頂にあった長和二年十二月二十三日、中宮少進の惟信は、清和院の西方、すなわち土御門大路との交叉点を少し上った富小路の路上で、従者と一緒にいたところを刺客に襲われ、惟信は全身に十七箇処の刺傷を受け、従者の方は即死するという事件がもち上ったのである。惟信は、検非違使・紀宣明を通じてこの襲撃の次第を道長に訴え、中宮侍長の惟兼が婦人のことで近頃自分に恨みを抱いていたから、彼が刺客を差向けたとしか考えられない旨を言上した。そして翌日、惟信は重傷のため息を引きとった。惟兼の兄の検非違使・右衛門少尉の惟佐は懸命に犯人を捜索し、同月二十七日、犯人らしい者を逮捕した。それを訊問した結果、惟兼は出頭を命じられ、惟佐の宅に身柄が預けられた。(81) 惟兼がどの程度の刑に処されたかは詳らかでないが、長和四年二月に至って彼の罪過は免除された。恐らくこれは、高子が裏面で運動したためであろう。

東山御文庫本『小右記目録』（巻十七、臨時第七）には、左のような記載がみられる。

同四年（長和）正月九日、俊遠、元愷闘乱事、
同年同月十日、俊遠幷男惟兼被召誡事、
同四年二月二十六日、俊遠幷男惟兼免除事、

つまり橘俊遠と橘元愷（能因法師の父）とが闘乱したが、非は俊遠の側にあった。[82] しかし俊遠とその子惟兼の罪過は免じられたというのである。

橘俊遠の息子達は、『尊卑分脈』（第四編、橘氏）によると、名の初めに俊を有するか、終りに綱の字を帯びているかのいずれかである。無論、惟兼なる名の子はいないし、またそれは俊遠の子にふさわしくない名である。恐らく『目録』の抄出者は、同じ日に免除され、同じ日の条に記されているので、誤って惟兼を俊遠の子としたのであろう。しかし更に深く考えてみると、そこには誤解を招くもっと紛わしい理由があったのかもしれない。というのは、俊遠の子・俊経の母、従って俊遠の妻は、禎子内親王の乳母であったからである。[83]

俊経は、万寿四年（一〇二七）には、東宮蔵人・内匠助であったから、[84] 少く見積っても三十歳ほどであったであろう。いま仮に三十歳とすると、俊経の母が禎子内親王の乳母になった長和二年に、彼は十六歳であった。従って俊経の母は、少くとも長徳年間には俊遠

の妻であったことになる。内親王のどの乳母であるかは不明であるが、恐らくそれは、命婦乳母を指しているのではなかろうか。想うに、皇太后・妍子は、乳母たちの願いにより橘俊遠（源憲子の前夫か）や藤原惟兼の原免を父の道長に請い、また俊遠と近しい頼通もこれに同調し、その結果、二人は同じ日に免除の処分を受けたのではないか。それに関した『小右記』の記事を抄出者が誤解したものと考えたい。

惟兼が起こした事件は、高子の運動によって幸いにもみ消されたものの、それは惟風の一家に濃い暗雲を招いたに相違ない。そして引続いて起こった惟風の死は、高子の悲歎を更に深めたのである。

惟風がいつ卒去したかは、文献に明記されたものがなく、不明というほかはない。彼は長和二年九月には従四位上を授けられているから、当時まさしく生きていたことになる。ところが『小右記』同四年四月五日条には、中務典侍が『故惟風の妻』であることが傍記されている。それ故、彼が長和二年九月から同四年四月までの間に歿したことは、疑いがないのである。

『小右記』の長和三年四月十八日には、『中宮亮能信』と記されている。もしこの記事に脱字がないとすれば、能信は長和三年四月十八日以前に中宮権亮から中宮亮に進められたこと、従って中宮亮の惟風はそれ以前に歿したことが推知されるのである。尤も、能信が中宮亮に昇任したことは、『公卿補任』（寛仁元年条）その他に所見がないから、右の記事には権字を逸したとみる可能性も少くはない。結局、惟風の卒去は、長和三年頃と言うほかはないのである。
長和元年から四、五年にかけて、高子は家庭的に悲運をなめたが、一方、公人としての彼女は、慌しい日常を送っていたらしい。それというのも、中宮の座所が甚だ不安定であったからである。いま試みに中宮の動静を年月順に窺ってみよう。

寛弘八年（一〇一一）六月十三日　春宮および妍子、東三条院にあり。春宮、一条院に赴きて践祚離し、東三条院に還る。
八月十一日　天皇、東三条院より新造内裏に遷幸す。
長和元年（一〇一二）二月十四日　女御・妍子、中宮となる。時に中宮、東三条院にあり。
四月二十七日　中宮・妍子、東三条院より内裏に入り、飛香舎をもって局となす。
長和二年（一〇一三）正月　十　日　中宮・妍子、懐妊のため、内裏を出て東三条院に遷御す。時に二十歳。
正月十五日　夜、東三条院焼亡す。中宮、東三条院の南院に遷御し、ついで右衛門佐・藤原輔公の高松宅に御す。
正月十六日　中宮、春宮大夫・藤原斉信の郁芳門第に移御す。
四月十三日　中宮、土御門第に御す。

長和三年（一〇一四）七月　六　日　中宮、土御門第において皇女禎子を産む。
正月十九日　中宮、禎子内親王と共に内裏に入る。
二月　九　日　内裏炎上す。中宮、朝所の東舎に遷御す。
四月　九　日　天皇および中宮、枇杷殿に遷幸す。爾来一年有余、天皇は中宮と共にこの第にあり。但し、禎子内親王は、やがて一条院に移る。
長和四年（一〇一五）三月十一日　禎子内親王、一条院を出ず。行先、不明。恐らくは枇杷殿か。
九月二十日　天皇、枇杷殿より新造内裏に遷幸。中宮は、枇杷殿にとどまり坐す。
十一月十七日　内裏焼亡す。天皇、松本曹司に遷御。
十一月十九日　天皇、枇杷殿に遷幸。中宮は前よりこの第にあり。
長和五年（一〇一六）正月二十九日　天皇、位を皇太子に譲り、引続き枇杷殿に御す。
四月十五日　中宮、枇杷殿東対より西対に遷御す。
九月二十三日　枇杷殿、炎上。よって上皇および中宮・妍子、同車して高倉第に遷御す。
十月二十日　上皇、新造の三条院に遷御す。中宮は、高倉第に留まり坐す。
十二月二十二日　中宮、三条院に入る。

寛仁元年（一〇一七）五月　九　日　太上法皇、三条院において崩ず。

三回に及ぶ内裏の炎上や出産のため、中宮・妍子の坐所は、席の暖まる暇もなかった。これに応じて中宮の側近に絶えず侍している高子の身辺も事が多く、悲歎に沈んでばかりおれなかったことであろう。

ここで、叙述を長和元年に戻してみると、『栄華物語』（巻第十『ひかげのかづら』）は、妍子や高子の動静について、次ぎのように伝えている。

かくて中宮《妍子》いかなるにか、例ならず悩ましうおぼされけり、殿の御前おぼし歎かせ給ふに、例せさせ給ふ事、立ちぬる月、この月、さもあらで過ぎぬ。『いかなるにか』と、人々おぼつかなくのみ聞えさするに、『物《道長》などつゆきこしめさぬは、たゞならぬ御心地にや』とおぼしめすに、御乳母の典侍《ないしのすけ》、『怪しう、立ちぬる月おぼつかなくて止ませ給ひしに、事などおはしますにや』と申し給ふに、まことにたゞならぬ御けしきにおはします。殿の御前にも、内《三条天皇》にも、いと嬉しき事におぼしめして、殿の御前、『なにか。物きこしめさずともおはしましぬべき御心地なり』とて、吉日《よき》してさまざまの御祈りともはじめさせ給ふ。十二月《しはす》にもなりぬ。……

すでに註釈書などに指摘されているように、これは『御堂関白記』長和元年十月の、

八日、壬寅。中宮悩気御座由示来。即参入、候宿。主上両三度渡御。感悦不少。

　九日、癸卯。従内退出。中宮御心地無殊事。

に該当するものであり、場処は飛香舎、すなわち藤壺であった。

　右によっても分かるように、高子は絶えず中宮・妍子の側近に侍し、中宮の生理的なことに至るまで一切の世話をしていたのである。

　懐妊した中宮は翌年正月、内裏から退下し、七月六日、土御門第において無事禎子内親王（後の陽明門院）を産んだ。その際、専任四名、兼任二名の乳母が選定されたことは、初めに述べた通りである。『栄華物語』（巻第十一『つぼみ花』）に、

　若宮《禎子》の御乳母今二人参り添ひたり。一人は、阿波守順《まさ》時の朝臣の女《むすめ》、弁のめのと、いふ。今一人は、伊勢前司たか《隆》ゝた《方》の朝臣の女、中務のめのとゝいふ。

とあるのは、すでに考証したように（四〇八頁）、弁の乳母と中将乳母の二人が乳母として新たに加えられたことを指すものである。この『中務乳母』は、『中将乳母』の誤りであるが、この婦人は高子の縁者であり、彼女の推薦によって乳母に起用されたもののようである。

　このように慌しい毎日を過ごしている間にも、彼女は夫亡き後の生活を色々思案したことであろう。夫の惟風は、叙上のように、長和三年頃に逝去した。その時分、高子は齢四十三歳ほどであったらしいが、彼女の容色は余り衰えていなかったらしい。彼女には劇しい任務があったし、また空閨に悩むほどの年輩でもなかった。しかしやはり彼女は、伴侶

なしには心細く思っていたらしい。恰もこの時、惟風の弟の惟貞が彼女の前に大きく現れ、彼女の心を強く惹くところがあったのである。

ところで道長は、その日記の長和四年四月四日条に、『御乳母典侍中務』が内裏―当時は枇杷殿―から退出して自邸に帰る途中で誘拐されたことや、彼が人々を遣して捜索させた結果、犯人として前遠江守の藤原惟貞が捕えられたことを記載している。もしこれが事実とすれば、それは非常な重大事件であったに相違ない。いま原文についてその経緯を窺ってみると、左の通りである。

四日、癸丑。……戌時許従二中宮一被レ仰云、御乳母典侍中務、只今従レ内出間、竹司小路与高倉許為レ人被レ取、可レ尋者。仰二左衛門尉宗相、右衛門志宣明、随身等、所々差分可レ尋之由一。宣明、尋得レ之、随身、前遠江守惟貞朝臣幷典侍来。宣明、宗相、随身左近府生是国、給二疋絹一。如二只今一者、女同心。仍各免遣。惟貞立二門前一間、家道俗数十見レ之、甚糸惜見事無レ極。仰二惟貞一去、極無レ便人也。先日入二件典侍家一成二□行一。又此度於二陣下一乗レ車所二強奸一、甚以不当。非二家可レ定、明日公家自被レ定歟、可二随レ後召一。

右の一文は、記事が簡略に過ぎて充分に納得できない箇所を混えている。こうした不詳な箇所は、幸いに『小右記』長和四年四月五日条によって解明することが出来るのである。

五日、甲寅。……一《ママ》昨夜、中宮御乳母中務《故惟風妻》典侍退出、前遠江守惟貞朝臣、自二途中一将去。即従レ后被レ申二左相府一。仰二使官人幷家人等一令二尋求一。尋得之後、使官人及彼殿人々随身、典侍及惟貞等、別車、将参二相府一。先被レ問二惟貞一。惟貞申云、非二強姧一、只可レ被レ問レ女者、中二得レ意由一者。此間成レ市見咲者衆。相府戒二家人一云、如レ此之者上下可レ見。仍上下毎手秉レ燭見二惟貞一。其後母乳《ママ》母退出、向二北(小カ)南(之カ)了小宅一。彼乳母領宅、云々。惟貞又到二其宅一懐抱、云々。或云、件事如(女カ)已得意、而不レ知二案内一者、啓二中宮一。中宮乍レ驚被レ聞二相府一、彼夜両人見レ恥歟。相府所レ被レ行太以不レ静可(歟カ)。相府給二使官人禄一、次中宮給レ之、各疋絹、云々。

以上によって大要を記してみると、三条天皇の中宮・藤原妍子の御乳母で典侍の中務は、故藤原惟風の妻であった。長和四年四月四日の午後十時頃、中宮の使者が左大臣道長邸に来たり、『典侍中務がただ今内裏より退出したところ、鷹司小路と高倉小路の辻の辺で何人かによって誘拐されたから捜索してほしい』旨を伝えたのであった。

そこで道長は、真夜中であったにもかかわらず検非違使の左衛門尉・藤原宗相、右衛門志・紀宣明や自分の随身たちを方々に分け遣して彼女の行方を捜索させた。紀宣明は、捜索の結果、彼女を捜し求めることが出来た。そこで宣明らは、惟貞と典侍中務とをそれぞれ別な車に乗せて道長邸に連れて来た。道長は、人をしてまず惟貞に訊問させた。惟貞は『ただ今のことは、強姦ではありません。中務にお訊ね下されば、彼女の同意を得てしたことを申すでしょう』と答えた。中務も合意の上でしたことを申し立てたので、取り敢えず両人は釈放された。

　この時、藤原惟貞は、道長邸の門前に立たされて訊問を受けた。初め道長は家の人々に、戒めの意味で『かような不屈者は、皆がみておくがよい』と言ったので、道長邸にいた道俗数十人の人々が手に手に燭をもって惟貞を見て、嘲り笑った。道長は、人をして惟貞に、『貴下は甚だ不都合な人である。先日も、典侍の家にはいって濫行したというではないか。またこの度は、左衛門の陣の脇で女車に乗り込み、その中で婦人を強姦するとは、もってのほかの仕儀である。このような事件は、左大臣家が処分すべき事柄ではない。明日太政官が何等かの処置を講ずるであろうから、それによって召喚することにする。』と申し渡させた。

　大納言・藤原実資が聴いたところによると、典侍の中務は、道長邸から退出するとすぐ、その南に接した小南道にある自分の小宅にはいった。惟貞も釈放されると直ちにその宅に

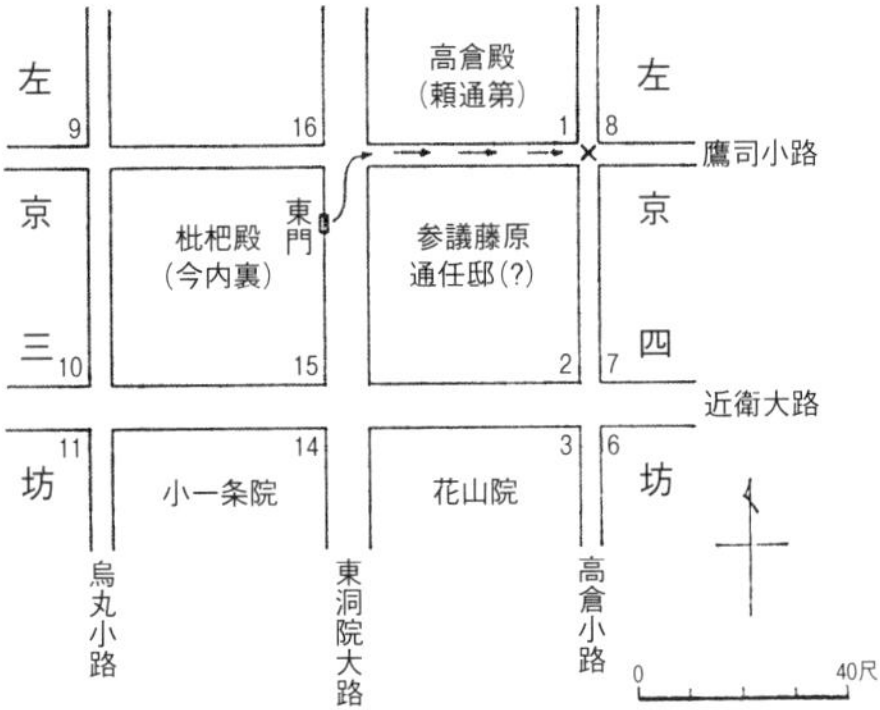

第17図　鷹司・高倉両小路の辻付近地図
（矢標は女車の進行方向を，×は事件のあった場処を示す）

赴き、中務を抱擁したとのことである。ある人が言うには、『この件については、すでに惟貞は中務の承諾を得ていたのだ。それを事情を知らぬ者があわてて中宮に申し上げ、中宮はびっくりされて父の左大臣に聞えさせ給うたような次第で、その夜、両人はとんだ恥さらしをした訳である。』と。そこで実資は、この度の左相府の処置は、甚だ穏便でないと考えた次第である。

なお、道長は、この事件に与った宗相、宣明、自分の随身で左近衛府生の雀部《ささべ》是国らに疋絹を与えたが、中宮からも彼等に疋絹を賜うたことであった。

右は、事件の大要である。道長は両人合意の上と知った後も、挙げた手のやり場に困って、『官の処分を待て』と申し渡した。無論、翌五日にも、その後もこの事件は不問に付され、惟貞は処分を蒙ることはなかった。高子は、翌日早速枇杷殿に参り、中宮に拝謁して弁明やらお詫びの言葉を述べたであろうし、また中宮も自分の早まった処置を告げ、慰めの言葉を与えられたことであろう。事情が判明すれば、これは単なる笑い話にすぎないが、それにしても今をときめく中宮の乳母として、高子は口さがない宮廷人の間でとんだ生恥を曝したものである。

惟貞は、惟風の弟であった(85)。どういう動機から彼が高子に求婚したかは不明である。恐らく彼は永いあいだ嫂の高子に恋慕の情を抱いていたのであろう。彼には、一子・明賢を産んだ妻がいたが、当時彼はこの妻を亡くしたか、離別したかしていたのではなかろうか。

そして後半生の伴侶として高子を求めていたものと推測される。しかし高子は、周囲の事情に気がねしてはっきりした返事をしなかったので、彼は義弟として心易く彼女の邸宅に入り込み、強引に高子を犯したものらしい。そうした関係が出来たにもかかわらず、彼女はなお結婚を渋っていた。

高子の乗った女車は、枇杷殿の東門の前から北行して直ぐ左折し、鷹司小路を東へ進み、高倉小路の辻の辺に差しかかったのであるから、彼女の本邸が鷹司殿の付近にあったことは、疑いがなかろう。今内裏の枇杷殿の東門には、左衛門の陣が置かれていたのであろう。惟貞は、高子が東門の処で女車に乗る時、強引に同車し、車が鷹司・高倉小路の辻にさしかかった折に、予めそこに待伏せさせておいた家人たちにこの女車を所定の方向へ牽かさせたのであろう。追い払われた高子の車副らが枇杷殿に馳け戻り、典侍が誰かに誘拐されたと告げたものと思われる。

惟貞が女車の中で高子に対してどのような行為をなしたかは、知るべくもない。ともかく惟貞は、訊問に答えて、あれは強姦ではなく、和姦であると陳べたし、高子もそれを肯定した。彼女は、義弟の激情にほだされ、正式に結婚する決心をしたのであろう。

中宮・妍子の高子に寄せる愛情は、かような事件によって揺ぐような底の浅いものではなかった。むしろ中宮は、未亡人となった乳母が再婚するのを祝福したのではなかろうか。徴証しうる史料は欠いているが、高子が間もなく惟貞と結婚したことは、間違いがないと思われる。

その頃、高子の身辺に起こったもう一つ不愉快な事件は、彼女が長和四年（一〇一五）六月の末に呪詛されたことである。『御堂関白記』の同年七月二日条には、

今朝典侍中務宅置㆓厭物㆒搦㆑女、此西宅也。是保昌本妾所㆑為、云々。

と記されている。つまり中務典侍の西の方の邸宅に厭物が置かれているのが発見された。七月二日、これを置いた女が逮捕されたが、それはもと藤原保昌の妾であった婦人であるとのことである、という意味である。道長の側近者の一人として、保昌は大いに困惑したことであろう。

この呪詛事件を理解するためには、道長や彰子がしばしば呪われていた当時の実情を想うべきであろう。恐らくこの事件を惹き起こした保昌の以前の妾妻は、皇后・娍子の乳母に繋がるもので、呪いの対象は高子ではなく、中宮・妍子その人ではなかったかと考えられる。事件の背景がかく重大であったからこそ、道長はこの一件を日記に書きとめたのであろう。ただ厭物が高子の西宅に置かれていたのは、高子にとっていかにも気持の悪いことであったと思われる。

七

命婦乳母は、長和四年九月二十四日、枇杷殿が炎上した時、丁度里居していた。そこから彼女は、

古ぞいとゞ恋しきよそよそに移ろふ色を菊につけても

という一首を詠んで弁の乳母に贈り、中宮の御所が転々と変って落着かないことを歎いたのであった[86]。洵に長和四年から寛仁元年にかけては事が繁く、高子の気遣いも並み並みではなかったと推量される。しかし惟貞との結婚によって、彼女の心には安定したものがあったことであろう。

彼女が高子をいつ灑子と改名したかは、詳かでない。察するにそれは、惟貞と結婚した長和四年のことであったらしい。『尊卑分脈』第二編の長良卿孫条には、『儷子』と見え、同じく第二編の真作孫条には、『灑子』と記されている。後で引く『左経記』に『灑子』とある点からすれば、この方が正しいと思われる。『灑子』は、『きよい子』と訓んだものであろうか。『儷』は、配偶、夫婦の意味であり、その頃高子が儷子と改めたとすれば、いささか穿ち過ぎた話のように思えるのである。

三条法皇は、寛仁元年（一〇一七）五月九日、三条院（京都市中京区塗師屋町とその付近）

で崩御された。中宮は、法皇の七七日の法会が行われた六月二十七日、讃岐守・源済政の三条にある邸宅に遷ったが、[87]八月一日には、一条院に遷御し、[88]しばらくここを御所とされることとなった。中務典侍の灑子も、中宮の乳母として一条院に出仕していた訳である。

『左経記』の寛仁元年十一月十一日条には、

……頃之、源大納言《源俊賢》被参。依召也。令下給典侍藤原灑子辞職状。仰云、件灑子辞退替、以藤原美子《近江内侍》可任典侍職者。

と記されている。しかし灑子の辞職を願った理由は、何等誌されていないのである。

『尊卑分脈』(第二編、長良卿孫)は、惟貞について、『従四上、山城・尾張・遠江等守』[89]と註している。彼が遠江守であった事実は、長和四年(一〇一五)四月、『遠江前司』と記されていることから徴証される。しかしいつ尾張守に任じられたかは明確でない。ただ明らかなのは、惟貞が寛仁三年九月、尾張守の現任にあったことである。[90]

この時、惟貞が尾張守であったとすれば、彼の前任者は、貪欲をもって知られる藤原経国でなければならない。経国は、長和四年七月、尾張国に赴任した。[91]任地に着くと例によって彼は早速誅求を始めたらしい。ところが尾張国の郡司層が彼に反抗するに至ったので、翌五年七月には都に引き上げたようである。[92]八月になると、尾張国の郡司たちは大挙して上京し、経国の圧政を官に愁訴した。[93]これによって経国は尾張守を免じられ、内匠頭に転じたのである。[94]これから察するならば、惟貞は、長和五年の晩秋か冬に尾張守に任じられたのであろう。そして彼は、任命後、二、三箇月してから尾張国に赴任したに相違ない。すでに老齢に達していた彼は、任地での生活が不如意でもあり、かつ恋妻の灑子を都に残しておくことが気懸りでもあるので、強硬に灑子の来ることを要求したのであろう。灑子は止むを得ず離京の決心を固め、中宮の許しを得て典侍の辞職を願い出たのではあるまいか。寛弘六年（一〇〇九）、大江匡衡が尾張守に再任された時、彼は、倫子に仕えていた妻の赤染衛門を退かせ、彼女を伴って任国に下向している（『赤染衛門集』）。従って灑子の辞職の理由も、以上のように推測されるのであって、『御堂関白記』寛仁元年十二月八日条に見る左の記事は、これを傍証して余りがあるのである。

八日、壬申。中宮御乳母中務、子童下向尾張国。給馬。入夜中務来。女方井尚侍方給物。又宮如此、云々。

つまり寛仁元年十二月八日、中宮の乳母の中務が彼女の子童と一緒に尾張国に下向することとなったので、馬（一疋）をやった。夜分になって中務が別れの挨拶に訪ねて来たので、妻の倫子と三女の威子とは、彼女に餞別の品を遣した。また中宮も、餞別の品を賜うたとのことである、との意味である。この『子童』とは、当時十歳前後の息子のことであるに相違ない。それは惟風の子・惟綱をさしたらしく、彼は灑子が寛弘五年頃産んだ惟風の末子であったのであろう。惟貞は、惟綱の叔父でもあったから、彼女はこの末子を連れて尾張国の国守館（中島郡茜部郷・愛知県稲沢市松下町）にいる夫の許に行くことを憚らなかったものと見える。

こうして灑子は、典侍の職を辞し、尾張国へ赴いた。しかし乳母は終身のものであるから、彼女は単なる受領の妻ではなく、依然として従四位下を帯びた、中宮の『御乳母』という身分をもっていたのである。

なお、寛仁元年における中務典侍の動静については、もう一つのことが伝えられている。その年の四月と言えば、三条法皇の寝膳康からず、法皇の落飾を前にして三条院は沈鬱な雰囲気に包まれていた。三条院にあって灑子も、法皇の身を案じて滅入るような心地でいたことと思われる。この四月の二十六日に、道長の本妻・源明子が産んだ長家の元服と尊子の著裳が土御門第で行われた(95)。この時、灑子は尊子の理髪に当たり、道長は裳の腰を結んだのであった。これについて道長は、その日記に、

典侍　子、中宮御乳母、理髪、

と記している(96)。傍点を付した五文字は注記であるから、『典侍　子』の欠字が『灑』であることは疑いがない。道長は、中務典侍の名が高子であることはよく知っていた筈である。それを欠字にしたのは、改名した彼女の新しい名の『灑』を咄嗟に思い出せなかったためであろう。

八

『栄華物語』（巻第十三『ゆふしで』）は、寛仁元年（一〇一七）八月、一条院に遷った中宮・妍子の傷心の生活を見事に浮彫にしている。そこでは、『中宮は一条殿にただ明暮御行《をこな》ひにて過ぐさせ給ふ』の一文から叙述が始められ、いたいけな禎子内親王の様子なども活き活きと描かれている。道長も、『「一条殿の御つれづれにおはしますらむ」とて、我も御宿直《とのゐ》せさせ給ふ。その殿ばら（道長の子息達）も、常に参らせ給ふべく申させ給ふ』のであった。道長がその頃しばしば一条院にいたことは、彼自身の日記ばかりでなく、『小右記』や『左経記』などからも窺われるのである。

中務典侍は、やはり一条院にあって中宮の側近に仕えていた。寛仁元年十月、蔵人・左少弁の源経頼は、八十島《やそしまの》勅使として難波に詣でる内命を彼女に伝えたが、彼女はまだ三条天皇の喪に服している自分に突然そう仰せられても、『事忽ちにして為《せ》ん術《すべ》なし』と辞退の意を道長に伝えている。(97) 服喪の理由ばかりでなく、彼女は間もなく辞職するのだという気持からも、それを受けるのを渋ったのであろう。

中務典侍の辞任は、あらかじめ覚悟していたこととは言え、妍子にかなりの打撃を与えたに違いない。彼女は、『御行ひも繁うて』過ごすのであったが、それにつけても淋しいのは、生まれた時から自分を育ててくれた中務乳母がそばにいないことであったであろう。中務乳母の灑子が半年そこそこで都に戻ったのは、彼女や惟貞の都合からではなく、妍子から懇願された道長の強い要望のためであったと臆測される。尾張守の惟貞が五節の舞姫を奉ることとなって任地を離れ、上京したのは、寛仁三年の秋頃であったのである(98)。

　中宮・妍子は、引き続き一条院を御所としていた。枇杷殿は、まだ焼亡したままであった(99)。徴すべき史料を欠いているけれども、灑子は、乳母・前典侍の資格で一条院に参上し、中宮に仕えていたのであろう。彼女は、その後、典侍に復任したらしいが、その年月日は定かではない。一方、中宮は、寛仁二年十月十六日、皇太后となり、後一条天皇の女御となっていた妹の威子は、同じ日、中宮に冊立された。

　寛仁二年十月二十二日は、道長の生涯において最も栄光にみちた日であった。後一条天皇（道長の孫）の土御門第行幸もさることながら、彼の三人の娘―太皇太后・彰子、皇太后・妍子、中宮・威子―が土御門第に行啓し、道長は感激と歓喜の余り、有名な『満月《もち》』の歌を詠んだことであった。典侍・灑子も勿論、皇太后に随行したに相違なく、彼女はこの佳き日に、従四位上を授けられたのである。『御堂関白記』寛仁二年十月二十二日条に、

　……女従四位上藤高子（太脱）皇后宮乳母、正五位下藤原周子、大宮、……

とあるうちの『女』とは、『叙位された婦人は』の意味である。道長は、ここでは灑子を旧名の高子で記しているのである。

治安元年（一〇二一）の秋になると、皇太后や禎子内親王の女房たちの間では、『法華経』を主とし、『無量義経』と『観普賢経』を加えた三十巻を、三十人ばかりで結縁して書写しようとする願いがもち上った。皇太后の聴しを得てこの書写は急速に進み、いよいよその経供養を行う段取りとなった。『栄華物語』（巻第十六『本のしづく』）には、これについての道長と灑子との会話が録されている。それは、講師の料に関する話題から始まっているのである。

『それ《道長》（永昭を講師とする件）いとよきことに侍るなり。何をか設けたる。』

とのたまはすれば、典侍《灑子》候ひて、

『綾薄物の夜の装束一くだり、絹百ばかりなむ候ふめる。』

と申せば、

『いとまうなることにこそあれ。絹は五十ほど講師にはとらせて、残りは題名僧どもにこそとらせめ。さてもいつか。』

とのたまはすれば、

『今日明日の程にとなむ。』

と聞えさすれば、

『あさて仏にいと善き日なり。さらば、御堂かきはらはせ、老法師の居所も払はせ侍らむ。もしおもと達のもの笑ひし給ふこと恥かし。』

とのたまはせて、急ぎかへらせ給ひぬ。

紺紙金泥で見事に装演された華麗なこの結縁経の供養は、法成寺無量寿院において治安元年（一〇二一）九月十日、盛大かつ荘厳に行われ、内大臣の教通を初め多数の公卿が参会・聴聞したのであった。(100) 従って灑子が一条院で道長と会話をとり交したのは、治安元年九月八日であることも、判明するのである。

治安二年の初めになると、長和五年（一〇一六）に炎上してから七年目でやっと枇杷殿の建築が落成した。四月十四日には、この世の浄土さながらの法成寺金堂も竣功し、盛大な供養が行われ、皇太后の妍子も、姉の太皇太后や妹の中宮と共に法成寺に行啓した。そして同じ月の二十八日、妍子は禎子内親王と共に、いよいよ新造の枇杷殿に渡御することとなった。(101) すなわち、(102) 当日の夜、皇太后は輿に乗り、その後に乳母の灑子が陪乗した。内親王は唐廂の車に乗ったが、これには五の御方（太政大臣・為光の第五女の穠子）と土御門御匣殿（大蔵卿・藤原正光の娘の光子）が乗り込んだ。

枇杷殿に到着した後、皇太后は寝殿の東面《おもて》を御所とされ、東対は伺候する官人たちの控えの間に充てられた。但し、侍所は、東対北廂の東西に置かれた。西の一、二の対、すなわち西対と西北対とは、五の御方、御匣殿（光子）、および禎子内親王の乳母たちなど、全部女房らの局にあてられた。『栄華物語』（巻第十六『本のしづく』）には明記されていないけれども、寝殿の西面は、右の内親王に当てられたのであろう。ここまでは問題はない

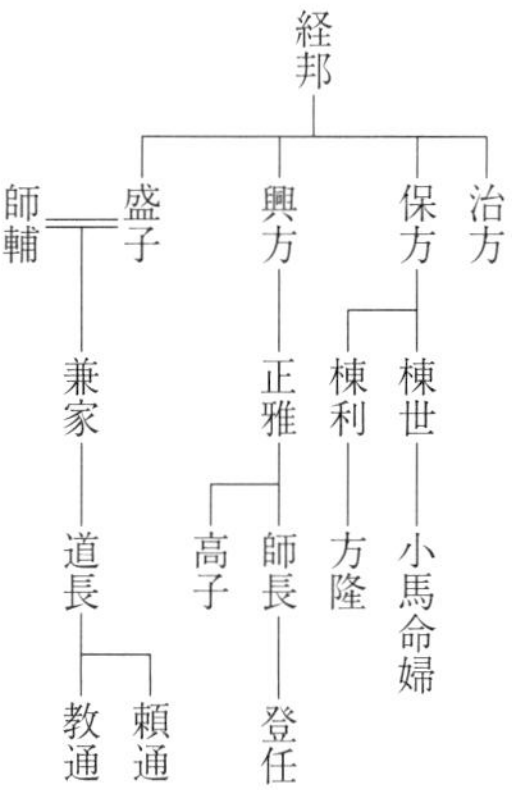

系図35　藤原登任の出自

のであるが、中務典侍に関する記載に関して、『栄華物語』は、次ぎのように大きな誤りを冒しているのである。

北の対は、御乳母の典侍、またその女の五の宮の内侍、東宮の亮登任朝臣の女なり。その局どもなり。

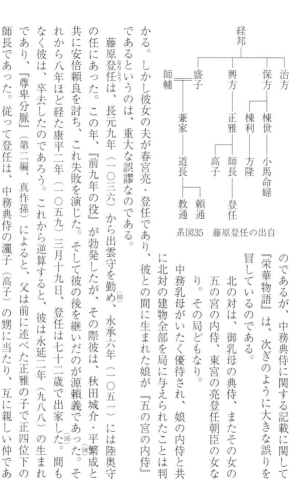

中務乳母がいたく優待され、娘の内侍と共に北対の建物全部を局に与えられたことは判かる。しかし彼女の夫が春宮亮・登任であり、彼との間に生まれた娘が『五の宮の内侍』であるというのは、重大な誤謬なのである。

藤原登任《なりとう》は、長元九年（一〇三六）から出雲守を勤め[103]、永承六年（一〇五一）には陸奥守の任にあった。この年、『前九年の役』が勃発したが、その際彼は、秋田城介・平繁成と共に安倍頼良を討ち、これ失敗を演じた。そして彼の後を継いだのが源頼義であった[104]。それから八年ほど経た康平二年（一〇五九）三月十九日、登任は七十二歳で出家した[105]。間もなく彼は、卒去したのであろう。これから逆算すると、彼は永延二年（九八八）の生まれであり、『尊卑分脈』（第二編、真作孫）によると、父は前に述べた正雅の子で正四位下の師長であった。従って登任は、中務典侍の灑子（高子）の甥に当たり、互に親しい仲であったと思われる。齢は、治安二年（一〇二二）において、灑子が五十歳前後、登任が三十五歳であった。同じ年に皇太后・妍子は、二十九歳であった。登任が妍子の乳母の夫であるなどというのは、どう考えてみても誤記と認めざるをえない。まして乳母の娘は、若くみても二十歳前後であったから、この娘（内侍）が登任の子でありえぬことは、極めて明白である。

『栄華物語』巻第十六の筆者、もしくは右の条の追筆者が何故かような誤りを冒したかは定かでないが、恐らく筆者は、妍子の乳母の典侍と、小野皇太后と呼ばれた藤原歓子（教通の娘）の乳母（二条殿）とをうっかり混同したものらしい。

登任は、寛弘八年（一〇一一）二月には、六位を帯びたまま東宮殿上を聴された[106]。三条天皇が受禅の後、登任は蔵人所の雑色とされ、長和二年（一〇一三）一月、蔵人に昇進した[107]。

『栄華物語』（巻第十二『玉のむらぎく』）によると、長和三年四月頃、懐妊した教通の室は、父・公任（当時、権大納言）の四条宮（下京区新釜座町）には皇太后・遵子（公任の姉、円融皇后）がおって産穢を及ぼすのを憚り、『殿人の三条に家持たるが許にぞ渡らせ給ひける』という。そして同年八月には、女子（生子、のち後朱雀天皇女御）が生まれた。この三条に家をもっていた『殿人《とのひと》』とは、同じ物語（巻第十二）によれば、『なりたう《登任》』であって、道長は安産は登任の働きによるものとして、彼の位階を進めたとのことである。

その後、教通室は、登任の家を『めでたき所とおぼして』いつもそこで産をなし、その回数が五、六回に及んだ。ところが、治安三年十二月二十七日、やはりこの家で男子を産んだが、産褥に患い、正月初めに歿したのである。この男子の乳母には、藤原方隆の娘が選ばれた。すなわち、『栄華物語』（巻第二十一『後悔しき大将』）には、

若君の御乳母は、かねてより申しゝかば、五節の君、故参河守方隆が女、衛門の大夫むねかたが妻ぞ参りたる。

と記されている。これは、方隆の娘で、かつて五節の舞姫に選ばれたことのある五位の衛門尉むねかたの妻となっている婦人が乳母に選ばれたことを述べているのである。

しかしむねかたは、『尊卑分脈』（第二編、真作孫）によると、方隆の子・棟方としか考えられない。彼の母は、『栄華物語』（巻第二十五『嶺の月』）によると、皇后・娍子の乳母であって、『式部の宣旨』と呼ばれ、万寿二年（一〇二五）には、『八十ばかりにて』あったという。この若君の乳母の五節の君が方隆の娘であるとしても、棟方の妻であったことは、殆ど考えられない。誤伝も甚だ錯綜したもので、明快に解明することは出来ないが、恐らくこの五節の君は、灑子の息子・惟頼の義妹で、のち灑子の縁で皇太后に仕え、皇太后の歿後は上東門院に仕えるに至った婦人のようである[108]。彼女の夫は、棟方ではなく、衛門尉の某であったのであろう。皇太后・妍子の許に移ったのは、『四郎の君』と呼ばれたこの若君が幼くして僧籍に入れられた[109]ためと推量される（後の権大僧都・静覚）。

それはともかく、登任は前述のような関係から教通に接近し、家人のように側近にあったらしい。『尊卑分脈』（第二編、真作孫）によると、登任の子の阿闍梨・任尊の母は、『四条宮官女号二条殿』であったという。つまり登任は、四条宮（皇太后遵子の御所で、公任の邸宅）の教通室の許に出入している間に、その官女と通じ、男子（任尊）を産ましたことが分かるのである。『二条殿』と呼ばれたこの婦人は、確証はないが、教通の娘の歓子（小野皇后）の乳母となり、典侍に進んだのであろう。このような次第から、『栄華物語』巻第十六の筆者ないし追筆者は、この婦人と皇太后・妍子の乳母とを混同したものらしい。春宮傳の教通の下で登任が春宮亮となったことは充分に考えられる。恐らくそれは、歓子が東宮妃となった永承二年（一〇四七）十月以後のことであったであろう。

なお、灑子典侍の娘で、枇杷殿の北対に一緒に住んでいた『五の宮の内侍』については、他に伝えるものがないので、委細は不明である。想うにこの内侍は、惟風と灑子との間に生まれた娘であったのであろう。彼女は初め禔《やす》子内親王（三条天皇の五の宮）に仕えたので、『五の宮の内侍』と呼ばれたもののようである。もし以上とは別な解釈を試み、『東宮の亮登任朝臣のめなり。』のめ（妻）が伝写の際に漢字の女（むすめ）に誤られたと解すれば、『五の宮の内侍』の夫はいとこの登任であったとみることも出来よう。その辺の事情は、何としても明確でないのである。

九

治安二年（一〇二二）四月二十八日の夜、灑子は、皇太后・妍子の輿に陪乗して一条院から新築なった枇杷殿に移った。皇太后の配慮によって、灑子はこの邸宅の北対全部を与えられ、そこに娘の内侍と一緒に住むこととなった。灑子と縁の近い中将乳母（四〇八頁以下および四三三頁参照）やその妹の『五節の君』も、同じ枇杷殿にあって皇太后に仕えていた。『尊卑分脈』（第三編、清和源氏）によると、源頼平（満仲の四男）は、藤原惟風の娘を娶って頼盛を儲けている。従って『五の宮の内侍』の夫は、登任ではなく、源頼平であったという可能性も、一応考えられるのである。

治安二年五月から万寿四年（一〇二七）の春にかけての五年間は、中務典侍の生涯にとっては、最も栄光にみちた欣ばしい期間ではなかったかと思われる。三条天皇の崩御による悲しみもよほど癒えた皇太后・妍子は、一品宮・禎子内親王の成長を愉しみに朗かに過ごされていた。元来が華美好きで、そのため道長の不興をすら買った[110]ほどの妍子であったから、枇杷殿は活気に溢れていた。然もそれは、道長の権勢が最も強く宮廷を圧していた時代であった。豪華な行事や儀式は絵巻のように相ついで催され、枇杷殿の女房たちはその応接に忙殺されていた。しかし姉の彰子のそれに較べて妍子の周りには才媛は余りいなかったようである。蓋しそれは、彰子と妍子の性格の相違に由来していたのであろう。

妍子が枇杷殿に遷御した年（治安二年）の九月十四日には、法成寺金堂五大堂の新仏の開眼供養が盛大の限りを尽くして行われた。妍子と一品宮・禎子内親王とは唐車に乗り、これに五の君が陪乗して法成寺に行啓した。皇太后は、法成寺の西大門、ついで中門を通って御堂の西廂に着席したが、皇太后や中宮（妹の威子）などの女房達は、東廊に座を占めた。後一条天皇の臨御のもとに天台座主・院源を講師として執行されたこの供養の次第は、『栄華物語』（巻第十七『音楽』）や『法成寺金堂供養記』（『続群書類従』所収）、および『左経記』[111]などに具さに描述されている。灑子も皇太后の乳母としてこの一代の盛儀に列し、東廊にあって荘厳華美な法会に感激したに相違ないのである。

翌治安三年四月一日には、朝野をあげての祝福のうちに、禎子内親王の着裳の儀が土御門殿の西対で美々しく執り行われ[112]、この機会に内親王の三人の乳母は加階された。『栄華物語』（巻第十九『御裳着』）に、『弁の乳母、命婦の乳母、中将の乳母なり。』と見えるように、昇叙されたのは、以上三名の乳母たちであった。妍子や一品宮は、翌二日の夜、枇杷殿に還御したが[113]、太皇太后・彰子は、『一品宮の御乳母三人、大宮《妍子》の乳母《中務典侍》をはじめて、女房残りなくかづけ物を贈らせ給ふ』（『栄華物語』巻同上）たのであった。これによっても、灑子が皇太后に侍してこの晴れの儀式に列席したことは、明らかである。

同じ年の十月十三日、道長の正妻・倫子の六十の算賀が土御門第の寝殿で行われた時も、妍子は、太皇太后や中宮と共に行啓したことがあったが、妍子は一品宮と同車し、供の車が十五輛も後に続いた。華美好きな妍子のこととて、車からこぼれ出た女房達の衣裳の袖口や裾の美々しさは、また格別であったという[114]。妍子の女房たちは、西対の東面で拝観したが、この中にあって灑子が最長老として席を占めていたことは、疑いがなかろう。

　万寿二年（一〇二五）正月二十三日、枇杷殿の寝殿と東対を席場として催された皇太后の大饗は、特に女房たちの衣裳や化粧について、華美を極めたものであった。翌日、関白・頼通からその次第を聴いた道長は、皇太后宮の度はずれた過差に『いみじう腹だたせ』、大いに罵り、これを黙視した頼通をも責めたという[115]。しかしこれによって、皇太后大夫・源道方（権中納言）や乳母の中務典侍が責任を問われるようなことはなかった。

　枇杷殿では、永く土御門御匣殿という女房名で仕えていた典侍・藤原光子（正光の娘、権中納言公信室）が万寿三年一月二十余日に逝去した[116]。その頃から皇太后は、三条天皇の供養に法華八《は》講《こう》を催そうと思い立ち、仏像などの制作を命じられた。この八講は院源や心誉僧都らを請じ、五月十九日から二十三日まで枇杷殿の寝殿で行われた[117]。皇太后は、女房たちに華美な服装をなすのを制せられたが、いざとなってみれば、それはやはり華やかな行事となった。この法事が済んだ後、『女房里にいで、かたへはさぶらひけり。』（『栄華物語』巻第二十七『衣の珠』）とあるから、枇杷殿に仕えていた女房のうち、平生出仕しているのは、半数ほどであったことが分かる。

年があらたまった万寿四年の正月には、枇杷殿において皇太后の大饗が催された。女房達の衣裳の豪華さは、やはり際立っていた。『栄華物語』（巻第二十八『若水』）に、

寝殿をみれば、御簾いと青やかなるに、朽木《くちき》形の青紫ににほへるより、女房の衣のつま、袖口かさなり、なほほかよりはにほひまさりて見ゆるは、おほかたこの宮の女房は、衣の数をいと多く着させ給へばなるべし。

とあるのは、その有様を述べたものである。また、

今年の宮の御まかなひは、典侍の仕うまつり給へば、宮の大夫《源道方》よりはじめ奉り、下部に至るまで、いそぎに思ひて、やんごとなげにしたて聞えたり。

とあるように、今年は最早五十五歳ほどに達した老典侍の灑子が皇太后の給仕の役を務めたのである[118]。これでみると、灑子は皇太后宮職の人びとから非常に重く見られていたことが分かる。

万寿四年は、この大饗に始まり、禎子内親王の入内がそれに続いた。しかし慶事はこれで終りを告げ、運命の暗転が待っていたのである。

いったい内親王と春宮・敦良親王（後朱雀天皇）の成婚は、早くから取沙汰されていたが[119]、それが正式に発表されたのは、三月六日であり、十一日には春宮から正式に艶書が遣された[120]。『宮の内、いと心あわたゞしう急ぎたちたり[121]。』と記されたように、一品宮の婚儀の準備で枇杷殿は上を下への大騒ぎであった。万寿二年七月に寛子（小一条院女御）を、

八月に嬉子（春宮妃）を喪って気の沈んでいた道長は、一品宮の慶事をことのほか欣んでいた。しかし彼は、万寿三年から病床にあり、蔭で頼りに気を揉んでいた。皇太后・妍子の母・倫子は枇杷殿に来ていて、健康の勝れぬ妍子に代って仕度の指図をするのであった。婚儀は三月二十三日に行われ、禎子内親王（時に十五歳）は入内して弘徽殿の人となった。(122)

内親王の入内は、冷泉天皇が春宮の時に昌子内親王（朱雀天皇皇女）が妃となってからこの方、六十四年ぶりのことであった。禎子内親王はやがて尊仁親王（後三条天皇）を産み、陽明門院となり、摂関政治の没落に基本的な役割を果たすに至るのである。事実、この皇女は、摂関家の政権壟断には早くから快からぬものを抱いていたらしく、それが言動に表れることもあったようである。後年、上東門院が禎子内親王(123)を疎く思い、内親王が産んだ皇子女（上東門院の孫にあたる）を見ようとしなかったのは、女院と内親王との間に考え方の相違があったためではなかろうか。頼通は、女院の賛成をえて養女の嫄子（敦康親王王女）を後朱雀天皇の後宮に入れた。嫄子が中宮となったのに対し禎子内親王は皇后とされたが、内親王は内心大いにこれを含むところがあり、枇杷殿に下って永く内裏に参入しなかった。頼通と春宮（後三条天皇）との対立は、こうした処にまず端を発していたのである。(124)

道長は、末娘の尊子を源師房に娶わせ（万寿元年）、村上源氏の興隆に基礎をおいた。娘の尊子や孫の禎子内親王の婚儀をめぐって、道長の基本的な考え方はどうであったのか。

それがどれほど将来を見通しての措置であったのか。これらは、非常に興味深い問題とされよう。

十

皇太后・妍子の健康が害われたのは、万寿四年（一〇二七）三月八日のことであった。[125]三月十三日頃、枇杷殿に参向した関白・頼通と中務典侍・藤原灑子との会話は、よくその模様を伝えている。[126]

関白殿《頼通》参らせ給へるに、

『など御気色苦しげにおはしますぞ。』

と申させ給へば、典侍《灑子》御前にて、

『此の四、五日にならせ給ひぬ。御風にやとて朴《ほお》など聞し召せど、怠らせ給はず。』

と申させ給へは、

『いと不便なる御事にこそ。』

とて侍《さむらひ》召して、守道《陰陽師》召しに遣はすべき由仰せられる。

病床にある道長は、この発病に頗る心を痛めていた。皇太后は、娘の一品宮の慶事を前に控えていることとて、努めて気強く苦痛に堪え、元気を装っておられた。しかし内親王の婚儀も滞りなく済んだ頃から皇太后の病状は一段と悪化した。四月の中旬には、皇太后の御悩が大いに世人の注意するところとなった[127]。一品宮の乳母の子・橘俊経の刃傷事件が世上を騒がせたのは、丁度その頃のことであった[128]。

六月二日、禎子内親王は内裏から退下して枇杷殿に移った。道長も病床を出て、六月十四、二十一日の両度に亙り枇杷殿に参って皇太后を見舞った[129]。しかし病勢は怠ることなく、徐々に悪化して行く様子であった。八月十三日の夜、道長の指図で皇太后は母の倫子や娘の禎子内親王と共に法成寺に渡御し、皇太后は薬師堂[130]の北廂を病室とされた。あらゆる修法が試みられたが、その甲斐もなく、御悩は募る一方であった。『皇太后の御悩、なほ不快に御《おはしま》し、手足腫れ給ふ[131]。』と実資は記しているが、九月四日になると、彼は、

中将《皇太后宮権大夫藤原資平》云く、宮の御悩、恐れあるに似たり、と。昨日、内府《教通》云はく、十分の九、憑《たの》む所無からむ、と。

と誌すに至っている[132]。

灑子は、皇太后の発病以来、日夜看護に専念していた。こうして半年も看護に尽くすと、さすがの灑子も疲労困憊し、まるで呆けたような状態に陥り、昼でも皇太后の傍で居眠っているような有様であった[133]。九月七日の暁に、皇太后は、土御門第の南部に新築された今南殿に遷御したが、終焉の日の近いことは誰の眼にも明らかであった。

九月十四日、皇太后は進んで入浴され、心誉僧都（園城寺）の受戒で出家し、阿弥陀仏

の名号を唱えながら静かに瞑目された。まだ三十四歳の若さであった。道長は足擦りして泣き、倫子は御衣《おんぞ》ひきかずきて臥していた。灑子は、悲しみのため失心し、別室で介抱されていた。

典侍、ふかく《不覚》なるを、局にて湯などすゝむれど、見も入れず、いといみじや。

と、『栄華物語』（巻第二十九『玉のかざり』）に述べられているのも、尤もなことであった。

皇太后の送葬は、翌十六日の夜行われた(134)。さきに述べたように（四〇六頁）、御入棺（二《にく》火《わん》）に奉仕したのは、能信、長家の兄弟、藤原惟経、藤原惟憲であった。御柩は、月明の夜、事に乗せられ、祇園の東大谷の広い野にしつらえられた荼毘所に運ばれたが、『今よひの御まかなひ、典侍つかうまつり給ふ(135)。』と記されているように、皇太后を生まれた時からはぐくみ育てた乳母として、灑子は、最後の御饌の給仕をしたのであった。そして彼女は、今年正月の大饗に皇太后の給仕をしたことを想い泛べ、泣きまどうのであった。暁になって、木幡の僧都と皇太后宮権亮・藤原頼任（時明の子、母は忠平の孫）が御骨をもって木幡に行った。しかし木幡（宇治市木幡）の何処に御陵が築かれたかは、全く不明である。

灑子の人生は、もうこれで終った。十月十六日、月の明るい夜に彼女は、

君が見し月ぞとおもへどなぐさまず別れしにはをうしとおもへば

と詠み、悲哀を新たにしたのであったが、弁の乳母、中将の乳母、命婦の乳母、五節の君

などは、それぞれこれに唱和し、またもや涙に暮れるのであった。

皇太后の七七日の法会は、法成寺の阿弥陀堂において十月二十八日、盛大に修せられた(136)。法会は院源を講師として行われ、方々から施入された誦経の料物を入れた箱は、庭に堆高く積み上げられた。故皇太后の料物として出されたのは、正装の御装束一領と尼装束一領とであったが、これを見て灑子は、

かけてだに思ひかけきや唐ごろもかたみに涙かけむものとは

と詠み、これを弁の乳母に贈ったことであった。

右大臣・実資は、日記の当日条に、

夜に入り中将来たりて云はく、たゞ今事《法会》畢むぬ。禅閤《道長》、御心地堪へ難きの気色あり。痢病かと、云々。

と記載した。これでも分かる通り、病を冒して法事を営んだ道長は、それが済むと朽木のように病床に倒れてしまった。そして再起できないままで十二月四日に逝去したのであった。後に遺された関白・頼通は、恐らくこの時に幽かに鳴り始《そ》めた摂関政治の晩鐘をはっきりと意識したに違いないのである。

註

（1）『後拾遺和歌集』第十五、第八七九番。

（2）『新古今和歌集』巻第十八、第一七一二番、『栄華物語』巻第二十七『衣の珠』。

（3）『行親記』長暦元年二月十三日条、『春記』長暦二年十二月七日条。

（4）晩年、惟経は、太皇太后・章子内親王の大進となった。そして延久六年六月、太皇太后宮司が停められ、それが二条院に改められた時、判官代（大進）となった。延久六年六月十六日附『官宣旨』（『類聚符宣抄』第四、所収）、参照。

（5）『春記』長暦三年十一月十四日条。

（6）『左経記』、『小右記』、『日本紀略』、『百錬抄』の長元元年十一月九日条。

（7）『栄華物語』巻第三十八『松のしづえ』。

（8）佐藤球『大鏡詳解』（東京、昭和二年）、六五四頁、松村博司校注『大鏡』（『日本古典文学大系』21、東京、昭和三十五年）、四八九頁。

（9）『御堂関白記』寛仁二年三月十四日条。

（10）『大斎院御集』。

（11）『尊卑分脈』第三編、光孝源氏。

（12）『御堂関白記』長和二年九月十六日条、『小右記』寛仁元年十二月十五日、同二年四月二十二日両条、『栄華物語』巻第十一『つぼみ花』、『尊卑分脈』第二編、惟孝・説孝孫、等々、参照。

（13）『尊卑分脈』第一編、道隆公孫、第三編、光孝源氏、第四編、橘氏、『御堂関白記』長和二年七月二十二日、同九月十六日両条、『小右記』長和二年九月十六日、万寿四年四月四日両条、『栄華物語』巻第十一『つぼみ花』、『後拾遺和歌集』第十、第五四〇番、『勅撰作者部類』等々、参照。

(14)『尊卑分脈』第一編、道隆公孫、第二編、魚名公孫、『栄華物語』巻第十一『つぼみ花』、その他、『小右記』治安四年九月十九日条、参照。
(15) 岩野祐吉『紫式部日記人物考』(新潟市、昭和二十七年)、一二九頁。
(16)『御堂関白記』長和四年九月二十日条。
(17)『光厳帝宸記之写』(『大日本史料』第二編之十四、所収)。
(18)『平安遺文』第二巻、六四七頁、所収。
(19)『栄華物語』巻第七『鳥辺野』。
(20)『日本紀略』寛弘五年五月二十五日条。
(21)『尊卑分脈』第二編、真作孫。
(22)『大日本史料』第二編之五、所収。
(23) 註(17)、参照。
(24)『尊卑分脈』第二編、惟孝・説孝孫。
(25) 同右、第一編、摂家相続孫。
(26)『九暦』天徳四年三月二十八日条。
(27) 同右、天慶九年十月二十八日条。なお、天慶六年三月七日附『宣旨』(『類聚符宣抄』第八、所収)、参照。
(28) 同右、天暦四年五月二十六日条。
(29)『勅撰作者部類』。
(30)『公卿補任』永承六年条、『尊卑分脈』第二編、内麻呂公孫、『勅撰作者部類』その他による逆算。
(31)『公卿補任』康平元年条。

(32)『御堂関白記』寛弘二年正月十日条。
(33)『小右記』寛弘八年七月九日条。なお、寛弘七年十月三十日附『衛門府粮料下用注文』(『平安遺文』第二巻、所収)によると、当時、頼国は、蔵人・右衛門尉であったらしい。
(34)『小右記』寛仁二年十月二十二日条。
(35)同右、長元二年七月一日条。
(36)『春記』長久二年二月二十七日条。
(37)『尊卑分脈』第二編、真作孫。
(38)『小右記』長元四年三月二十八日条。
(39)『御堂関白記』寛弘三年二月八日条。
(40)『小右記』寛弘八年八月十一日条。
(41)同右、長和元年四月十六日条。
(42)長元四年正月二十三日附『右衛門府解』(『平安遺文』第二巻、所収)。
(43)『小右記』寛和元年四月三十日条。
(44)『権記』長保三年十一月二十六日条。
(45)『小右記』長徳二年十月八日条。
(46)『権記』長保三年二月二十二日条。
(47)『尊卑分脈』第二編、武智麻呂公孫。
(48)『小右記目録』、『公卿補任』寛仁四年条。但し、『尊卑分脈』は、八十一歳としている。
(49)『小右記』正暦四年三月二十九日、同年四月八日両条。
(50)『権記』長保三年九月二十一日条その他、『御堂関白記』寛弘元年九月九日条。

(51)『御堂関白記』寛弘六年七月四日条、寛弘六年十二月二十日附『大和国栄山寺牒』(『平安遺文』第二巻、所収)。
(52)『小右記』寛弘八年八月二日条。なお、寛弘九年六月八日附『大和国司解案』(『平安遺文』第二巻、所収)、参照。輔尹は、右馬頭となっても、なお永く寛仁年間まで大和守を兼ねていた。寛仁元年九月二十五日附『大和国栄山寺牒』(『平安遺文』第二巻、所収)、参照。
(53)『勅撰作者部類』には、『四位木工頭。大和守藤原興方朝臣男。至寛仁五年。』と見える。
(54)『御堂関白記』寛仁二年二月三日条。
(55)『尊卑分脈』第二編、長良卿孫。
(56)『尊卑分脈』第二編、長良卿孫。
(57)『小右記』永祥元年四月四、六日両条。
(58)『宝生院文書』永祚元年『尾張国郡司百姓等解』(『平安遺文』第二巻、『史籍集覧』第二十四冊、所収)。
(59)『日本紀略』永祚元年二月五日条。
(60)『小右記』永祚元年四月五日条。
(61)『栄華物語』巻第二『花山』、同巻第三『さまざまのよろこび』。
(62)『権記』寛弘八年正月八日、同年七月二十日両条。
(63)『尊卑分脈』第三編、宇多源氏によると、近衛中将・源宣方の子の親方の母は、『文信女』であったという。この文信は、同第二編、長良卿孫により藤原文信であったことが分かる。但し、それが文信の姉妹とするのは、年代的にみて誤りであり、第三編のように文信の娘と認むべきである。
(64)永祚元年正月、『文章生・右衛門権少尉』の惟風は、検非違使の宣旨を蒙っている。『小右記』永祚元年正月十五日条、参照。
(65)『権記』長保五年九月五日条。
(66)『体源抄』十一本、上(『大日本史料』第二編之五、所掲)。
(67)『御堂関白記』寛弘元年三月二十八日、同年十月九日両条。
(68)『権記』長保二年四月七日条。
(69)註(67)、参照。
(70)『またこの後の際《きは》に立てたる几帳の外《と》に、内侍のかみ(姸子)の乳母、姫君(威子)の少納言の乳母、いと姫君(嬉子)の小式部の乳母などおし入り来て、……』(『紫式部日記』)。
(71)『御堂関白記』寛弘五年十月十七日条。
(72)同右、寛弘七年三月十三日条。
(73)同右、同年六月二十、二十一両日条。
(74)同右、長和元年四月二、二十四両日条。
(75)同右、寛弘八年二月十日条。
(76)『尊卑分脈』第二編、長良卿孫は、惟信を惟風の一男・惟房の子としているが、その傍に、『実者、右京大夫信明息、或経明子、云々』と註記している。この信明を陸奥守・源信明とみれば、年代も合うし、色々と都合がよいが、信明が右京大夫であった記録はない。また藤原氏その他を通じて経明という名を帯び、右京大夫程度の官位をもった人物は知られていない。子のない惟房は、惟信を養子に迎えたのであろうか。この惟房について『尊卑分脈』は、『或惟風弟』という異説を註記している。その辺の事情は、究明することが困難である。
(77)『御堂関白記』長和元年十二月十六日条、参照。

(78) 同右、長和元年十二月十六日、同二年八月十日両条。
(79)『小右記』、『御堂関白記』長和元年四月二十七日条。
(80)『御堂関白記』、『小右記』長和二年九月十五日条。
(81) この事件については、『御堂関白記』長和二年十二月二十四、二十五、二十七、二十八、三十日諸条、『日本紀略』同年同月二十三日条、『小右記』同三年正月四日条、参照。
(82) なお、『小右記』寛仁元年十一月十五日条、参照。
(83)『小右記』万寿四年四月四日条。
(84) 同右。なお、俊経は、寛仁元年九月には、『正六位上内匠助兼東宮侍者』であった。『立坊部類記』(後朱雀院条)、参照。
(85) 惟貞は、正暦元年頃は、(少)内記の官を帯びていた。これからみて、彼が粗暴かつ無学な輩でなかったことが推知される。『小右記』正暦元年九月二十七日条、参照。
(86)『栄華物語』巻第十二『玉の村菊』。
(87)『御堂関白記』寛仁元年六月二十七日条。
(88)『左経記』寛仁元年八月一日条。
(89)『御堂関白記』長和四年四月四日条、その他。
(90)『左経記』寛仁三年九月二十三日条。
(91)『小右記』長和四年七月六日条。
(92)『御堂関白記』長和五年八月一日条。
(93) 同右、同年八月二十五日条。
(94)『立坊部類記』後朱雀院条。

(95) 『御堂関白記』寛仁元年四月五、二十五両日条。
(96) 同右、同年同月二十六日条。
(97) 『左経記』寛仁元年十月十八、十九両日条。
(98) 同右、同三年九月二十三日条。
(99) 枇杷殿の再建は、寛仁三年二月二日に着工された。『御堂関白記』同日条、参照。
(100) 『小右記』治安元年九月十日条。
(101) 同右、治安二年四月二十五、二十八両日条、『御賀部類記』(『伏見宮記録』利五十一、所収)。
(102) 以下、『栄華物語』巻第十六『もとのしづく』による。
(103) 長元九年八月三十日附『太政官符』(『類聚符宣抄』第八、所収)。
(104) 源頼義『請伊予守重任状』(『本朝続文粋』巻第六、所収)、『今昔物語集』巻第二十五、第十三話。
(105) 『尊卑分脈』第二編、真作流。
(106) 『御堂関白記』寛弘八年二月十日条。
(107) 同右、長和二年一月十五日条。
(108) 『栄華物語』巻第三十三『着るはわびしとなげく女房』、『風雅和歌集』巻第十七、第二〇一一番。
(109) 『尊卑分脈』第一編、摂家相続孫。
(110) 『栄華物語』巻第二十四『若枝』。
(111) 『左経記』治安二年九月十五日条。
(112) 『小右記』治安三年四月一日条。
(113) 同右、同年四月二日条。なお、ここでは『女房三人叙位』とだけ記されている。
(114) 『栄華物語』巻第二十『御賀』、『小右記』、『日本紀略』の治安三年十月十三日条、その他。

(115) 『栄華物語』巻第二十四『若枝』、『左経記』万寿二年正月二十三日条。
(116) 『栄華物語』巻第二十七『衣の珠』。なお、杉崎重遠『土御門御匣殿』(『国文学研究』第十輯所収、東京、昭和十三年、同著『勅撰歌人伝の研究』再収、東京、昭和十九年)、参照。
(117) 『左経記』万寿三年五月十九、二十一、二十三日諸条、『日本紀略』万寿三年五月十九日条。
(118) 以上、『栄華物語』巻第二十八『若水』による。
(119) 『栄華物語』巻第十九『御裳着』、巻第二十六『楚王の夢』。
(120) 『栄華物語』巻第二十八『若水』。
(121) 同右。
(122) 『小右記』、『日本紀略』万寿四年三月二十三日条。
(123) 『栄華物語』巻第三十一『殿上花見』。
(124) 同右、巻第三十四『宵待つ星』。
(125) 『栄華物語』巻第二十九『玉の飾り』。
(126) 以下、特に註記しない限りは、『栄華物語』巻第二十九『玉の飾り』による。
(127) 『小右記』万寿四年四月十五、二十両日条。
(128) 同右、同年同月四日条。
(129) 註(125)。なお、『小右記』万寿四年六月十四日条、参照。
(130) 『小右記』万寿四年八月二十三日条によれば、五大堂。
(131) 同右、同年七月十九日条。
(132) 同右、同年九月四日条。
(133) 註(125)、参照。

(134)『小右記』、『日本紀略』万寿四年九月十六日条。

(135) 註(125)、参照。

(136)『小右記』、『日本紀略』万寿四年十月二十八日条。

付註 藤原惟経は、治安年間から万寿年代にかけて、(少)外記の任にあった。文筆に長じ、かなりの学殖があったのであろう。万寿四年には、蔵人に転じていた。『小右記』治安三年十一月十四日、同年十二月五日、同月十五日、万寿元年正月七日、同四年正月二十六日諸条、参照。

なお、右大臣・実資は、長元四年九月二十九日、賀茂の下神宮寺において諷誦を催したが、その際に参会した四位の官人の中に惟貞の名が見える。これは、従四位上・藤原惟貞と認められるから、高子の夫・惟貞はその頃まだ健在であったことが分かる。『小右記』同日条、参照。

追記 本文四〇八頁以下において著者は、禎子内親王の『中将乳母』は、東三条院に仕えていた『中将命婦』であり、女院の命によって皇后定子(母は高階貴子)の産んだ媄子内親王の乳母となり、のち禎子内親王の乳母に起用された婦人であること、彼女の本名は、藤原教子であることを推断した。『春記』長久二年二月十七日および同月二十五日両条によると、皇后(禎子内親王)の強い推挙により、皇后の乳母の子で、俊平の子の法師・禎範は、内供に補されている。教子が高階俊平の妻であることが判明すると、彼女が媄子内親王の乳母に採用された理由も分かるし、また彼女が禎子内親王の『中将乳母』と同一人物であることも確証されるのである。教子が藤原方隆の娘らしいという岩野祐吉氏の推測は、方隆と高子は縁が深く、また一方では高子(その姉妹の一人は高階成章の妻、息子の惟経の妻は高階成順の娘)が高階氏と親密な間柄であったことを想起すれば、益々確実視されるであろう。

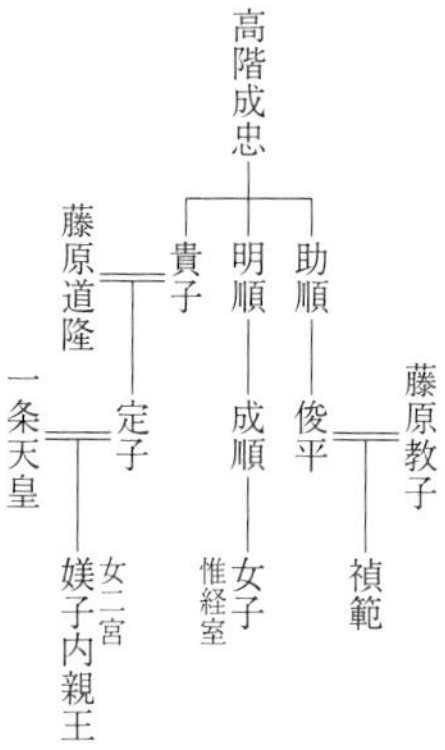

系図36　高階氏と藤原氏

二人の義経

『治承・文治の内乱』の頃、すなわち十二世紀の末葉、清和源氏には義経と称する人物が二人いて、それぞれ六波羅政権に反抗し、或いはこれを攻略したことは、余り一般に知られていない。というのは、その一人である九郎判官・源義経の名が鳴り響いているためであり、一方、山本冠者《やまもとのかじゃ》こと源義経は脇役としてさしたる軍功もなかったためである。

ところで、山本冠者の義経は、佐々木家のように出自の暧昧な家門とは異り、近江国浅井郡を中心に勢威を誇る、れっきとした近江源氏―清和源氏の近江流―に属していた。中でも『前九年の役』で有名な源頼義の系統は、清和源氏のうちで義家の子孫と新羅《しんら》三郎こと義光のそれとに大きく分かれたが、山本家は義光の流派に属していたのである。

十二世紀頃の著しい傾向は、都で志を得ない源、平、藤原、橘、紀等の諸氏が官に仕えてある程度の地位を得ると、あらかじめ縁故をつけていた（荘園、姻戚、恩顧などで）地方に下り、地方豪族と結托して開発《かいほつ》領主と化し、多くの郎党を抱えて武士となったことである。その場合、毛並みのよさと、位階や前官とは大いにものを言った。義家や義光の子孫にしても皆そうであって、地方の荘園の実質的な領主、一方では宮廷の守備兵力として次第に勢力を獲得して行ったのである。

義光の子や孫たちも、常陸国那珂郡武田郷、同国久慈郡佐竹郷、信濃国佐久郡平賀村、近江国浅井郡山本村等に分散、移住し、空閑地を開発して勢力の基盤を培った。

源義定が選んだのは、近江国の山本、すなわち伊香郡木之本《きのもと》町広瀬の朝日山の南麓に居館を構え、武士としての勢力を扶殖することであった。この地は、不破関に至る東山道を制し、また船便による場合の北陸道に睨みをきかせる、軍事上の要衝をもなしていた。

ところで、義定の子に生まれた義経は、早く都に出、仁安三年十二月、左兵衛尉に任じられ（『山槐記』）、大いに活躍していた。それまではよかったが、安元二年（一一七六）、彼または彼の郎党が、延暦寺の根本中堂の衆徒《しゆと》を殺害するという一件が持ち上った。延暦寺は、早速これを朝廷に訴えたので、義経は免官の上、同年十二月、佐渡国に配流された（『玉葉』）。『吾妻鏡』には、彼が義光いらい弓馬の家柄に属しているが、『平家の讒によって去ぬる安元三年十二月三十日、佐渡国に配流せらる。去年（治承三年）たまたま勅免に預るのところ、云々』と述べられているが、『平家の讒によって』と言う記事は誤っている。

治承四年（一一八〇）の秋、東方諸国の清和源氏の諸武門は、以仁王の令旨に基づいて六波羅政権に対して叛旗を翻した。この時、近江の故郷に帰還していた源義経も、美濃、信濃、甲斐の諸源氏に呼応して蹶起した。都に近い湖北で兵を挙げた源義経の勇気は、評価さるべきであった。

山下《やまもと》兵衛尉と呼ばれていた義経らが立てた作戦は、園城寺の衆徒三、四百人と協力して、六波羅を夜襲することであった。しかし逸早くこの作戦を察知した平家方は、三井寺を攻略する陣容を整え、平清房らを遣わし、寺院が兵火にかかる愚を説かせた。寺側もこれを容れたため、義経らは山下（山本）城に退いて、迎撃の体制をとった。

治承四年十二月一日、権中納言・平知盛を首将とする六波羅の軍勢は、約千余騎も籠る山下城を攻略した。圧倒的に多い六波羅勢のために山下城は忽ち陥落し、義経とその弟の柏木《かやのき》冠者・義兼は辛うじて危地を脱して逃走した。

十二月十日、義経らは鎌倉に参著し、頼朝に閲して臣従の誓いをすると共に、平家追討の際には先陣を承りたいと申し出て頼朝の御家人となったのであった。そして故郷に帰ると、彼は落城した山下城に入り、これを修復して籠り、再び六波羅政権に反抗した。

六波羅の追討軍は、美濃や近江でも逐次戦果を挙げた。しかし首将の平知盛は病に臥したため、彼は一部の軍勢を具して都に引き揚げたが、その際、平家勢が携えた源氏方の武将の首級の中には、蓑浦《みうら》冠者・義明―義経の子―のそれも見られた（『吾妻鏡』）。

その後、義経らは近江国の各地に潜伏し、反平家的ゲリラ戦を続けていた。

寿永二年（一一八三）五月、源義仲の率いる軍勢は、越中の礪波山の合戦で平家の大軍を撃破し、都を目指して怒濤のように進撃した。延暦寺の衆徒も義仲に応じ、義仲勢は遂に勢多に迫った。六波羅に熾烈な敵意を抱く義経は、喜び勇んで義仲勢に加わり、平家一門の西走に応じて都に突入したことであった。

義経は、紛れもない近江源氏であり、前左兵衛尉として逸早く平家に抵抗していた。その軍功は大いに認められ、寿永二年の秋頃、彼は小槻隆職《もと》の後任として伊賀守に任じられた。彼は直ちに国務に預り、荘園の停廃といった行政を活潑に遂行したのであった（『玉葉』）。

二

義経や義兼の志は、頼朝の側にあった。無論、六波羅追討という点では彼等は義仲に協力したけれども、彼は義仲に心服するには至らなかったらしい。寿永二年（一一八三）の十二月、義経は若狭守に転じたが、任地に赴く暇はなく、山下城に帰って天下の形勢を観望していたらしい。やがて頼朝は、範頼や九郎判官・義経に大軍を授け、源義仲追討のため発遣した。山下城の若狭守・源義経は、一族郎党をあげて義仲の追討に加わったようである。この時、義経の息子の山本判官こと検非違使左衛門尉・義弘は、勇躍して都に突入したが、それ以降、杳として消息を絶っている。これは出家などしたためではなく、義仲の敗残兵に襲われ、不慮の死を遂げたためであろう。

その後の義経や義兼の動きについては、なにも知られていない。彼等は、頼朝の家人ではあっても、鎌倉に移住することはなく、その子孫は殷富門院（亮子内親王）や七条院（後鳥羽上皇の生母・藤原殖子）に判官代として仕え、辛くも名門としての面目を保っていたが、鎌倉時代中期以降におけるこの一門の動静は、明瞭ではない。

なお、『山槐記』によると、治承三年（一一七九）の十月四日、九条院判官代の義兼入道は、近江国に建立した仏堂を供養している。そこで彼と親しい権中納言・藤原忠親（一一三一〜一一九五）―すなわち『山槐記』の筆者―は、供物として馬をその居所たる柏木《かやのき》（近江国甲賀郡甲南町柏ノ木）に届けさせている。当時の文献に、近江国における反平家の張本の一人として記されている『甲賀入道』とは、右の源義兼を指している。

ところがこの源義兼は、義経の弟であった（『吾妻鏡』）。入道するほどであるから義兼は、治承三年（一一七九）において四十歳を過ぎていたに相違あるまい。従ってその兄の山下兵衛尉・源義経の方も、治承三年において五十歳前後であったと想定される。つまりこの義経と九郎判官・義経とは、同時代に生きたとは言え、年齢に関して二十歳以上の開きがあったと推測されるのである。

それ故、等しく源義経とは言っても、山下兵衛尉と九郎判官とが同名異人であることは、更めて強調するまでもなかろう。九郎判官・義経の前半生については、『吾妻鏡』治承四年十月二十一日条の記載が最も要を得ている。

> この主（義経）は、去ぬる平治二年正月、襁褓《きようほう》の内において父の喪に逢ふの後、継父一条大蔵卿長成の扶持によって、出家のために鞍馬に登山す。成人の時に至りて、しきりに会稽の思ひを催し、手づから元服を加へ、秀衡の猛勢を恃《たの》みて奥州に下向し、多年を経たり。

勿論、義経は、平泉に下向し、突然、秀衡に扶持を願ったのではなかった。平泉政権の長老ないし顧問は、前陸奥守・藤原基成であったが、彼の娘は秀衡の正妻であり、泰衡らの母であった。問題は、義経の継父の大蔵卿・藤原長成が右の基成とマタイトコであったことであろう。常磐の願いを容れた長成は、書面をもってひそかに基成と連絡をとり、その結果として義経は、平泉に発向したに相違あるまい。単に『秀衡の猛勢を恃みて』下向しても、秀衡はそう簡単には義経を引受けはしなかったであろう。舅にあたる基成の依頼によって秀衡は、義経の身柄を引受けたものと認むべきである。

なお、文治五年（一一八九）閏四月、泰衡の軍勢に急襲された義経は、高館において自害した。この高館が基成の邸宅であったことは、重視さるべきであろう。

『治承・文治の内乱』に際して、源義経と言う二人の同姓同名の武将が平家の軍勢を攻略した。内乱の時期が同じであるため、不注意に文献を読むと、二人は同一人であったかのような印象を受ける。その結果として、義経は平泉に下向し、秀衡の許で幾星霜を過ごしたのではなく、鞍馬より湖北に逃れ、そこで成人し、地方諸豪族をえて武将に成長したかのような誤解も生ずるのである。勿論これは、史料を精読しない不注意さから来る誤解であって、二人の源義経は全く同名異人なのである。史料を詳かに読めば明白であるが、二人は年齢、兄弟関係、根拠地、作戦の仕方等々について全く別個である。またその故に『尊卑分脈』も、二人の義経を別々に記載しているのである。

好字の数が比較的限定されていた平安時代には、人びとは諱の文字に意を用い、出来るだけ同一の諱をつけることを避けた。正常な元服の式を行ったとすれば、烏帽子親は予め諱を研究し、すでに左兵衛尉にその名をみる『義経』を九郎のためにつけなかったであろう。義経は、手ずから元服を加え、自ら諱を定めたのであった。まだ少年の九郎（遮郡王丸）には、当時の宮廷社会に『義経』と名乗る人物がいるかいないのかが不明であった。義は、父・義朝の片諱であるから、彼はこの義の下に適当な文字をつけて自分の諱を定めたのであろう。

源義経なる人物が『治承・文治の内乱』の頃、二人存在が認められ、うっかりすると二人を混同し勝ちなのは、遮郡王丸が自分で元服し、自ら勘按した名を自分の諱としたことに大きな原因が求められそうである。

建礼門院の晩年

一

鷲尾《わしのお》の丘に立ってつくづく想うのは、建礼門院がどのような心境をもって晩年をここで過ごされたのであろうか、と言うことである。

鷲尾と言うのは、霊鷲山の丘尾から来た名で、今でもその地はこの名前で呼ばれている（京都市東山区鷲尾町）。つまり東山の一峯たる霊山《りょうぜん》から西北に流れ出た支脈の末端の丘尾をそれは指しているのである。丘の突端は、恰かも前方後円墳の前方部のような感じで、広くはないが、平坦である。

女院が幽居されていた鷲尾第は、邸宅と言うよりも山荘であり、また仏寺でもあって、所有者はこれを金仙院と呼んでいた。ここに山荘兼仏寺—西園寺の場合もそうである—を営んだのは、鳥羽法皇の権臣の中納言・藤原家成であった。彼は、雲居寺の瞻西《せんさい》上人に篤く帰依し、その有力な檀越であったらしい。雲居寺（東山区下河原町の高台寺の処に所在した）に参っている間に、家成は、裏手（北方）の丘に眼をつけ、そこに山荘を構えたもののようである。

家成がここを山荘とした理由は、充分に肯ける。今でもここに立つと、西方には高島屋京都店をはじめ、四条通のビルがよく眺望されるのであり、確かに東山方面における形勝地の一つに数えられる。また鷲尾は、桜の名所としても知られていた。文永年間には、後嵯峨上皇がしばしばこの鷲尾第（金仙院）に御幸されたのは、観桜のためであった。文保から元亨年間にかけてこの山荘には、『鷲尾一品《わしのおのいっぽん》』の名で通っていた従一位・藤原識子《さと》（伏見天皇の乳母）が住んでいたが、その頃には、後伏見上皇、花園上皇や永福門院が御幸し、観桜と眺望を愉しまれたことであった。

この識子の姉が大納言典侍の藤原近子であり、近子の娘は、『とはずがたり』の作者の二条であった。二条が嘉元二年（一三〇四）九月に法華懺法を行ったのも、この鷲尾の山荘においてであった。

この山荘には、西端に展望のための露台の設けがあり、それは車寄せを兼ねていた。仏堂としては、千手堂のほかに三昧堂があったらしい。金仙院とは言っても、別に住僧はおらず、平生は預《あずかり》が留守していたようである。山荘は、後に権中納言・隆良《たかなが》（一二九六薨去）の子孫に伝領され、その一流は、『鷲尾』を通称とするに至った（もとの鷲尾伯爵家）。

建礼門院は、摂津国に荘園を持っておられたし、また権大納言・隆房（一一四八〜一一〇六）と言う強力な背景もあったから、生活に困られるようなことはなかった。側近にはやはり三、四人の女房ないし侍尼が侍っていたに相違ない。無論、幾人かの雑仕女も仕えていた筈である。

平家一門が滅亡したと言っても、それは男性たちのことであって、平家の女性や、女性の縁者は、かなり多数が生き延びていた。例えば、女院を親身になって世話していた隆房の夫人や参議・藤原隆清（一一六八～一二一四）の母─共に女院の妹─などもそうであるし、女院の兄・知盛の未亡人の四条局は後高倉院の乳母として権勢があった。また女院の従姉妹の娘の陳子（北白川院）は、後堀河天皇の生母であった。流布本の『平家物語』は、六代（維盛の子）が斬られたことに触れて、『それよりしてこそ平家の子孫は永く絶えにけれ。』と述べているが、これほど無責任な放言はない。六代の母は、権大納言・藤原経房の夫人として健在であった。従って幽居はされていても、女院の生活は訪う人もないほど孤独であったわけではない。

問題は、山荘の例の露台である。この露台から西南に眼をやると、殆ど眼下に見られるのは、池殿の跡（東山区池殿町）なのである。六波羅第の池殿、それは女院が安徳天皇を産み、また高倉上皇が崩じた殿舎であった。それに前方には池殿をうちに含む六波羅第の旧跡がまざまざと望まれる。朝な夕なにこの旧跡を眺められ、女院はどのような感慨を抱いておられたのか、これが最初に述べた著者の疑問なのである。この露台の存在は、果たして女院の悟入の妨げとなったのか、安徳天皇や平家一門の菩提を弔う縁《ゆかり》となっていたのか、その辺のことは、史料の欠如のため、判断する術がないのである。

四部合戦状本や延慶本の『平家物語』が正しく伝えている通り、女院は、貞応二年（一二二三）三月に入滅し、鷲尾に葬られた。御齢は、六十九歳であった。考古学的にまだ確かめた訳ではないが、鷲尾の中腹部や高部は、平安時代には送葬の地であって、そこには顕季の一門（藤原氏四条家）の墓地があったらしい。古くは、関白太政大臣の兼通なども、ここで火葬に付されたようである。

女院の最愛の妹―隆房の夫人―は、正治元年（一一九九）十月に歿したが、彼女は必ずや鷲尾の四条家の墓地に葬られたことであろう。恐らく女院は、この妹の墓の近くに葬られたのではないか。現地の状態から推測すると、現在、高台寺の時雨亭が建っているあたりが女院の陵の位置にふさわしいのである。

なお、鷲尾の中腹部から下は、今は高台寺の墓地となっている。東山山麓の墓地に関する限り、現在の墓地はすべて平安時代以来のものと断言することが出来る。従って鷲尾中腹部は、平安時代においてすでに墓地であったと推定しても、過言ではないのである。

二

一体、女院がいつ、どう言う事情で白河の善勝寺から鷲尾に遷御されたのかは、皆目不明である。善勝寺が炎上した後と見るのは、最も安易な、しかし可能性の多い推測である。とすれば、容易に想起されるのは、承久元年（一二一九）四月二日に起こった大火である。この朝、尊勝寺の西塔から発した火は、午後に至って最勝寺、円勝寺を焼き、遂には金剛勝院まで炎上させてしまった。記録には洩れているけれども、円勝寺の南隣の善勝寺、その西隣の証菩提院などは、当然、延焼したと認められる。遷御の理由を火災に求めるならば、この時以外には考えられないのである。

善勝寺は、法勝寺の西南に接し、かつ前記のように、円勝寺の南隣に存した寺院で、顕季流一門の氏寺であった。初めその地には、二品・覚行法親王（一〇七五〜一一〇五）の白川御堂《しらかわのみどう》があった。親王の薨後、顕李は妻（法親王の母・経子の姉妹）の関係からこれを取得したらしく、その子・家保は本格的な寺院をここに建立した。門閥意識の強い家保らは、この氏寺の名をとって善勝寺長者の制を設け、一門中の第一の公卿が長者となり、一門の統制を図ることとした。そして隆房は、元暦元年（一一八四）の父・隆季の薨逝いらい善勝寺長者の役にあった。再三強調する通り、隆房の夫人は、女院と最も親しい妹であった

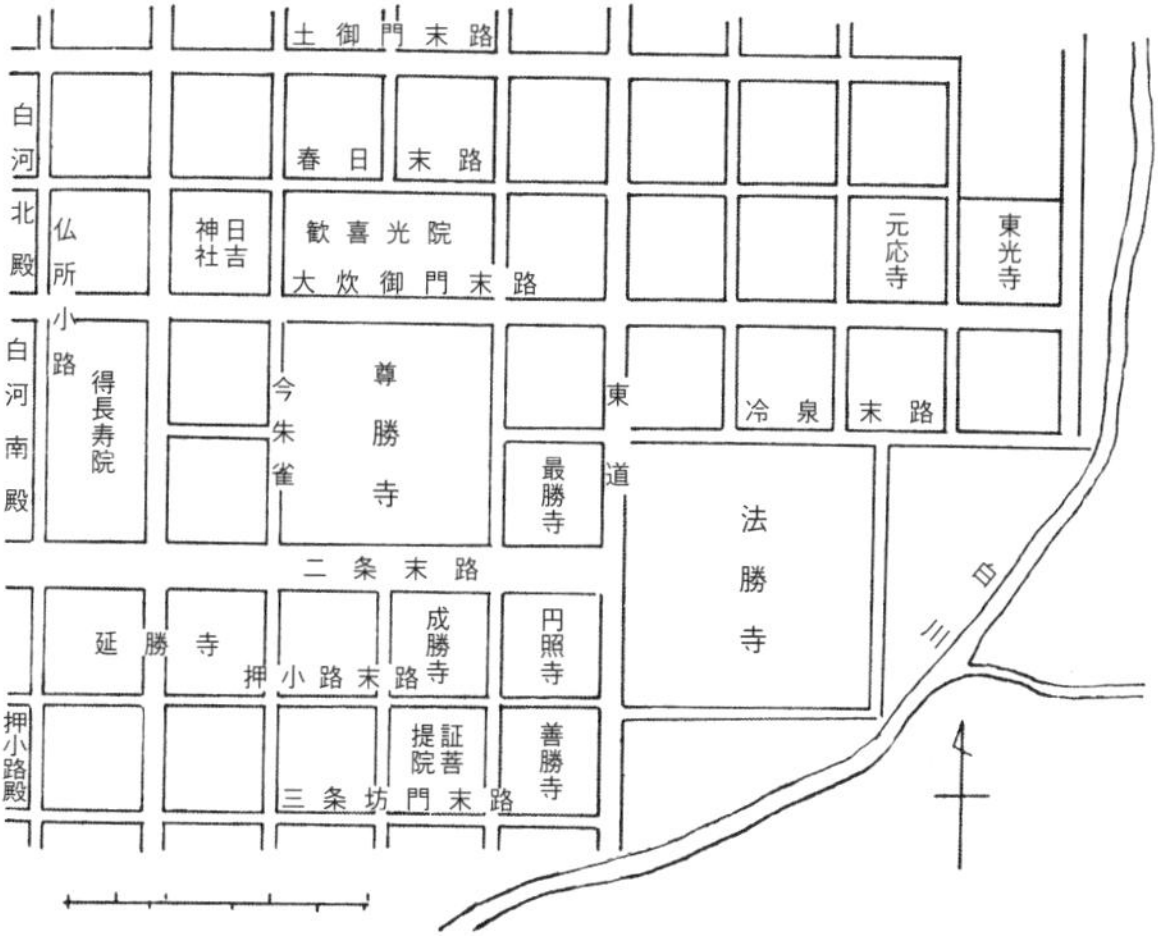

第18図　六勝寺及び善勝寺の位置

から、善勝寺は、女院としては最も気のおけない幽居先であったわけである。

　女院がいつ善勝寺に遷御されたかも、明確には知られない。文治五年（一一八九）五月に配流を赦された前少僧都・全真が大原に女院を訪ねたことは、紛れようもない事実である。それ故、女院の善勝寺遷御が早くとも建久元年（一一九〇）を遡らぬことは、確実である。遷御の時期は明確でないけれども、女院の後半生においては、善勝寺安住が最も永かったように思われる。

　女院の善勝寺遷御の理由は、恐らく四部合戦状本や延慶本の『平家物語』が伝える通りであったであろう。四部本の記録はより一層具体的であって、側近にお仕えしていた侍尼が或いは死歿し、或いは厳しい生活に堪えかねて院を出てしまい、女院が大変心細くなられたことを理由としている。もともと大原は都よりほど遠く、冬などは寒くて雪も多かったから、侍尼も数少くなったのでは、女院は―いかに出家したとは言え、特別の環境で前半生を過ごした女性として―、大原での生活に堪え難くなられたのであろう。一方、都に近い白河の辺は、賑やかでもあり、親族、縁者も女院にたやすく参上出来た。とすれば、女院が隆房夫人の招きに応じ、その氏寺を安住の地とされたことは、実によく肯かれるのである。

小督とのロマンスで有名な隆房は、清盛にも信頼されていたし、また後白河法皇屈指の寵臣でもあった。彼は文学や音楽の才も並々でなかった反面、その政界游泳術の巧みさは、定評があった。しかしこと平家に関しては、隆房は一貫した支持者であって、最後までその姿勢を崩さなかった。晩年に彼が『平家公達草子』を編著したことは、周知の通りである。従って彼は、女院を氏寺に引き取りたいと言う夫人の希望を快く容れ、進んで女院の庇護者となったに相違ないのである。

四部合戦状本は、単に侍尼が死去したことだけを述べているが、入滅した女房は、阿波内侍ではなかったかと思う。もしそうならば、最も忠実で頼りがいのあるこの内侍の死によって抱かれた女院の落胆と悲傷は、どれほど激しかったことであろう。

この阿波内侍は、信西入道の娘ではなく、信西の息子・貞憲の娘であった。『平治の乱』当時、右少弁に在任していた貞憲は、この騒乱で俗世を厭って出家し、大原に幽居していた。その後、貞憲入道は、兄弟の明遍（権大僧都）を頼って高野山に赴き、そこに籠っていた。それで彼の院は無住となり、恐らく阿波内侍の兄で、延暦寺の僧の貞覚（のち権大僧都）がこれを管理していたらしい。『平家物語』には、女院がさる女房の縁で大原の寂光院へ遷られたと語られているが、この女房はすなわち阿波内侍であり、彼女が無住となっていた父の房、つまり寂光院へ女院を導いたものと思われる。

後白河法皇の『大原御幸』（文治二年四月下旬）は、女院はもとより、阿波内侍らにも大きなショックを与えたに違いない。内侍は、強烈な印象を受けた当日の様子を、叔父の澄憲（大僧都）に事細かに語ったのであろう。唱導の開祖たる澄覚がこの劇的な御幸を紛飾して唱導の素材とし、或いは盛者必衰を説く彼等の平家興亡史の好個の材料としたことは、充分に考えられるのである。

現在、寂光院の奥に在る女院の御陵は、その認定の根拠が甚だ薄弱であって、江戸時代中期の地誌や寂光院の伝承に依拠しているに過ぎない。恐らくそれは、後世の供養塔か、いつの時期かの寂光院の庵主の墓なのであろう。ともかくよほど確実な反証がない限り、女院は『鷲尾に葬られた』という四部本や延慶本の所伝は、否定することが出来ないのである。

長門本の『平家物語』によると、女院は、文治元年六月二十一日に、愛宕郡錦織郷吉田村の権律師・実憲の坊から同じ吉田村の野川の御所へ渡御されたと言う。この御所は、花

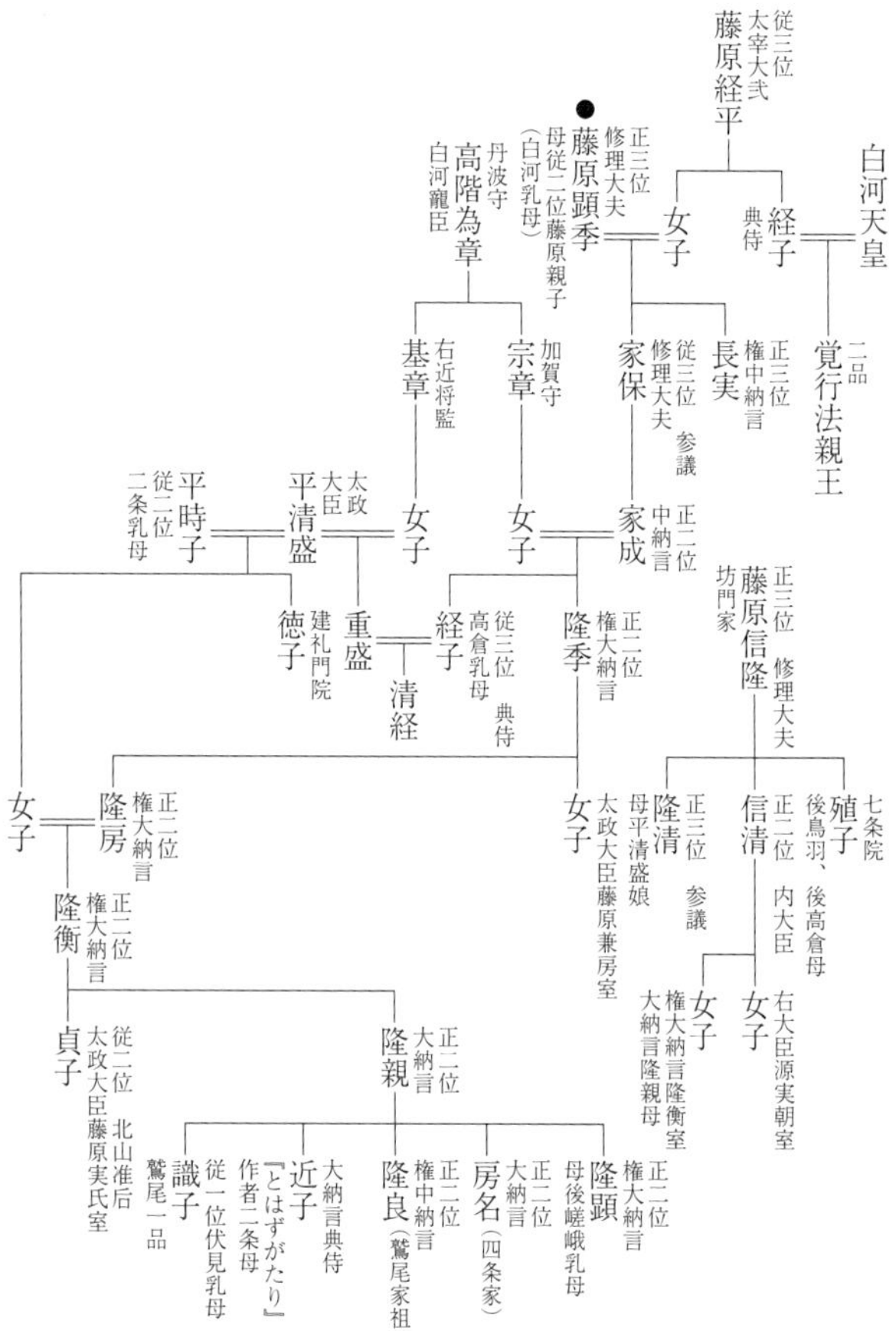

系図37　藤原氏北家四条流系図

山源氏の山荘であったが、女院は、高倉天皇に仕えた前典侍・信子女王の世話でそこに移られたようである。古地図類を眺めてみると、吉田の地を流れて賀茂川に注ぐ川は、東北より田中村を流れ、吉田の一条末路の辺で賀茂川に注いでいた川しか見当たらない。この野川の御所は、それ故、二本の川の合流点に近い形勝の地、多分、現在の吉田中阿達町のあたりに所在したのであろう。

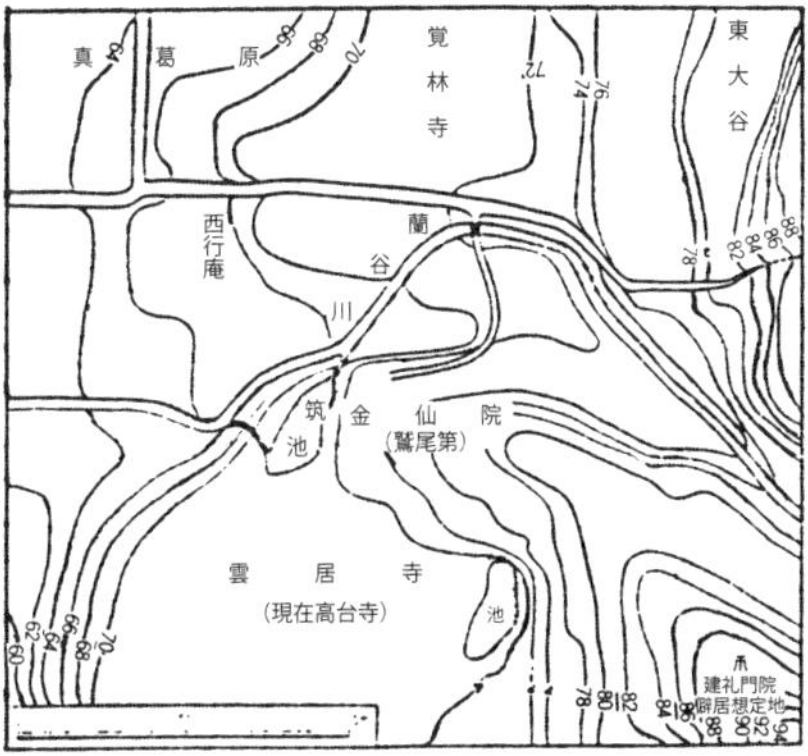

第19図　鷲尾付近歴史地図

女院は、この御所におられる間に、同母兄・宗盛と子の清宗が斬られた悲報に接しられ、人気の少い深山に遁世したいと強く思いつめられた。たまたま七月九日からは『文治の大地震』が始まり、御所の建物や築垣は大破した。こうして女院は、同年九月に寂光院へ移徙された訳である。この時、隆房夫人が女院のために御輿を、女房達のために女房車二輛を用意したと言う所伝は、向後の女院の動静を窺う上で重要である。

なお、都に帰還された直後、女院が一時の御所とされた権律師・実憲の坊は、神楽岡の近くにあったらしい。確証はないけれども、この実憲は、興福寺別当権僧正・覚憲の弟子であったようである。覚憲は、すなわち阿波内侍の伯（叔）父に当たるから、その縁で女院は、当時空いていた実憲の粗末な里坊を取り敢えずの御所とされたと見える。女院がここに移られたのは、文治元年の四月二十八日であり、五月一日には、大原の本成房湛斆《たんごう》を戒師として出家されたのであった（法名は、真如覚）。しかし実憲の坊は余りにも粗末であったので、荒れてはいても山荘としての体裁を保つ野川の御所に移られたのであり、それが前典侍・信子女王らの配慮によるらしいことは、上述の通りである。

絶え入るばかりの悲痛を胸に抱きながら女院が西海から入洛されたのは、文治元年四月二十七日のことであった。その夜、女院や女房たちが宿泊したのは、隆房の本邸ではなく、隆房が領していた別邸、すなわち八条大路南・堀河大路東の八条御堂（昭和四十八年二月に発掘調査された）であったに相違ない。元暦元年二月、京に護送された重衡（女院の同母兄）が宿所に充てられたのも、この御堂であり、それは重衡が内裏女房の左衛門佐と悲しい逢瀬を交した場所としてもよく知られている。この邸宅に一晩泊まられただけで、女院が直ちに吉田へ渡御されたのは、自らの意志ではなく、『玉葉』に記されている通り、法皇の勅旨によるものであって、それは、『然るべき片山里に坐せらるべし。』と言う内示であった。建礼門院は、名は女院であっても、年官年爵の恩典は停められていたから、文治四年に頼朝から荘園を寄せられるまでは、経済的にかなり不如意を覚えておられたろうと推量される。

これまで建礼門院の後半生は、『大原御幸』の場合を除いては、漠として殆ど知られなかった。しかし零細な史料を批判し、組合わせて行くと、詳しくは分からぬまでも、その大体の動静は判明するのである。

あとがき

本巻に収めたのは、主として平安時代後半に生きた人びとの伝記の研究や覚え書である。すべて十七編を数えるこれらの労作は、二つに類別される。すなわち、第一類は、対象と本格的に取り組んだ論考であり、第二類の方は、嘗てものした人物史的研究の概要や余滴、ないしはある人物の一面を照射した短い労作である。

第一類に属する『太皇太后藤原穏子』は、醍醐天皇の女御の穏子を、『菅原の君』は、関白・忠平の嫡妻の源順子の生涯を精しく追究したものであるが、その隠された狙いは、陰険な政治家・忠平の仮面を剝ぐことにおかれている。『為光の娘たち』は、平安中期の歴史に大きな波瀾をまき起した五人姉妹の伝記を分析した論考である。『むまの中将』や『大輔の命婦』は、これまでその素姓が判然としていなかった二人の女性の影姿を照射した労作である。

『高階光子の悲願』は、最後まで中関白家に忠実であろうと努めた光子の悲壮な生涯を述べたもの。そして『為盛朝臣行状記』は、思い余って実力行使に出た衛府の舎人たちの示威運動と、これを巧みにあしらった受領の狡猾さとの一幕を述べ、それを通じて地方財政の頽廃や去勢されていた武人たちの実態を究明しようと試みた論文である。

皇太后・藤原妍子のただ一人の乳母・藤原高子に関しては、雑多な史料が現存している。これらの史料を整理し、分析して行くと、この女性の映像が明白となって来る。こうして皇太后・妍子の誕生から崩御までの全生涯に亘って側近に侍した高子の哀歓が察知されたし、また再婚をめぐって露呈した彼女のひたむきな生き方も究明されたのである。高子などは、平安時代中期における宮廷女性の一典型であると言えよう。

第二類の中では、『紫式部』が目立っている。これは、昭和四十三年五月十一日に催された平安博物館の開館式の紀念品とするために草した小冊子である。平易に叙述されてはいるが、著者の紫式部伝の研究の成果が充分に織り込まれており、その意味では忘れ難い労作である。尤も、転載に際しては、若干の挿図は省略した。本文の理解には支障あるまいと慮ったためである。

『道吉常の愁状』は、長期出張の間に妻が強姦された上、強婚されてしまった道吉常の悲歎を述べると共に、刑部省に代って犯人・県犬養宿禰永基に下された罪科の判決を推論した小論である。同じく『大春日兼平』は、この大泥棒の盗品目録を検討し、彼がどのような罪に処されたかを論じたものである。『藤原行成の妻』は、永年の伴侶であった愛妻の骨灰を白川に流した行成の心境を臆測した短文であるが、ここに一端を見る散骨の葬制は、今後大いに考究されるべき問題を含んでいるように思う。また『源久曾』は、この高級貴族の姫君が『糞』と言う名を帯びていることに対する問題提起である。紀貫之の童名『阿古久曾』であったことも想起されよう。

『二人の義経』は、九郎義経と山下兵衛尉義経とは同一人ではないかと言う異説を唱えて学界の気を唆った学者に対する反論である。それは、今さら反論をものするにも値しない軽率な所見であるが、一部で話題にされていたために敢えて執筆したような次第である。『源典待《げんのすけ》のことども』と『建礼門院の晩年』とは、別に草した論文の概要である。前者では、紫式部と嫂の源明子との関係において看取される紫式部のあくどい性格を剔抉したもの。表面的にはつつましさを装ってはいても、偉大な物語作家である紫式部の性格は複雑であって、観音の化身といった素朴な善玉でなかったことが強調されている。後者は、より信頼すべき証本としての延慶本や四部合戦状本の『平家物語』に依拠して同女院の晩年に光を当てたものである。世間一般は勿論のこと、学界の一部ですら語り物系の『平家物語』によって洛北の大原を女院の終焉の地とみなしているのは、驚くべき迷妄と言わざるをえないのである。

ここに収めた十七編の論文や要録は、いずれも瑕瑾の多いものではあるが、それぞれが著者の研究歴の路標をなしており、その意味では捨て難いものなのである。

初出一覧

太皇太后藤原穏子　『紫式部とその時代』所収、東京、角川書店、昭和四十一年。

菅原の君　『紫式部とその時代』所収、昭和四十一年。

道吉常の愁状　『紫式部とその時代』所収、昭和四十一年。

源久曾　『古代文化』第十一巻第五号掲載、京都、（財）古代学協会、昭和三十八年。

右大将道綱の母　『世界と日本の歴史』第七巻所収、東京、学習研究社、昭和四十五年。

為光の娘たち　『中務典侍』所収、大阪、（財）古代学協会、昭和三十九年。

大春日兼平　『紫式部とその時代』所収、昭和四十一年。

紫式部　『紫式部―その生涯と遺薫―』所収、京都、平安博物館、昭和四十三年。

源典侍のことども　『紫式部―その生涯と遺薫―』所収、昭和四十三年。

むまの中将　『古代文化』第十一巻第一号掲載、昭和三十八年。

大輔の命婦　『国語と国文学』第四十三巻第十一号掲載、東京、東京大学国語国文学会、昭和四十一年。

高階光子の悲願　『紫式部とその時代』所収、昭和四十一年。

為盛朝臣行状記　『紫式部とその時代』所収、昭和四十一年。

藤原行成の妻　『古代文化』第十巻第二号掲載、昭和三十八年。

中務典侍　『中務典侍』所収、昭和三十九年。

二人の義経　ＮＨＫ編『歴史への招待』所収、東京、日本放送出版協会、昭和五十五年。

建礼門院の晩年　『国文学春秋』第三号掲載、東京、学燈社、昭和四十八年。

解説　平安の都の人々への憧憬

山田邦和

一

角田文衛（一九一三〜二〇〇八）は、想像を絶するほどの広範な研究領域をもった学者であった。考古学と文献史学という歴史学のふたつの方法論を駆使し、その守備範囲は日本だけではなくヨーロッパ、オリエント、中国などの世界全体におよんだのである。そんな角田ではあったが、生涯にわたって最もこだわったのはやはり日本の平安時代であり、その中でも特に人物研究に執念を燃やし続けた。生前の角田はよく、『私は「人間好き」なのです』と語っていたし、歴史を動かすのは最終的には人間であるということを信念としていた。そうした角田にとっては、人物史への傾倒はまったく自然なことだったのだろう。

角田が平安時代の人物について執筆した論考は極めて多い。角田が最も愛着を示した紫式部については、『紫式部の身辺』（大阪、古代学協会、一九六五年）、『紫式部とその時代』（東京、角川書店、一九六六年）、『若紫抄—若き日の紫式部—』（東京、至文堂、一九六八年）

といった単行本があるし、それらは『角田文衞著作集　第七巻　紫式部の世界』（京都、法藏館、一九八四年）と『紫式部伝—その生涯と「源氏物語」—』（京都、法藏館、二〇〇七年）に集大成されている。また、ひとりの人物の伝記を単行本としたものとしては、『承香殿の女御—復原された源氏物語の世界—』（東京、中央公論社、一九六三年）、『中務典侍—枇杷皇太后の乳母・藤原高子の生涯』（大阪、古代学協会、一九六四年、本書所収『中務典侍』の元本）、『椒庭秘抄—待賢門院璋子の生涯—』（東京、朝日新聞社、一九八五年〈初版一九七五年〉）などがある。そして、人物史の論考をまとめた単行本としては『王朝の映像』（東京、東京堂出版、一九七〇年）、『王朝の明暗』（同、一九七七年）、『王朝の残映』（同、一九九二年）の『平安時代史の研究』三部作、『王朝史の軌跡』（東京、学燈社、一九八三年）、『平安の春』（東京、講談社、一九九九年〈初版一九八三年〉）、『二条の后　藤原高子—業平との恋—』（東京、幻戯書房、二〇〇三年）、本書の元版となった『角田文衞著作集　第五・六巻　平安人物志（上・下）』（京都、法藏館、一九八四・一九八五年）などがある。さらに、角田の没後の『角田文衞の古代学（全四巻）』（京都、古代学協会、二〇一七年~刊行中）にも多数の人物史論考が収録されている。そこにとりあげられた人物はほとんど無数といってよく、それはそのまま平安時代の人物事典を作り上げているようにさえ見えるのである。

二

本書『平安人物志』には実に四十一篇もの人物史についての論考が収められている。この中の大多数が女性を主人公としているというのは驚嘆に値するであろう。歴史の叙述というとどうしても男性主体となりがちなのであるが、角田は歴史において女性が果たした役割の重要性を唱えてきた。たとえば、本書所収の『尚侍藤原淑子《よしこ》』を見てみよう。彼女は摂関政治の基礎を築いた太政大臣基経の妹にあたる女性であるが、決して著名な人物とはいえないだろう。ところが角田の筆にかかると、この女性こそが、兄の基経を口説き落として宇多天皇を登極させた立役者であったことが解明される。『太皇太后藤原穏子《やすこ》』も同様である。彼女は基経の女で醍醐天皇の皇后となり、朱雀・村上両天皇を産んだ女性であるが、それだけならば、彼女は単なる国母（天皇の母）だったというにとどまる。しかし角田は彼女の歩みを克明にたどり、彼女が藤原忠平政権の後見役ともいえる存在であったことを明確にしていくのである。

もうひとつ、角田の人物史研究の大きな特徴をあげるならば、よくもこんな人を見つけてきたなと思うような無名の人物へのこだわりである。氷上陽侯《ひかみのやこ》、藤原人数《ひとかず》、葉栗翼《はぐりのたすく》、春海貞吉《はるみのさだよし》、長野女王《ながののじょおう》、源　久曾《みなもとのくそ》、大春日兼平、中務典侍藤原　高子《なかつかさのすけふじわらのたかいこ》などは、平安時代史の専門研究者ですらほとんど耳にしたことがないような人物であろう。彼ら彼女らは角田の筆のもとで初めて甦り、まるで水を得た魚のように生き生きと躍動するのである。

『恬子《やすこ》内親王《ないしんのう》』も興味深い。彼女は文徳天皇の皇女で伊勢の斎宮となった女性であり、無名とはいえないにせよ、少なくとも政治史に大きな役割を果たした人物とは認められない。彼女が私たちの記憶に残るのは、『伊勢物語』に投影された在原業平との禁断の恋のエピソードによる。この挿話の信憑性をめぐって学界で議論があることは確かであるが、角田は史料を博捜することによって、この話が史実であったと認める立場にたち、その上でこのふたりの恋の行方を温かく見守っている。ここで登場するのは、内親王という高貴な身分に生まれたがゆえに、自らの生き方を自らで決めることを許されず、命じられるがままに京を離れて暮らすことを余儀なくされていたひとりの女性である。その彼女が生まれて初めて運命に抗《あが》らい、たった一夜の恋に生命のすべてを燃やし尽くしたのである。角田はその彼女の姿を、優しく、温かい目でみつめる。角田のロマンティックとさえいえるような筆致は、読む者誰しもを引き込んでしまうような魅力を持っているのである。

いつだったか、角田は『この間、瀬戸内寂聴さん（作家）と話をしていたら、瀬戸内さんが『先生は本当に女好きですよねぇ』なんて言うんですよ』と嬉しそうに語っていたことがある。もちろんこの『女好き』とは、現実世界での漁色家ということではない。角田は歴史上の女性のひとりひとりにあくなき憧憬を抱き、彼女らが歴史の上で果たした役割を正しく位置づけようとしたのである。そのために角田は、彼女らの熱情、恋愛、栄光、悲劇までをも心底から理解しようと努力し続けた。それは確かに、恋愛にも似たひたむきさをすら感じさせていたのである。

三

角田の論のもうひとつの特徴は、文献史料の行間まで読んでいるのではないかと思われるような徹底した考察である。それは時にはアクロバティックとさえ形容できるような鮮やかな論理展開をともなっていた。その事例として、紫式部の本名についての研究が挙げられよう。平安時代には女性の名を明確に記載しない習慣が永く続いており、その例にもれず紫式部の本名も正確には伝えられていない。彼女は宮廷では『藤式部』と呼ばれていたがそれは女房名であって本名ではないし、『紫式部』というのも『源氏物語』の登場人物である『紫の上』にちなんだ一種のニックネームである。『尊卑分脈』といった系図でも、彼女のことは『藤原為時の女子』としてしか記載されてはいないのである。したがって、紫式部の本名をつきとめようなどということは、研究者の誰もが無理なことだとして諦めていたのである。角田は本書所収の『源典侍のことども』では、紫式部の『本名が藤原香子であったらしいことなどもやっと最近になって判明したのである』とサラリと書いているが、それはまさに角田自身の克明な研究による推理なのである。この『藤原香子《かおりこ》』は、藤原道長の日記『御堂関白記』の中にただ一度名前だけが登場する人物であり、その実像はまったくわかっていないのであるが、角田は膨大な論証を積み重ねることにより、この女性こそが紫式部その人であるという結論を導きだした。その論証過程には確かに瑕疵もないわけではないが、それでも先人たちがまったく解明を諦めていたテーマに果敢に斬り込み、学界の議論の土俵に載せることができる仮説を導き出した角田の手腕には感服するしかない。

本書に登場する女性の名前を見て、読者の中には『あれ?』と思われた方もおられるかもしれない。一般の歴史書では、一条天皇の中宮で紫式部の主人だった藤原彰子は『しょうし』、同天皇皇后で清少納言が仕えた藤原定子は『ていし』、醍醐天皇の皇后で村上・朱雀両天皇を産んだ藤原穏子は『おんし』などと読まれている。しかし本書ではそれにいち、『あきこ』『さだこ』『やすこ』といった振り仮名がつけられているのである。また、角田が紫式部の本名と推定する『藤原香子』も『きょうし』ではなく『かおりこ』だとされている。

実は、日本の歴史上の女性の名前の正確な発音はよくわからないのであり、それを理由にして学界では女性名は音読みにするという慣習を続けてきたのである。しかし角田はそうした悪しき伝統を一蹴する。日本の歴史上の人名は僧侶以外は訓読みでなければならず、当然、女性名も訓読みを原則とすべきだ、というのが角田の主張だったのである。男性名についても、例えば藤原定家を『ていか』と音読みする『有職訓み』もあるけれども、それは一種のニックネームにすぎず、正式にはやはり訓読みでなければならない。それを女性名だけは全面的に音読みにするというのは、明らかにダブル・スタンダードといわざるをえないであろう。もちろん漢字の訓読みにはいろいろあるから完全に正確な発音がわかるわけではなく、例えば前述の『藤原香子』も『かおりこ』以外に『たかこ』等といった読み方も可能なのではあるが、それでもいくつかある訓読みの中からもっとも自然と思われるものを選ぶことはできるのであり、『きょうし』などという絶対にありえない音読みにすることに比べれば弊害ははるかに少ない。そもそも角田は日本の女性の名前を徹底的に追究しており、その執念はついに学界でも初めての『日本の女性名』上・中・下（東京、教育社、一九八〇・八七・八八年。後に一冊本が、東京、国書刊行会、二〇〇六年）という大冊を生み出し、女性史研究に新しい境地を開いたほどなのである。その点で、女性名の発音についての角田の見解は充分に尊重されなければならないであろう。

さらに、角田の研究の特色をあげるならば、『土地へのこだわり』ということになるのではないだろうか。文献史学者や国文学者の中には、歴史上の事象そのものについては詳しいけれども、それがおこった『土地』についてとんと関心を示さない傾向が見受けられる。はなはだしい時には、平安京においておこった事件を扱いながら、そこには京都の土地の話がまったく出てこないということすらありうるのである。角田の姿勢はそうした傾向とは真逆であった。その研究では常に『土地』が重視されていた。たとえば、本書の『紫式部』では彼女の邸宅が平安京の東側の『中河』と呼ばれた地にあり、それは現在の京都市上京区の廬山寺の敷地に該当したことが書かれているが、それは角田の研究によって初めて明らかにされたのである。土地という観点からは、『建礼門院の晩年』も興味深い。語り本系の『平家物語』によると、建礼門院平徳子《のりこ》は壇ノ浦の戦で平家が滅亡した後に京都に連れ戻され、大原の寂光院においてひたすら息子の安徳天皇の菩提を祈りつつ生涯を終えたことになっているのであり、私たちもそれを史実として受け止めてきた。しかし角田によると、女院が大原で暮らしたのはそんなに永い期間ではなく、まもなく彼女は都に戻ってそこで余生を送ったという。そして角田は、建礼門院が晩年を過ごした邸宅は東山の鷲尾（現在の高台寺の周辺）に存在したというところまで踏み込んでいくのである。こうした『土地』に対する思い入れは、角田が遺跡・遺物によって歴史を探求する考古学研究者としての側面を持っていたことと無縁ではあるまい。

さらに、もうひとつ興味深い論考として『菅家の怨霊』をあげておこう。醍醐天皇の御代において、右大臣菅原道真が大宰府に左遷され、そこで失意のうちにこの世を去ったことは名高い。そして道真の怨霊は雷神となって自分を陥れた左大臣藤原時平の一党に恐ろしい祟りを加えたため、道真の霊をなだめるために建てられたのが今は学問の神として崇められている北野社（北野天満宮）であることは誰でも知っている。しかし角田は、こうした一連の事件の背後に、ある人物による狡猾極まりない策謀が隠されていることをあぶり出す。彼は数十年にわたって知謀の限りをつくし、道真の怨霊についての噂話を意図的に流すといった誰も考えつかないような奇策すら駆使しながら、自らを最高権力の座に押し上げていったのである。そして、その人物とは実は……。いや、その特定は本文に譲ることにしよう。読者は誰しも、ここで展開される角田の鮮やかな筆さばきに、まるで推理小説を読んでいるようなワクワク感を掻き立てられてしまうであろう。

角田はかつてテレビのインタビューで『先生は平安京に生まれ変わりたいのじゃないですか』と問われて、微笑みながら『ええ、できたら下級貴族くらいがいいですね。下級ならば、（高級貴族のように）政争なんかに関わらなくてもいいですから』と答えていた（NHK京都『いんたびゅー京都』一九九〇年一月二一日放送）。角田は生涯にわたって平安の都に憧れ、そこに生きた多彩な人々に心からの愛情を注いでいた。本書『平安人物志』には、そうした角田の心情のエッセンスが存分に盛り込まれているのである。

（同志社女子大学教授・公益財団法人古代学協会理事）

角田文衞（つのだ・ぶんえい）

1913-2008年。歴史学者。京都帝国大学文学部史学科卒。考古学と文献史学を統合した古代学を提唱。その考察はアジア、ヨーロッパにも及ぶ。大阪市立大学教授、平安博物館館長兼教授、古代学研究所所長兼教授、古代学協会理事長を歴任。著書は『角田文衞著作集』全７巻（法藏館）、ほか多数。

平安人物志《へいあんじんぶつし》　下《げ》

二〇二〇年　一一月一五日　初版第一刷発行

著　者　角田文衞
発行者　西村明高
発行所　株式会社　法藏館
京都市下京区正面通烏丸東入
郵便番号　六〇〇-八一五三
電話　〇七五-三四三-〇〇三〇（編集）
〇七五-三四三-五六五六（営業）

装幀者　熊谷博人
印刷・製本　中村印刷株式会社

ISBN 978-4-8318-2617-6 C1121

法蔵館文庫既刊より

さ-1-1
増補 いざなぎ流　祭文と儀礼
斎藤英喜著
高知県旧物部村に伝わる民間信仰・いざなぎ流。中尾計佐清太夫に密着し、十五年にわたるフィールドワークによってその祭文・神楽・儀礼を解明
1500円

キ-1-1
老年の豊かさについて
キケロ著
八木誠一
八木綾子訳
老人にはすることがない、体力がない、楽しみがない、死が近い。キケロはこれらの悲観的通念を吹き飛ばす。人々に力を与え、二千年読み継がれてきた名著。
800円

た-1-1
仏性とは何か
高崎直道著
「一切衆生悉有仏性」。はたして、すべての人にほとけになれる本性が具わっているのか。日本仏教に根本的な影響を及ぼした仏性思想を明快に解き明かす。
1200円

さ-2-1
アマテラスの変貌
中世神仏交渉史の視座
佐藤弘夫著
童子・男神・女神へと変貌するアマテラスを手掛かりに中世の民衆が直面していたイデオロギー的呪縛の構造を抉りだし、新たな宗教コスモロジー論の構築を促す。
1200円

て-1-1
正法眼蔵を読む
寺田透著
さまざまな道元論を世に問い、その思想の核心に迫った著者による「語る言葉（パロール）」と「書く言葉（エクリチュール）」の「講読体書き下ろし」の読解書。
1800円

い-1-1

地獄

石田瑞麿著

古代インドで発祥し、中国を経て、日本へとやってきた「地獄」。その歴史と、対概念として浮上することとなった「極楽」の歴史を詳細に論じた恰好の概説書。

1200円

く-1-1

王法と仏法

中世史の構図

黒田俊雄著

強靭な論理力と斬新な学説で中世史の構図を一変させ、「武士中心史観」にもとづく中世理解に鋭く修正を迫った黒田史学。その精髄を示す論考を収めた不朽の名著。

1200円

な-1-1

折口信夫の戦後天皇論

中村生雄著

戦後「神」から「人間」となった天皇に、折口信夫はいかなる可能性を見出そうとしていたのか。折口学の深淵へ分け入り、折口理解の新地平を切り拓いた労作。

1300円

あ-1-1

禅仏教とは何か

秋月龍珉著

仏教の根本義から、臨済宗・曹洞宗の日本禅二大派の思想と実践までを体系的に叙述。難解なその内容を、禅の第一人者が簡潔にわかりやすくあらわした入門書の傑作。

1100円

ほ-1-1

増補 宗教者ウィトゲンシュタイン

星川啓慈著

ひとつの孤独な魂が、強靭な理性と「神との和解」のはざまで悩みぬく。新発掘の二つの『日記』等をめぐる考察を縦横にもりこんだ、宗教学からの独創的アプローチ!

1000円

ア-1-1・2

評伝 J・G・フレイザー

その生涯と業績 上・下(全二冊)

R・アッカーマン著
小松和彦監修
玉井暲監訳

大著『金枝篇』で世界に衝撃を与えた人類学者の画期的評伝。研究一筋の風変わりな日常から、出版をめぐる人間模様、悪妻とも評された妻との結婚生活まで。未公開書簡や日記も満載。

各1700円

い-2-1

アニミズム時代

岩田慶治著

森羅万象のなかにカミを経験する。その経験の場とは。アニミズムそしてシンクロニシティ空間論によって自然との共生の方法を説く、岩田アニミズム論の名著を文庫化。

1200円

か-1-1

信長が見た戦国京都

城塞に囲まれた異貌の都

河内将芳著

同時代史料から、「町」が社会集団として成熟していくさまや、戦国京都が辿った激動の軌跡を尋ね、都市民らの視線を通して信長と京都の関係を捉え直した斬新な戦国都市論！

900円

や-1-1

宗教とは何か

現代思想から宗教へ

八木誠一著

理性と言語による現実把握の限界をどう超えるか。ニーチェの生の哲学から実存主義、さらには京都学派の哲学までを総覧し、現代人のための宗教に至る道筋を鮮やかに指し示す。

1300円

つ-1-1・2

平安人物志

上・下（全二冊）

角田文衞著

考古学と文献史学を駆使した角田の博識と推理が冴え渡る、41篇の人物伝。緻密な分析で、平安朝を生きた人々の数奇な生涯を鮮やかに描き出した、歴史的名著。

各1700円